国家出版基金项目
NATIONAL PUBLICATION FOUNDATION

欧亚历史文化文库

总策划 张余胜

兰州大学出版社

伊斯兰中东

——传统与变迁

丛书主编 余太山

〔美〕Charles Lindholm 著

张士东 杨军 译

图书在版编目(CIP)数据

伊斯兰中东:传统与变迁/(美)林霍尔姆著;张士东,杨军译.—修订本.—兰州:兰州大学出版社,2012.5
(欧亚历史文化文库/余太山主编)
ISBN 978-7-311-03897-7

Ⅰ.①伊… Ⅱ.①林… ②张… ③杨… Ⅲ.①伊斯兰教史—研究—中东 Ⅳ.①B969.37

中国版本图书馆 CIP 数据核字(2012)第 089935 号

Charles Lindholm
The Islamic Middle East: Tradition and Change, 2nd Edition
(9781405101462/1405101466)

总策划 张余胜

书名	伊斯兰中东 ——传统与变迁
丛书主编	余太山
作者	〔美〕Charles Lindholm 著 张士东 杨军 译
出版发行	兰州大学出版社 (地址:兰州市天水南路 222 号 730000)
电话	0931-8912613(总编办公室) 0931-8617156(营销中心) 0931-8914298(读者服务部)
网址	http://www.onbook.com.cn
电子信箱	press@Lzu.edu.cn
印刷	兰州人民印刷厂
开本	700 mm×1000 mm 1/16
印张	27.75
字数	366 千
版次	2012 年 8 月第 1 版
印次	2012 年 8 月第 1 次印刷
书号	ISBN 978-7-311-03897-7
定价	88.00 元

(图书若有破损、缺页、掉页可随时与本社联系)

出版说明

随着20世纪以来联系地、整体地看待世界和事物的系统科学理念的深入人心，人文社会学科也出现了整合的趋势，熔东北亚、北亚、中亚和中、东欧历史文化研究于一炉的内陆欧亚学于是应运而生。时至今日，内陆欧亚学研究取得的成果已成为人类不可多得的宝贵财富。

当下，日益高涨的全球化和区域化呼声，既要求世界范围内的广泛合作，也强调区域内的协调发展。我国作为内陆欧亚的大国之一，加之20世纪末欧亚大陆桥再度开通，深入开展内陆欧亚历史文化的研究已是责无旁贷；而为改革开放的深入和中国特色社会主义建设创造有利周边环境的需要，亦使得内陆欧亚历史文化研究的现实意义更为突出和迫切。因此，将针对古代活动于内陆欧亚这一广泛区域的诸民族的历史文化研究成果呈现给广大的读者，不仅是实现当今该地区各国共赢的历史基础，也是这一地区各族人民共同进步与发展的需求。

甘肃作为古代西北丝绸之路的必经之地与重要组

成部分，历史上曾经是草原文明与农耕文明交汇的锋面，是多民族历史文化交融的历史舞台，世界几大文明（希腊—罗马文明、阿拉伯—波斯文明、印度文明和中华文明）在此交汇、碰撞，域内多民族文化在此融合。同时，甘肃也是现代欧亚大陆桥的必经之地与重要组成部分，是现代内陆欧亚商贸流通、文化交流的主要通道。

基于上述考虑，甘肃省新闻出版局将这套《欧亚历史文化文库》确定为2009—2012年重点出版项目，依此展开甘版图书的品牌建设，确实是既有眼光，亦有气魄的。

丛书主编余太山先生出于对自己耕耘了大半辈子的学科的热爱与执著，联络、组织这个领域国内外的知名专家和学者，把他们的研究成果呈现给了各位读者，其兢兢业业、如临如履的工作态度，令人感动。谨在此表示我们的谢意。

出版《欧亚历史文化文库》这样一套书，对于我们这样一个立足学术与教育出版的出版社来说，既是机遇，也是挑战。我们本着重点图书重点做的原则，严格于每一个环节和过程，力争不负作者、对得起读者。

我们更希望通过这套丛书的出版，使我们的学术出版在这个领域里与学界的发展相偕相伴，这是我们的理想，是我们的不懈追求。当然，我们最根本的目的，是向读者提交一份出色的答卷。

我们期待着读者的回声。

总序

本文库所称“欧亚”(Eurasia)是指内陆欧亚,这是一个地理概念。其范围大致东起黑龙江、松花江流域,西抵多瑙河、伏尔加河流域,具体而言除中欧和东欧外,主要包括我国东三省、内蒙古自治区、新疆维吾尔自治区,以及蒙古高原、西伯利亚、哈萨克斯坦、乌兹别克斯坦、吉尔吉斯斯坦、土库曼斯坦、塔吉克斯坦、阿富汗斯坦、巴基斯坦和西北印度。其核心地带即所谓欧亚草原(Eurasian Steppes)。

内陆欧亚历史文化研究的对象主要是历史上活动于欧亚草原及其周邻地区(我国甘肃、宁夏、青海、西藏,以及小亚、伊朗、阿拉伯、印度、日本、朝鲜乃至西欧、北非等地)的诸民族本身,及其与世界其他地区在经济、政治、文化各方面的交流和交涉。由于内陆欧亚自然地理环境的特殊性,其历史文化呈现出鲜明的特色。

内陆欧亚历史文化研究是世界历史文化研究中不可或缺的组成部分,东亚、西亚、南亚以及欧洲、美洲历史文化上的许多疑难问题,都必须通过加强内陆欧亚历史文化的研究,特别是将内陆欧亚历史文化视做一个整体加以研究，才能获得确解。

中国作为内陆欧亚的大国，其历史进程从一开始就和内陆欧亚有千丝万缕的联系。我们只要注意到历代王朝的创建者中有一半以上有内陆欧亚渊源就不难理解这一点了。可以说，今后中国史研究要有大的突破，在很大程度上有待于内陆欧亚史研究的进展。

古代内陆欧亚对于古代中外关系史的发展具有不同寻常的意义。古代中国与位于它东北、西北和北方，乃至西北次大陆的国家和地区的关系，无疑是古代中外关系史最主要的篇章，而只有通过研究内陆欧亚史，才能真正把握之。

内陆欧亚历史文化研究既饶有学术趣味，也是加深睦邻关系，为改革开放和建设有中国特色的社会主义创造有利周边环境的需要，因而亦具有重要的现实政治意义。由此可见，我国深入开展内陆欧亚历史文化的研究责无旁贷。

为了联合全国内陆欧亚学的研究力量，更好地建设和发展内陆欧亚学这一新学科，繁荣社会主义文化，适应打造学术精品的战略要求，在深思熟虑和广泛征求意见后，我们决定编辑出版这套《欧亚历史文化文库》。

本文库所收大别为三类：一，研究专著；二，译著；三，知识性丛书。其中，研究专著旨在收辑有关诸课题的各种研究成果；译著旨在介绍国外学术界高质量的研究专著；知识性丛书收辑有关的通俗读物。不言而喻，这三类著作对于一个学科的发展都是不可或缺的。

构建和发展中国的内陆欧亚学，任重道远。衷心希望全国各族学者共同努力，一起推进内陆欧亚研究的发展。愿本文库有蓬勃的生命力，拥有越来越多的作者和读者。

最后，甘肃省新闻出版局支持这一文库编辑出版，确实需要眼光和魄力，特此致敬、致谢。

余太山

2010年6月30日

谨以此书纪念欧内斯特·盖尔纳

约旦穿着传统服装的现代贝都因人和他的儿子

目录

第三部分 国家和社会：先知，哈里发，苏丹和暴君

第四部分 神圣的权力:吟诵者,法学家和圣徒

第五部分 服从的困窘

第六部分 结论

第二版序言

在苏联解体之后，据说一种稳定的新世界秩序应运而生，美国宣称其作为其余人类的领袖和典范占据无可争辩的统治地位。但是在“9·11”之后，看起来大多数西方国家，当然包括美国政府，在好战的伊斯兰中发现了一种对这个所谓的新世界秩序的威胁，一个填充“共产主义威胁”消失所留下的角色空缺的反对者。几年前，保守派理论家塞缪尔·亨廷顿就已经预言了这种变化，他通过对“文明冲突”的生动描述而形成巨大的影响。在“文明冲突” 理论中，西方——亨廷顿认为其具有理性的、资本主义的、个人主义的和平等主义的特征——被视为注定要同受竞争性价值体系驱动的其他文化进行斗争——尤其是同那些受到宗教法令、家长式态度和部落伦理鼓舞的伊斯兰文化进行斗争。与此类似，其他政治学家已经预见到了同 “圣战” 相对的 “MacWorld”战争——西方的技术、效率和变化的力量，对抗被描绘为狂热、非理性和传统的伊斯兰力量的战争。布什总统反对恐怖主义的圣战宣言和美国领导的对付阿富汗塔利班的战争，似乎是证实了这种悲观的预言。

这本书是我抵制这种得到普遍支持的和片面的视角的尝试。对我来说，这种简单的我们和他们的划分，忽视了西方——按我的主张，特别是美国——通常与中东文化所共有的基本价值观；价值观经常会引发冲突，但是也能够而且应该为对话与和解提供基础。这两种文化之间根深蒂固的文化和历史差异(尤其是在社会组织和家庭结构方面)是不能否认的，但是可以肯定，西方平等、自由和个人主义的基本原则，在中东可以发现与其相似的东西甚至是其历史根源，可以一直上溯到最初的激动人心的古代苏美尔文明。这些原则激活了西方的伟大宗教，从犹太教到基督教，同样也贯穿了穆罕默德的伦理预言，并作为共同传统的标识。

在实践中，这种传统意味着，在中东的环境中，即使最强大的国王也从来没有被承认是神灵，无论多么强大，统治者总被认为仅仅是凡人。穆罕默德及其门徒也像普通男女一样生和死。他们是真主的使者和代言人，而不是其应受崇拜的分身。这种谦逊在世界历史上也是极其罕见的。古代中国、印度、东南亚和南美洲的国王与先知们，通常被他们自己及其追随者们看做给宇宙提供秩序的神，他们为虔诚的仪式所包围，并且受到那些地位低于他们的人的崇拜。

最复杂的前现代文明也以种姓的划分为标志，就是将人类组织到根据假定的内在精神纯洁性来划分等级的预定秩序之中。与之形成鲜明对照的是，伊斯兰中东世界里的每一个人，无论其地位、职位、财富或家族史，一直被认为拥有神圣的灵魂，以及通过伦理行动和真主的慈悯达到灵魂获救的同样能力。在中东占统治地位的文化中，独立、不从属于他人，数千年来一直受到高度珍视。自由地选择和行动的能力一直是自尊所必需的，荣誉意味着从来不承认强加于其上的力量的权利，从来不接受另一个体的内在优越性。这种盛行的平等主义伦理同在西方如此广为传播的关于伊斯兰价值观的错误信息大相径庭，并且同在其他更加等级化的世界文明中发现的情况也不一致。正如我将要展示的：它有着深刻的历史根源，同这一地区的生态、经济、政治以及结构性条件的特征相关。

反对世俗权威、支持相互平等者之间的竞争的个人主义、平等和自由的价值体系，对美国人来说应该是耳熟能详的，因为正是这种伦理在美国社会中受到广泛的赞扬。换句话说，“不自由，毋宁死”不仅仅是新罕布什尔州的座右铭。但是，如果说美国和中东共享基本的信念，他们却确实不存在共同的政治自由的历史。相反，尽管有着普遍的平等主义和个人主义的伦理，中东却一直承受着专制政治的重压，并且仍然是各种暴君的发源地。

这种矛盾的程度和原因是我在后面的章节中所要探讨的一个主要论题。在此探究中，我受到亚历克西斯·德·托克维尔的鼓舞，他对争取平等的热情的模糊和隐含的理解仍然是无法超越的。以美国为例，托克维尔担心，追求纯粹个人的成功将会导致追求平等主义的个人主义者不再参与更大的公共领域，这反过来会很容易导致专制的产生。对他来说，解决办法是发展地方层次的公民社会，给人民自愿的自治提供实践的机会。这种答案，虽然被认为是适合美国的，但在中东却是不充分的——尽管这里普遍存在非官方的地方自愿组织和平民协会，但是国家专制发达。从某种角度看，是因为平等主义需要相信国家的代表特征才能导致民主的政府。从文章中所探讨的各种原因来看，在中东确实不存在这种信任，因此当国家要求权威时，给人的感觉是这种做法是不道德的，平民只有在强迫的情况下才会服从。因为缺少民众的支持，国家必须诉诸镇压以保持其权威，这会进一步侵蚀其合法性。近来，持续上升的民众的不信任和国家的专制统治因外国的介入而得到加强，但是在根源上它们却是本土的。埃及、叙利亚、伊拉克、摩洛哥和约旦仅是一定程度上的现代中东国家，古代世俗专制统治形式的各种变体在这里仍旧盛行。尽管通过各种方式(在摩洛哥和约旦是神圣的和贵族的世系，在叙利亚和伊拉克是对军事保护的需求，在埃及是官僚政治的专门知识)，无力地论证其存在是正当的，但是，所有这些政权主要依靠高压统治和恐怖来维持自身的存在。到目前为止，因为他们还拥有民众的支持，所以替代了任何可行的选择，建立在不公正胜于混乱的原则之上。

在这种背景下，令西方如此恐惧的伊斯兰宗教狂热的高涨，最好被视为反对压迫和专制环境的古代民众反应的现代版。当在被视为腐败和高压统治的世俗政体下赢得发言权的努力受到遏制，并对民族主义、共产主义和资本主义的承诺不再抱有幻想之后，中东民粹派的改革者们开始追忆先知的时代，正是他征服了麦加的残暴统治者和开创了公正、平等的黄金时代。使用暴力以便重新获得这个千禧年的时刻在中东有着很长的历史,可以回溯到伊斯兰的早期,当第三任哈里发奥斯曼,因为偏袒其亲属和对社会的非正义的行动而被暗杀的时候,或者当第四任哈里发(什叶派的第一任哈里发),也是先知的女婿和堂弟的阿里,被激进分子以背叛信仰为由暗杀的时候。现代暗杀者为暗杀给出了同样的理由,经常使用与他们的先辈几乎同样的言辞。

宗教驱动的暴动的模式同在平等者之间保持权威的问题相联系。其逻辑如下:当一个地方没有人具有内在权利进行统治的时候,政府可能是脆弱的并且靠纯粹的武力进行统治。但是这种强迫性暴力与先知及其弟子最初阐明的兄弟情谊式的宗教伦理是正相对立的,先知及其弟子依靠宗教权威进行统治,因此超越了追求平等主义的个人主义的竞争精神。魅力型领袖的预言——宣称他们可以提供一种对这令人难以忘怀的和平统一时代的回归,对于受到政府压迫和不公正困扰的全体公民总是具有诱惑力的。

令人不快的是,伪装虔诚者很少能够提供比他们所取代的统治者更平等的政府,并且自己也被最初相信他们的同一批人所否定。这就是阿富汗所发生的:当他们极力鼓吹的道德严格同腐败和攫取权力相矛盾时,塔利班就失去了支持。类似的,在伊朗,阿亚图拉霍梅尼的伊斯兰革命掺杂进了民众所抵制的宗教狂热者的独裁统治。在沙特阿拉伯,瓦哈比主义的纯洁性受到沙特精英集团惊人石油财富和奢侈生活方式的玷污。随着其宗教权威的道德要求的消失,沙特家族不得不进一步强化其专制统治,因此使自己不但面对压迫的指责,而且也受到伪善的谴责。正是在这个熔炉中,奥萨马·本·拉登被培养出来。

在下面的内容里,我在中东文化世界的范围内回顾了世俗和神圣权力的交替,在这里平等和个人主义一直是被定位为占统治地位的价值观,权威常常通过纯粹的武力或宣称的魅力来证明是正当的。尽管我在修正本书的这一版时考虑到了最近的事件,但是我并不会将焦点集中于当代的问题,相反地我要对历史个案进行文化分析以揭示一系列方式,在其中,所谓的一些人的优越和另一些人的低贱,在一个所有人在原则上都可以要求成为独立的行为者和精神平等者的社会世界中,得到辩护、容忍或隐藏。我将展现在这种伦理环境下出现的典型的政府和宗教,并且思考令人反感的种族、性别，以及种族划分的区别是如何被感知、转化和解决的。最后，我要问，人们如何尝试通过友谊、爱和崇拜从紧张和矛盾中解脱出来。

这部著作大量使用了历史的和政治的资料，我希望这会对那些不熟悉中东世界的学生有一些用处并引起他们的兴趣。但是我不是历史学家或政治学家。我的领域是人类学，并且我曾经在这个地区一个非常偏远的角落从事过研究，这给我提供了一个前沿的视角，我希望它对平衡我的同事们的更常见的城市和文本的视角有些用处。另外，我的主要兴趣是发展、反思和提出理论，而不是回忆过去或制定政策。无论如何，我读的资料越多，我就越尊敬那些搜集、提供和分析这些资料的人。这些资料我只能在我自己的写作中浏览一下。我希望我能够对这些学者的劳动作出一些不充分的判别，如果我的书能够激发一些读者对中东历史和政治作出比我在这里所能作的更为细致的研究，我就真的是很欣慰了。同时我希望我所采取的方法对于其他学科有一定的价值，哪怕只是促使他们在其工作中考虑一下人类学的研究和理论。

尽管我没有将焦点集中于当代问题，但是我坚信，我对价值观和环境辩证地相互影响的历史—文化解释，具有现实的和政治的含义。例如，我曾提出的主张表明，阿—以冲突的解决关键在于以色列(以及美国)承认巴勒斯坦人的个人尊严受到了玷污，并且必须再次被治愈。这确实不必要求大量的遣返或归还土地。对于追求平等主义的个人主义者来说，恢复名誉远比仅仅重新获得财产更为重要。因此，为了实现持久的和平，以色列及其盟友必须勉强屈尊就纡，在为自己辩解的言辞上低调，消除其扩张和暴力镇压各种形式的抵抗的做法，当阿拉伯人试图通过报复行动重申他们的荣誉时，这只会导致冲突的进一步升级。从侵略中后撤之后，可以提供象征性的补偿作为对巴勒斯坦人失去的荣誉的承认和维护。这种和解的姿态会对在民族间建立暂时妥协作出极大的贡献。事实上，这两个民族间存在着远比他们任何一方愿意承认的更多的共同点——这是问题的一个重要方面，因为以色列人也是中东人，并且正如巴勒斯坦人一样，不愿意接受看起来有损荣誉的事情。

我的主张也暗指美国不应该迅速支持和资助那些主要以反伊斯兰的

言辞宣称其对美国忠诚的专制君主。正如我在上面指出的,在中东,政治上的激进主义当面对压制性的政权时，倾向于成为宗教上的狂热——当政权被看做非伊斯兰的时候更加如此。但是当伊斯兰主义者掌握政权以后,他们的合法性非常可能受到统治需要的侵蚀,他们必定要么瓦解,要么去适应。因此美国在埃及和沙特阿拉伯对压迫性政权的支持,直接导致了这两个社会里的规模巨大的民众性激进伊斯兰主义运动，并且导致了同样大规模的反美情绪。类似的,土耳其的军事力量被用于反对获胜的伊斯兰政党,也只能在不断增加的激进化中结束;而在阿尔及利亚,对温和、民主的伊斯兰运动的镇压,导致宗教热情的高涨、不断增加的两极分化,和目前才得到缓和的持续数年的流血内战。同时,在伊朗,实际上经历了一场宗教革命并且也出现了对神职人员统治的幻想的破灭，亲美情绪和民主政治的积极精神都在增长。实际上,伊朗可能为世界提供一个新形式的民主国家的范例，民选的政府可以同伊斯兰主义的司法系统和武装部队共存和运行。

最后,理性的西方和统一的、非理性的伊斯兰世界之间的简单化的概念冲突,除了加深“我们和他们”之间的敌视与斗争之外一无是处。这种片面的概念无法在生死攸关的现实问题中保持公正，并忽视了为争论和赞同提供一种语言的共同价值观。真正的问题是:稳定的合法的政府能否替代世俗的专制统治，或替代长期以来一直在中东争取统治权的千禧年运动?如果没有对这个古代文化综合体的道德世界中,权力被追求、争夺、保持和失去的各种途径形成适当的历史—文化的理解，这就是一个无法正确、清楚地表述的问题,更不用说回答了。我修订后的第二版就是要为这个越来越迫切的项目提供一点微薄的贡献。

鸣谢

作者和出版者，对提供复制图表和照片的以下诸位表示感谢。

卷首插图(约旦的贝都因人)，2–1(骆驼队)：汤姆·巴菲尔德提供照片。

1–1(阿勒颇的露天市场suq in Aleppo)，9–1(倭马亚清真寺)，9–3(持念珠的老人)，11–1(什叶派清真寺)：瓦妮莎·迈厄·兰热尔(Vanessa Maia Rangel)提供照片。

2–2(也门城镇)，14–2(头饰变化)来自：Carsten Niebuhrs, 1774. Reisebeschreibung nach Arabien und andern umliegenden Landern, vol Ⅰ. Copenhagen: Nicolas Moller.

4–1(谢赫及其随从)，6–1(骑士男人) 来自：Paul Gaffarel 1883. L'Algerie: Histoire, Conquete et Colonisation. Paris: Librarie de Firmin–Didot.

5–1 (安拉阿玛里) 来自：Yasin Hamid Safadi, 1978. Islamic Calligraphy. London: Thames and Hudson.

5–2 (麦加和麦地那的清真寺) 来自：Suraiya Faroqhi, 1990. Herrscher Uber Mekka. Munich: Artemis Verlag. 重印Johann Bergk, 1799. Arabien und syren …Berlin.

7–1(红头巾，qizilbash)，8–1(囚犯)，14–1(奴隶) 来自：Rayhaneh Shahrestani, 1987. Iran in Days of Old: a pictorial Record. Tehran.

9-2 (穆罕默德的诗文),9-4(信仰的表白),12-1(胡瓦安拉),(尾页,第271页[原书])来自:A. Schimmel, 1984. Calligraphy and Islamic Culture. New York: New York University Press.

10-1(诵经家背诵《古兰经》),13-1(宗教乞丐),15-1(新婚队伍),15-2(葬礼上的妇女),17-1(男孩):彻丽·林霍尔姆(Lindholm)提供照片。

我尽最大努力列举所有版权所有者的名字,但是如果有因为疏忽而造成的遗漏,出版者会很乐意在有机会时作出必要的解决。

中东传统学术最吸引人的事情之一就是密切关注学术传承。每个作者都注意给予他的老师和对他产生影响的人以赞扬,不幸的是,我如果完全遵循这种传统的话就要占去太多的版面,我只能提及对我帮助最大的几个人。

智力方面,我非常感激我的同事弗雷德里克·巴斯(Fredrik Barth),他在我之前在斯瓦特(Swat)进行了田野工作。他作为人种志学者或人类学家是难得的典范。其逻辑的清晰和严密以及知识面对我来说是巨大的鼓舞。我也很高兴对欧内斯特·盖尔纳(Ernest Gellner)表示感谢,我对他仅有一点点了解,有时我与他意见不一致,但是他的令人敬畏的学术能力,以及在某种程度上的自愿投入,是真正值得赞扬的。我谨以此书纪念他。

我也很高兴给予我在哥伦比亚的指导教师亚伯拉罕·罗斯曼(Abraham Rosman)、波拉·鲁贝尔(Paula Rubel),以及人类学系的罗伯特·墨菲(Robert Murphy),南亚学院的安斯利·恩布里(Ainslie Embree)和霍华德·雷金斯(Howard Wregins),心理系的理查德·克里斯蒂(Richard Christie)他们应得的赞扬。他们鼓励和培养我的方式直到现在我才开始懂得。

我的同事波士顿大学的学者,默林·斯沃茨(Merlin Swartz),汤姆·巴菲尔德(Tom Barfield)和赫伯特·梅森(Herbert Mason),欣然通读了草稿,推荐有价值的新资料,使我避免了严重的错误和文理不通。我以前在哈佛的同事,卡尔·兰贝格-卡尔洛夫斯基(Carl Lamberg-Karlovsky),慷慨地为我提供内行的建议,在我对此地区的古代历史方面的研究帮助极大。我也得到了为布莱克韦尔(Blackwell)读文本的历史学家的极大帮助,尤其是大卫·摩根(David Morgan),他的批评使我重新思考和重写一些关键的章节。德博拉·图克(Deborah Tooker)首先建议我考虑平等主义理想的社会后果,而普尼娜·沃伯纳(Pnina Werbner)、胡安·科尔(Juan Cole)、杰夫·温特罗布(Jeff Wientraub)、纳达夫·凯南(Nadav Kennan)和约翰·A.霍尔(John A.Hall)(还有其他人)对这一论题的早期作品提出批评。迪克·诺顿在年表的写作中给我提供了帮助。在一篇评论中,理查德·塔珀(Richard Tapper)指出第一版的许多错误,我在这次再版时也尽力加以改正。我真的非常感激所有这些学者的帮助,紧接着需要补充的是,仍然存在的错误完全是我自己的责任。

我也感激约翰·戴维(John Davey),我以前的编辑和现在的朋友,他邀请我承担这个项目,并且在整个过程中鼓励我,尽管有许多分散注意力的事物。我感谢安东尼·格雷厄姆(Anthony Grahame)对第一版的耐心、宽容和仔细的文字编辑。我也要感谢艾米·约丹尼斯(Amy Yodanis),他支持出这个新的版本,以及简·休伯(Jane Huber),她的热情、智慧和编辑技巧有助于新版的完成。汤姆·巴菲尔德 (Tom Barfield)、瓦妮莎·迈厄·兰热尔(Vanessa Maia Rangel)和彻丽·林霍尔姆(Cherry Lindholm)提供了一些极好的照片使本书的页面富有生气,我对他们表示感谢。我也很高兴感谢波士顿大学的大学教授项目所发挥的作用,通过给我的助手丽贝卡·诺里斯(Rebecca Norris)提供资助而支持我的研究,她是一个认真的不知疲倦的研究者、调查员、批评家和同事,最后,像往常一样,我最深切的谢意给予我的妻子彻丽(Cherry),感激她永恒的良好编辑判断和同样永恒的道义上的支持。

第一部分　导言

1 中东:各种假想和问题

1.1 西方人眼中的中东

写一本对中东进行综合介绍的书是一项令人望而生畏的任务,其原因不仅在于这一课题的巨大复杂性,还在于西方对这一地区和人民的满怀偏见。近年来,伊朗革命、伊拉克战争、奥萨马·本·拉登的崛起都进一步激起西方的忧虑,穆斯林移民长期涌入那些只想得到其劳动力却不想接纳其文化或给他们公民的全部权力的欧洲国家,使情况更趋于恶化。法国穆斯林女学生戴头巾上学所引发的骚动,和德国直接排斥穆斯林工人的恐外暴力活动等事件,都可以表明西方对伊斯兰的恐惧和憎恨在当前所达到的程度。

当代西方的敌视,无论如何,都不仅仅是现代冲突的结果。其中折射出穆斯林中东和基督教欧洲为西半球及其以外地区的经济、政治和宗教霸权所进行的千年争夺——一种直到最近伊斯兰一方始终占有优势的争夺。16世纪,欧洲始终对与十字军东征方向相反的宗教战争的幽灵感到恐惧,穆斯林对基督教世界腹地的入侵,似乎是即将重新上演早期伊斯兰对西班牙的征服。当奥斯曼的军队在苏莱曼(Sulieman)大帝的领导下于1529年向维也纳进军并在9月兵临城下的时候,这些恐惧看起来似乎都是有充分理由的。仅仅是因为土耳其军队不愿意在远离家乡的地方过冬使他们没能取得胜利,看上去很可能他们第二年会回来继续围攻,把维也纳降为一个总督管辖区,并且威胁整个欧洲的中心地带。

直到1571年,哈布斯堡王朝的军舰在勒班陀(Lepanto)战役中打败奥斯曼的舰队,苏丹军队不可战胜的神话才宣告结束。但是这次失败并没有结束奥斯曼对基督教世界的挑战。只是到1606年,苏丹才屈 3

尊将一个欧洲大国看成和自己地位对等的国家,同哈布斯堡王朝签署了一个条约,以结束多瑙河边代价高昂的拉锯战。晚至1683年,另一支奥斯曼大军再一次围攻维也纳,只是由于缺乏重型武器才未能取胜。在此后不久的1699年,《卡尔洛夫奇(Karlowitz)条约》迫使苏丹放弃特兰西瓦尼亚和匈牙利——这是奥斯曼的领土第一次回到基督教的控制之下。尽管当时没有意识到,但势力均衡毕竟发生了决定性的转变。奥斯曼的撤军标志着穆斯林征服欧洲的结束和西方控制中东缓慢进程的开始,统治的确切标志是1798年拿破仑征服埃及。曾经渴望将整个世界都变成伊斯兰的伟大的奥斯曼帝国,现在被迫转向西方寻求灵感,它不再是欧洲难以战胜的对手,它很快将成为欧洲的"病夫"。

尽管从现代西方的优势来看,西方对奥斯曼的最终胜利似乎是不可避免的,但在当时,相反的结果看上去可能性更大。与支零破碎的、粗野的、迷信的而且经常是无能的欧洲王朝不同,奥斯曼帝国拥有中央集权的帝国朝廷,强有力的领导,相对比较高效的官僚队伍和一支健壮的、忠诚的并被很好地组织起来的军队。考虑到这些条件,欧洲强国的"自然"胜利实际上远比现在看起来的有疑问得多,16、17世纪欧洲的恐慌也足以证实这一点。

对这一非同寻常和代价高昂的争夺统治权的斗争的历史记忆,仍然强烈地存在于西方的文化无意识中,并在最近,通过那些自命的基督教世界的保护者——他们以保卫欧洲为名屠杀他们的穆斯林邻居——这种历史记忆在前南斯拉夫被唤醒。如今在欧洲和美国已得到如此广泛传播的对穆斯林"原教旨主义"的歇斯底里式恐惧,至少在部分上,是自同样的历史根源中产生的,并发生于对伊斯兰本身进行妖魔化的悠久历史传统中。被穆斯林们视为真主使者的先知穆罕默德,在西方的文学作品里经常被歪曲描写。在西方,没有任何一个大宗教的领袖被如此系统地诬蔑和辱骂,或者受到极度的蔑视,可能除了犹太教,也没有任何宗教受到过如此的鄙视。[1]

在公开蔑视穆斯林的宗教信仰的同时,西方的理论家也对中东的

〔1〕关于态度的目录,参见Southern(1962)。

市民生活进行了全面谴责。自从他们最初成为欧洲的威胁时起，在欧洲，中东的穆斯林帝国就被描绘成政治活动被完全压制在暴君铁腕之下的巨大的专制政权，而在西方，形成对照的是，所见到的是赞成公民权和公民参政的政府。黑格尔对这一看法的表述可能是最著名的，他 4
在论述历史中的理性（Reason in History）时，将奥斯曼帝国同他自己的祖国德国进行了对比，写道："东方各国只知道一个人是自由的，希腊和罗马世界只知道一部分人是自由的，至于我们知道一切人们（人类之为人类）绝对是自由的。"[1]

这种西方的话语方式一直持续至19世纪，尽管西方帝国主义的势力已在中东牢牢地建立起来，奥斯曼帝国也受到了削弱。在这种变化了的环境下，当恐惧让位于保护之后[2]，伟大的社会学家马克斯·韦伯将典型的中东国家描绘成独裁的、私人化的王国，其标志是，在重叠、松散、古怪的管理和司法机构里任职，靠的不是能力，而是对统治者的忠实程度。苏丹本人没有其他追求，只是单纯地保有和享受统治的快乐，他的属下的存在只是为了迎合他的喜好和从王国中巧取豪夺，人民则是无生命的税收来源。在韦伯看来，这种低效和残酷的统治形式的正统地位是"失去理性的"，仅仅是建立在民众对传统的被动接受和统治者的强权统治的基础之上。[3] 从这个角度来说，作为西方民主传统反面形象的伊拉克的萨达姆·侯赛因，正是东方专制君主的长长世系中一个并非例外的代表。

这些负面的评价是欧洲对中东前现代（和现代）的穆斯林政府组织形式的众多标准学术性理解的典型。这些评价正确与否将在后面的章节中进行讨论，在这里我只想指出，现在通行的对穆斯林政治组织和宗教的诋毁，经常被用做赞美西方文化和统治的优点的证据，以证明西方的文化和统治比在穆斯林社会中所发现的任何东西都更为人性化和更有效率。在征服中东并将之变成殖民地之后，西方观察者不再关注

〔1〕Hegel（1953：24）。引文出自黑格尔《历史哲学》（王造时译），上海书店出版社2001年版，第19页。——译者注

〔2〕Daniel（1960）。

〔3〕Weber（1978：625－627，976－978）。

权力,而是仅仅关注其显著的低效和腐败。奥斯曼帝国,中东专制主义的典型,被描绘成一幅悲惨的景象,没有对当代世界的挑战作出回应的能力,在不负责、无能而又充满欲望和贪婪的君主的统治之下。正如马歇尔·霍奇森所描述的那样,从殖民地的角度来说,在奥斯曼时代晚期,“公共职位上的每个人看上去都可以被收买,除非他受到一个反复无常的暴君的兽性恐惧的制约”。[1] 欧洲君主因此可以容易地认定,为防止盛行于中东国家的权力滥用,他们的统治是必要的。

在这种意识形态的背景下,欧洲人认为穆斯林不能自己完成改革,
5 因为他们根本不能进行理性思考和采取合理的行动。1882 年至 1907 年任英国驻埃及助理总领事的克罗默(Cromer)爵士曾经自鸣得意地说道:“缺乏思想的对称性和准确性……是将不合逻辑的、形象化的东方和合逻辑的西方相区别的主要特征。”[2] 在其他地方,他直截了当地写道:“不知怎么地,东方人一般来说是按一种与欧洲完全相反的方式行动、讲话和思考。”[3]

那么我们可以说,西方对中东和当今盛行的伊斯兰的想象是由长期对抗的历史决定的。准确地说,因为有过作为欧洲支配者的军事和意识形态对手的经历,中东被作为相反的标准,以便西方的想象可以通过与之进行对照而定义自我,对穆斯林世界的敌视(也有吸引)是西方自我建设过程的组成部分。正如爱德华·赛义德那著名的表述所说的那样,西方对伊斯兰的理解“同东方的关系远不及和‘我们的’世界的关系”。[4]

然而,赛义德也认为,西方任何将中东作为一个文化上的特殊实体的描绘,必须被看做是霸权主义的表现,这种描绘服务于将穆斯林变成被操控和剥夺的对象和“另类”,以便对被剥夺公民权、被剥夺人性和

[1] Hodgson(1974, vol. 3:158)。

[2] Baring(1908, vol. 1:7)。

[3] Baring(1908, vol. 2:164)。

[4] Said(1979:12)。

没有发言权的穆斯林“他者”进行统治。[1] 这种激进的观点可能有些夸大其词，但是，对西方的权力和文化霸权的认识，并不需要与拒斥建构中东文化的综合的、比较的观点的可能性相联系，也不需要仅仅因为这一切出自西方人的眼中，就否认中东社会真实的历史和文化模式。

真正的问题应该是：中东的文化是由什么构成的？是否它的组成部分太模糊以至没有实际作用，或者是与平凡的事实距离过于遥远以至无法引起人们的关注？可能是这样。但是正如罗德尼·尼达姆(Rodney Needham)所说，我们可以限定所考察的领域，通过关注这些方面“激起……一些对人类生存窘境的更敏感的情绪”[2]，也就是说，要关注那些存在于各种文化世界中的人们力求通过为自己赢得声望和赢得同样的人的尊重，从而暂时缓解面对死亡的痛苦的方式。这种追求恰恰源于存在主义的人类焦虑，这种焦虑出现于自我与他人之间、自主与合作之间，并从“人应该过什么样的生活”这样的简单问题开始，或者是更抽象的问题“在一个特定的文化背景下，受到杰出评价的个人和社会的概念是什么？”从这种观点出发，我们才可以充满同情心地思考中东人尝试实现其理想的方式——他们如何失败，他们如何成功，以及在回应他们的道德世界的要求中所产生的种种压力和矛盾。 6

1.2 中东何在？

但是在沿着这条思路走下去之前，有一些基本概念需要阐明。关于这一点，我在使用“中东”和“穆斯林”两词时，就像他们的意思是自明的，就像中东和伊斯兰是相连的一样。当然，这两点都不是这样。很明显，中东不能简单地定义为穆斯林社会，因为更多的穆斯林生活在印度尼西亚、孟加拉和印度，以及撒哈拉以南的非洲，而不是生活在中东。

[1]赛义德主张在文化对比上的各种努力都具有“普遍性，其历史上和实际上的使用都一直在强调一些人和另一些人之间差别的重要性。通常的结果都不十分令人满意”。对他来说，“文化和文化对比主义”的概念是一种力量的压制行为，“它酿成了种族中心主义、种族理论和经济压迫”(Said 1979：45，146；也参见 Abu-Lughod 1993)。回应，参见 Lindholm(1995a)。

[2]Needham(1978：3)。

但在同时,很明显,中东地区和伊斯兰教紧密地交织在一起,因为伊斯兰教就是从阿拉伯地区兴起和向外传播的,因为先知穆罕默德所受启示宣告的新共同信仰体系所创造的世界上一种新的生活方式,永久地改造了这一地区以前存在的生活文化模式。

尽管无论当地的语言如何,阿拉伯语的《古兰经》在穆斯林世界的各个地方都得到诵读,但是伊斯兰的精神仍然受到它所处文化背景的强烈影响,这也是事实。随着时间的推移,伊斯兰也在发生着同样的变化,在今天,理解和阐释《古兰经》的方式与过去不同,官方宣讲的伊斯兰也与民间倡导的不同。

如果仅仅作为穆斯林不足以定义中东,那么究竟什么能定义中东?在赛义德之后,后现代主义的理论家们认为,任何这样的标识必然是有害的,因为出于将“我们”和“他们”相区别并必然将“我们”视为优胜者的目的而作出的分类,使地方的乃至个人的差异变得模糊。因为这种区分是破坏性的和失去人性的,结果是将中东分类为一个文化区,或将中东人理解为具有独特的文化传统,这是一种侵略行为。这种方法使得任何的对比都成为不可能的,并将中东变成一个地方特殊性和特定个体的混合物,没有任何历史的和社会的连续性。这是一种对中东人自身经验的篡改,中东人将他们的世界理解为正是拥有那种后现代的理论家所否认的和谐与一致。

更加有吸引力和有价值的是著名历史学家马歇尔·霍奇森的实用主义的观点:“伊斯兰世界”可以定义为西起尼罗河、东至乌浒水(Oxus)的地区。霍奇森认为,这个地区是穆斯林社会的文化核心区,因为在伊斯兰统治的全盛期,最权威的国家和王室正是在这里确立了其统
7 治地位,并提供了供其他穆斯林世界遵循的文化模式。

传统的人类学对中东的界定一般都遵循霍奇森的文化核心区理论,但是将其中心西移,排除乌浒水地区而将之划归中亚,并将中东延伸以包括北非(所谓的马格里布或“西方”)。对人类学家来说,这种划分是讲得通的,因为根据物质文化和社会习俗,两个地区存在明显的差异。这些差异使得人类学家认为乌浒水地区的民族属于与马格里布、

阿拉伯和波斯的民族不同的“特征文化丛”。从这个角度来讲,不是宫廷的壮丽景象而是地方的知识、物质文化和行为的典型模式对文化区起着限定作用。

如果我们接受“特征文化丛”的观点,我们可以划定——尽管是暂时的——中东的空间界限,中东从空间上可以被描述为:以北纬 38 度为轴,从西南向东北方向延伸,大约涵盖 700 万平方英里的地域。西部以摩洛哥的大西洋海岸为界,向东延伸,跨过北非,进入阿拉伯,穿越伊朗,最终分别在巴基斯坦北部和阿富汗南部与中亚和南亚相连接。在西南部,这个地区没有越过撒哈拉,在东南部,它止于阿拉伯海。在北部,其边界很自然地取决于 3 个内陆海:地中海、黑海和里海,最终达到兴都库什山的诸峰。[1]

我们马上就可以辨认出,这个地区正是早期西方文明的中心地带。正是在这个地区,山羊、绵羊(和猪!)最早被驯化。农业的发明也是在这一地区,新石器革命使男人和女人由渔猎采集者变成了农民和畜牧者。正是在这个地区,许多我们熟知的食物最早被培育出来:小麦、黑麦、大麦、洋葱、大蒜、橄榄、葡萄、瓜、苹果、无花果、枣、杏、梨、桃、鹰嘴豆、蚕豆、核桃、扁桃。也是在中东地区,兴起了最早的拥有文字的城市文明,极大地发展了人类的生产能力和力量,但也同时使多数人隶属于少数人。这些帝国文明建立了巨大的纪念碑以显耀他们的王朝和统治者的辉煌,他们用新发明的文字来记账、讲述人和神的故事,并记录帝国的兴衰史。

很明显这是一个庞大的、古老的、高度复杂和多变的地区,它的过去体现着人类历史数千年的兴衰变迁。它是有文字的文化的最早发源地,其中不仅包括三种主要的语言群体——阿拉伯语、伊朗语和土耳其语,也包括其他一些小一点的但是独立的语言单位,例如,库尔德语、普什图语和柏柏尔语。它是犹太教、基督教和拜火教,以及现在居于统治地位的伊斯兰教的发源地,而伊斯兰教本身又分成主流的逊尼派和什叶派,以及许多小的支派、旁系和异端。这一地区内拥有巨大的内陆 8

〔1〕参见 Coon(1951),中东的自然和地理局限的最好表述。

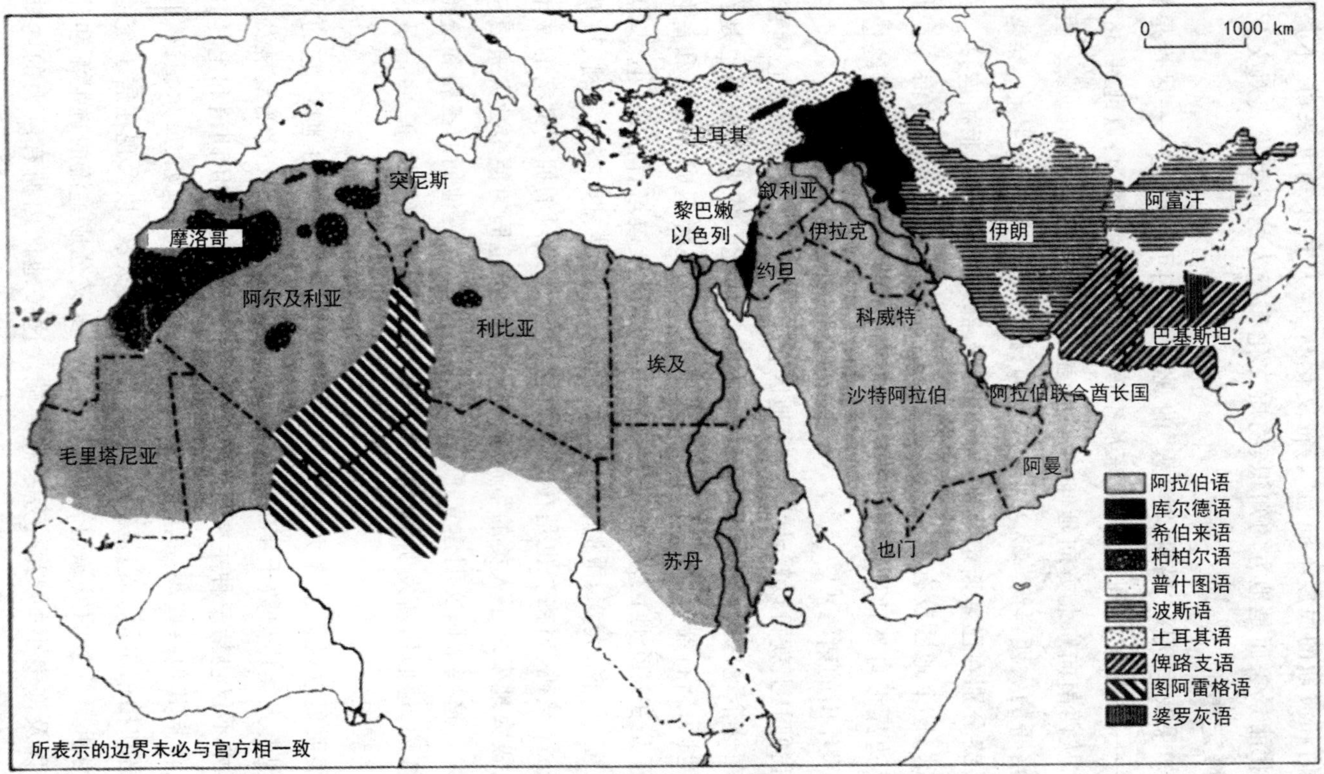

地图1-1　中东现代国家和主要语言。

海、大沙漠和荒芜的山区,但是也包括一部分世界上最肥沃的耕地。它的人口包括世界上的一些最富有的人,也包括一些最贫穷的人,他们作为牧驼人、牧羊人、农民、渔夫、商人,以及从事可见于大城市中心的数不清的职业,他们居住在独特的、偶尔也有战争的国家,这些国家政体各异——社会主义的、国家主义的、宗教的和独裁的。

总而言之,这一地区有一系列不同的派系、历史、社会组织、信仰和政府,如果将之全部捏合在一起贴上一个标签的话,看起来会出现相当大的偏颇,尽管事实上某些特点,例如帐篷的样式和亲属组织,在许多地方都是一样的。但是特征文化丛的方法将所有特征混杂在一起,如同它们具有同样的价值:帐篷的样式和亲属结构同样被视为典型的标志,然后去查看有多少种特征来共同组成一系列具有或多或少的典型性的群体。这种人类学早已过时,自从它被埃德蒙·利奇诙谐地嘲笑为蝴蝶采花式的社会研究方法,也就是说,不断增加着类目的无结果的搜集,得到的是与博物馆展览架里的人种志同类展品类似的杂乱的一堆东西。[1] 利奇的批评是有力的,但他的意思并不是完全地排除概括和比较,他所关注的是在表面现象下发现深层的结构性模式,在此基础上才有可能发现更有意义的相互关系和进行更为重要的比较。

真正的问题是,是否这些共有的特征表现出一些更深层的、关键的文化和道德的连续性。正如我已经提到过的,我相信我们应该在中东人面对关于存在的问题的方式中去寻找这种连续性,而有关存在的问题涉及通过穆罕默德·阿孔(Muhammad Arkoun)所说的"文化的想象",来建构他们的伦理选择和自我认同。也就是说,深怀固有的价值观,为中东人自身的行动、情感和思想提供了最突出的和具有强烈动机的基础,并在他们的日常生活中,在他们的象征和宗教体验中,以及在他们同世界其他地方的对立交往中鼓舞着他们。[2]

1.3 作为核心价值观的平等和个人主义

在本书中,我认为这些核心价值观包括平等主义、竞争的个人主义

---

〔1〕Leach(1961)。

〔2〕Arkoun(1994)。

和对个人自主的追求——同西方尤其是美国相同的价值观,但是这种
10 价值观在大多数的文化中是找不到的。就历史的和跨文化的意义而言,更普遍的是对权威的神化,因此统治的权利归属于特定的神圣化的社会阶层,它与社会的其他部分相分离并处于社会其他部分之上。在这种社会中,要拥有高的等级,人们必须出生于或被收养于特定的阶层,所有其他阶层在道义上必须服从这个阶层。我们可以在印度的种姓制度中发现赞成神圣化等级的最极端的表现形式[1],但是在所有文化中我们都可以发现,精英集团永远被从民众中标识出来。实际上,这种划分等级的模式被许多学者认为是前工业社会的最主要特征。[2]

但是在中东人中,正如在美国人中,这种等级是受到谴责的;对两者来说,道德平等被当然地视为人的基本特点,级别是在平等者之间通过竞争获得的,不是天生就赏赐给贵族社会阶层的成员的。美国人和中东人也有一个共同的信仰,即在造物主眼中,所有人都是平等的,所有人都是生而自由和自主的,都是努力争取在其同胞中得到光荣的和受人尊敬的地位并获得后世救赎的人类代治者。

共同拥有平等主义的和竞争的个人主义的价值观,在这一地区的大量人种志资料和历史文献中都随处可见。典型的是亨利·罗森费尔德(Henry Rosenfeld)对贝都因游牧部落的描述,在他们中间,"每个亲族集团,都不接受对资源的独占,基本上认为自己在威望、荣誉、地位和权利方面与其他集团都是平等的"。[3] 在其他地方,在约旦的村民中,理查德·安东(Richard Antoun)注意到,平均15岁的"男人","认为自己现在不是任何人的仆人,只是由于他自己对朋友的慷慨之心,以及对他的男性亲属的义务感,才促使他从事杂务劳动"。[4]类似的,在巴基斯坦北部的普什图人中,每个男人"认为他和包括他父亲在内的任何人一样的出色"[5],当地的谚语也在不断地强调部落成员间的平等,说

[1]参见 Coon(1970)对于这个问题的权威观点。

[2]参见 Gellner(1983)对于这种立场的清晰陈述。

[3]Rosenfeld(1965:174)。

[4]Antoun(1967:295)。

[5]Khan(1958:47)。

他们就像雨天播种的小麦一样，“所有的长得都一样”。

也许有人会说这些农村人是平等的，因为他们实际上都是一样的——一样的贫困。但值得注意的是，在中东，甚至面对地位和财富方面的差异，也保持着同样的观念。例如，在伊朗西部和外界联系很少的鲁尔（Lur）地区，一小部分精英拥有几乎所有的土地和牲畜，雅各·布莱克（Jacob Black）介绍说：

> 所有鲁尔人都认为彼此的地位在本质上是平等的；那就是说，
> 任何特定的人在任何特定的时候的地位都是获得的。没有人生来 11
> 在政治方面高于其他任何人。所有人都相信个人的勤奋是其成就的关键，只有愚笨、懒惰和厄运能够阻止人实现其最高目标，或者，反过来，可以使一个显要和有名望的人陷入贫困的境地。[1]

在摩洛哥城市里，尽管在财富和权力上存在巨大的差异，保罗·拉比诺（Paul Rabinow）告诉我们，贫穷“只表明现在缺少物质财富，仅此而已。尽管是不幸的，但这并不会对一个人的声望造成不良影响”[2]。

穆斯林世界缺乏敬语也反映着同样的平等主义气质。正如伯纳德·刘易斯（Bernard Lewis）写道：“从最开始到如今，在伊斯兰的国土上，除了皇室成员以外，只是在非常有限的和局部的范围内才存在世袭的头衔，即使在这种情况下，更多的也是出于礼貌而不是由于法律。”[3]这种平等主义甚至延伸到统治者身上，他从不被称为人民的父亲，对苏丹的最大赞誉是奥斯曼式的头衔“aga”：兄长（正如我们将要看到的那样，这种称呼反映出突厥人与众不同的亲属结构），这又一次表明在统治者和被统治者之间缺乏任何绝对的意识形态方面的差别。

---

[1]Black（1972：616）。

[2]Rabinow（1977：116）。这种平等主义的态度与欧洲地中海地区穷人被认为不如胜过他们的人有名誉形成明显的对照（Stewart，1994：132）。

[3]Lewis（1988：64）。这个不但在中东的中部地区是这样，而且在被认为更具等级性的伊朗社会也是这样。正如约翰·夏尔丹（John Chardin）爵士在1720年写道，波斯人通常按其祖先的职业起名字，“无论是自由人还是手工业者，是按他们在世界上养活自己的方式……并且值得注意的是，在我看来是非常值得赞扬的，在他们富有之后，在他们地位上升成为最高级的名流之后，在他们进入最伟大的职业之后，他们对于拥有这样的姓氏并不感到羞耻。这是因为他们因专门的技术、他们的职业尤其是他们的财富而得以上升，只有非常少的人是通过血统与之相联系”（Chardin，1927：197）。

同时，人们通常被称作国家的"兄弟"或"儿子"，国家也被想象成与部落相似，其成员作为平等的共同参与者同样处于国家的保护之下。

在这种环境下，所有的人，无论其地位如何，能够而且确实平等地相见和互相交流。这种普遍性的价值观体现在穆斯林的问候语"愿真主的平安在你身上"，使用这种问候语不必考虑对方的地位。不同社会阶层的人见面也不用鞠躬和屈膝，体现平等和亲密的握手和拥抱是中东人的习俗。甚至国王的合法性也通过他的顾问和欧莱玛（ulema 学者）同他简单地握手来表示，正是在这种正式将权力授予统治者的时刻，这次握手肯定了缔约各方的平等地位。如果统治者在理论上同他的随从地位相等的话，随从只是将权力交给统治者，那么随从们也在他们追求统治者的个人嘉奖上彼此基本相等。在中东，获得政治权力从不被认为是通过一系列固定的等级向上升迁，此种想象只限于精神的提高。

正是在头脑中有如此背景的情况下，刘易斯（Lewis）写道："这是一个总是在原则上而且常常在实践中，至少在某种程度上，拒绝等级制度和特权的社会，是一个靠与统治者的亲密程度和取得其喜悦的程度，而不是靠出身或等级获得权力与地位的社会。"[1]类似的，马歇尔·霍奇森（Marshall Hodgson）直截了当地说，在伊斯兰国家"平等是基本原则，首要的是在自由的成年男子间的平等"；在这种情况下，"应当给予每一个自由的穆斯林那种阿拉伯部落成员所期待的个人的自由和尊
12 严——没有自己的同意他就没有义务服从任何人。（因此）所有自由的穆斯林应该得到基于本质上的平等的待遇"。[2]

平等的理想也渗透进宗教领域，伊斯兰比其他宗教更加强烈地要求承认在真主御前所有信仰者的基本平等，以及个人在完成宗教义务时的尊严和个人责任。甚至先知也只是一个人，崇拜先知，或者任何形式的对人的崇拜，都被视为大罪而受到禁止。从理论上说，在伊斯兰教里没有教会的等级制度，没有委任牧师，没有中央的教会组织，没有任

---

〔1〕Lewis（1988：23）。

〔2〕Hodgson（1974，vol. Ⅰ：344，253）。

何人站在穆斯林个人和安拉之间。在彻底地肯定人和神直接面对这方面,伊斯兰甚至比加尔文派走得更远。

平等和竞争的个人主义不是中东人的唯一价值观,而是与对勇敢、独立和慷慨的重要性的高度评价共存并相互呼应,个人荣誉的规范建立在自助、热情、血亲复仇、庇护,以及女性的贞洁和隔离等严格的与性别相关的风俗的基础之上。极为重要的是,我们必须指出,荣誉不仅与个人相关,而且也不可避免地与男人和女人出生于其中,并对之有忠诚和支持义务的父系和父权的大家庭、氏族乃至部落相关。正如我们即将看到的,这些理想也与强大的文化继承相符合,这种文化上的继承包括女性的柔弱卑下,对关于人种和种族的陈规陋习的否定,以及与世系高贵和低贱相关的观念——这些都和人人平等的前提是相矛盾的。这种信仰和价值观的含义模糊的融合,由于某种原因,而同重商主义、社会流动性、世界主义和审慎的推理能力等民族精神缠绕在一起。

因此,中东的文化不像某些人所宣称的那样是对西方统治的空洞的反映,也不像后现代的研究可能表明的那样,是一个独特、独立、无法概括和无法理解的任意个人的聚合体。相反地,在中东价值观的核心中,有许多现在被认为是现代西方世界基本特征的价值观:平等主义、个人主义、多元主义、竞争精神、审慎的理性观点、个人进取精神、社会流动性和自由;但是这些是发生在独特的历史背景下的,基于骑士的荣誉,女性隔离和父系制度,以及仍旧赞成男女之间、白人和黑人之间、部落成员和农民之间、贵族和平民百姓之间、自由人和奴隶之间的不公正的区别。

从这种观点出发,穆斯林"他者"不是西方人所无法识别的,而是恰恰相反。实际上,西方与穆斯林的种种对抗使我们更加深刻地感受到两者间存在种种相似性这一事实,这对任何一方就两者的现实和特征的绝对不同所作的任何断言构成挑战。通过思考对平等和个人自由 13
的理所当然的信仰在政治、宗教和个人领域对中东社会现实发生影响的方式,我们可以发现,在一个与我们相似的文化背景中,从属关系和等级制度是如何在合法地隐藏或否认所有参与者本质上都是平等的这一设想。[1]

但在进行这项讨论之前，我们需要简单地考察我们同我们的中东兄弟共有的特殊价值体系所产生的社会、历史和生态背景的出现和盛
14 行。这就是下面各章的任务。

插图 1－1　叙利亚阿勒颇市场近照。

〔1〕参见 Lindholm(1992)。

第二部分
平等主义的个人主义前提

2 生活方式

2.1 生态框架

对于中东,需要注意的最关键事情是,将这一地区粗略地分成几个区域的伸展的年轻山脉:摩洛哥、阿尔及利亚和突尼斯的利夫(the Rif)和阿特拉斯山;伊朗的扎格洛斯(Zagros)和厄尔布尔士(Elburz)山脉;阿富汗和巴基斯坦的兴都库什山,除科威特之外每个国家都可以发现比这些山脉要小一些的山峰。尽管其尚未达到对商队通行构成障碍的高度,但这些山脉的崎岖不平却足以为亡命之徒和反叛者提供避难所;它们也提供茂盛的、隐蔽的山谷用来耕种,以及为低地的牧群提供夏季牧草。甚至更为重要的是,这些山系为冬季月份里盛行的季风把降雨量吹向西方的流动制造了障碍。由于受山脉阻碍影响的气候原因,大部分地区是干旱的准沙漠或沙漠环境,越向西降雨量越稀少构成中东的特点。各处的降雨量,即便是在多雨的冬季,也是靠不住的,冬季种植的作物如果没有灌溉常常也会歉收。

随着季风的转向,从冬季迅速进入夏季,风开始刮过沙漠,将雨水统统驱走,带来中东大多数地区在这个季节里通常流行的酷热。只有极少地区存在相当数量的具有重要意义的夏季降雨可以依赖。在偏远的高山溪谷,大多数降水以雪的形式降下,严酷的自然条件使在这些地区永久居住变得异常困难甚至根本不可能。其他降雨多的地方一般位于沙化的土地,或者陡峭,或者偏远因而极难耕作的地方。实际上,因为这一地区气候方面的限制,在中东广阔的土地中,只有大约14%适合于耕作,而这些地区几乎全部都位于绿洲、高山的谷地,特别是在平原和供水充足并相对稳定的大河的三角洲地带:尼罗河、底格里斯河—幼发拉底河、卡伦河(the karun)和赫尔曼德河(the helmand)。

插图 2－1　阿富汗东北部每年春季游牧迁徙时的骆驼运输。

但即使在这些土地相对肥沃的地区，中东地区的耕作也相当费力和不稳定，农民必须精心耕作和管理任何有水可以利用的地方。这通常需要建造复杂的长达数英里的灌溉系统或地下水道（伊朗语中称为查奈特 qanat）。但是运用这些古老的技术也有其危险的一面：有一个永远存在的危险，即由于淤塞、盐化或仅仅由于忽视，再加上砍伐森林所造成的气候变化，而导致的灌溉系统的破坏，可以使肥沃的土地沙漠化。由于这些进程，世界上第一座大城市乌鲁克（Uruk），现在成为凄凉的荒原上一个无法居住的闷热废墟。底格里斯河—幼发拉底河三角洲的大面积肥沃麦田使得伊拉克成为古代世界的粮仓，但由于古代灌溉系统的淤塞，现在已大半变成了沙漠。

尽管不适合居住的沙漠和高山条件艰苦，即使在溪谷地区的耕作也不稳定，但是数千年来中东人还是成功地找到了勉强糊口的方法，惧怕其力量但是还要依靠古代城邦留下的资源。[1] 理解了他们生活上的各种生态方面的限制，和他们开发的用以克服这些限制的生产模式，

〔1〕正如保罗·德雷舍（Paul·Dresch）指出的，在这个古老的地区，“没有发明国家的必要”（Dresch 1990:260）。

以及他们同河谷文明复杂的长期的相互关系，将会非常有助于我们理解中东文化的平等主义和个人主义价值观的根源。 18

2.2 贝都因人的选择

一个显著的适应内地条件的特点是骆驼队游牧生活，它在文化上的影响远远超出从事这个行业的人的数量。可能早至2500年前[1]，骆驼的引进，伴随着其令人难以置信的忍受干渴和炎热的能力，使得放牧者能够向沙漠腹地拓展。游牧的牧驼人在干燥的夏季里可以会聚到沙漠腹地肥沃的绿洲上，而在冬季里分散开来去寻找水源，并找到足够的水草来饲养大群的骆驼，以作为贸易中可靠的运输工具。骆驼对沙漠的适应性迫使游牧人逐渐演化出一种流动的社会组织，以便在呈拱形的氏族结构内部允许高度的个人自治，因为共用一个帐篷的家庭单位在冬季寻找牧草时需要依靠他们自己和他们的近亲联盟，尽管他们将在此后的夏季里和他们更大的亲属组织联合在一起。

在公元前500年到公元前100年之间，骆驼鞍座的发明使得这些游牧人可以骑乘他们的骆驼了。这是一个有重大意义的发明，因为这使得他们有可能把自己变成流动的沙漠战士，并开始以贝都因人而闻名。在撒哈拉沙漠中现在被称为图阿雷格(Tuareg)的人们中，以及生活在伊朗和巴基斯坦的沙漠腹地的今俾路支人(Baluch)和婆罗灰人(Brahui)中，也采取了同样的适应性变化。现在，有了新的机动性，武装的骆驼骑手不但可以互相袭击，他们也可以通过给商队提供“保护”和向定居村民勒索类似的款额(哈瓦，khuwa)以改善自己的生活。这些保护和勒索的关系可以延伸到国家本身，这些国家宁可支付一定的费用以换取贝都因人的沉默和合作，也不愿意尝试进入他们的沙漠领土追击和征服他们。甚至在今天，沙特阿拉伯的“不毛之地”(Empty Quarter)[2]的摩拉人(al-Murrah)也不需要出售他们的骆驼，因为他们

[1]引入骆驼的确切日期不为人知，骆驼在公元前1000年时数量肯定就很大了，因为《圣经》描述入侵的米甸人(Midianites)有数千头骆驼。

[2]沙特阿拉伯境内南部的一处人迹罕至的沙漠地带，也译为“空域”。——译者注

作为保护边疆和平的国家卫队成员而享受固定的薪金。那么国家在贝都因人看来不但是一个危险，而且也是一个可以利用的资源，而国家也既将这些游牧民族看做威胁又视为潜在的同盟者。

这些游牧民族的道德观，在某种程度上，与他们面对的生态条件有关。在这些牧驼人身上表现出来的夸张的个人独立的勇气和爱心，是
19 他们在冬季为利用稀疏的降雨和牧草而需要到处放牧的结果。例如，当代的摩拉贝都因人在找寻冬季牧草时需要旅行远达 1900 公里。[1]这个干旱国家的个人经常不得不心甘情愿地并能够依靠他们自己来行动，随时准备在他们漫长的迁移中应付不可预见的意外事故，随时准备勇敢地面对食肉动物和偶尔遇到的武装对抗。在一个不确定的世界里，在一个人的声誉是他赢得尊重的唯一保障的地方，在这个没有警察实施法律的地方，诚实、荣誉、自律和协调能力是必不可少的。对于爱和战争的勇气，愿意使用暴力，也同样得到高度评价，因为调停和个人的正直在一个竞争性的世界里是不能替代男性的力量和主张的。慷慨和好客，也是为适应艰苦和不可预测的环境所作出的反应，在这种环境中，某一天的财富可能在第二天就会丧失。类似的，需要对某个人的朋友和敌人或者是陌生人的特征仔细观察，以便估计他们可能的未来行动和期待从他们那里得到何种相处的模式。[2] 因此游牧人长期以来就对记载事迹和事件的传记体和记事体情有独钟，因为这种体裁可以举例说明人的个性的复杂性和矛盾性——无论英雄人物还是出身贫寒的人都是如此。

我的论据中最重要的是，沙漠条件与牧驼人对等级制度和社会分层的根深蒂固的抵制有关。例如，贝都因的谢赫（shaikh）从传统上讲负责组织进攻和检查防御，但是他的权威纯粹来自相互平等的人们的自愿认可。无论在什么情况下他都无权强制。14 世纪伟大的穆斯林历史哲学家伊本·赫勒敦（Ibn Khaldun）对贝都因人的描述是："领袖

---

〔1〕Cole（1975）。

〔2〕贝都因人事实上对个体的个性具有迷的兴趣，这表现在"对于性格和性格的特征的概念，几乎有无限多的同义词"发现于古代部落的文本中。参见 Goirein（1977：5）和 Goitein 和 Von Grunebaum（1975）。

虽然得到服从，但他无权强制他人接受他的统治……在他们中间，将自己的权力让渡给其他人，即使是让给他的父亲、兄弟，或者是他的家人中最年长的成员，都是非常罕见的。”[1] 甚至在今天，拥有巨大财富和权力的沙特阿拉伯国王，贝都因人对他的称呼也没有敬语，是将他视为平等者。

威廉·艾恩斯(William Irons)，和其他人一样，认为对等级的反对是游牧生活方式的直接结果，在这种生活方式中，缺少大规模的经济上的生产和分配活动，伴随着较低的人口密度和较高的流动性，“使得发展制度化的政治等级成为不可能的……等级制的政治机构只有在同国家社会存在外部的政治关系时才能生成，绝不会仅仅作为这种社会的内部动力的结果而得到发展”。[2] 因此，等级制度在逻辑上不是必然的，它是运动和易变的游牧社会同国家或是其他竞争性社会结构相对抗的产物。在这种情况下，较高的地位不是真主赋予的，而是通过一个人的品质和好运得到的。 20

贝都因人的价值观在中东是重要的，这是因为他们在中东和穆斯林历史上曾经扮演过重要的角色。我们可以在后面的章节里看到更细节的东西，在很大程度上，正是依靠贝都因人的帮助，穆罕默德才在他自己的社会里掌握了权力。贝都因人的骆驼骑兵是伊斯兰的无可阻挡的军事力量，他们的胜利和威望是如此彻底，以至于在整个中东，骆驼完全取代了古老的运输方式，达到有轮的运输工具彻底消失的程度。[3]

随着穆斯林军队的不断胜利，牧驼人和他的来自遥远绿洲的兄弟们，从落后的野蛮人演变成世界的征服者，和先知那具有伟大改革能力的信息的传播者。他们击败伊拉克、叙利亚、伊朗和埃及的农民和牧民，并于此定居，他们统治这些人，并最终同他们融合。欧内斯特·盖尔纳(Ernest Gellner)写道，通过雇佣他们的国家，以这种方式把部落

[1] Ibn Khaldun(1967:108,119)。

[2] Irons(1979:362)；也见 Burnham(1979)。

[3] 这种特别过程的历史，参见 Bulliet(1975)。

“群狼”转变成温顺的“牧羊犬”。[1] 但是至少经过数代，在他们的自我意识里还保持着他们狼的本性，甚至在被彻底征服的时候，平等的理想、独立和战士对荣誉的观念仍然顽固地存在于这些部落成员/士兵的意识中，他们很快变成当地的管理者和显要人物。这些占统治地位的战士拥有的价值观在他们统治的地区为理想生活提供了一种文化模型，这种文化模型包括，厌恶各种形式的服从和高度评价个人的力量、对荣誉的追求以及勇气的自我肯定式展现。就这样，游牧人的价值体系被传播到了整个中东世界。

但是游牧生活的影响还不仅限于如上所述，许多部落的社会精神气质还在以下述的方式传播。部落地区从来无法养活在那里出生的所有人口，那些失去牧群的人们经常迁徙进入农耕地区，而农耕区的营养不良和不利于健康的条件造成了人口的高死亡率，从而永远地具有人力的需求。移民从远古以来就聚居在城市和城镇中，他们的祖先最初却都是生活在内地的人们。尽管在城市里他们自身贫穷和地位低下，甚至时至今日这些移民仍然在努力地保持他们与血亲之间的联系和维护血亲的权利，并以拥有他们部落祖先的价值观而自豪。[2]

当然，部落的理想也不是没有意义模糊的地方，对于中东城市居民来说，内地仍然是贫穷的、充满暴力的和粗野的地方——人们都不会愿意离开城市舒适和友善的环境而去过部落人的艰苦生活。但是，正是遥远的麦地那绿洲培育了伊斯兰，沙漠部落是伊斯兰的战士，荒野也经常是他们自己祖先出生的地方。因为这种历史，荒野长期被视为纯洁
21 和荣誉的所在地，尽管它充满危险和不舒适。在那里，正直、自豪和美德可以被充分地实现；而城市，拥有舒适和多样化的城市，是腐败、贿赂和妥协的滋生地。

游牧人的道德权威的证据可以在“阿拉伯”这个词上看到，现在它被用做语言和种族的名称，指所有说阿拉伯语的世界，而贝都因人最初

〔1〕Gellner(1981:31)。

〔2〕参见 Barth(1961)的一个例子，尽管 Barfield(1993)指出，只有在游牧部落没有其他的收入来源(例如抢劫)的情况下，和在定居人口不足的情况下，部落才会抛弃过剩的人口。

使用这一词汇仅指他们自己，他们现在仍然以这种方式使用该词，在一种将整个社会都与贝都因人的自尊和自豪联系起来的努力中，该词才在上个世纪被阿拉伯民族主义者盗用。另一种迹象是，时至今日，许多中东国家城市里的男孩被送到沙漠接受刚毅和严正的训练。传统上，高贵的城市婴儿也是由部落的乳母带大的，乳母同婴儿的家人建立起接近血缘关系的联系。穆罕默德本人也同在他婴儿时期哺乳过他的海瓦津（Hawazin）贝都因氏族存在想象中的亲属关系。[1] 尽管贝都因人经常被描绘成残忍的和不开化的，但是在世界文化中，其普遍的积极的文学形象，在部落社会的范围内是独特的。作为对照，我们应该考虑到，城市的中国人或罗马人，甚至是现代欧洲人，对于乡下野蛮人的粗俗行为的鄙视和恐惧。

2.3 牧羊人和同盟者

骆驼游牧业，虽然在传说中受到大量赞美而且对穆斯林的扩张具有重要意义，但它只是部落社会适应荒漠艰苦条件的形式之一。比这更加古老（至少可以追溯到公元前6500年）并且比这数量大得多的是居住在沙漠和山区边缘的牧羊人，与他们的沙漠深处的兄弟们相比，他们追求得到更为可靠的牧场（事实上，他们中的许多人也在绿洲和沙漠边缘饲养绵羊和山羊）。当今仍旧遵循这种生活方式的群体包括许多柏柏尔人的部落，如，阿特拉斯人（the Atlas），鲁尔人（the Lurs），巴塞里人（Basseri），巴赫蒂亚里人（Bakhtiari），加斯盖伊人（Qashqai），和一些库尔德人以及阿拉伯人放牧者，所有这些部落都放牧于扎格洛斯（Zagros）和厄尔布尔士（Elburz）山脉，还有从阿富汗到摩洛哥的为数众多的其他牧羊民族。

这些牧羊人，可能也使用骆驼、驴或马来运输，遵循着相当固定的迁徙路线。每年夏天赶着他们成群的绵羊和山羊进入雨水充沛的高地，有时也在他们的夏天营地种植一些作物，这种夏天营地也可以被营

〔1〕参见 Mernissi(1991:135－136)。

建为第二个家，这取决于土地的肥沃程度和气候的恶劣程度。适宜放牧的草场的缺乏和不稳定，与家庭结构的差别存在一定关系，在伊朗、土耳其和阿富汗的高产草场的牧羊人偏爱联合家庭，父亲和已婚的儿
22 子一起工作来照顾牧群；相反，在伊朗南部和俾路支斯坦（Baluchistan）的牧草更为稀疏的环境中，牧羊人通过在小的核心家庭间分配牧群的方式分担风险，而这种核心家庭与牧驼人的家庭一样，彼此间具有强固的独立性。[1]

但是一般说来，放牧绵羊和山羊总是比放牧骆驼受到更大的限制而且更有秩序，因为它要求在合适的时间按照合适的次序将规模极其巨大的牧群（弗德里克·巴斯估计，每年羊群的迁移，在伊朗南部的法尔斯〔Fars〕，涉及的牲畜总数就会超过100万）转移到合适的地方，有时在通过潜在不友好的农民的领地时，他们会试图阻止或妨碍迁徙。当他们穿越某些国家的领土时，他们还必须妥善处理这些国家为控制他们所作出的种种努力。他们迁徙的规模，他们生活的规律性，以及国家的侵入，使得这些游牧人的生活同他们的贝都因兄弟大相径庭。

正如巴斯写道："发展这样的土地使用类型的前提是一种政治形式，以便保证通过固定路线和安排大量人口的迁徙能够有序和协调地进行。这就需要建立一个强大的有效的协调机构。"[2]结果是，游牧部落和父系氏族倾向于在强有力的核心领导的控制下，以松散联盟的形式聚集在一起，并经常在部落组织以外吸收新成员。[3] 这些核心领导能够把复杂的迁徙过程安排得井井有条，也能够与干预性的国家体制和地方农民组织进行有效的协调。这种中央集权式的联盟有极大的能力来控制巨大的人力和发展复杂的内部等级制度。在这样强大的基础之上，这些牧羊人，像他们沙漠深处的兄弟一样，在很大程度上设法抵

〔1〕参见 Tapper（1979）。也可参见 Barfield（1993），他将中亚养马的游牧部落同中东放羊的游牧者区分开来，正如我们将要看到的，中亚游牧部落的社会结构同中东的游牧者有很大的不同。

〔2〕Barth（1959a：9）

〔3〕例如，伊朗的 Khamseh 联盟，在来自设拉子（Shiraz）的盖瓦姆（Qavam）商人家族的领导下被卡札尔（Qajars）组织起来。

制了国家的权力,并维护了他们自身作为联盟的独立,因而他们看不起那些依附性很强的农民。

发展独立的联盟,不是部落为组织他们的迁徙和为在他们与国家的永恒斗争中得到帮助,所采取的唯一一种适应形式。在某些情况下,联盟使他们自己适应国家权力,像盖尔纳(Gellner)所说的游牧的"牧羊犬",通过作为中央的护卫者而保有少量的自由。有时,他们也起来反抗国家,并设法征服它。在历史上,中东东半部的大多数国家,是在自中亚草原南迁的牧人和马上民族的征服中建立起来的;前伊斯兰时代的阿契美尼德人(Achaemenid)、帕提亚人和萨珊人的王国都是这种游牧部落入侵的产物,除此之外,还有穆斯林的塞尔柱王朝、卡札尔王朝(Qajar)和奥斯曼帝国,也都是这样。

当国家十分强大,既不能被征服也不会受到牵制时,就出现了另一种适应性变化。那时,这些牧羊人奉行这样的箴言:"分散开,你们就不会被统治。"可以散布到更加遥远的和形势险恶的外围地区,并分裂 23
为中央不可能控制的、难以驾驭的小氏族。在各种情况下,部落和国家都在持续的辩证关系中改变其形态,因为牧羊人在力图适应环境的同时仍要尽可能多地保持他们的自治。[1]

即使当一位最高首领确实在牧羊人中设法获取了支配地位的时候,他的属下们仍然顽强地拒绝接受他们的从属地位。与他们的牧放骆驼的兄弟一样,尽管在客观上存在等级制度,他们仍然主张所有人一律平等。这在马克思主义人类学家中引发了相当大的恐慌,他们认为平等的意识形态是"用来减弱令人不快的现状的政治幻想"[2],然而这种"幻想"仍然在中东各地保持其控制地位。简单地将这些信念作为错误的意识加以清除,就要冒将根深蒂固的文化价值观削弱为受利己的精英人物操纵的意识形态的危险。不可否认,这种信念可能通过掩饰不公平的差异而确实增进精英人物的利益,这是不言而喻的。但是如果被掩饰的实际差别对我们来说是如此明显,那么是否很可能对他

[1]参见 Tapper(1990),Beck(1990)关于此论题的最近期的文章。

[2]Black(1972:617)。

们来说也是非常明显？那么为什么还要继续作这种几乎起不到掩饰作用的伪装。

在某种程度上，拒绝承认阶级和地位差异与游牧生活的生存条件有关，在那种生存条件下，今天的富人可能变成明天的穷人，因为靠牲畜构成的财富，众所周知是靠不住的。而且，雇工在牧放他的主人的牲畜时，可能实际上根本感觉不到任何的压迫，因为其主人稳定的资本主要来源于将销售牲畜所得的利润用于城市中的商机和购买耕地这两项活动中所得到的收益。所有贫穷的牧人都是在牧放主人的牲畜，这是一项体面的和适合男子的工作。作为回报，牧羊人可以得到牲畜作为自己的报酬，如果走运的话，它们会繁殖并带给他在未来获得独立的可能性。因此，从普通牧羊人的角度来看，富人正是在普通牧羊人自己希望走的路上已经获得成功的人。

我们还必须考虑到地方政府的实际运作方式，尤其是在伊朗的大部落联盟的内部，是由强大的可汗统治的复杂的统治机构。在那里，游牧人也无视可汗客观上的权威，仍然保持着强烈的平等主义的意识，不会承认他们的领导在本质上是比他们优越的。即使在最伟大的和等级最多的畜牧联盟，伊朗的加斯盖伊（Qashqai）中，“部落民经常把部落领袖看成是必要的（尽管有时是不受欢迎的）调停者以反对被他们视为非法的、剥削性的国家的统治”。[1] 地方领袖的权力来自于他们调动人们采取军事行动的能力，这种能力受到如下事实的约束，即“部落民
24 如果不满意则可以有效地拒绝支持领袖们，最终与之断绝关系并加入其他部落或建立自己的部落”。[2]

换句话说，牧人之间的契约主义不仅仅限于工人和雇主的关系，而且延伸到了首领和臣民之间的关系，更关键的是，延伸到了军事指挥官和士兵之间的关系。所有这些关系都被理解为平等者之间的偶然的协定，任何一方在任何时候都可以宣布其无效。在这些游牧社会中，领袖们专断的权力因此受到追随他们的部落成员那有充分根据的担心的严

［1］Beck（1990：216）。

［2］Beck（1986：200）。

格限制，这些部落成员可能决定消灭，或至少是放弃有过度野心的压制性的“权威”。

结果是，领袖们一般很少干预地方层面的政治，而满足于批准氏族自己对首领的选择，也很少剥削普通的部落成员，可汗及其僚属获取财富的基本途径不是向他们的追随者征税，而是对城市的投资、贸易以及购买耕地。在这种情况下，当权者的管辖并不对部落成员构成重压，伟大而富裕的可汗受到尊重但也不会被奉若神明，而是被视为同任何其他人一样的一个人。掌权家族的衰落对想象中的臣民意义也不大，他们继续像从前一样地过着他们的日常生活。[1]

2.4 山区的独立农民

最终适应内地地形的不是游牧部落，而是那些在国家控制的边疆地区彼此隔绝的山谷中从事耕种的人们。阿尔及利亚的卡比尔（Kabyle）柏柏尔人，伊朗和土耳其的库尔德人，摩洛哥高原的柏柏尔人，以及巴基斯坦和阿富汗的普什图人，都是居住在这类环境中的民族。如果水量充足，土壤肥沃，这些偏远的山谷可以相当高产，人口密度也相当大。巴基斯坦北部的斯瓦特（Swat），我对普什图人作田野调查的地方，每平方英里可耕地上有大约1600人——超过了孟加拉国的水平。

像荒野上其他的人们一样，这些山区人也为好客、荣誉、正直、慷慨、勇敢等价值观辩护。他们也是极度的平等主义者，对屈服于任何形式的国家的权威都极度反感。例如，普什图人向我解释，独立的定义就是“不纳税”；他们在“yaghestan”和“hukomat”之间作出了会招致反感的区分，将前者，即他们居住的地方，自我标榜地称为自由的土地，而将后者，即农民居住的地方，称为可鄙的受支配之地。与此类似，山区柏 25
柏尔人也对“siba”和“makhzen”进行了区分，前者的居民是自由的，后者的意思是“宝库”，其居民是受到赋税奴役的。

这不是说领袖从来不在高地产生。他们产生于高地。在我首次在

〔1〕关于讨论，参见 Salzman（1979）。

那里工作的时候,斯瓦特就有一个国王。在摩洛哥成为保护者的时期,格拉维(Glawi)统治着一个称得上是国中之国的地方。但是,如在牧人中一样,世俗权力的崛起通常都是由于外在的原因——常常发生在需要一个领袖团结各部落以抵抗入侵的时候。在防御中保持团结的能力,是这些山区部落保持其独立的卓越能力的源泉,直到今天,山区部落被证明比其他任何人更为极端地反对国家的接管。早期阿拉伯征服者在阿富汗山区陷于难熬的停滞,印度、英国和近期前苏联对此地的入侵也一样。库尔德人即使现在也在继续抵制土耳其和伊朗当局。但是指挥抵抗的勇士一般没有在他们之后留下王朝,除非通过外在的联盟的形式加以保持,否则他们的权力在威胁结束后即很快消失。当山区的人们设法侵入低地并建立自己的王权时,崛起的统治家族会持续较长的时间。伊拉克的布韦希(Buyid)王朝是由山区人的部落建立的,山区柏柏尔人也对许多政权的出现发挥过作用,并且是穆斯林征服西班牙的主要力量。

山区部落给生态决定论出了一个难题。如果我们可以将中东游牧部落的平等主义价值观部分地解释为人口密度低、流动性大,各处游牧部落多变的生产力特点,以及作为中东特例的与古代国家力量的复杂相互关系,诸因素相结合而形成的结果的话,那么我们如何理解这些相同的价值观在山区部落的农民而不是游牧人中的长期存在?——这些山区部落的农民能够生产大量的剩余,有高密度的人口,一般而言同国家的权力也不存在类似的共生关系。

一种答案可能是,山区部落只是定居的游牧人,他们在一种更适合于和平以及接受保证秩序的权威的环境中,以变化了的形式来继续他们传统的生活方式。[1] 然而,并不是所有的山区人都声称自己过去曾经是游牧人,包括一些最强调独立和平等主义的山区人。例如,绝对没有证据可以证明,阿富汗—巴基斯坦边境好战的阿非利迪人(Afridi)曾经是游牧人。

---

[1]Michael Meeker(1979,1980)在游牧伦理的自由与暴力和农耕的辛勤劳动之间存在矛盾的主张,对于我的回应参见 Lindholm(1981a,1995b)。

更适合的答案是，山区部落如同他们游牧的兄弟一样，生活在约翰·戴维斯(John Davis)所称的“转换中的不确定性”和“地方性竞争”的条件下，在这种条件下，不存在支配性的权力结构或规定的一组状态，也不存在任何取得无争议的和永久的对他人统治权的可能性，坚持平等可以看做是这种限制的结果。正如戴维斯所指出的：“在试图获 26
得统治地位方面受挫，人们退而求其次——‘我们都是平等的’，这至少可以抵制其他人对统治地位的坚持。”[1]在一个封闭的社会和世界，在没有其他的途径时，通过展示勇敢和慷慨为自己赢得荣誉是一种表明自己与众不同的办法。戴维斯将这种类型的平等主义的竞争的社会伦理，和在无差别的民众间那种没有变化的经济中因资源匮乏所进行的激烈斗争相联系，这些民众既无法实现真正的社会流动，也无力挑战现状。[2]

但是，尽管戴维斯对山区人生产方式的描述是准确的，他的道德视角却最适合欧洲的肤浅民众，他们历来属于占优势的、压迫他们并束缚他们潜力的国家的臣民。他们对平等的坚持，是试图隐藏自己的弱点和通过呈现出一个坚固团体的联合阵线来抵制政府权力的农民所作的坚持。正如戴维斯所说：“对于外人来说，当然，他们都是平等的，都同样没有任何权力。”[3]在中东部落中从来没有过这种情况。尽管这些山区人，和他们的游牧同伴，很明显把他们自己和中央划清界限，他们肯定不会在同国家的关系中觉得自己是无权力的——至少直到最近。相反，他们自己的历史告诉他们，有时他们能够征服国家，他们的生活方式比城市生活更纯洁和更美好。对于这些山区的部落成员来说，也包括牧人，对人类平等的信仰和对个人荣誉的追求不仅仅是对软弱无能的防御，而是正确的生存方式的本质之所在，不可能单纯地从生态限制方面衍生出来，尽管这些限制也是决定性因素。正如我将在后面的章节中讲到的，我们必须也将结构的、经典的和历史的影响考虑进去。

---

[1] Davis(1977:99)。

[2] 参见 Gilsenan(1993)的现代的例子。

[3] Davis(1977:80)。

但是现在，让我再次重申，中东外围的人们——牧驼者，牧羊人，以及山区农民——全部都怀有平等主义和个人独立的意识。应注意，从本质上这不是游牧主义受到重视，而是同游牧生活相联系的自由、正直和个人独立受到重视——在偏远的山区村庄和部落绿洲能发现同样的自由，在这些地方，人们也要求作为战士应获得尊重和荣誉的权利。典型的部落社会的价值观继续保持，尽管国家试图控制，尽管部落内部出现了等级制度——等级制度本身很大程度上是在面对其自身的需要时
27 动员起来对抗国家并保持自治的一种方式。

2.5　沙漠和播种的辩证

但是局部地坚持部落与国家、沙漠与播种、中心与边缘的两分法，并没有说出全部的事实。如果说它讲述了事实的话，也只有边区的人民拥有我所认为的那种作为中东主要文化背景的价值观。然而居住在低地的大河谷地的大多数人也一样深深地拥有同样的价值观，这些大河谷地可以从事精耕农业，具有高密度的人口增长，并曾兴起过古代中央集权的国家体系。部落人民数千年来一直与这些古代城邦国家纠缠在一起，他们一直对城市的宝库、妓女、学者、工匠以及统治者及其野心有所了解。千年以来，部落人可以去城市做买卖、学习和娱乐；如果他们失去了牧群或土地，他们可以在城市里找到工作；如果他们强大了，他们可以指望掠夺城市或者可能定居于城市的宅第并与城市的精英人物通婚；如果国家拥有实力，他们就要担心它的扩张。中东的城市中心总是能提供精致、财富、权力和知识的模型，也能提供腐败和暴政的模式，在与之进行碰撞的过程中，内地的人民可以借此衡量自己，在与之进行对立的过程中，内地的人民可以奋进，他们既可以从中获取灵感，又可以将之作为堕落的例子。

然而尽管在城市和农村之间作出了根本的意识形态上的区分，典型的中东城市实际上同环绕着它的部落世界并不存在如此巨大的差别。穆斯林城镇的特征是清真寺、市场和公共浴室（全部都独立于民

事法规之外)[1]以及居住在其中的各类人:商人、手艺人、学者、管理者和勇士。但是城市本身几乎没有文明的特征,没有市长,没有市议会。正如伊拉·拉皮德斯(Ira Lapidus)所指出的那样,中东的城市"是其成员的身份和活动要么比之更大、要么比之更小的团体的地理中心"。[2]城市的结构表现出城市的分裂。它被分成用围墙隔开的区域,与在农村一样,一般由同一父系亲属群的成员居住,经常由从周围的内地迁来的移民构成,这些移民在城市的环境下也保持自己的联盟和宗派活动。尽管也存在例外,一般来说,整个城市由居住在附近要塞一宫殿联合体中的、还保持着他们自己的部落价值观的从前的部落军事首领管理和利用。

日常的管理在分开的区域内进行,并根据手头的事情进行多元的管理。当地的年长者、贤人、占领集团的官员、青年人社团的领导、宗教团体的领袖都参与调停纠纷,并主张在统治者及其官僚很少实施的绝
对统治之外的民事范围内,任何权威都是可能的。在这些情况下,部落 28
忠诚和价值观没有在城市化的过程中消失,而是在城市的街区中得到保持,有时其影响穿越街区,并在另外一些时候,通过行会联盟的契约使之得到加强,同苏菲的道团、勇武年轻人的社团的成员身份(富图瓦, futuwwa)[3]相联系,并渗透到地方派系中。但是在普通的个体的水平上,荣誉的概念、个人的力量以及平等参与者的独立性,通过亲属关系、相互接触以及宗教信仰联系在一起,在城市中如同其在内地一样有影响力。

这种典型的态度通过贸易在城市经济中的优势地位得到进一步加强,当商队穿越沙漠时,只是受到用水和山脉的限制。自从古代就一直是这样,这部分地由于本地区的地理状况,大多数是石灰石和砂石,金

[1]这同希腊的城邦存在鲜明对照,它与农村不同,拥有政府办公室和公共的平民的体育馆、戏院、市场和喷泉的空间。也值得注意,在传统的穆斯林城市里平民没有教育和娱乐的责任。也可参见 Kennedy(1985),他表明了在穆斯林征服之前这种城市形式的演变。

[2]Lapidus(1969:73)。也可参见 Von Grunebaum,他写道,穆斯林城镇"只是一个功能上统一的,拥有或多或少一定数目的稳定的定居者或居住者的行政实体"(1961:142)。

[3]这些俱乐部和贸易行会之间的关系,参见 Massignon(1963)。

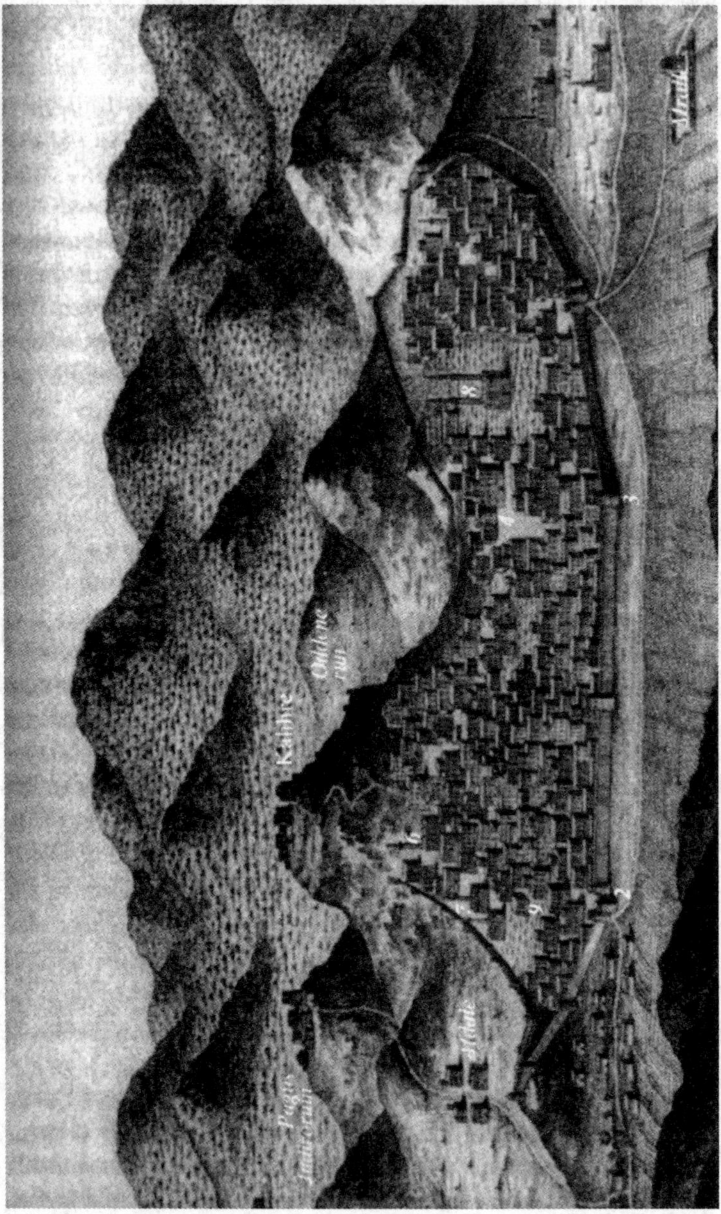

插图2-2　18世纪中期的屯门城镇。

属矿石和其他有用的原料的储量都非常小。古代因为需要黑曜石导致了与亚美尼亚人的贸易，用来做切割器的碧玉是从土耳其斯坦带来的，天青石是从阿富汗进口的。这种远征可以追溯到古代的苏美尔人。历史记录表明，苏美尔人在周围的山区以及波斯和阿拉伯的沙漠地带建立起商队和贸易站，他们用谷物换取木材和石头等原材料，也换取金属和宝石。

这种早期贸易的扩张是前现代化时期中东巨大财富的来源。再一次，地图可以告诉我们为什么。中东是旧世界的十字路口，西北部是南欧，东北部是俄罗斯和中亚，东南部是印度次大陆，西南部是撒哈拉非洲。来往于这些地区的任何地方的陆路贸易和海路贸易都要经过中东地区，这为中东提供了奴隶、锡、木材、贵重金属以及大城市中心的繁荣所必需的各种奢侈品。市场里的手艺人、商人、占统治地位的勇士和国家官员全都依靠这种广泛的贸易谋生。在中东贸易的全盛时期，从巴格达和开罗，远至中国、印度、中亚和印度尼西亚，到处都有追逐利益的穆斯林中间商的足迹。

对贸易的依赖形成几种重要的后果。生产一般来说掌握在有技术的个体工匠的手中，他们在小小的店铺里，在身为店主的师傅的指导下做计件工作。在这些店铺里，等级的差别是模糊的，工匠和师傅在同一个朴素的商行里肩并肩地一起工作，通常是同一行会和同一宗教派别的成员，居住在同一条街道里，经常还存在假想的（或真实的）亲属关系。与牧羊人和可汗的关系类似，工人通过双方都可以撕毁的相互间 30
的契约而受到师傅的束缚，亲属关系概念化为一种合作关系，正如查丁（Chardin）所指出的："师傅总是有赶走他的'学徒'的自由，'学徒'也有离开师傅的自由。"[1]

这种手工业的生产方式有利于中东各地城市里自治的和拥有平等主义意识的手工业行会的发展。独立行会的发展也受到剩余主要是来自于贸易而不是劳动这一事实的促进，政府让劳动者自治，正像可汗不干预部落联盟的牧羊人一样。为友谊、礼拜和生产而结成的各种各样

---

〔1〕Chardin（1927：251）。

小规模地方平等主义或准平等主义的组织，在这种放任主义的环境中非常盛行，使得个人能够在一个礼让和具有平等意识的社区里互相交往，追随着他们自己的民选领导者并以服从多数人意见的原则进行自我管理，使财富和权力的差别最小化。

重商主义的经济也因如下的特殊道德立场而颇具特色，个人主义的、斤斤计较的、冒险的和适应环境的态度，这是依靠商业为生者的典型特点。正如在部落人中间一样，个人关系和对人品的仔细衡量一直是这个世界的关键，在这里，男人的话就是他的契约，非正式的信托纽带凝结成一个国际贸易网络。[1] 甚至商人和手工业者对于道德优越性的贵族职业也没有太多的容忍，而是喜好平等主义精神的开放的市场，在这里，扎实地努力工作、对朋友的忠诚以及创业的技能才是最重要的。[2] 并且，同牧人一样，中东的商人或手工业者对他们那拥塞的环境不满，并出发前往绿色的草原——这种自作主张的行为在大多数其他文明中是完全不可能的——包括封建社会的欧洲[3]、前苏联和现代的中国。

最后，依靠远距离贸易意味着中东的伟大帝国，不论是就字面意义而言还是从象征意义来说，都是建立在流沙之上的。重要的国家，尽管总是非常富有和人口众多，但其本质却是虚弱的，因为新的国际贸易路线的开辟可能破坏财政基础，侵蚀国家的力量，当欧洲航海者在达·伽马的航行之后结束了同奥斯曼商人的交往时，就发生了这种情况。这个地区的生态环境也使武装的掠夺者得以徘徊在周围的荒地中，控制这些荒地对国家来说几乎是不可能的。周边的人民因此在同中央进行讨价还价时，就拥有了一张令政府权威人物不安和忧虑的王牌。

在这种环境下，无论在荒野还是在市场，由于普遍认识到生活的不
31 稳定和权力的脆弱，再加上对贵族特权的不尊敬，一种对竞争的强烈欲

[1]对此论题的更多内容，参见 Vdovitch(1977)。

[2]对于这个公式，参见 Weber(1958)。

[3]在17世纪晚期的波斯旅行和贸易，Chardin 惊奇地发现“每个自由的人到其愿意去的地方去，不需要通行证，他们没有通行证也有走出王国的外出权”(1927:130)。

望、一种对人在本质上平等的信仰、一种对个体自我实现潜力的坚信，以及面临艰苦的困难所表现出的荣誉，就成为中东文化中最具渗透力的潜流。我们在后面的几章将会看到，这些潮流实际上已经有非常悠久的历史了。 32

3 权威和自由的传统

3.1 同蒙昧时代的连续性[1]

对虔诚的穆斯林来说,穆罕默德出现之前的时期是蒙昧时期,一个对宗教一无所知的和野蛮的时代,受到了伊斯兰教的彻底改造。然而,尽管穆斯林的迅猛发展引发了巨大的变化,同过去的显而易见的连续性也确实存在。波斯人今天仍然坚持阅读本国史诗《帝王记》(*Shahnamah*)里前伊斯兰时期伟大国王和英雄的历险记,而阿拉伯人仍然在背诵蒙昧时代讴歌战争的华美诗篇。[2] 古代近东诺斯替教的传统在伊斯兰奥义的发展上发挥了非常重要的作用,希腊思想构成那些将亚里士多德和柏拉图的著作译成阿拉伯语的穆斯林哲学家著作的支柱。正是由于以阿维罗伊(Averroes,伊本·鲁世德 Ibn Rushd)和阿维森纳(Avicenna,伊本·西拿 Ibn Sina)为西方所知的学者们对希腊作品的翻译和注释,希腊哲学才第一次传播到西班牙,然后,由此传遍欧洲各地。希腊的理性方法也被充实进伊斯兰的凯拉姆(kalam)或神学讨论之中,在相对比较狭窄的专家正式演讲的范围内,使范畴更加严密并使合理化得到加强。[3]

但是,对于许多评论家来说,来自过去的重要影响不是体现在文学、诺斯替教或哲学方面,而更多的体现在被扩张中的阿拉伯穆斯林帝国征服的萨珊朝波斯引以为荣的君主制传统上。H. A. R. 吉布(Gibb)认为,阿拉伯半岛沙漠部落的平等主义和千禧年理想为波斯人的完全

〔1〕蒙昧时代,原文为 Jahiliyya,是阿拉伯语的音译,指阿拉伯半岛的前伊斯兰时代。在现代伊斯兰主义的著作中,也被引申指非伊斯兰的西方世界。——译者注

〔2〕参见 Firdawsi(1967),Sell(1989)。

〔3〕Von Grunebaum(1970),Van Ess(1970)。

而绝对的权威概念所逐步替代，是他在中东的政治和社会生活中发现的“内部不和谐”的源头。[1]

波斯人相信国王的作用是维护造物主赐予的社会秩序。与伊斯兰教“每个人不论其出身如何，都可以得到他自身能力所及的任何社会地位”[2]的教训形成对照的是，波斯人的社会秩序不是建立在自由和流动的基础之上，而是建立在与种姓制度类似的将社会划分为神职人员、战士、农民和手工业者等不可改变的等级的基础之上。甚至通常翻 33
译成“自由”的波斯语“azad”一词，实际上是指人出生在一个恰当的社会阶层。

在观念上，波斯的统治者有义务维持这些等级的适当的差别与和谐，以便保持繁荣。他的工作就是施与正义并在较高等级和较低等级的单位之间保持必要的平衡，所有人在社会体系中都有自己必须扮演的角色。正义被理解为具有神圣基础的等级制现状的延续。统治者被描绘成各个集团之间的调停者，保证他们应得的权益并保护他们的权利。只要国王和人民做他们应该做的，保持萨珊王国的神圣秩序，神就会一直喜爱波斯并给波斯以保护。

一方面，在这种背景下，臣民的角色就是要接受当局的法令，由于这些法令是由世袭的掌权人物发布的，因而被认为具有保证得到神圣认可的全部社会的和平与富裕的终极目的。[3] 另一方面，统治者的法令必须存在于宗教的框架之内，本质上国王被看做是整个国家的仆人——这是为精心设计的典礼表演所包围的神圣职务，这些典礼的表演既虚构出国王的神授权威，又起到保持这种权威的作用。在他们的与种姓制度类似的等级制度里，在他们的国王的绝对权威里，萨珊人经常被学者描绘成同平等主义的和充满竞争性的阿拉伯穆斯林部落成员截然相反的人。

这种两极化模糊了两个政治组织间的某些基本相似性。在波斯和

[1] Gibb(1955:126)。

[2] Rosenthal(1960:13)。

[3] Zaehner(1961)。

阿拉伯半岛，公平的观念、造物主与人立约的观念，以及在今世造物主和人都发挥着积极作用的观念，都是至上的。尽管在波斯人的理论中将国王视为造物主的代表，不过，国王本身不是神，在阿拉伯也是这样，国王被概念化为平衡各种社会部门关系的调停者，在这些社会部门中，神庙和王宫也得到明确的区分——神职人员受到国王的保护，但是他们不是国王，王宫也不是宇宙的缩影，尽管它肯定是权力和司法的中心。

统一的萨珊专制制度的典型也避免了存在于波斯社会的反抗成分。尽管存在自我膨胀的修辞，波斯皇家的理想并不像宫廷文书所描述的那样强大和普遍，更多的是存在于帝国的想象而不是存在于现实之中。即使处于他们权力的巅峰状态，萨珊朝的国王也没有对他们的人民进行完全的控制，即使在确实存在的时候，他们的权力也常常是专断的、强制的和机会主义的，尽管统治者们试图用王冠和御座的神圣装饰以及宴会和招待会来证明其统治的合法地位，在这些宴会上国王的
34 脚被亲吻、装饰华丽的礼物在第一流的廷臣中分发。

这是因为在波斯，就像在中东任何地方，游牧的和山区的难以驾驭的部落相对于国家保存了非常大的独立性，这些危险的人们有时被吸收进军队从而实现了他们和国家的和解——在一种古老的模式里狼变成了牧羊犬——而有时他们可能对帝国本身构成威胁。在萨珊王朝的统治中心，也同样可以听到激烈地反对无节制的世袭贵族政治的呼声，马兹达克（Mazdak）在15世纪领导的共产主义改革运动是这种呼声中最为响亮的一次，这一运动曾经一度将国王本人争取过来，制订了重新分配财富的计划，包括在世人皆兄弟[1]名义下的共妻制（据反对者说）。这个革命政权后来被推翻，马兹达克和他的追随者被屠杀，但是这场运动反映出萨珊人声称他们的权力出自神授的局限性，也反映出存在着指向更加平等主义的道德秩序的非常强大的民众推动力。波斯修辞中国王的神圣使命因此不应该以表面价值来理解，而是必须至少部分地理解为，是用来支撑不稳定的和经常需要镇压叛乱的政权的

〔1〕参见 Yar-Shatar（1968）。

宣传。

在波斯帝国瓦解之后，萨珊模式被许多追求证明其权力合法性的穆斯林世俗国王和诸侯借用，他们沿用了萨珊宫廷的传统和奢华，并且按照波斯人的政治理论将他们自己描述成理想的统治者。基于对萨珊朝的君主政体进行重新解释的统治手册（所谓的“王子们的镜子”）成为一种众所周知的体裁，因为知识分子们想鼓舞他们的苏丹（字面意思是“权力”）来模仿从前的理想化的波斯国王，通过武器来保卫国家，通过正义来指挥国家。[1] 这种对波斯宫廷仪式和政治理论的借用，不是像通常所说的那样，是波斯人的绝对主义和机会主义对阿拉伯人的平等主义和千禧年主义的胜利。正如我们即将发现的，阿拉伯人，就像波斯人一样，一旦有可能，总是努力建立威权主义国家——他们只是没有波斯人成功。接受波斯的形式，只是阿拉伯人的领袖在建立和认可其统治的不断努力中又迈出了一步。

但是这些努力注定要失败。在阿拉伯半岛和波斯，任何对绝对的国家权力的坚持总是会受到反对，这种反对出自宗教，也出自流行的对所有人尊严的肯定，无论其社会地位如何。我们已经看到这种坚持是怎样地激发了马兹达克派的千禧年革命，他们在今天仍然很有影响，并在时间上早于伊斯兰革命和波斯独裁政府的冲突。对平等和公正的要求深深地植根于古代中东的伦理传统之中，这种传统得到摩西、耶稣和波斯的先知琐罗亚斯德的阐明，他们都警告无神论的暴政的邪恶，并呼
吁真正的信仰者采取道德行动来反抗腐败的世界。 35

正如伊拉·拉皮德斯（Ira Lapidus）所指出的，这些神赐能力的先知们致力于个人的良知，而非民族的良知，他们坚持“个人同造物主的关系，以及个人维护社会和宇宙的非个人秩序的责任”。[2] 带着对这些魅力超凡的天使报喜的信奉，男人们和女人们都在平等主义和普救说的宗教共同体中联结在一起。信仰和行动，而不是继承和权力，是衡量人性的真正尺度，所有人都在伦理行动的责任中统一起来。

〔1〕参见 Lambton（1980）。

〔2〕Lapidus（1982：52）。

穆罕默德没有试图将伊斯兰与这个伟大伦理的过去割裂开来,他也没有希望被视为一个革新者,他将他的使命理解为更正和完成在他以前出生的那些先知所带来的神圣使命,回到曾经被偏离的易卜拉欣的一神论正道。[1] 正像他以前的使者一样,穆罕默德也代表万能的造物主发言,号召人们在今世虔诚地、纯洁地行动,通过废除侮辱神的非正义和不平等,来改造世界,并改造他们自己。通过反对专制的、暴虐的统治,穆罕默德有意识地将自己置于一系列与伦理相关的先知的最后一位,他要求正直的政府和司法,还有人人平等。

3.2 使者与典范:预言的类型

穆罕默德的预言,与早期中东的天使报喜一样,可以被有效地理解为一种特殊类型的、专门针对中东文明的社会环境的宗教预言。为了清楚地阐明此事,让我首先从马克斯·韦伯对使者的预言和可仿效的预言的著名区分说起。[2]

可仿效的预言,韦伯认为,发现于东方。典型的例子是佛,他通过他个人来论证解脱之路,大大地简化了复杂的传统。我们可以说,为了摆脱因对期待、渴望等世俗的人生经历的执著而引发的痛苦,佛教徒模仿佛自己的例子,消极地沉思和脱俗。在这种传统中,解脱被理解为戒除和熄灭所有的欲望,以及对冷漠感觉的培养。目标就是认识到这个世界、时间以及自我的虚幻本质,从而达到涅槃的境界,涅槃被描绘成对所有性质的否定,一种与绝对的虚无的契合。在这种传统中,神没有人格,也没有道德方面的信息,而只是弥漫的、静态的、无所不在的和抽象的。

为了成为接纳不受个人情感影响的普遍真理的空空容器,实践者否认与伦理有关的行为,视之为使人类纠缠于今世的陷阱。相反地,追

〔1〕Crone 和 Cook(1977)给其关于早期伊斯兰的书题名夏甲主义,纪念伊斯兰称自己为亚伯拉罕的妻子夏甲及其儿子伊斯玛仪的后代。

〔2〕参见文章"Religious Rejections of the World and their Directions"和"The Social Psychology of the World Religions" in Weber(1946),看韦伯最简练的陈述。

求者必须关注于在沉思中觉悟的方法和其他清除欲望的方法。可仿效的宗教是典型的学者和精英们的宗教,他们渴望达到的是,在一种被包围着的、永恒的和无法描述的神秘统一状态中的无我,按照普遍的理解,可仿效的圣徒是神奇的存在,是具有特殊力量的世间的神,是同超自然精神同一的结果。[1]

如果说可仿效的神秘主义典型地属于亚洲人,与伦理有关的先知的预言就是中东的特点。犹太教、基督教和最终的伊斯兰教都是伟大的使者宗教,都有道德上的先知带来有关行动的教诲并承诺对信徒的救赎。在这种宗教的天使报喜的形式下,先知不是造物主的容器,而是他的工具;对他来说,造物主是万能的、超绝的和有人格的,远远超出人类的知识领域之外,但却是积极的和纯洁的,他命令人要走正路。试图与神成为一体是傲慢的、亵渎神的行为,是对信仰者在今世遵循真主道德路径的积极代理者角色的误解。

使者的预言不是静止的合为一体,它是一个鲜明的启示,将历史描绘成真善与邪恶之间的斗争——这种斗争将在末日审判的启示中结束。所有人在这个宇宙的戏剧中都要扮演一个角色,都要在整个生命过程中作出自己的道德选择,以希望在死后获得永恒的天堂。从这种竞争中退出是不可能的,因为造物主命令人们生活在他为人类创造的今世。他们必须完成自己神圣的使命,在此时此地,在日常生活中,为了造物主的荣耀,在信仰者的团体中正当地行动。

使者先知的使命就是领导人们走上苦难民族的虔诚之路,帮助所有听从他的人走向终极解脱。使者宗教相应地就是平等主义的,在全体教徒之中提倡普世的兄弟情谊,并要求所有信徒参加对救赎之道的搜求,而救赎是造物主给虔诚者的公正的赏赐。先知作为一个使者不是一个痴迷的神秘者或魔术师,而是一个清醒的信使,将神的警告和约定传给世界,建立正义者的道德群体,这些正义者就个人而言,有责任

〔1〕当然,这是高级佛教传统的"理想典型",最完整的发现于小乘佛教(Hinayana)派别中。它同流行的佛教基本没有关系,后者在性质上更加人性化和神奇。然而高等的文化价值观确实渗透到民众的层次,作为终极实在的本质的地方概念和社会与道德行为的可能性的知识来源的方式,同穆斯林传统是极不相同的。

在真主的世界里发挥他们自己的作用。[1]

在其末日论中和在其先知的特征中，伊斯兰的主流形式是杰出的使者宗教。[2] 在正统的伊斯兰教中，真主被理解为超绝的和人格的神，在他降下的给所有人阅读的《古兰经》中，他为人类讲述了普世意义的永恒的道德规范。这种规范责成人在今世正确地行动并作出合乎
37 道德的决定——"发扬善行，禁止罪恶"。每个人都对他自己的道德选择和行为负责，在末日审判时，所有人都将被召集在真主面前来对他的所有行为进行解释，这时所有人都将得到公正的判决。

只是因为安拉超绝所有人类，因此，所有人类应该站在一起，作为平等的参与者团结在虔诚的信仰者团体中，穆罕默德是超越现世的和独一的真主的使者，但是，正如我们已经注意到的，伊斯兰的人本主义和平等主义是如此彻底，以至于在他肯定普遍兄弟情谊的天使报喜中，先知否认他自己拥有神的精湛技巧，他本身不是神，甚至不是神的同伴，而只是一个普通的人，是造物主指定的他的代言人，他的"警告者"。

韦伯对可以仿效的预言和使者预言兴起的解释，依赖于遥远过去的特殊生态环境和社会环境。他首先注意到，同中东相比，在亚洲农耕是更占统治地位的生产方式，独立的部落和城市商人对普遍的社会结构的影响极小。而且，在亚洲，农业主要受周期性的降雨和河流泛滥的制约，这不是人类的干涉所能影响的。政治权威和政治行为在相对无差别的农耕社会环境里建构，在这种社会环境中，人类行动对自然界的影响降至最低水平。韦伯认为，在这种环境下，对人类无力的内在焦虑，可以通过将统治者概念化为掌控雨水和河流涨落以及其他自然发生的过程的自然神而得到缓解。

在这种情况下，通过精心设计的形式化典礼和痴迷的阴魂附身的公开表演，证明统治者及其随从实际上体现了非人的自然能量，由此象

[1]"一个负责任的一生，一个超验的上帝——和一个正义的社会。肯定道德世界优越于自然界要求上述三个方面。"(Hodgson，第1卷，1974:132)

[2]在正统的伊斯兰教本身，以及在后面将更细致地探讨的什叶派和苏菲派的方式中，都明显存在可供选择的各种价值观。

征性地实现了对自然的控制。而通过阴魂附身,统治者—萨满可以受到忧虑的民众的抚慰和崇拜,在韦伯看来,学者的神秘主义和将东方古代国王奉为神明的基础,深深地植根于人类活动徒劳无益的意识之中,并与对有魔力的人的崇拜相对应,这种人在阴魂附身时显示出那种使大地保持肥沃所必需的精神力量。但是神—王的行动范围却自相矛盾得非常有限,因为他被限制在严格的仪式性惯例的框架之内,而正是这些仪式性惯例允许他受到抽象的、非人的和(实际上)难控制的力量的控制。[1]

韦伯对萨满化的亚洲君主的直觉的历史性描述,在近些年来,通过考古学家和人类学家的研究而被广泛接受,研究者发现古代中国和印度的统治者,也包括中美洲的统治者,确实被他们的臣民和他们自己视 38
为自然神的化身,这些统治者实际上也确实将人生的大部分时间用在精心设计的公开仪式表演上,以此作为例证,证明和体现他们作为物质世界创造者的神圣地位。[2]

这些古老王国的城市和州简直被建造成神圣宇宙论的象征性体现,国王和他的宫廷在中心举行各种必要的仪式,据称通过他们的活动管理整个宇宙。[3] 这并不意味着为权力和统治而进行的斗争在王宫不存在,但确实意味着政治的重要性在于神、国王和国家的神圣联合,政府的职能就是作为一种象征性的媒介来表达这种宇宙的统一。带有许多种变异的类型,这种作为神的表达渠道,戏剧性地被神化的象征性国王,似乎曾经流行于古代世界各地。

中东是个例外。韦伯对这种例外现象的解释再一次是以人和自然环境的关系为前提。和亚洲不同,中东地区的干旱土地需要通过辛苦地建造能将沙漠变成农田的灌溉渠来创造可供居住的世界。[4] 英雄—国王在人民的帮助下,建造了这些重要的沟渠。因为这一切都要

[1]参见 Weber(1946,1978)。

[2]Chang(1983)。

[3]参见 Geertz(1980),Tambiah(1976)的东南亚的例子。

[4]注意韦伯并没有走向魏特夫的主张,即认为专制主义国家的兴起和灌溉系统的发展之间存在联系。相反,他主张不同的国家类型和不同的合法意识形态类型与各种生产方式相关。

受到创造性活动的制约,大自然不被理解为一种永恒的、客观的本体,个体仅仅通过象征性的与之同一的仪式就能假装控制的本体,相反地,它被视为可塑的、有条件的,通过人类在他们自己的战士—领袖的感召下的不断劳动,是能够服务于人类的利益的。

在这种世界观之下,勇敢的英雄—国王通过他的成就,通过他为以服从和效劳作为回报的部下所实现的财富的增加,使他个人的统治具有合法性。他发布命令的权力因他个人的力量和能力而合法化,并得到根据契约的精神编写的成文法典的认可,这种契约不仅包括统治者和被统治者之间的契约,也包括人们互相之间的义务和对国王的义务。在这里国王是单数的,不是复数的;是人格化的,不是抽象的。

韦伯认为,这种世俗的权威为想象中的神提供了一个不同的范式,神,如英雄一样,在古代中东被描绘成一个自由行动的、合乎道德的和个性化的创造性存在,他可以从无中创造出一个有生产能力的世界。救赎可以通过在世俗世界的道德活动来实现,因为世俗的世界是由一个能动的神为他的臣民创造的,不能被彻底否定。神也同他的人民有一个契约或盟约,他们在今世为神做神的工作,神作为回报为他们提供
39 天堂,这个神同他的人民不同,他不能被拥有,任何人也不能在因信奉邪说(或叛教)而受到迫害的痛苦中声称自我神化,然而,神同时也是高尚的、能动的、有力量的,并关心平等和正义。

尽管韦伯没有这么做,但是我们可以假定,作为服务于这样一个神的典范的国王的出现,不仅与要求协调和有组织的行动来驯服它的特殊生态环境相关,而且与不同的和竞争性的身份集团的发展以及贸易的兴起相关。正如在亚洲那样,中东依靠农业作为它的生产基础,但是正如我们已经看到的,中东的农民也要同独立的和具有威胁性的游牧人和其他周边地区的人和睦相处,同时,城市贸易从很早的时候起就是决定性的和流行的,英雄不只是与保持农业生产有关,他也建造保护商人和手工业者的城墙,领导抵抗近在咫尺的野蛮人的军队,他征服内地并将内地的财富运回他的城市。

可能比抵抗和征服更重要的是英雄作为调停者和仲裁者的角

色——一种可能在实际上高于和隐含着政治上的领导地位的角色。游牧人、农民和商人都有根本不同的利益和价值观，游牧人和农民尤其容易在土地使用权上发生冲突，而且，不是冒险进行不断的毁灭性冲突，而是需要有人在他们中间进行公正的仲裁。作为调停人—法官的很可能是一位同世俗的对土地和权力的争斗无关的神职人员，这保证了他的公正性。神圣的裁决者处在一个极好的位置，来调节那些依靠他才能达成妥协的活动，这使得他能够监督劳动工程并在战争中领导统一的团体同缺乏组织的邻人对抗。财富因此而增长，领袖—调停者通过他的成功赢得支配地位和威望。牧师般的调停者和法官可以逐渐地变成英雄般的统治者、军事首脑和立法者，正如我们将要发现的，这真的是在中东历史上反复发生的模式。

重申一下：中东使者预言的传统基于强有力的辽阔国家的兴起，并同针对个人的人类行动的英雄观相关，这种英雄观产生于干旱环境的艰苦条件下所进行的生存斗争。在这个视角下的统治者是男人中的男人，是组织平等主义的追随者团体以便抵抗敌人和修建城市与灌溉网的勇士。这种积极的和创造性的统治者，对于类似的站在人类之上的想象中的神来说，起着典范的作用，他为追随者团体的利益而调停并重创反对者。统治者们也是团体内的调停者和法官，受契约义务的制约，施行公正给他们领导的竞争的群体，神也履行类似的角色，这样，将平 40
等的公平施与所有人，便是使者的预言所关注的事情。[1]

3.3 吉尔伽美什的遗产

中东世界因其真正的给人印象深刻的长时段连续性而著称。正如考古学家菲利普·科尔(Kohl)写道："青铜时代的世界体系令人惊奇地同伊斯兰教的最初传播所包含的地区相一致……最早的青铜时代的世界体系并没有完全崩溃，而是留下了一个复杂的网状的政治、经济以及广义上的文化联系的遗产，这种相互联系在为后来的历史发展所改

〔1〕参见 Kalberg(1994)关于韦伯对于一神教起源的观点的概论。

造和影响后来的历史发展两者间更迭。”[1]上面概述的价体观是否具有相似的连续性?

科尔所指的青铜时代的网络最初将伟大的有文字的帝国埃及、美索不达米亚和印度结合在一起。埃及,长期以来一直被描绘成发散出所有其他文明的辐射核心,兴起于受到独特保护的和肥沃的尼罗河谷,这里从远古时代开始的有规律的洪水泛滥,使规模巨大的和稳定的农业生产成为可能。在河谷的外部,环境不利于强大的游牧团体的发展,来自沙漠部落的威胁相对容易解决,尽管总是存在来自尼罗河上游的好战民族的威胁。在尼罗河谷里成长起来的文化,一般来说,是稳定的、同质的、受到良好保护的,有很强的种族优越感、连续性和长久性。

权威,当其在埃及的背景下发展演进时,具有绝对的和神圣的特征,正如亨利·法兰克福(Henry Frankfort)写道:“法老本质上是神,神的化身……他的加冕不是神化而是神的显灵。”[2]在这种神圣的政体中,神—统治者的首要任务就是制定仪式以保持季节和宇宙统一的规律性。死本身同他是不相容的。在他神圣的坟墓里用药物对他的尸体进行防腐处理,他会在一个不变的天堂里永远地活着并永久地统治他的臣民。很明显,这与韦伯的使者预言的概念大不相同,而更像可仿效的亚洲王权——埃及因此最好被理解为不是中东其他国家的范式,而是特别有影响的异常的例子。

与埃及不同的是,在古代美索不达米亚,我们发现中东世界的历史和道德的核心。位于底格里斯河和幼发拉底河的河口,美索不达米亚是文字出现以前的欧贝德(Ubaid)文化的发源地,在大约公元前5000年,这个文化的人们建造了埃利都(Eridu)的城市中心。就是在埃利都,水的创造神恩奇(Enki),赐给人定义所有时间的现实的普遍法
41 则——一个真理的概念作为一组伦理的禁止和规章,自神圣的来源发布,在后来所有的中东启示中一次又一次地被重复。苏美尔人将埃利都视为第一座城市,将欧贝德人看做是他们的祖先。

---

[1]Kohl(1989:238)。

[2]Frankfort(1948:5)。

就在肥沃的河口,欧贝德人和他们的苏美尔人后裔的发源地,我们发现了大体上可称为中东典型的生态和生产条件。亨利·法兰克福写道,同有分界线的、安全的和有规律的埃及世界相比,这个地区"缺乏明确的边界,周期性地被其东部山民或其西部游牧民抢夺和破坏……美索不达米亚大量适宜放牧的草场依靠的是不稳定降雨,以及拥有不可理解的、汹涌的和最危险的底格里斯河"。[1]

在这艰苦的环境下,出现了一种与万能的法老完全不同的统治者。在第一部书写的史诗,勇士—英雄吉尔伽美什(Gilgamesh)的故事中,出现了对这种统治者的描绘,正是吉尔伽美什建造了伟大的乌鲁克(Uruk)城的城墙,杀死巨人哈姆巴巴(Humbaba),砍掉高地森林中的巨大雪松并杀死天国之牛。"最大限度地超越其他国王,贵族的相貌,他是英雄……他的三分之二是神,三分之一是人",吉尔伽美什是"乌鲁克—黑文(Uruk - Haven)的牧羊人……勇敢、显赫、有见识。"然而,与埃及的法老们不同的是,吉尔伽美什,尽管具有各种优点,却也不能战胜死亡。他自己说:"只有神才能与太阳永存。对于人,他们的日子是有数的,他们的持续努力所实现的无论是什么,终究只能随风逝去!"[2]

吉尔伽美什不是一个普通人行动层面之上的非人性化的仪式的表演者。"正是他开辟山路,正是他在山的两侧挖井……正是他重建被洪水毁灭的避难所(或城市)!"他的动机就是对光荣和荣誉的期望:"我要面对我从不知道的战斗,我要走我从未走过的路……我要给自己创造一个永恒之名!"然而他的权力并不是不受限制的。在他对名誉的追求中,他向"高贵的顾问"乌鲁克(Uruk)请教。当吉尔伽美什"像一头野牛一样对人们炫耀他的力量"时,他受到指责,并被提醒他作为牧羊人的责任。[3] 当吉尔伽美什继续他的暴政时,神听见了人民的呼喊,并创造了出现在荒原中挑战国王的野蛮的恩基度(Enkidu)。

---

〔1〕Frankfort(1948:5)。

〔2〕Kovacs(1989:4 - 5,19 - 20)。Kovacs 的是最学术性的翻译。若需要更具文学色彩的版本,参见 Sandars(1972),Mason(1972a)。

〔3〕Kovacs(1989:4,10,20,21)。

吉尔伽美什勉强打败恩基度并把他当成朋友和密友。恩基度的死将吉尔伽美什导向极度的遗憾和对永恒生命的无结果的追求。

在这篇史诗中我们可以看到韦伯预言的许多要素。国王,尽管伟大和英雄主义,但他首先是一个终有一死的人。他为获得光荣的欲望所驱动,在尘世采取行动来赢得他人的尊重以及在未来一代人的记忆
42 中占有一席之地。他不但是一个抵抗内地野蛮人的勇敢战士,也是一个开垦荒原、变自然为文化的建设者。他是人民的牧放者,在城镇的四周建造被按字面意思称为“乌鲁克羊圈”的城墙。但是人民并不只是他的财产,他们抗议他的不公正,而且他必须听从团体的道德要求,这是通过城镇大会和长者的建议来表达的。贸易也是非常重要的,吉尔伽美什同城镇的顾问在市场上进行协商。

吉尔伽美什史诗,正如我们现在知道的,是非常古老的故事的变形,反映出后来的王朝试图使国王的统治在美索不达米亚合法化。因此它体现了强烈的城市和文化的视角,这是我们必须加以更正的。然而,曾经对这个古代政体进行过研究的考古学家发现,史诗中所描述的压力,在贯穿整个千年跨度的有文字的美索不达米亚历史中始终是潜在的,他们也发现,中东社会组织的现代成分确实具有非常悠久的历史。

例如,正如雅各布逊(Jacobsen)所指出的,最古老的苏美尔神话和民间故事已经展现出明显的平等主义观念,这些神话和经文认为人类都是神的奴仆,在这一点上所有的人都是相似的。这些神在与乌鲁克的那些城镇议会,以及在其他苏美尔村庄举行的公开会议类似的民主会议上,共同作出决定。[1] 雅各布逊还认为,最早的神庙群,与其从中兴起的地方团体一样,最初是一种互助组织,在保护神的权威下,为聚

〔1〕参见在 Jacobsen(1970)中重印的雅各布逊的文章“Primitive Democracy in Ancient Mesopotamia”和“Early Political Development in Mesopotamia”。

合在一起的参与者们的福利而分担相同的责任。[1]

有关房屋的考古学资料也同样表明,由有文字记载以前的欧贝德社会核心家庭的小房屋,向更大的扩展家庭的住宅转化,而正是这些扩展家庭的住宅相互联结组成了住宅区。很可能这些扩展家庭是通过世系关系构建起来的,这种模式在苏美尔帝国的城市中心仍旧存在,在那里,民间故事表明,某一街区财富的拥有被限制在世系群成员之间。平等主义的、以血缘关系为基础的组织,构成发展中的苏美尔城市的最基本模块,在此后的中东各地,无论在城市还是乡村,都一直如此。[2]

随着时间的流逝,扩展的世系的更大住宅组合在一起形成的村落群,利用着更加复杂和有效的灌溉渠。正如 H. W. F. 赛格斯(Saggs)写道:"这要求大量的有良好组织的劳动力,这种需要最终对社会发展的途径形成重要的影响,因为群体越大,组织得越好,就可以使更多的田地得到灌溉,整个社区就会更加富裕。"[3]在这种背景下,正如亨利·法兰克福所指出的,统治是由"所有自由人组成的大会"来进行的,他 43
们"在危急的时刻……选一个'国王'来进行有限时间的管理……国王的权威来源于大会对他的选举"。[4] 通过这种过程选举出来的人负责组织防御,或负责监督挖渠,或负责新年的仪式。在其同伴中,首先是在平等者之间,他们是公认的最优秀者,他们对其追随者进行组织的临时性权力,是他们个人能力以及赢得尊重的能力的最直接反映。

这种新的和高效的生产方式的组织中心是合作的神庙群,它们分派劳动和分配财物,同时也监督和支持手工业分工和承保长途贸易的

---

[1]Jacobsen(1970)。也参见 Saggs(1962),他将自己的著作建立在雅各布逊观点的基础之上。这是一个矛盾的观点,因为寺院确实发展成为高度中央集权的专制主义机构,正如马克思主义学者已经指出的那样,但是,正如我们将会看到的那样,专制主义的演进与平等的意识形态不太协调。

[2]其他的视角参见 Crone (1986),她主张"部落"的亲属组织不是出现在国家之前,而是对集权化的权威演进的一个回应。她的假设是对亚当斯(1966)主张的一个合理反映,他主张苏美尔王朝前的亲属关系必然是一种圆锥形或等级制的类型。然而,正如我们将会看到的那样,圆锥形的亲属结构不是中东现在的特点,并且可能从来也不是。相反我们发现一种更平等主义的亲属组织类型,同克罗恩引用的数据极为符合。

[3]Saggs(1989:31)。

[4]Frankfort(1948:215,218)。

风险。正如卡尔·兰贝格－卡尔洛夫斯基(Lamberg-Karlovsky)所主张的,这些自给自足的神庙可能最好被看做是公共设施,给那些加入其中的个体以有形的和精神的回报。人们属于某座神庙就像他们属于某个家庭一样,这些组织为剩余财富的积聚,以及组织人民从事公共工程、贸易和战争提供了新的能力。他们也是信贷资本的最早机构。那些不依附于神庙并在公社的土地上自己从事农业谋生的人,或者可能是自己从事寄售的货物交易以谋生的人,要将他们收益的20%交给神庙,而将其余的留作个人的利润。[1] 因为城市是由几个在肥沃的南美索不达米亚平原发展起来的独特神庙群组成的,为了劳动者和利润,神庙在一种向整个地区持续渗透的竞争精神中彼此间相互竞争。我们在此也可以看到个人主义和中东文化特别典型的社团成员资格的初期结合。

俄国考古学家I. M. 季亚科诺夫(Diakonoff)确信,最初神庙和地方亲属群可能完全是一回事,都是由神庙社区中的年长者通过民主方式达成共识来进行控制。[2] 法兰克福甚至提到一个“神权政治的共产主义”。[3] 但是随着时间的推移,神庙变得相对自治,神职人员的家族成为神庙群内部的世袭精英,因为他们提供的服务而要求获得土地和特权。神庙也得到了他们自己的不能转让的土地(同伊斯兰时代的瓦克夫 waqf 非常相像,委托给清真寺或其他“非营利”宗教机构的瓦克夫也是不能转让的土地),而这可以构成规模相当可观的不动产。神庙积累的利益可以很容易地演变成由占统治地位的神职人员家庭掌握的利益,从中我们再一次发现贯穿中东历史的对公与私界线的模糊。

到公元前3500年,吉尔伽美什的城市乌鲁克爆炸性地扩张,吸引了整个地区的移民。这非常可能是由于使管理具有新效率的书写的发明、对灌溉系统更好的集中管理和更大的财富积累。值得注意的是,在

〔1〕Lamberg-Karlovsky(1989)。将个人利润的1/5作为社会资金可以被看做穆斯林天课制度的先驱。

〔2〕Diakonoff(1969)。

〔3〕Frankfort (1948;221)。

传说中作为文字发明者的吉尔伽美什的祖先恩麦卡尔(Enmerkar),在神话中也是长途贸易的创始者,而乌鲁克是一个商人非常有影响的社会。

正如我在第2章中所指出的那样,平等主义、社会流动性、竞争性的个人主义和清教主义的重商主义的种族,经常反对贵族伦理标准的炫耀和世袭权威。另一方面,商人依靠国家提供稳定的环境使贸易得以进行,而国家指望商业为其提供奢侈品和它的大部分盈余。存在于早期苏美尔的宫廷利益和市场利益的不稳定平衡,在整个伊斯兰时代也仍然占据支配地位。

乌鲁克城市的突发性扩张和其中所涉及的新的生活方式导致了长期混乱,在此时期里,竞争的城邦及其内部的神庙为争夺统治权而彼此斗争,与此同时,移民散布到整个地区建立殖民地并寻求贸易的机会。在这个时代,该地区已经具有的竞争性和中央等级制度相对脆弱的特点,将继续成为贯穿中东历史的特征,因为没有任何神庙群可以长久地统治所有其他的神庙群。贸易的重要性和商人的平民主义伦理进一步损害了任何对绝对权威的地方性主张,游牧部落入侵的持续威胁也发挥着同样的作用。

然而,一个有限的例外是被普遍认为是“众神之父”恩利尔(Enlil)之家的尼普尔(Nippur)城。尼普尔对其他城市没有强制的权力,但是由于其精神优越性的作用,使其得以免除政治上的竞争和税收。由于他们特殊的神圣性和家系的优越性,尼普尔的祭司也在发挥一种我们将在以后几个世纪的宗教人物身上反复看到的功能,在1000年的时间里,尼普尔的祭司担任争议的仲裁者并为流亡者提供庇护,也是在尼普尔,众神莅临仿自基本亲属关系团体民众大会的协商会议。

但是,南美索不达米亚敌对的神庙间通过调停达成的平衡,受到今天被称为阿尔杰兹拉(al-Jezira)的在两大河之间宽阔平原上的北方“岛屿”的挑战。在这里,在多山的高原上,充足的和规律的降雨使得旱地农业和游牧业成为占统治地位的生产模式。没有社区的神庙群管理在这里兴起灌溉和手工业生产,这里也不存在分布广泛的贸易群,而是存在一个孤独的占支配地位的城市基什(Kish),由并不要求宗教支持的武士统治。[1] 他们的权力来源于他们自身赢得其战友忠诚的个人能力。基什的坟墓,可以上溯至公元前2800年,包含武器和珍宝,表明通过战士—英雄及其家庭所实现的财富和权力向个人的积聚。基什
45 的社会组织,基于征服者的力量和他们鼓动追随者的能力,对内部分裂的南部世界也构成威胁。支离破碎的和腐败的中心,受到有凝聚力的周边尚武民族入侵的威胁,这也是中东历史上一个反复出现的特色。

3.4 权威的局限

在基什,就像苏美尔人所说的,“王权自天而降”并在该地区的历史上留下永久的印记。在世俗的战士领袖周围统一起来的北方人威胁着苏美尔人的独立。南方人面对来自基什的威胁时,也不再继续他们无休止的两败俱伤的斗争,而是选出他们自己的勇士—统治者,领导他们投入战争。这些领袖发展成为一个新的军事阶层,同早已存在的神庙竞争本地社区的忠诚和劳动力。

军事精英通过反对业已构成压迫的神庙秩序而获得民众的支持,通过征服和税收扩大他们的权力,打破了在恩利尔的调解下城市之间所划定的神圣界限;他们也提倡发展贸易,以便他们及其同盟者从中获利。神庙的土地被没收并成为国王的不动产,由军事上的依附者管理和利用。个人拥有土地数量的增长导致个人财富的更大差异。纪念性的建筑物和通过有广泛社会关系的、追求利润的个体推动的广泛的贸易发展,同不断加剧的失去土地、债务奴隶和对广大人民的压迫相重叠。

在军事统治的顶峰时期,战士—国王纳拉姆·辛(Naram Sin)(公元前2254—前2218年)为追求合法性,宣布自己为至高无上的神,统治所有城市的神,取代恩利尔祭司的权威,暂时实现了国王的理想——

[1]游牧战士的实用主义定位仍然是引人注目的,尽管他们也同样地易于转化成弥赛亚运动。

以宗教给予普世的中央集权的政治权威合法性。由于受到“狗头”游牧部落古蒂(Guti)的入侵,其王朝迅速地灾难性地瓦解,被苏美尔的祭司们描绘成是由于纳拉姆·辛的傲慢而导致的神的惩罚,这已经预示了穆斯林时代的神职人员解释蒙古人入侵的方式,也预示了此后神职人员及普通中东民众看待所有战士—国王宣布自己具有神圣性的声明的怀疑态度。

尽管如此,中央集权的过程和君主权威的增长仍在迅速进行。在古蒂被驱逐之后,帝国的统治变得越来越独断专行和高压。在乌尔第 46
三王朝统治时期(公元前 2112—前 2006 年),皇室最终将所有神庙的土地据为己有,各种大规模的生产都成为在国家官僚队伍支撑下的国家垄断经营,僧侣阶层现在被挤压成依附于国家的职员。然而,尽管中央集权得到如此加强,尽管最早知道(并且是最早失败的)尝试以建造长城的方式阻挡游牧民族,但是,另一个游牧部落阿摩列伊(Amorites),再一次使帝国的权力中断。[1] 正是在阿摩列伊人的军队中,汉谟拉比兴起并在巴比伦掌权。

为了在他们同神庙之间、他们相互之间以及他们同游牧的入侵者之间的不间断权力斗争中寻求民众的支持,苏美尔的世俗统治者一直试图通过将他们自己变成神而取代旧有的宗教——这是一种注定失败的努力,因为随着王朝的迅速瓦解,统治者浮夸的主张被证明是明显错误的。存在时间最长的王朝(乌尔第三王朝, Ur Ⅲ)也仅仅持续了一个世纪,即使是著名的汉谟拉比的帝国,在他儿子的时代(公元前 1792—前 1750 年)也就崩溃了。

除了对神格的失败的要求以外,获取社会支持的另一种方法是制度的改革、废除债务和在每年的新年节日里将人民从契约奴隶的状态下解放出来。[2] 例如,在公元前 2112 年建立专制的乌尔第三王朝的乌尔-纳姆(Ur Nammu)的石碑上保证,“孤儿不被送给富人,寡妇不

〔1〕我们在全部中东历史上可以发现,不断重复的游牧部落定居化并融入城市社会的真实模式,许多这些“野蛮人”以前已经融入美索不达米亚文化里,并且已经是帝国境内的农民、商人和管理者了。

〔2〕古代法律的负债定位类似于后来的伊斯兰教对高利贷的禁止。

被送给有权势的人；有一个谢克尔(shekel)的人不被送给有一个米纳[1](mina)的人。”[2]这些公告通过承诺使他们摆脱财政压迫，自然可以期望得到民众的信任。

但是，不管他们的宣传目的如何，帝国纪念碑的铭文仍然将其承诺就像那时人理解的，今天我们也作同样的理解，留作后世必须赎回的抵押品，平等(nig. sisa)和公正(nig. gina)的原则证明当地早已存在对平等和公正的渴望，并成为批判其后的任何政权的标准，使中东习惯中的道德承诺，同国王与其臣民间不存在这种契约并且正义仅仅就是维持现状的其他文化区相比，具有更加鲜明的特色。

君主宣布的平等和正义也反映出民众的期望，他们不能容忍专制暴君享有绝对的权力。在专制君主的傲慢达到顶点，当纳拉姆·辛宣布自己是神的时候，季亚科诺夫告诉我们：“统治者的权威超过了他所直接控制的领域(超过了神庙的地产及其后的王室的土地)既不是独裁的、暴政的，也不是无限的。相反……古代苏美尔人的国家制度甚至不能称之为君主政体。”[3]即使在这些专制主义的时期里，自治的地方团体的成员仍然保持着相当程度的独立性，并自豪地宣布他们自己是
47 遵守传统法律的“男人”，以反对那些拜倒屈服的人和依靠国家来为他们裁决的人[4]——令人厌恶的“自由人”和“侍从”的对比，将在此后的中东人中保持其反响。

概括地说，美索不达米亚的历史就是一部战斗的城邦的历史，在好战的国王和为了权力在其自身之中进行斗争的神庙核心的统治下，抵御来自其邻人和武装游牧部落的袭击，通过灌溉工程同肥沃的但却是变化无常的环境作斗争，既在战争中也在对长途贸易的追求中彼此相互竞争。在这个世界里社会流动性极大，因为来自周边地区的勇士从软弱的国王手中夺取政权，结果却在另一个突然兴起的入侵者面前失

[1]谢克尔(shekel)、米纳(mina)都是古代苏美尔的货币单位，60个谢克尔合1个米纳。——译者注

[2]Saggs(1989:162)。

[3]Diakonoff(1969:185)。

[4]Diakonoff(1969)。

去他们自己的政权。移民,受到获得财富的可能性的吸引,放弃游牧生活搬到城里来;奴隶可以获得自由,自由人也可以因债务而沦为奴隶;喜欢冒险的商人得到或失去财产;幸运的管理者被授予不动产,而注定要倒霉的人因失宠而被免职。在这个流动的环境里,没有哪个人或哪个群体可以好像是真实地宣布自己具有任何内在的优越性,即使最卑贱者也可以梦想着伟大。普遍存在的竞争性的个人主义的价值观,因平等主义、禁欲主义以及商人的世界主义见解而得到加强,而商人从很早的时代开始就是中东历史画卷中的基本特征。

在这种背景下,国家不能简单地由自己来宣布其神圣的合法性,而是必须求助于自由的群体的价值观,来争取合法化,作为回报,国家要提供法典以规定人民的权利和政府对其臣民的义务。正如兰贝格－卡尔洛夫斯基所主张的,"自由、平等和正义"这类概念是这种社会力量平衡的遗产——在西方,正如在中东那样,我们的核心价值观肩负着这种古代传统的债务。[1]

最后,尽管存在统治者的专制要求,古代美索不达米亚的自由人团体仍保持着强固的平等和自治的价值观,对世俗统治的认可也仍然是有条件的,因此,即使强大的巴比伦王国的"国王中的国王",也被认为在其基本性质上与他的臣民没有什么不同。正如亨利·法兰克福所说,这个伟大的文明受到一种其他古代社会都未曾面临的困扰,即"如果看待一位国王,尽管他是凡人,但他却独立于其他人之外,这一模糊的、未能解决的难题"[2],一种仍旧存在于中东政治生活的中心以及我们的政治生活中心的困惑。 48

〔1〕Lamberg-Karlovsky(1989:266)。

〔2〕Frankfort (1948:311)。

4 平等主义的社会结构

4.1 伊本·赫勒敦的权威理论

对理解中东古代权威之谜中所固有的动态和矛盾作出最大贡献的思想家,伊本·赫勒敦(Ibn Khaldun),于公元1332年生于突尼斯,死于1406年。他是一位北非的法官、官僚、冒险家和作者,对于权力的变化交替有着亲身的经历。在他的一生中,他做过明显日益萎缩的穆斯林国家格林纳达的王位继承人的家庭教师,之后做过北非其他小宫廷的顾问。他曾一度征召新兵并领导一支由沙漠阿拉伯人组成的军队来支持他的雇主。在失败后,他作为流亡者在山区部落民的保护下在他们中间度过了三年的时光。在临终前,他担任着受到高度尊敬的开罗玛立基法学派(Malikite)的法律学校的大法官一职。

伊本·赫勒敦的颠沛流离的历史是有一些不同寻常,但肯定不是非常特别的。贯穿中东的全部历史,这种传奇般的升降在政府职员中是常见的现象,在那里,正如我们所看到的,王朝经常迅速地盛衰,提拔或者是毁灭那些依附于它们的人们。而不同寻常的是伊本·赫勒敦的反应。他未能在国家成名,使他的政治理想幻灭,他转而努力对其所陷入的不稳定世界作理论上的把握。他与部落民相处的时光以及他在宫廷的经历,还有他在希腊哲学方面的知识背景,给了他一个引领其思想进入新方向的视角。

伊本·赫勒敦重要的方法论方面的贡献,是将哲学科学的技巧应用到对历史的研究中。在他所处的时代,世界的真实事件在哲学家看来是没有意义的和偶然性的,几乎不值得用逻辑学的头脑去关注,相反他们应该只思考永恒的高级领域。作为哲学家的反对者,穆斯林神学家对过去特别感兴趣,但是他们所关注的只是精神的变迁史,而不是历史的逻辑。

这两种方法伊本·赫勒敦都不能接受。固执的哲学对历史的无知否认了真实的充满活力的人类现实,而神学家对人性的强调则忽视了社会的结构。需要一种批判的科学的历史方法以便使两者都能够对真理和谬误作理智的区分,并对历史的进程作恰当的理解。这就是他着手要实现的目标。

他的伟大著作《历史绪论》(*Muqaddimah*),预期是更广泛的历史研究的导论部分。在这部书中,他力求建立一个基本框架,以理解北非以及中东其他地区王朝的兴衰。正如我在这项研究中所表明的,伊本·赫勒敦以常识性的前提"人们之间条件的差异是他们谋生方式不同的结果"开始他的著作。[1] 从地理学和生态学出发给出他自己的经历,然后他假定两个基本的、相互对照的"谋生"方式,并由此导致两种互补的和相互缠结的文化模式:沙漠、高山和荒原中的贝都因文明,城镇高墙后的定居文明。他在这里强调的主要区别不是游牧人和农民之间的差别(贝都因人,他正确地指出,通常是农民),这是一个人们作为平等者互相交流的天然世界和一个由不同的等级和地位构成的复杂世界之间的差别。

对伊本·赫勒敦来说,贝都因人生活令人羡慕的平等性主要是朴素、简单和严酷的结果。在这种贫穷的环境中,财富和权力无法被积累,个体之间的差别纯粹是个人品质的结果,因此人们大体上是平等的。他们所处环境的原始性意味着贝都因人必须过着个人主义的、独立、贫穷和纯洁而又野蛮的生活;而另一方面,定居的城市生活则建立在手工业和商业发展的基础之上,它既偏爱奢侈又喜欢堕落。它也需要更大规模的合作和复杂的劳动分工,并因此演化出了差别和等级。尤其是,定居生活需要皇家的权威以限制天然具有侵略性和敌对性的个人的暴力。在沙漠里,人类先天的侵略性很容易地被从联系密切的亲属群中导向外部的反对部落敌人的战争,但是在城市里,人类的暴力无法以这种方式得到限制,而是必须在统治者的绝对控制之下进行强制性的束缚。

伊本·赫勒敦说,贝都因人的美德和纯洁不是固有的,而是建立在贫

[1] Ibn Khaldun(1967:91)。

困基础上的农村文化的自然结果。如卢梭(Rousseau)一样,伊本·赫勒敦将贝都因人的衰落追溯到城市的差别和虚荣的优雅展示。但是卢梭将此描述为渐进的和不可逆的过程,高贵的野蛮人不可避免地成为腐化的和
50 文明的,而在伊本·赫勒敦的世界里,野蛮和文明是并存的——贝都因人在沙漠里是与世隔绝的,有教养的人在城市里是杂乱混合的。

"因为文明的所有要素都不可能在沙漠中的人们身上发现"[1],一些贝都因人不可避免地受到城市世界的财富和舒适的吸引。通过承认统治者及其宠臣的权威,他们失去了勇气,他们的刚毅"受到教育的侵蚀"。[2]甚至更为重要的是,贝都因人对统一的和平等主义的部落的归属感,在城市里,也被新的多样的、重叠的社会关系和新的等级与财富的差别弄得支离破碎。

由于定居生活所固有的软化和社会分裂的影响,伊本·赫勒敦发现,任何城市王朝的一致的趋势是,随着时间的推移而走向瓦解并被更强壮的、更具侵略性的和统一的内地部落打败。新的统治部落集团将会不可避免地遵循同样的堕落的轨迹,并依次被征服。打破这种永恒循环的唯一方法,就是通过先知受到神灵启示的信息,先知能够以神的名义统一城市和农村,并通过宗教启示内化成的强制性道德法律来控制他们。如果没有先知的介入,这个循环将会继续。甚至先知的预言也会随着时间的推移而被遗忘和淡化,导致世俗化、堕落,以及这种永恒逻辑的复兴。

在其世俗统治的循环理论中,伊本·赫勒敦尤其关注的是从部落到官僚基础的统治的转化。最初,征服者的部落首领依靠他的平等的亲属和部落联盟来获得支持,但在经过几代之后,征服者的后裔们"寻求随从和部下的帮助来反对他自己民族的人"。[3]出现对其亲属的逐渐剥夺,是因为统治者担心,作为他的平等者和部落的兄弟,他们能够而且将会要求得到他的统治权。作为回应,他慢慢地用奴隶、随从和为了取得职位直接依靠他的雇佣者来取代他们。统治者的目的是通过将他的潜在竞争者替换成一群依附者来增加他的权威。

---

〔1〕Ibn Khaldun(1967:122)。

〔2〕Ibn Khaldun(1967:96)。

〔3〕Ibn Khaldun(1967:146)。

这种策略的实例是阿拔斯王朝统治者曼苏尔(Mansur)的直率表述:“当我坐在公开接见的场合中的时候,我可以叫来一个马瓦拉(mawla,扈从)[1],提升他的职位并让他坐在我的旁边,这样他的膝盖就会和我的膝盖碰到一起,然而,接见一结束,我可以命令他去照料我的坐骑,他也会以此为满足,并不会因此而生气。但是如果我要求其他人做同样的事情,他就会说:‘我是你的支持者和亲密助手的儿子’或‘我是你事业的老兵’或‘我是首先加入到你事业中的那些人的儿子’。”[2] 51

插图 4-1 19 世纪法国版画,一位阿拉伯人谢赫和他的部下,注意背景中黑色的帐篷。

尽管这种做法对统治者有利,伊本·赫勒敦认为,对自己的亲属和亲密的部落联盟者们系统地降职而支持依附性的随从,其最终结果是消极

〔1〕马瓦拉,原文为 mawla,是阿拉伯语的音译,指阿拉伯帝国初期的被保护者,也指扈从和仆人。复数形式是 mawli(马瓦里)。

〔2〕引自 Ayalon(1975:49)。

的。统治者通过摒弃那些曾经帮助他的祖先取得胜利的人们,确实为运用他个人的专制权力赢得了更多的空间。但是,在伊本·赫勒敦看来,失去了这些亲属和自己民族的同盟者的支持,而是处在奉承者和谄谀者的包围中,他很容易被从周边侵入其王国的、更具侵略性的和统一的部落反对者赶下台,这是因为随从、奴隶和奉承者都缺乏可以增进社会团结和自我牺牲的基本因素。这种因素,短暂征服的秘密,伊本·赫勒敦称之为“阿萨比亚(asabiyya)”[1],通常被翻译成“集体感觉”(group feeling)。

阿萨比亚是一个神奇的成分,是历史进程的关键。“集体感觉产生防御自己、提供反对、保护自己和压制自己的主张的能力。”[2]有了它,一个人可以征服;没有它,一个人注定要失败。它在城市中遭受腐蚀,而在农
52 村,在贝都因人中却很强大。它是什么呢?

4.2 集体感觉:“一帮兄弟”

伊本·赫勒敦清楚地认识到,阿萨比亚是贝都因部落地区盛行的那种亲属联系和血缘纽带的产物。他认为,贝都因人很自然地服从他们选举出来的谢赫并为自我防御而战,是因为:

> 他们是拥有共同血统的紧密结合的群体。这强化他们的毅力并且使他们敬畏,因为每个人对他的家庭和群体的爱才是最为重要的(同任何其他事情相比)。对自己的血亲和亲属的怜悯和慈爱存在于人的天性之中,是神注入人内心的东西。它产生自然的支持和帮助,并增加敌人心中的恐惧。那些没有他们自己的血统的人,很少能对他们的同伴表示同情……集体感觉只能产生于血缘或与之相对应的某种事物中……集体感觉的目的,是防御或侵略,只有在拥有共同血统的人的帮助下才能实现。[3]

这并不意味着伊本·赫勒敦相信在血亲之间存在先天的社会生物学纽带,而是,“血统在某种程度上是想象的、现实中并不存在的东西。它的

---

[1]阿拉伯语中的 asabiyya(阿萨比亚),可以译为“集体感觉”,但尤指父系亲属的团结感和义务感。——译者注

[2]Ibn Khaldun(1967:111)。

[3]Ibn Khaldun(1967:97-98,146)。

用处仅在于由此引发联系和亲密的接触……真正导致亲密接触的感情的东西是社会交往、友好的结交、长期的亲近,以及因一起长大、有共同的乳母、分享其他的生与死的环境而产生的同伴关系"。[1]

然而,尽管血统的纽带是概念化的虚构的习惯,实现着相互帮助和相互友爱的黏合剂的作用,但这并不意味着亲属关系是与之不相干的。血统的概念是重要的,因为正是通过亲属关系的思维方式的透镜,人们构建起自己的亲属关系。仅仅是作为某个世系的附属者的人,在其他人的眼中,并不在"友爱,必须参加以牙还牙的血亲复仇和分享向被害人家属支付的抚恤金等等权利和义务"的范围之内。[2] 相反地,新加入的作为群体正式成员的随从或同盟者,最终则被概念化地视为血亲,一种家系也将被制造出来以促进他的融入。就血缘关系而言,权利和义务都是得到正式认可的,随着时间的推移,将为部落所接受,作为亲属关系的纽带,成为"真实的"。[3]

利用亲属关系作为个人关系的限定范例是非常古老的。在美索不达米亚,"国王们按照惯例使用家庭成员的称谓来互相称呼,称对方为'父亲'、'儿子'或者'兄弟',称呼另一个统治者为'我的父亲'暗示着承认他的较高地位;称呼一个人为'我的兄弟'就是要求平等的地位"。[4]这是
一条重要的资料,因为它意味着千年以来在中东兄弟已经概念化为同等 53
物的代名词,而不是根据年长再划分等级的。与此相似,"兄弟关系"在这一地区的部落中经常意味着平等者之间共享所有的部落义务和权利。

今天的情况仍然是这样,兄弟关系的成员对流血事件共同负责。如果他们中的一个杀了另一个家族的某个人,作为报复,他们中的任何人都可能被杀掉。同样,如果家族的一个成员被杀,其他所有人都有义务帮助杀死杀人者群体中的一个成员。贝都因人对此进行总结,并表述为,家族

[1] Ibn Khaldun(1967:99,148)。

[2] Ibn Khaldun(1967:100)。

[3] 例如,洛伊丝·贝克已经证明,伊朗的加斯盖伊(Qoshqai)联盟实际上是一个在18世纪聚集在一起的根本不同的部落成分的汇集。然而,新近的传统要求一个共同的来源(Beck,1990)。

[4] Saggs(1989:182)。

"追踪并且他们共同追杀"。[1] 父系亲属的义务在不同的社会背景下有所差异,而且为了利益可以对之进行操纵,但是共同血债的概念过去是而且现在仍然是社会团结和在亲属集团内部控制暴力的强有力动机。

荣誉也在自己家族内共享。贝都因人的英雄故事不仅是某个人的勇敢和伟大,而且也是其兄弟和祖先的著名事迹,他们的荣誉也就是某人自己的荣誉,而且也经常同血亲复仇的事迹相联系。与此相似,羞耻,或怯懦,或自己家族同伴的乱交,也同样是团体所有成员身上的污点。更具体地说,耕种土地或者放牧的权利,或者使用木材的权利,通常由家族作为法人来掌握,即使私人财产也可能有某个家庭的纽带与之相连接。例如,一个"兄弟"如果想出卖自己的土地,那么他可能有义务首先给他的家族同伴出价的机会。

因为"兄弟们"共享遗产和其他亲属关系的权利以及义务,他们非常可能相邻而居或至少离得很近。游牧人的帐篷点几乎总是由同一父系血缘的人们组成,因为只有家族伙伴才有放牧权和使用绿洲的权利,而在城镇里,也认为邻居在某种程度上"一定"是他们的亲属,因为在原则上只有亲属才具有在邻近地区拥有土地和财产的特权,如果有必要证明这种遗产共享是符合事实的,亲属关系也可以被制造出来。

尽管伊本·赫勒敦在沙漠和耕地之间作出了最基本的区分,但是部落伦理却不像他所指出的那样同城市生活格格不入。相反,正如我们在第二章中所看到的那样,在整个中东地区,"集体感觉"在地方化的城市行会中盛行,邻居和苏菲道团,都是通过一种与伊本·赫勒敦赞赏的"部落"组织非常相似的途径来使用亲属关系的纽带(真实的和虚构的),将他们自己共同捆绑在"混乱的、自足的并且几乎是自治的群体中,只臣服于世俗和精神权力的至高权威"。[2]

我们可以得出这样的结论,在中东世界,无论是在城市还是在农村,
54 阿萨比亚在"文化的虚构"中都处于核心位置。我们早已发现,从最早的时代开始,扩展的家族就是当地社会的基本构件,而家族在城市的街区中占统治地位。现在我们从伊本·赫勒敦那里发现了稳固的亲属关系的思

---

〔1〕引自 Stewart(1994:85)。

〔2〕Gibb 和 Bowen (1963:277)。

维方式的力量，通过阿萨比亚得到含蓄表达，是允许部落集团扩张进入城市的权力位置的因素，而它的衰落推动那些相同的集团走向瓦解和失败。

4.3 中东的亲属关系和世系

但是伊本·赫勒敦从来不讨论阿萨比亚的结构问题。对他来说，只有一种形式的亲属组织，即他所了解的和认为是理所当然的那种形式。比较人类学的一个主要贡献是，证明了人们在家庭中确立彼此间亲属关系的方式和这种关系向外部世界扩展的方式，在跨越文化时变化相当大，这些变化改变了人们理解世界、居住于世界和以之决定自己行动的最深层方式。

中东具有典型的世系制度。除了唯一的例外（西撒哈拉和中撒哈拉的柏柏尔人），都极明显是父系的。这意味着只通过父系向上追溯世系。男人和女人在写定他们的家系的时候将会非常典型地仅仅遵循父系回溯。正是通过父系形成了世系成员的身份，与此相伴随的还有其权利和义务、荣誉和自尊。这并不是说通过女性的联系不为人所知。它们确实也为人所知。但是，所要说的是，世系的纽带是优于联盟关系的特权[1]，因为父系家族的成员倾向于以术语同母系亲属区分开来，父亲的兄弟和母亲的兄弟常常以不同的名词来称呼。

同父系世系相符合的是强大的和类似的从父居趋势，就是说，要居住在"属于"男方的父系世系的村落或营地中，妻子要搬走同她们的丈夫一同居住，而不是采取其他的方式。作为补偿，男子经常"最亲密地"同他们自己父亲的兄弟的女儿结婚，为了使她们能够留在父系世系里。在中东，同父亲的兄弟的女儿的婚姻是享有高度优先权的，以至于如果他的宾图阿米（bint amm，堂姐妹）要嫁到别处，必须征得她父亲的兄弟的儿子的同意。这种偏爱的婚姻形式使这一地区同所有周边地区非常明显地区分开来，那些地区不赞成这种平表婚。它暗含着允许关系非常近的父系亲属分裂的功能，使他们因婚姻关系在争议中分裂，它因此增强了世系结构的

[1] Cuisenier(1975)。在此地区的亲属关系术语仍然保持双边的成分。

适应性。[1]

与美国的亲属关系体系相同,在中东,也不存在标志年老的和年幼
55 的或年纪大的和年纪小的区别的术语。这与平等主义的继承制度相符合,所有的兄弟平等地继承并具有平等的地位。文献表明这是一个非常古老的模式,但是它无论如何不是“自然的”。例如,在中亚和土耳其的亲属关系中,兄弟中的年长者是存在术语上的标志的。这种简单的区别将会在中东历史上形成巨大的差异,在后面对奥斯曼帝国的讨论中我们将发现这一点。

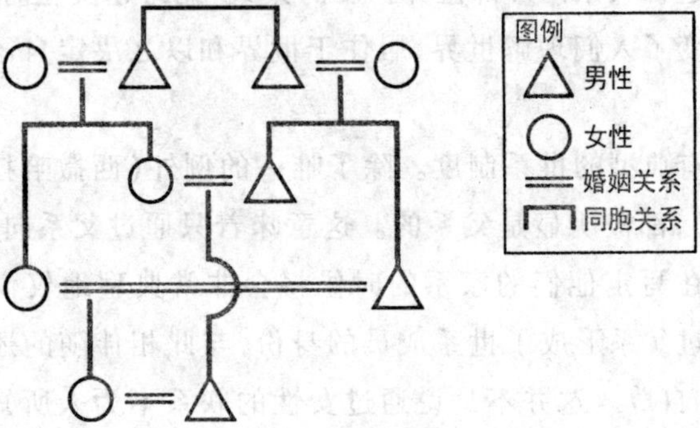

图表 4-1　两代以上的平表婚。

中东的亲属术语符合并有助于构建典型的地方水平的政治结构,它既是平等主义的又能够采取一致的政治行动。人类学家称之为分支世系制度(the segmentary lineage system)。这类社会,在世界各地大量存在,并不依靠分层和等级进行自我组织,而是人们根据同较远亲戚发生争执时亲近的父系亲属应该联合到一起的原则来行动。在西方的血族亲属结构(cognatic kinship structure)中,父系和母系同等重要,但这几乎是不可能的,因为母系世系和父系世系(以及由他们的分支发展出的复合型宗族)的要求是相冲突的(参见图表 4-2a)。

我们可以很容易地发现这种差异。每个美国人都站在倒置的家系锥体的顶点,在各个方向上不断地向外延伸,延伸到过去,混合进多重其他

[1]关于这种重要的主张参见 Murphy 和 Kasdan(1959,1967)。

亲属群之中。但是因为中东的亲属和祖先都只是沿一种世系上溯，亲属关系的模式是明确的。中东人不是站在巨大的倒置的金字塔的最低点，而是三角形底部的一个节点，位于这个三角形顶点的就是他们单一的虚构的祖先。通过上溯到一个共同的祖先然后再下推到正被讨论的人，在这种体系中的所有人都知道或者说能够发现，他们与体系中的其他每个人确切的家系距离（参见图表4－2b）。

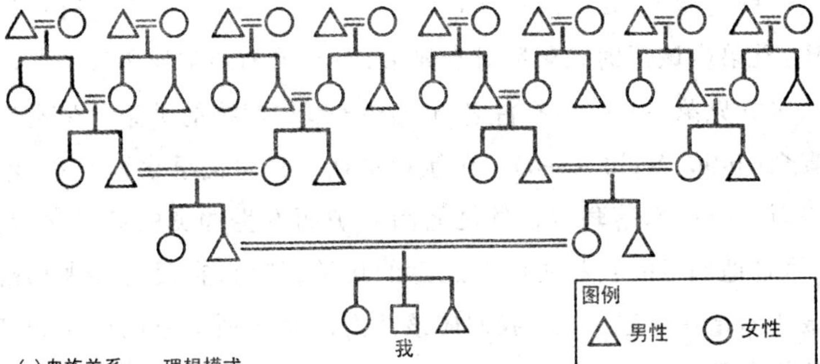

(a) 血族关系——理想模式
既包括母系也包括父系的亲属关系。

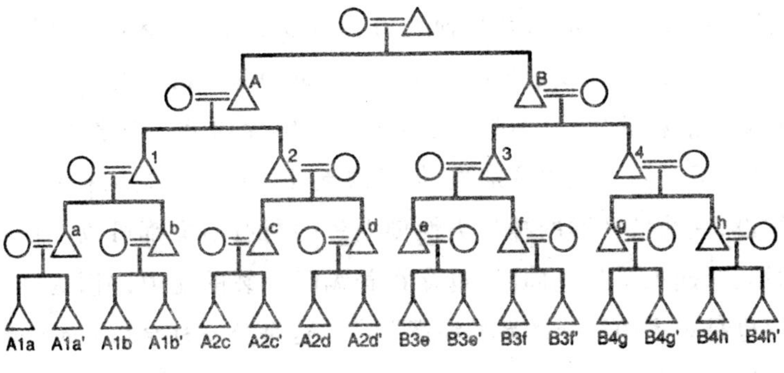

(b) 父系世系——理想模式
只包括根据继承权和亲属权利以及血亲的义务来计算的父系亲属。在观念上，所有A政治上结盟反对所有B，A1结盟反对A2，A1a结盟反对A1b。然而，这种简单的模式是以"我的敌人的敌人是我的朋友"为理由的结盟相交叉的。

图表4－2 中东人的分支世系制度：(a) 血族 (Cognatic) 世系——理想模式；(b) 父系世系——理想模式。

正如伊丽莎白·培根（ElizabethBacon）所主张的，这意味着分支世系没有绝对的界限（可能除了在他们外部的界限），但是扩张和缔约，使之具 56

有了这种极其易变的和高度流动性的社会秩序所要求的适应性。[1] 这种特征在中东部落的人名中表现明显,人的称呼根据其与询问者的关系而定。在我工作的地方,一个人如果同外地人讲话他可能自称 Yusufzai,如果他同附近地区的人讲话可能自称 Pindakhel,如果询问者来自他自己家乡所在的地区,他可能自称 Malikhel,如果是来自他本村,他可能自称 Mushurkhel。

在这种制度中,政治活动通过使用血缘关系的成语来进行意识形态的构建:兄弟应该帮助兄弟反对堂兄弟,而兄弟和亲堂兄弟应该共同行动
57 反对远房堂兄弟——一种有古老历史的合作和对抗的关系。朱利叶斯·韦尔豪森(Julius Wellhausen),在他对早期伊斯兰的著名研究中,给出了许多盖斯(Qays)部落联盟首领之间因嫉妒而发生冲突的例子,但是告诉我们"尽管他们可能互相之间开恶意的玩笑,然而,在反对外来部落时他们忠诚地团结在一起"。[2] 我们应该注意的是亲属关系的密切和其所处地域的邻近是一致的:在城市里,兄弟们在扩展家庭(extended household)里共同居住,嫡堂兄弟是本地的邻居,远方堂兄弟在某种程度上离得更远一些,诸如此类。实际上,在任何地方都可以假设,在空间上最近的人是自己最近的盟友——或最近的敌人——依据当时的情形而定。

在其理想模式中,这种制度是相同家系纵深的世系群之间的一种"互补对立"。它通过对抗得到加强,但是缺乏任何严格的结构和领导。我们可以假设,一个世系群的神秘男性创立者的所有后裔都可以在反对外部力量时联合起来。与此同时,也存在着无限分裂的能力,"因为即使是核心家庭也是更大的社会体系的缩影"。[3] 这是分支社会(segmentary society)固有的模式,也是阿萨比亚的来源,具有联合起来的能力,然而仍保持个性的独立和平等。

作为一种理想的模式,某些属性是这种体系所固有的。首先,联盟通常是在对外部威胁作出反应时消极发生的。第二,集团内部的争吵非常可能发展成为僵局,因为卷入争吵的部分通常在规模上是大体相当的。

---

〔1〕Bacon(1958)。

〔2〕Wellhausen(1927:320)。

〔3〕Murphy 和 Kasdan(1959:27)。

第三,因为整个社会具有联合起来反对外来者的潜力,它可能成为一个扩张的体系,击败、合并和/或奴役缺乏这种能力的邻近的群体。[1] 最后,分支制度的隐含的特征是缺少结束长期争斗的内部方式。一旦战争在不同的分支间展开,在数量上和意识形态上相等的对抗者会避免严重的失败。如果不是外部的权威强迫他们停止战争,分支社会将被内部不断的类似游击战的战争所削弱。在中东,通过使用神圣的调停者来解决这一困难,他们从争斗的氏族的角度出发,并且能够对争执作出仲裁。正如我们已经看到的,这些个体有时可以全面超越文化的大众水准的嗜好。

概括而言,分支社会在其最简单的正式运作上的特征包括:对等的对抗单位,扩展父系家族的灵活构造,在相互的对抗中正视近邻和亲属并在特殊场合与他们结盟反对更远的入侵者。互补的对立可以形成相当可观的凝聚力,但除了一个神圣调停者的道德权威之外,这种凝聚力不会烘托
出任何权威,这个调停者具有在平等主义的和竞争性的,然而又是平衡的 58
分支制度中获得权力的潜力。

4.4 模式的复杂性

想象中的模式就是那样——一种理想。在现实中,它被报复和战争这种重要问题上的差别弄得复杂了。例如,在昔兰尼加(Cyrenaican)游牧的贝都因人中,核心家庭不负责血亲复仇。这个责任落到受害者上溯四代或五代的共同居住的世系分支的身上(拥有共同的曾祖父或高祖父)。相应地,这个集体的成员共同分享支付给被害人家属的抚恤金,并承担其成员的任何杀人罪行所招致的惩罚。[2] 更广泛的分支的功能只是作为拥有土地的单位,而且很少——如果曾经有的话——在血亲的争吵中联合起来。而在共同居住的分支内部的世系群似乎更倾向于分裂而不是战斗,在最近定居的伊拉克贝都因人身上还可以看到类似的特征。[3]

反对亲密的父系亲属的暴力水平也是多种多样的,与文化内部所能

[1]最初的这种模式的公式参见 Salins(1961)。

[2]Peters(1960:31)。

[3]Fernea(1970)。

感觉到的竞争压力相一致。例如，在利夫(the Rif)从事农业的柏柏尔人中，正如戴维·哈特(David Hart)所指出的，频繁的“父系世系群内部的报复性仇杀”经常发生而不能被简单地归结为规则中的例外。[1] 与此相似，农耕的普什图人近亲间的暴力也达到很高的水平，这些近亲正是他们共同的祖先留给他们的小块土地的竞争者。事实上，在普什图人中，与父亲的兄弟的儿子有关的名词是tarbur，也意味着“敌人”。

这些差异与生产方式有关。一般而言，我们可以说，游牧部落的人拥有更大的血亲复仇的单位，并比农民更经常地共同行动，因为他们的生活方式要求更大的凝聚力，在季节性的牲畜放牧中，也在对袭击者的统一抵御中。与此同时，游牧的机动性使他们能够逃避突然来临的暴怒亲属们，他们牲畜的多产使每一位牧民得以在独立的基础上扩大他的财产。另一方面，农民通常是与准备在其死后继承他们小块土地的亲密父系亲属永久地比邻而居。除了收获季节和可能是在灌溉工程中，农民在培育谷物和修整土地时很少需要稳定的互动，因为这时无论如何也不会遭遇来自外部的攻击者。与近亲的面对面的对抗因而就成为父系世系组成的农耕公社的准则，而在游牧民之中，对抗出现在竞争的氏族之间。

这些差异并不意味着亲属制度在社会关系的构建中不成其为发挥作
59 用的特色，即使在那些暴力更经常发生在近亲之间的社会里，例如普什图人。在那儿，部落人根据系谱和空间距离调整他们之间的对抗关系，每一个更广泛的父系分支在同与其规模相当的分支的敌对中都拥有自己的特殊暴力规则。而且，涉及复仇的关系优先于其他形式的暴力和对抗，因此出现在村落内部的派别争端中的谋杀，会使派系消融并导致两个核心家庭间的私人世仇。同样，在跨村落的战争中被亲堂兄弟谋杀是要进行复仇的，而被亲属关系更远的敌人杀害就不必这样做。[2]

通过比较，昔兰尼加人的同居群体相对而言是爱好和平的，随着谱系和空间距离的加大，暴力的倾向也在加强，从在外部范围的“不加区别的谋杀和掠夺”到“非限制地从事掠夺”，最终到关系密切的氏族间的正式世

[1] Hart(1970:70)。

[2] 更多参见 Lindholm(1981b,1982,1995b)。

仇关系。[1] 正如唐纳德·科尔(Donald Cole)写道,无论男性亲属之间的内部争执怎样,无论许可的暴力类型是什么,情况仍然是"在任何关键时刻(部落民)都期望与他的血亲共同战斗"以反对外来者。[2] 不这么做就意味着与之断绝血缘关系并使自己名誉扫地——最坏的可能的结局。

随着社会暴力组织所引发的难题,分支模式也常常为二元的政治和婚姻联盟体系所贯穿,正如每个世系单位分成两个相对立的部分,它反过来在集团内部同其他部分结盟。这种二元的派系在整个中东历史上一直存在,其中最著名的可能是古代盖斯/穆达尔(Qays/Mudar)和也门之间的对抗,它现在在阿拉伯地区仍然引发派系联盟的集结。这些派系以贝都因部落的名字命名,但实际上指的是互相重叠的、跨越部落界限的利益集团。柏柏尔人的二元利夫(liff)和普什图人的二元都拉(dullah)在结构上是相似的[3],如同二元的派系一样,通常受到教法学派和居民区的约束,后者习惯上将中东的城市切分成交战的营地。

这些机会主义的集团联盟有时被看做是社会结构的基础,使得家系纽带和分支意识互不相关,然而,实际上这些二元派系是男性近亲之间内部世系冲突的产物。我们已经看到,在农民中间,男人最明显的对手是亲堂兄弟,土地的共同继承者。在牧人和市民中也是一样,堂兄弟和关系近的对手竞争当地世系的领导权,尽管一般不像农耕公社那样经常发生分裂暴力。在所有的例子中,竞争者根据古代中东政治格言(苏美尔时代记 60
录下来的)"我的敌人的敌人是我的朋友",集结关系更远的联盟。

此处事实上涉及三个极其重要的部分:操纵政治的个体、他的临时盟友以及他的临时反对者。每个人都根据他所理解的他自己的个人利益而采取行动来反对他最明显的对手,并且当觉察到有利条件时会欣然改变立场。例如,如果一个人的政治策略非常成功,他将会发现他从前的盟友加入到他敌人的行列中以使他威风扫地,这种零和的游戏导致反对者之间的长期平衡,正如弗雷德里克·巴斯(Fredrik Barth)向我们精彩展示的

---

[1]Meeker(1979:207)。

[2]Cole(1975:73)。

[3]Montagne(1973), Gellner(1969:67), Hart(1970:45),Barth(1959b,1965)。

那样,这种现象存在于普什图人之中。[1] 我们可以在更大规模上发现同样的模式,并且可以证明在整个中东历史上盛行的变动着的二元派系斗争是永存的。[2]

这些政治联盟对于普通政治生活是极其重要的,但是并不能取代血缘纽带,如果一个人的作为其派系反对者的堂兄弟,被系谱上更远的政治联盟所杀,他必须为之复仇。[3] 血缘纽带仍然是个人之间的最重要的契约,而集团是一个舞台,在这个舞台上当地的世系竞争者之间形成对抗,并延伸到非常具有流动性和变化性的派系联盟的二元网络。

其他的变化也在发生。正如伊本·赫勒敦早已指出的,在实际生活中,亲属关系受到操纵,根据当时的需要,关系可能被忘记或想起。一个迁移到遥远地区的近亲可能被忘记,然而一个住在附近的没有亲属关系的有用的人,可能被说成是长期失去联系的亲属。可能与一个惹是生非的亲属断绝关系,然而与有钱有势者的模糊不清的亲属关系却会得到确认。随着某人变得比他的"兄弟们"更有权势,打破了平等主义结构所要求的理想的对称,亲属集团间的不均衡性也时有发生。

引用这么多同理想相背离的例子,埃默里斯·彼得斯(Emrys Peters)有说服力地主张,分支制度是"错误推理"的产物,源自于"仅仅从依据某种一般行为的思考来理解复杂性"的愿望。[4] 在对因第二次世界大战而分裂和人口减员的昔兰尼加贝都因人进行田野工作的基础上,他的研究导致许多人类学家开始共同对分支结构产生怀疑,并转而关注个人利益和利己主义的个体的策略。

但是,如果部落的观念阿萨比亚是错误推理的产物,如彼得斯所称的那样,那就是推理在本地被使用达千年之久,并仍然作为最常为人们所提及的组织原则。就这样,它告诉了我们许多与中东人试图构建一个合情
61 理的和过得去的世界的前提有关的事情,根据固有的集体感觉的逻辑,每个人都站在可追溯的推定的世系亲属网络的中心位置,这些世系亲属将

[1] Barth(1959b:15-19)。

[2] 因此帕特丽夏·克罗恩,在写到中世纪的派别时指出,"很明显,如果一个别派成功地除掉另一个,它本身就会分裂成两个"(Crone,1980:233)。

[3] Salzman(1978:62)。

[4] Peters(1967:276)。

每个人都松散地结合进一种模糊的文化统一体之中。在这个缠绕在一起的亲属网当中,正如保罗·德雷舍(Paul Dresch)写道:"形式上平等的成分为区别限定,形式上的不平等只有在将子集包括在更大的集合当中才被接受。"[1]

个人斗争反映个人主义和平等主义的亲属结构的逻辑,只受对血亲的义务和对自己血亲的忠诚的限制。阿萨比亚,作为人类行为的最深刻范例,在争论和近亲联盟中塑造,在中东经受住了考验。阿萨比亚的关系和态度同道德环境相一致,在这里权威得到实现,而不是随意取得的,对待统治者也不必怀有极大的敬畏或顺从。这样一种暴露的平等主义伦理不能够使实际存在的等级制度和控制合法化,而等级制度和控制却是在任何复杂的社会组织中都必须存在的。对于中东人来说,问题依然是:应该追随谁?为什么? 62

[1]Dresch(1986:321)。更近期的对于分支世系理论的赞成和反对的讨论,参见 Gellner 和 Munson(1995)之间的交流。

第三部分　国家和社会：先知，哈里发，苏丹和暴君

5 先知时代

5.1 伊斯兰的兴起

在我们到目前为止所描述的中东，所有形式的世俗权威常常都是受到质疑的和不稳定的。通过力量和智慧可以赢得服从，阿萨比亚(asabiyya)是对个人力量的唯一限制。对于伊本·赫勒敦来说，从这种条件中解脱的唯一途径是一个神圣领袖的兴起，他可以在神授的命令中将所有交战的部落统一起来。在表达这个希望时，伊本·赫勒敦重申了穆罕默德的诺言，正是后者通过在大地上确立神的统治，来努力克服部落的分裂和统治者的强制性。进行这种尝试的方式及其命运告诉我们许多与中东人民的持久文化价值观有关的事情。

伊斯兰教创立的历史现在被披上了传说的面纱，被多样的矛盾的报道弄得模糊不清，这些解释使得它的真正轮廓几乎不能被清晰地辨认。但是，毋庸置疑的是，阿拉伯半岛北部在穆罕默德之前主要是由牧驼、贸易、长期争斗和偷袭的艰难生活构建出的部落社会的环境。在这个个性化的世界里，部落人唯一永久性财产是体现在勇敢和浪漫诗歌中的他自己来之不易的自尊及其祖先们的光荣事迹。正如朱利叶斯·威尔豪森指出的："因此，在现实中，不是一个国家，而仅仅是一个民族；不存在国家官员，而仅仅存在氏族、家庭和部落的首领。相同的纽带——血缘的纽带，将民族和家庭结合在一起，唯一的区别就是其规模。"[1]

阿拉伯半岛的"文明"地区不是在伊斯兰生成的中心地带，而是很久以来一直在南部沿海和环海湾地区。[2] 在那里，在整个中东的历史

[1] Wellhausen(1927:3)。

[2] 主要的例外是罗马边境上的奈伯特(Nabatean)缓冲国。参见 Bowerstock(1983)。

中一直被重复着的模式里，部落联盟建立起小的王国，不稳定地将周边
65 山地人的战士和低地的城市中心连接在一起，同时将灌溉农业与对经过阿拉伯半岛的香料和其他货物的长途贸易的控制结合在一起。[1]内地，唯一可能生成任何形式的国家的地区，处在麦加和古莱氏(Quraysh)氏族控制下的贫困和偏远的区域之中，作为古代朝圣的中心，对香料、皮革和其他贸易货物的市场起着保护作用。但是直到穆罕默德到来之前却没有任何发展，穆罕默德大约出生于570年，在他40岁时得到最早的启示，在622年(穆斯林历法的纪元元年)进行了其重要的迁往麦地那的旅程(希吉拉，the hijra)[2]，于632年去世，他领导他的人民征服了整个阿拉伯半岛，并开始了反对周边的萨珊王朝和拜占庭帝国的伟大的、最终取得胜利的战争。

谁是能够统一以前从未统一过的或者曾经统一而要被再次统一的阿拉伯人的领袖？尽管其历史为传奇所笼罩，不过我们确实可以在某种程度上确切地知道有关穆罕默德生平的一些事实。穆罕默德生于世代统治麦加的古莱氏精英家族；但是作为遗腹子，他处于弱小的和无依靠的地位，在他的早年不得不依靠更远的并且潜在敌对的亲属的保护。只有在他的第一位妻子、成功的并且年岁比他大许多的女富商海底彻(Khadija)的帮助下，才使他得以摆脱贫穷和默默无闻并成为一位富有的商人，因为他的正直、公正的判决和公平而受到他的同伴们的极大尊敬，他们称他为艾敏(al-Amin)，即可信任的人。

在希拉山沉思和隐居期间，可信任的倡导者的生活发生了改变，因为他第一次受到最终结集为《古兰经》的神秘启示的控制。在他的幻象中，天使加百利对他讲话，命令他“你应当奉你的创造主的名义而宣读，他曾用血块创造人”。[3]

---

[1]这个地区，实际上，是一个非常古老的世界性的中心。在我们现在所称的巴林，巨大的Dilmun商业贸易中心在4000年前繁荣起来，成为美索不达米亚、埃及和指向东方的贸易网络的中心。

[2]希吉拉的比喻从此以后就一直为穆斯林激进主义分子所使用，他们有意地追求再现穆罕默德的启示、斗争、迁徙到内地和胜利返回的一系列事件。

[3]Quran 96:1－2。

此后每隔一段时间就有启示出现，有时启示使先知陷入类似癫痫症痉挛的颤抖，在其他的时候，启示以他在清醒时能够作出解释的言词或清脆声音的形式柔和地出现。穆罕默德清醒后对他的幻象的背诵，经常是极美的、新颖的有韵散文构成的警句格言，之后由他的亲近追随者写下来并加以背诵。他背诵的信息的结集《古兰经》，成为伊斯兰教首要的神圣经典。

在麦加，穆罕默德的启示起初影响比较小。他的最初皈信者是他的妻子和他的一些近亲，但是大多数早期的信仰者都是那些贫穷的、被剥夺权利的和地位低下的人。《古兰经》对极度富有者的谴责、提倡慷慨捐助以照顾穷人，以及对富人的傲慢和自私的批判，吸引了早期的信仰者。他们接受了由先知阐明的服从神圣法律统治的伊斯兰启示（伊 66
斯兰这个词的字面意思是"服从"）。[1] 然而《古兰经》也给上层的利益留有余地，根据穆罕默德的启示，财富和权力本身并不是坏事——只有贪婪、自大和缺乏社会责任感才是坏事，正如 M. A. 沙班（Shaban）所指出的："富人和穷人之间的合作是穆罕默德全部宣传中的基本教义，正如爱是耶稣基督所宣传的基本教义一样。"[2]

然而，总的说来，麦加的民众不愿意按照伊斯兰教的要求交纳宰卡特（一种在信仰者团体中被重新分配的税款）、停止囤积居奇、参加社会的慈善活动并在贷款时谢绝利息。许多人对于伊斯兰教完全否认他们部落神的力量而支持安拉的绝对统治尤为愤怒——这构成对其父系社会基本结构的威胁。同样令他们怨恨的是，《古兰经》要求在向全能的、在世界末日将审判他们的真主礼拜时，要使他们自己极度地谦卑。先知的伯父和保护者艾布·塔利布（Abu Talib）曾说："我不喜欢跪下，这样我的后部高过我（其余部分）。"通过穆赛里姆（Musaylima）和图拉亚（Tulayha）两个"伪先知"后来同穆罕默德争夺阿拉伯人的忠诚这一事实，这个问题的重要性得到体现，他们两个通过让他们的全体教徒

---

〔1〕"穆斯林"就是顺从者。Islam（伊斯兰）和 Muslim（穆斯林）的词根都是 aslama。
〔2〕Shaban（1971:9）。

"以高贵者的方式站直身体礼拜"，寻求赢得皈信者。[1]

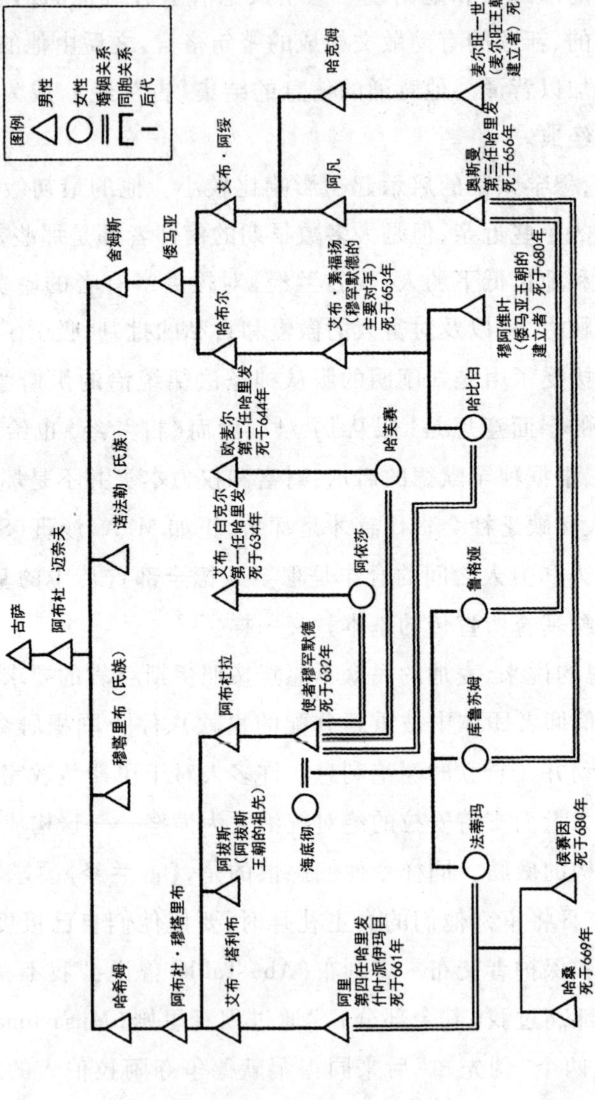

图表 5－1　穆罕默德的家族(非常简化)。

在他的保护者和伯父艾布·塔利布去世之后，穆罕默德和他的追

〔1〕引自 Kister(1979:4)。

随者在麦加遭到越来越严重的迫害，只好在其他地方寻找避难所。起初，他们试图向邻近的塔义夫(al-Taif)绿洲传播伊斯兰教义，但遭到奚落和驱逐。直到622年，农业绿洲叶特里卜(Yathrib，后来称为麦地那Medina)的奥斯(Aws)和赫兹拉吉(Khazraj)部落渴望寻找一个领袖，能够帮助他们解决他们之间无休止的冲突，邀请穆罕默德迁徙到他们那里。穆罕默德，担心自己在麦加有生命危险，也希望增加自己的追随者，接受了邀请，同他的追随者们进行前往麦地那的希吉拉(hijra)。就是在这个沙漠避难所，穆罕默德建立起他的神圣帝国的基础，最终重返并征服他的麦加的亲属和反对者，迫使他们宣誓效忠于伊斯兰教的一神安拉，并效忠于作为神的最后先知的他本人。

穆罕默德的成功，虽然不能归结为外部原因，也是发生在特定的历史背景下。在他出生之前，萨珊朝波斯和拜占庭，在这个地区争夺权力的伟大帝国，长期以来试图从阿拉伯人手中夺取对阿拉伯半岛的统治权。拜占庭的影响是间接的，通过他们的埃塞俄比亚盟友来进行，它曾
在4世纪入侵阿拉伯半岛，在525年又一次入侵，几乎征服麦加。作为 68
回应，萨珊王朝征服也门，并在穆罕默德出生的570年，在半岛所有主要港口都建立了军事殖民地，几乎完全控制了外部的贸易，尽管他们没能将他们的统治延伸向沙漠，在那里各部落保持了他们的自由和社会风俗。

这种自由是伊斯兰建立的前提。阿拉伯人的与世隔绝意味着萨珊王朝和拜占庭世界的宗教信仰体系没有在他们中间取得优势地位，尽管通过犹太教、基督教和琐罗亚斯德教的消息来源，神和预言的概念已经广为人知。事实上，阿拉伯部落将他们自己的世系追溯到易卜拉欣和哈吉尔，因此有了一个神秘的一神论的历史。但是在实际做法上，他们是多神的，崇拜过多的几乎与自然神无法区别的地方神。[1] 这些神是地方性的并同特殊的亲属集团发生联系，他们在无法预料的环境中

〔1〕古代贝都因实际上的多神教，尤其是古莱氏人，是一个多有争议的问题，因为他们在伊斯兰教的传统上被同时看做异教徒和易卜拉欣的主的信仰者。正如我们在后面的章节里将会看到的，即使是穆罕默德到来之后，穆斯林仍然继续崇拜当地的神灵而同时宣称他们相信安拉是绝对的神灵。

给信仰者提供保护,并以此获得信仰者的尊敬。事实上,宗教生活对于这些古代的部落民族来说负担不重。他们在紧急的情况下才乞求他们的神灵,但是在仪式、神殿或神话等方面建树不多。他们的神灵的主要作用很显然就是,在部落纷争被搁置起来之后,在某几个特定的神圣月份里担任神圣的保护者,正如商人们穿着特殊的服装去到建立在神圣地方的临时集市上去朝拜一样。正是在这个幌子下,部落的神灵在麦加拥有了他们的神殿,他们保护克尔白(kaaba)附近的神圣地区,神圣的克尔白是今天穆斯林朝拜的目标。[1]

很明显,穆罕默德时代的阿拉伯半岛是一神教世界里的多神教的死水,是比它大得多的广大社会世界的非常小的、隔绝的和次要的部分,尽管受到西北部庞大的拜占庭帝国和东北部的萨珊王国的对抗和意识形态的影响,它还是保持了其地方的和部落的特征。它的人民贫穷、没有文化、没有可剥削的资源,并且是危险的,从伟大的世界中心的角度来看,阿拉伯半岛所能提供的就是它的诗歌传统和从途经此地的贸易中所征得的赋税。当然,一个6世纪的萨珊人会嘲笑下面的想法,即这个不成熟的、不文明的和贫穷的异教徒的荒野会对他引以为荣的帝国构成威胁。然而一个世纪以后,伟大的波斯王国在伊斯兰的进攻下动摇,并很快地屈服,而拜占庭帝国被赶往北方,最终陷落于奥斯曼人之手。

这一切怎么会发生呢?关于有利于伊斯兰自阿拉伯半岛的部落中兴起的基本前提,存在两种截然不同的理论。第一种,同蒙哥马利·瓦特(Montgomery Watt)有关,将注意力集中在经济的变化上,首先是阿拉伯半岛沿海贸易的衰落引发海盗行径和袭击,结果是,瓦特认为,根据克勒比(al-Kalbi)的解释,香料及其相关产品的奢侈品贸易路线改走
69 内陆经过麦加。从这种情况中受益,穆罕默德的曾祖父哈希姆(Hashim),同拜占庭皇帝签订了安全协定,允许麦加商人进入叙利亚。然后他发起了一个对古老的分支对立部落体系进行改造的新的贸易联盟。

〔1〕这受到Crone(1987)的反对,她主张麦加不是前伊斯兰朝觐的地方。相反她确信附近异教徒的圣殿和市场充斥麦加,因为麦加人利用这些地方从事贸易。

这个联盟使附近的不相干的部落和解，他们同意保护在夏天去叙利亚、冬季去也门的商队。这个协定以古莱氏哈希姆家族管理的麦加圣殿的神圣性和他们的守护神安拉为担保。安拉，现在被联盟(the dar al-hums)的参加者认为是保证权利和同意穿越部落界限的至高神。通过这种方法，互不相关的联盟共同体在一个单独的道德权威之下得到统一，而地方对部落神的崇拜保持原封不动。[1] 哈希姆的计划使麦加由地方市场迅速扩大为国际贸易中心，并开始了北部大国早已发生的进程。他的计划也成为后来的伊斯兰革命的样板，将没有共同部落起源的各个群体集合成为统一在安拉保护之下的神圣公社。

起初，联盟是一个高度公平的投机，因为利润在参与的部落的穷人中重新分配。但是瓦特认为，富人和穷人、保护者和被保护者之间的新的差别，很快演化为参加者在贸易网络中获得远远超过其他部落人的财富和权力，导致在平等主义的麦加公社内部出现了深深的矛盾。他写道：

> 游牧社会(麦加人最近的祖先)传统的价值观在麦加繁华的重商主义经济中被证明是不适当的，并很快衰退下去。富有的商人，也是部落的头人，忽视照顾其族人中的穷人和不幸者的传统义务。巨大的财富使他们骄傲、自大和自行其是，随时压迫和利用任何意义上的任何弱者。[2]

在瓦特看来，市场城镇的成长以及控制贸易的有限成员身份的扩张也导致冲突加剧，因为那些被从这种获利的贸易中排除的部落也想参加，而那些已经加入者则希望保持他们的垄断。联盟成员破坏了家族的稳定，因为他们同他们的麦加合作者结盟反对他们的游牧兄弟，同时，被保护者之间的斗争导致保护者之间的敌对。在这些变幻的环境中，部落的阿萨比亚受到挑战，一种道德不适盛行于阿拉伯半岛各地，为穆罕默德的统一半岛的启示铺平了道路。

---

〔1〕参见 Watt(1988) 和许多他的书，Kister(1965a,1965b,1972)和 Shaban (1971)也描述前伊斯兰时期麦加的贸易及麦加同其盟友的关系。

〔2〕Watt(1988:51)。

第二个理论在本质上更加具有政治性，由帕特丽夏·克罗恩(Pa-
71 tricia Crone)有说服力地提出。她主张麦加人不是长途做奢侈品生意，而是“在他们力所能及的范围内为那些定居的农民交换牧场的产品”。[1]这些贫瘠的资源，她确信，不能够引发瓦特所称的巨大和不公正的阶级差异。克罗恩认为，瓦特提出的在其分析中作为主要内容的贸易协定也没有令人信服的证据。相反地，麦加较早时期的贸易传统受到激烈的批驳，如果有什么区别的话，表明麦加只是古莱氏行商将货物运往偏远部落的中转站而不是一个贸易中心，除了在维修克尔白并向聚集在那里的朝圣者提供食物和饮料的范围之外，古莱氏人与宗教也没有特殊的联系。克罗恩同时也否认安拉是古莱氏的最高神——如果真是这样的话，他们为什么要同穆罕默德作对？

在克罗恩看来，伊斯兰没有胜利，因为它向麦加的古莱氏商人的阶级差别发出挑战，而后者无论如何都是穆罕默德的主要反对者。她注意到，穆罕默德只是在其受到纪念的前往麦地那的流亡以后，才获得了具有重要意义的拥护者，麦地那是一个贝都因部落民和受他们保护者栖息的绿洲。按照克罗恩的说法，“伊斯兰教起源于部落社会，对其出现进行解释的任何尝试都必须以这个事实为出发点”。伊斯兰所提供给这些部落人的东西，她写道，是“关于一个神圣有效的国家结构的观念，这是穆罕默德的国家，不是他设想的进行社会改革的蓝图，它对阿拉伯半岛的其余地区产生了如此强有力的影响”。[2] 穆罕默德，否认了他自己祖先的神而支持崇拜安拉，易卜拉欣的神，因此也是所有阿拉伯人的神，给他的追随者提供了一位普世的与现存社会的父系精神相一致的神。由于萨珊王朝的空前发展，正如前面提到的，已经占领了也门和阿拉伯人的港口，他的启示的吸引力在这个时期是特别引人注目的。害怕被萨珊王朝统治，分裂的阿拉伯人需要一个阿拉伯语的预言——宣布他们被神圣地注定将会取得对他们强大敌人的胜利。

克罗恩因此推测，伊斯兰最好不被理解成对经济危机作出的反应，

---

〔1〕Crone(1987:151)。

〔2〕Crone(1987:237,236)。

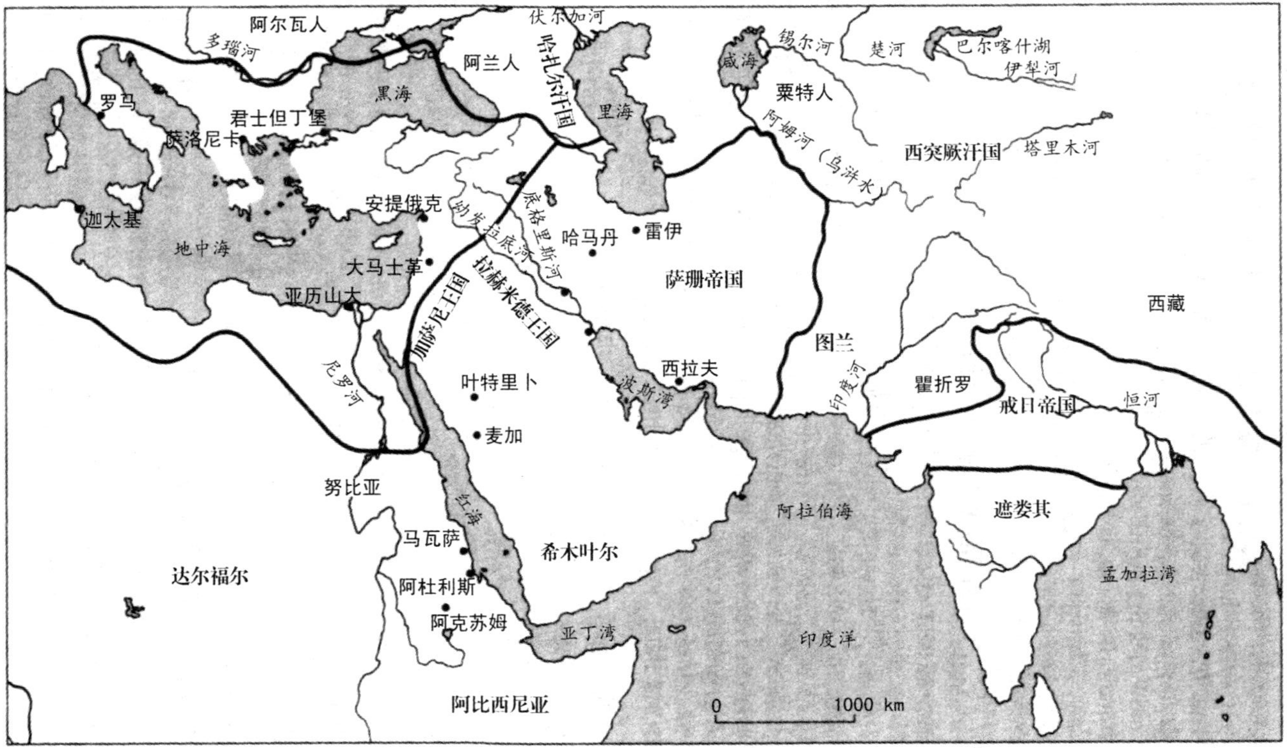

地图5-1　前伊斯兰世界　公元600年。

而应理解为一种本土主义的运动:对外部入侵的反应将以前混乱的部落群体组织成一个在具有超凡魅力的领袖的权威之下的社会,这个领袖既能够重申又能够改造地方的价值观,能鼓舞其追随者作战以反对外部的影响并在这一过程中建立新的本土国家。[1] 号召战争在阿拉伯半岛是尤为有效的,在这里冲突的部落人已经完全习惯于战斗和掠夺。正如克罗恩写道:"穆罕默德的神因此将部落的战斗精神和掠夺提升为最高的宗教道德……正是因为安拉的物质利益和部落民的物质
72 利益相一致,才使得部落民如此狂热地服从安拉。"[2]

在这个较晚的年代,加之所提供的资料的模糊性,说明这两种解释中的哪一种更正确是不可能的。明显的是二者都认为阿拉伯人被征服了,因为穆斯林的启示适合并改变了他们业已存在的世界观。正是穆罕默德所传达的启示没有被贬低证明了下面的事实:先知必须使用一种为倾听他的人们所公认的语言来演讲,因此,接下来就是教义必须是对早已知道的宇宙的再创造。在过去的以文盲为主的世界里,这个宇宙,在其最基本的存在主义的现实中,在城市里有学问的抄写员、哲学家和朝臣的著作中没有被发现,而是通过生活就是活着的方式,为普通民众在其日常经历中所理解。

5.2 伊斯兰对平凡生活的改造

为了理解伊斯兰的吸引力,我们还需要考虑这个吸引力出现的背景。在很大程度上,穆罕默德提到的前伊斯兰的观点源自于前面各章所勾勒出的生态和政治条件:流动的、武装的游牧人和绿洲居民与重商主义的城邦处于一种互相独立的关系,保证他们自己的自治,但是依靠城镇作为市场、必需的手工业产品的中心和避难所。这是一个充满暴力和不确定的世界,因为不同的集团和个人操纵权力和威望,除了为世系的纽带、部落的荣誉准则和市场的神圣性——在这里,在地方众神的保护下冲突得以暂时停止——所强加的限制以外,没有任何居于中心

[1]关于本土主义运动的权威观点,参见 Wallace(1956)。

[2]Crone(1987:245)。

地位的限制体系。

伊斯兰启示的部分本质在于将这些日常的现实重新概念化。不是认可那些令独立的和平等主义的沙漠部落民与流动的麦加商人们反感的差别，《古兰经》反过来是强调所有人的精神平等，他们被要求对自己的命运负责，在末日他们将被作为个人受到安拉的审判。正如我们已经看到的，在伊斯兰教中没有牧师，没有教会，没有僧侣，也不存在神职人员和普通信徒的差别。在所有人都必须服从的超验的和绝对的神的眼中，每个人都是一样的。伊斯兰激进的平等主义甚至适用于先知，他极力否认自己具有任何神圣的或超人的地位。当怀疑者要求穆罕默德用奇迹证实他的启示时，他回答道，《古兰经》作为奇迹就足够了，他是并且“只是一个凡人，我曾奉到启示说：你们所应当崇拜的，只是独一的主宰”。[1] 他也不声称他拥有任何特殊的知识。“我不对你们说， 73
我有安拉的一切宝藏。我也不对你们说，我能知幽玄。我也不对你们说，我是一个天神。我只是遵守我所受的启示。”[2]在伊斯兰教中，先知甚至没有权力要求得到其他人的服从，因为他的预言中明确地说：“你当教诲，你只是教诲他们的，你绝不是监察他们的。”[3]一些人会听从警告，另一些人则不会。因为真主“使他所意欲者误入迷途，使他所意欲者遵循正路”。[4]

在《古兰经》中，个人被要求对他们在今世的所有行为负全责，行为和解释并不局限于服从或不服从戒条。例如，作为对穆斯林遭受不信教者迫害的抱怨的回应，《古兰经》作出愤怒的谴责：“难道真主的大地不是宽阔的、能容你们迁移（躲避邪恶）的吗？”[5]这段话承认了社会流动性、个人主动性和对生活的实用主义态度，这正是中东的特征，而不是被束缚在身份权利和封建义务的奴役中的中世纪欧洲的特征。类似的观点也可以在经常被引用的先知的一段话中发现，一个贝都因

[1]Quran 41:6。

[2]Quran 6:50。

[3]Quran 88:21－22，同时，信士们也被命令服从真主及其使者。

[4]Quran 16:93。

[5]Quran 4:97。

人问先知,他是应该拴好骆驼还是应该托靠真主使它不致走失。"托靠真主,"使者说,"并且拴好你的骆驼。"

除了他们个人的自由和义务,穆斯林还被要求服从信仰者的集体。古老的亲属纽带为与同一个神圣集体的联系所取代,个人荣誉的观念转变为神圣的义务,对市场的保护被延伸到对所有信仰者的保护。伊斯兰共产主义以要求交纳宰卡提(zakat,信仰者交的税)和所有人都有义务服兵役为象征。贝都因人的高贵的慷慨行为从个人行为转变为社会行为,而勇敢的美德被导入为信仰而进行的圣战。正如克罗恩所指出的,穆斯林的教义"赞同并抬高战斗精神和伦理自豪感这类基本的部落特征"。[1] 作为回报,个体的穆斯林,虽然在真主的面前是单一的,却并不是孤独的,他们成为向其提供支持、指导和保护,趋于神圣的和更大的宗教群体的组成部分。

在对传统的最激进的背离中,新的伊斯兰群体要求割断以前在残酷的和竞争的世界里曾经为男人和女人提供最低限度保护的世系纽带。然而,正如哈米德·达巴希(Hamid Dabashi)告诉我们的:"穆罕默德的魅力型权威建立了社会团结的新秩序。它以信仰上的兄弟关系代替血缘上的兄弟关系,这是违背阿拉伯人的传统习惯的。"[2]切断一种纽带和建立一种新的纽带,是迁徙至麦地那这个极为重要的事件的象
74 征,它意味着以一种方式"离开一个群体的'保护'进入另一个群体的保护",依赖并改造贝都因人的庇护和受保护的传统。[3]

穆斯林从中寻求保护的新的神圣公社被称为乌玛(umma),即信仰者的群体。加入穆斯林乌玛是一种自愿的事情,正如《古兰经》中所说,"对于宗教,绝无强迫"。[4] 但是一旦接受信仰,而后穆斯林就要永远忠于信仰,不能在面临死亡的痛苦时否认自己的穆斯林身份而成为叛教者——伊斯兰容易加入,不可能离开。这反映出穆罕默德为构建追随者群体和以具有同样强制力的某种东西取代亲属联系所作出的努

〔1〕Crone(1987:25)。

〔2〕Dabashi(1993:49)。

〔3〕Watt(1988:25)。

〔4〕Quran 2:256。

插图 5－1　安拉（amali），**“真主是我的希望”——**Tumar **字体。**

力。因缺乏阿萨比亚式的强有力的意识形态将之联结在一起，乌玛依靠誓言的约束力以保证其统一，其成员不是通过共同的祖先或同保护人的假想的亲属纽带，而是通过对独一真主的共同的绝对的服从联结在一起——这是能够取代血统的唯一纽带。与亲属关系一样，这也是无法割断的纽带——否认它就是否定自我的身份，这是最可憎的罪过。

氏族和世系的许多功能都在新的社会里得到复制和扩张。在部落民中，共同的亲属关系的阿萨比亚将群体内的成员联结到一起，群体内禁止流血和鼓励共同负责。正如伊本·赫勒敦所说，这种群体是贝都因人侵略和防御的单位。类似的，要求所有成员对其他乌玛成员共同负责，也严厉禁止他们互相剥削、伤害或奴役，他们也必须通过将在整个社团进行再分配的慈善捐助分享他们的财产。

我们也注意到，在中东背景下的部落统一在有争议的问题上被首先激活，父系家族团结起来同与自己竞争的父系家族进行斗争。在伊斯兰群体中也是如此，信仰者的王国和不信者的王国之间的对抗暗示着不间断的战争，即吉哈德（jihad），在 daral Islam（伊斯兰统一的家园）和 dar al harb（异教徒的家园）之间进行。在这场战役中，穆斯林必 75
须帮助穆斯林，正如亲属在分支制度下帮助亲属——一种亲属关系的延伸，这将有助于把贝都因战士团结为征服世界的军队。

当伊斯兰对之进行改造并使部落合作和义务的结构普遍化的时

候，它同时将权威的关系革命化，不是家族之间无休止的冲突以及平等者之间争执由谁来掌权，乌玛无可争议地由穆罕默德统治，他的判断受到他们的神圣本原的认可。正如安拉告诉信仰者们："如果你们为一件事而争执，你们使那件事归真主和使者判决。"[1]穆罕默德将乌玛和他紧紧联系在一起，将乌玛作为他神圣启示的接受者和受益者。没有他的启示和道德榜样，他们将会退回到无休止的和无法取胜的内战之中，有了他，他们变成了战无不胜的。正是脑海中浮现着对伊斯兰的这个方面的缩影，克罗恩写道："穆罕默德不是社会改革者，也不是精神困惑的解答者，他是一个民族的创造者。"[2]

穆罕默德同其团体的关系的最早暗示发现于类似交易的"麦地那宪章"之中，这是已知最早的伊斯兰书面文件，写成于穆罕默德及其随行人员被安置在他们的新家之后不久。"宪章"由所有相关人员协商和签署，由在一个合作的和保护的联盟中将各部落及其保护人联系在一起的条约组成，穆罕默德被所有人接受为判决者和仲裁者。"宪章"也保护居住在绿洲的犹太部落的权利。他们的宗教得到容忍，任何对他们的伤害都被认为等同于对他们的保护者的伤害（只是在后来犹太人才被驱逐和受到战争的打击）。新的联盟围绕着一个神圣的地点（禁地），在这里暴力被禁止、正义得到伸张——在阿拉伯半岛的其他地方为朝圣市场所围绕的禁地的复制品。在讨论之后协议被接受并通过宣誓巩固。

在形式上，"宪章"非常类似于当代南部阿拉伯地区部落和神圣世系签订的协定，以便在对抗的分支之间提供受保护的场所以进行贸易和调解。这样的安排在其他穆斯林部落地区也可以看到，在那里，朝圣的地点都是有特权的贸易地[3]，R. B. 萨金特（Serjeant）将他的主张建立在人种学资料和文献证据的基础之上，主张"穆罕默德的做法就是

[1]Quran 4:59。

[2]Crone(1987:237)。

[3]参见 Eickelman(1976)对于一个这样地点的解释，当然并不是所有的神圣地点都是由神圣的人来管理，也不是所有神圣的人都同神圣的地点有联系。但是根据扩张政治组织的可能性，这种结合是普遍的和有效的。

遵循自远古已经存在的阿拉伯人的政治模式。在某种意义上，他只是一个法官—仲裁者，一个哈卡目（hakam），与其一系列的先祖们相同，他只对少部分的阿拉伯人法律和社会的修改负责”。[1] 76

但是穆罕默德的团体，尽管在外部形式上类似于那些其他的神圣的哈卡目，但实际上在内部是与之完全不同的某种东西。在他们对自己的想象中，早期穆斯林不是聚集在一个神圣市场周围的另一种部落编组，他们属于“真主的团体”——其他人都是异教徒。穆罕默德也不是许多法官中的一个，他作为目的在于完全改变世界的千禧年运动的终极的和最后的法官出现。对于一个伟大宗教来说是必需要素的从特殊到普遍的转化，现在发生了。通过将地方部落转变为无限制的和包容性的乌玛，将哈卡目转换成先知，带来新的道德标准改造勇敢、慷慨和荣誉等部落的道德，伊斯兰对贝都因人的部落社会组织进行了改造。穆罕默德的改革在社会责任的框架内支持个体的代理和责任，将作为贝都因人生活特征的深层的平等主义价值观，重新塑造为具有普遍兄弟情谊的宗教启示。

同样受到伊斯兰认可和改造的还有曾在麦加伴随穆罕默德成长的城市重商主义价值观。《古兰经》不排斥商业，伊斯兰的成长也没有破坏贸易和市场。相反地，穆罕默德的启示支持中间商，通过将哈希姆发起的有实效的商业联盟的合作扩展到社会各界，而将商人的伦理融入伊斯兰的道德之中。利润，如果是合法取得并正当地用于服务真主和帮助弱者上，在《古兰经》里是受到嘉许的。个人拥有和处置私人财产的绝对权利得到认可，这也是订立契约的权利。

实际上，《古兰经》里渗透着市场的意象，这必然要直接求助于那个时代人们的个人主义的重商主义价值观，既是城市居民的也是农村居民的，是那些习惯于以贸易维持生计的人们的价值观。托利曾经对弥漫于《古兰经》的对合理的算计和私营企业的认可作过如下的描述：

〔1〕Serjeant（1981a：1－2）。然而，Crone（1987）已经指出，在一个神圣保护者的权威下的神圣飞地，在麦地那所在的阿拉伯半岛北部地区并不常见。相反，她认为麦地那人接受伊斯兰是一种政治行为。从我的观点来看，这并不矛盾，因为战争领袖在领导部落民作战之前首先得使对立的部落民和解。

安拉是个理想的商人。他将整个宇宙包含在他的算计中。所有的都计数,每件事都称量。书籍和秤是他的机构,他使自己成为诚实交易的典范。生活就是生意,有所得或有所失……穆斯林借贷给安拉,为了天堂提前支付,将自己的灵魂卖给安拉,是获利的交易。不信者为了微不足道的代价出卖了神圣的真理,是破产的。每个灵魂都是其债契的抵押品。在复活的时候,安拉对所有人进行最后的清算。他们的行为被从功过簿上读出、在天平上称量,每
77 个人都按其应得的给以报偿,没有人受到欺骗。[1]

插图 5-2 18 世纪后期麦地那和麦加的圣地。

从一开始,伊斯兰就将麦加商人的城市重商主义伦理,同麦地那和贝都因人所代表的游牧人、调停者和周边战士的传统相结合,正如我们所看到的,瓦特关注于伊斯兰的第一个方面,克罗恩关注于第二个方面。但是这些角度并不需要互相排斥。正如我所主张的,商人和部落民一样,都珍视个性独立并将自己看成个体的代理人,处在他们亲属关系的中心,采取行动以将期望的结果最大化(对于商人来说是利益,对于部落民来说是名誉)。部落民和商人在实际、流动和灵活等方面很相似,都不喜欢贵族的矫揉造作和信奉平等主义的道德,都同样受到《古兰经》启示的影响,由具有超凡魅力的先知穆罕默德阐明的、将人

〔1〕Torry(1892:48)。也可参见 Gellner(1983),他与 Rodinson(1973)和 Hodgson(1974)一样,主张中东文化精神过去是(并且现在仍然是)独特的重商主义的和易接受资本主义的。

性置于普遍伦理庇护之下的预言，说出了所有他们所关心的事情。

5.3 早期伊斯兰国家

要理解伊斯兰，我们也必须意识到，它所涉及的政治网络比任何从前的天使报喜的宗教都更加广泛。从最初，与耶稣相同，穆罕默德就不愿意“放弃恺撒”，相反他起来反抗他的亲属的权威，并力争征服曾经拒绝他的麦加联盟，按照他所受的启示，他集合了自己的追随者同占优势的敌人进行斗争，在 624 年的白德尔（Badr）战役中击败了人数多得多的麦加军队，成功地袭击了麦加的商队，对麦加的商业统治构成威胁。最终在630年，穆斯林军队占领麦加，穆罕默德的古莱氏反对者被迫皈信了他的造物主。 78

穆罕默德成功的战役令许多好战的贝都因人信服并来到他的身边，以便他们也可以分享伊斯兰的荣誉和战利品，这些人中有些是真正的信仰者，有些是冒险者，大多数是二者兼而有之，他们成为伊斯兰向阿拉伯半岛以外扩张的主要力量。对于穆斯林军队来说，意外的是，此时的萨珊王朝和拜占庭帝国已经两败俱伤，在旷世纪的无休止战争和对贸易的封锁中变得虚弱不堪，面对穆斯林袭击者他们是脆弱的。在穆罕默德于 632 年去世之后，扩张变得迅速起来。638 年耶路撒冷陷落，在以后的 30 年中，所有古代的美索不达米亚地区、埃及和伊朗的大部分地区都被征服，同时，另一些穆斯林军队勇敢地向西北挺进，攻入拜占庭的疆域。穆斯林军队的持续胜利巩固了伊斯兰对新皈信的战士的控制，他们看到穆斯林兄弟般的情谊，宗教的统一，远胜于碎裂成交战的氏族残片的贝都因部落，他们现在在战争中携带《古兰经》而不是自己氏族的旗帜，他们不断的胜利使他们的信仰得到证实。

穆斯林的激增，从阿拉伯半岛内地的爆发到席卷萨珊帝国以及迫使拜占庭帝国退回到他们在安纳托利亚的堡垒，是史无前例的，奇迹般地解决了古老的地区经济问题和政治僵局，通过强行解散两个互相竞争、陷入僵局的对抗者并将之纳入伊斯兰的统治，突然之间将中东统一为一个开放的贸易地区，并为迅速产生新的繁荣铺平了道路。同时，所有信仰者平等的穆斯林启示对帝国的普通民众有所触动,至少在理论上,他们通过简单的皈信活动就将自己从低下的地位中解放出来。[1]伊斯兰的兴起既是一场经济革命也是一场社会革命,在安拉的启示引导下,在普遍的兄弟情谊的旗帜下,为其并入的领地提供新的财富和自由。

记得他们征服世界的光辉过去,穆斯林没有以基督教的方式将"上帝之城"描绘成超越普通知识领域的、通过宗教信仰和自我克制可以在光明的未来达到的。对于他们来说,在先知自己和他之后四位虔诚的统治者艾布·白克尔(死于634年)、欧麦尔(死于644年)、奥斯曼(死于656年)和阿里(死于661年)的权威之下,真主的统治在历史事实中实际上实现了——他们在反对不信者的成功圣战中统一了信仰者公社。[2] 如果用基督教来比喻穆斯林的经历的话,就好比是耶稣率领一支军队攻陷了耶路撒冷,而彼得成为罗马帝国的皇帝。

因为穆斯林国家起源于一种政治上空前成功的魅力型运动,穆斯林 赋予政府以明显的伦理意义。正如A. R. 科尼利厄斯(Cornelius)写
79 道:"伊斯兰国家的目的,在最初,是普遍的利益,带有在神的支持下实现'最高利益'的更高层次的目标。"[3]哈里发(真主的代理人)是真主用以保护穆斯林公社并实施神圣不可改变的法律的人类工具。正如克罗恩和海因兹(Hinds)所指出的:"先知和哈里发都被视为真主的代理人,都尽职地执行真主交给他们的任务,先知传递启示而哈里发将之付诸实施。"[4]统治者的责任是明晰的,他有义务保证法律被适当地制定和实施,并保证捍卫穆斯林公社。正如诗人所说,他是乌玛的"帐篷之桩",将之结合在一起,他也是"真主的绳索",虔诚者可以紧握,以确保他们得到拯救。

尽管哈里发作为真主的代理人和正义的典范被认为拥有不同寻常

---

[1]这并不是说皈信是全部的或立即的,或甚至必须受到伊斯兰解放启示的驱动。相反,看起来皈信是一个逐渐的同化和适应过程。更多相关内容参见 Bulliet(1994)。

[2]对于什叶派来说,只有阿里被承认。

[3]Cornelius(1979:51)。

[4]Crone 和 Hinds(1986:27)。

的精神力量,但是作为统治者,他的创制的能力却是微不足道的。这一职务本身就是通过与追随他的穆斯林握手而订立契约,他们在信仰上是相互平等的兄弟。在理论上,如果他不称职的话,他的权力是可以被中止的。这由第一任哈里发艾布·白克尔(Abu-Bakr)明确提出,他说:"我被你们授予权力,但我却不是你们中最优秀者。如果我做得好,请帮助我,如果我做得不好,那么请纠正我……只要我遵守真主和他的使者的命令,你们就服从我,如果我不遵守,你们有义务不服从我。"〔1〕

在此后的穆斯林的记忆中,这个时期体现为神圣的有秩序的社会结构,在社会正式选举出的代表——哈里发的仁慈统治下走向繁荣。最后一位得到普遍认可的正统哈里发,先知的女婿阿里,在给他新任命的埃及总督的一封信中,给出了在此早期年代的统治者某些道德方面的特点。阿里写道:

> 使品德高尚的行为成为最受你喜爱的珍宝吧……因此,控制你的期望与欲望……使你的心充满对你臣民的慈悯以及对他们的爱和仁慈……永远不要说"我是你们的统治者(因为)我发布命令和被服从",这种思想腐蚀心灵和削弱信仰……当你所喜爱的权力在你的头脑中滋生出虚荣与傲慢的时候,就思考在你之上的天国的伟大……因为真主羞辱所有的暴君和压迫者并贬黜所有的自夸者。〔2〕

穆斯林的思想中充满了回归这段理想时代的渴望,这个时代的普通男人和女人被想象成(在集体记忆的柔和光辉中)在公正的和得到神圣指导的哈里发领导下无私地共同行动,以便在人类世界里实现安拉的意志——这种实现通过战无不胜的虔诚军队所取得的巨大权力和

〔1〕在 Dabashi 中引用(1993:83)。

〔2〕658 年阿里的信件引自 Jafri(1979:12)。后来的哈里发们,尽管不再被接受为"正确的指导",但是继续使用服务和正义的公开浮夸的言辞。例如,阿拔斯哈里发马蒙写道:"真主的哈里发的义不容辞的责任是服从真主,并按照真主的安排看护他的宗教和他的仆人;穆斯林的义不容辞的责任是服从哈里发,并帮助他们确立真主的公正和平等,保证道路安全和防止流血,并且形成和谐统一的伙伴关系的状态。"引自 Crone 和 Hinds(1986:135)。

财富而得到具体证实。回忆他们的千禧年过去，穆斯林虔诚者，同他们
80 的基督教兄弟们不同，从未在内心里赞同存在于信仰者公社（在使者及其代理人的领导下，在真主面前是平等的）的宗教体验间的分裂，以及争权夺利的世俗统治者倾向于政治阴谋和使用肉体上的强制的现实。对伊斯兰早期的政治和宗教统一的记忆始终存在，成为对穆斯林改革者的鼓舞和对世俗政治家的指责。

5.4 紧张和分歧

但即使在最初的乌玛(umma)里紧张关系也是存在的。尽管穆斯林在加入真主的队伍之后，否认所有存在于他们之间的分裂，但是基于以前存在的部落等级的内部差异被保留，成为划分信仰者的标准，尽管它们被覆盖上新的伊斯兰的修饰。例如，哈里发欧麦尔认为，既然穆罕默德是最尊贵的人，他的民族，古莱氏人，一定是最高贵的氏族。“对于其他人，根据其与先知的亲近程度类推。阿拉伯人因为真主的使者而变得高贵。”[1]相似的传统包括：“如果阿拉伯人衰落，则伊斯兰也会衰落”，以及“因为三种原因喜爱阿拉伯人：因为我是阿拉伯人，因为《古兰经》是阿拉伯语的，因为天堂的人讲阿拉伯语”。[2]

正如我们已经看到的，这种对自己家系的自豪是中东文化的古老组成部分，在中东，高贵的部落将背诵赞美其祖先的诗歌作为其主要的艺术形式，婚姻尽可能“最亲密”以便保持父系血统的纯洁。根据他们的信念，只有在像他们一样的有武士气概的武装部落民中，才能够发现真正的男人，商人、工匠、农民和依附者被贬低为必须接受保护的戴义夫(daif)，而由高贵的谢里夫(sharif)对之施以保护。穆罕默德本人是这些贵族谢里夫家族之一的古莱氏的成员，古莱氏人由于他们作为麦加的统治者、克尔白(kaaba)的看管人的角色，之后由于他们同先知的亲属关系，其地位被提得更高。

---

〔1〕引自 Crone 和 Cook(1977:225)。

〔2〕引自 Kister 和 Plessner(1990:53)。

在阿拉伯人的父系世系和人种地位的等级体系中，高贵的世系，例如古莱氏人，自夸其血统的纯洁，吹嘘被人寻求同他们建立亲属联系，而他们，作为最高贵的阿拉伯人，不发起同其他人的联系。即使在麦地那也是这样，麦地那尽管存在宗教性地方自治主义的穆斯林理想，但是同安萨尔（ansar）即麦地那人通婚，在早期的麦加移民中确实是很罕见的，他们选择回避同低级的血统结婚以免玷污他们高贵的高目（qawn，氏族）。[1] 同时，次要的家族篡改宗谱以伪造与强大世系的联姻。正如韦尔豪森（Wellhausen）所指出的："诗人们尤其具有声称同高位者有 81
亲属关系的缺点。"[2]关于贵族血统的古老的根深蒂固的信念继续存在，与乌玛的平等主义意识形态内在地相矛盾，在很多部落全体成为穆斯林之后，仍旧追随着他们的头人，并坚持声称其氏族的高贵。随着征服的进行，血统纯正的意识转而构成其他分等级的关系，因此阿拉伯人不同非阿拉伯人皈信者通婚，而信仰者全体鄙弃与异教徒结婚。[3]

然而，通过高贵血统声称自己的优越在中东地区从来没有被平静地接受过，用韦尔豪森的话来说："每个证人都倾向于将他自己部落的位置看成是中心点，并将主要的荣誉归于其部落的英雄们。"[4]即使古莱氏人对其优越性的宣布，也受到来自嫉妒的竞争者的反对，他们认为，当古莱氏中的大多数人最初否认穆罕默德的预言并无情地打击他的时候，氏族的高贵性受到了玷污。出身低微的穆斯林说，作为早期的皈信者，他们事实上在精神上优越于后来皈信的古莱氏人，而古莱氏人反过来强烈地憎恶那些被他们视为暴发户的人的自豪。

正是脑海中存有这些冲突，欧麦尔在结束我们前面引用过的对精神性的讨论时说："在审判日，如果非阿拉伯人带着善功前来，而我们一无所有地前来，那么他们同穆罕默德的关系就要比我们更近。"[5]类

〔1〕参见 Watt（1956），Nagel（1982）。Crone（1988）主张古莱氏可能不像他们后来所宣称的那么优秀，她注意到商人在传统上不会受到贝都因人的高度尊重。

〔2〕Wellhausen（1927：71）。

〔3〕关于世系方面的问题参见 Watt（1956）。

〔4〕Wellhausen（1927：80）。

〔5〕引自 Crone 和 Cook（1977：225）。

似的，改革派神职人员常常引用平等的传统，例如："真主是同样的，宗教是同样的，祖先是同样的。看哪！阿拉伯语不是我们的父亲或母亲，而仅仅是一种语言，说阿拉伯语的人就是阿拉伯人"，"在审判日真主将废除奈赛布（nasab，高贵部落的家系）并建立真主的奈赛布。最高贵的人将会是最敬畏真主的人"。[1]《古兰经》中说："在真主看来，你们中最尊贵者，是你们中最敬畏者。"[2]承认阿拉伯人和古莱氏人的先天精英地位的声明，与明确否认除个人道德优越性之外的任何形式的优越性的其他声明（甚至出现在同样的演讲中）[3]之间的鲜明对照，再一次显示出，围绕着在平等主义的个人主义中对权威的接受，所存在的深层的和普遍的紧张。

但是在最初的乌玛中，在穆罕默德统治时期，声称通过祖先或任何其他来源而具有优越性都是不被接受的。在他的同伴当中，先知言语的确定性渗透到整个穆斯林社会，使得就权威和等级制度进行讨论是不可能的。真主通过他的使者讲话，信仰者们一心一意地服从，由于穆罕默德就在现场，也由于他新近建立的政治组织的实际成功而使人信服。一个人的地位，是高贵者或卑贱者，黑人或白人，富有者和贫穷者，阿拉伯人或波斯人，与其在由对安拉及其先知的共同信仰联合成的充
82 满魅力的社会中获得拯救是不相关的。紧紧抓住其平等主义的信念，这些早期的穆斯林发现他们能够征服整个世界。但是在统治其所征服
83 地区的同时保持其全部理想则是另外一回事。

---

[1]引自 Kister 和 Plessner（1990:53）。

[2]Quran 49:13。

[3]例如，在10世纪，Abu al-Hasan al-Amiri 不赞同地写道，前伊斯兰的波斯统治者，"禁止其臣民从一个等级进到另一个更高的等级上。这种态度的结果是阻止了许多优秀的人获得平等的分配。它使高贵的灵魂变得无能并使其沮丧，以至他们不再渴望进入高的等级"。然而，仅仅在隔了几句话之后他说道："对于我们来说，认识到一个人在伊斯兰中的自豪或多或少地与他同穆罕默德的亲近程度或接触程度有关，才是正确的。"（引自 Rosenthal，1956:22）。

6 早期争夺统治权的斗争

6.1 正义的统治

许多最早的穆斯林相信,随着穆罕默德的去世,世界末日即将来临。在某种意义上来说,他们是对的。在穆罕默德于632年去世后,千禧年时代结束了——使者的神授能力的权威是不证自明的,但是他的亲密伙伴却不具备这样的权威,不可避免地使神赐能力的天使报喜苦恼的继承问题立刻涌现出来。他的直接追随者不能声称在他们的脑海中听到神的声音。他们所能说的就是他们将模仿穆罕默德,并作一个虔诚的穆斯林。

由于指定一位新领袖的问题在穆斯林公社中所产生的紧张,揭示了在中东社会环境里宗教领袖选举中容易发生问题的本质。在先知刚刚去世之后,赫兹拉吉(Khazraj)部落集会指定了一名本部落的成员为新的艾米尔(emir),其含义,很明显地,是一位军事指挥官。他们希望这样做能预防他们的竞争对手奥斯(Aws)部落操纵任何权力,并由他们自己控制军事扩张。奥斯曼和其他穆罕默德的同伴担心穆斯林公社发生分裂,劝说赫兹拉吉部落同奥斯部落、麦加人以及麦地那其他穆斯林就先知的继承人问题进行协商。

在经过协商之后,当事者对一位折中的人选作出了决议,和蔼与虔诚的商人、先知的岳父艾布·白克尔(Abu Bakr)。他既不是对抗的两个部落之一的氏族成员,也不是某个麦加精英家族的成员。他的资格就是他同先知的"亲密"、长期投身于伊斯兰、古莱氏的成员(但不是长子的支系)。在穆罕默德不能领导公众集体礼拜时,艾布·白克尔也曾领导公众礼拜。最后,他因对部落家谱的广博知识而闻名。最后一个资格尤其引人注意,因为它表明,即使在信仰者们的公社里,家系仍

84 然是非常重要的。艾布·白克尔作为一个宗谱学的专家,能够通过展示群体之间的古老联系来调解争端,这种才能在此后不久的“脱离战争”(里达,ridda)中被证明是特别有用的,一些阿拉伯部落拒绝服从新的哈里发,认为他们的效忠仅仅是针对穆罕默德本人,而不是对他的继承者。

正如 A. J. 温辛克(Wensinck)写道,艾布·白克尔政权的反对者分裂成“那些从事宗教或政治冒险并因此背弃麦地那和伊斯兰的人,和那些同麦地那断绝联系却没有与任何新的宗教领袖建立联系的人。后者很可能确实没有拒绝伊斯兰……他们所拒绝的是宰卡特(zakat,税)”。[1]在以后的伊斯兰王国中,来自内地的拒绝国家的宗教和税收的新先知受到农村穆斯林反抗的事件一次又一次地发生。“脱离战争”也说明了另一个中东文化的持久组成部分:权威的人格主义,这被认为是个体间相互关系的自由契约,当其中一方死亡时,约定就被废除或重新商定。恰恰正是这种伊斯兰试图(有限的成功)通过神圣公社加以取代的个人主义,在穆罕默德去世以后将继续存在。

在早期的这些年里,艾布·白克尔和最初的哈里发们在控制他们亲密的同伴方面,他们的权力受到严重的限制,更谈不上控制叛乱的阿拉伯部落了。一连 6 个月,直到穆斯林公社决定对他的生计提供捐助,艾布·白克尔是麦地那的一位兼职领袖,继续他作为商人的日常工作,为他邻居的羊挤奶来赚取额外的收入。后面的哈里发也不是更加强有力的。艾布·白克尔的继任者欧麦尔,不得不亲自计数作为税收交纳来的骆驼,而只得到自愿的帮助。

中央政府的弱小意味着,能够赢得“脱离战争”、穆斯林公社得以延续不是由于强有力的统治者,而是由于战场上的战士,他们认定新秩序优于旧秩序并自发地行动起来去镇压叛乱和扩大伊斯兰的家园。在此期间,贝都因部队的指挥官运用他们自己的判断力,其行动很少在乎麦地那的高级当权者。当军事首脑是从前的麦加精英集团的一员,不希望遵从在麦地那选定的作为穆罕默德继承者的暴发户的时候,他们

---

[1]Wensinck(1932:13)。

的独立意识得到加强。当麦地那政府试图维护其权威时，战场上的将领对此进行抵制，为权力和对战利品的控制而斗争开始使信仰者的公社分裂。

由于将穆斯林组织成一个新的公社，其他类型的分歧和对抗也发生了，正如韦尔豪森（Wellhausen）写道，在这个穆斯林公社中，"市民的名单就是军队的花名册，部落和家庭组成团队和连队"。[1] 在穆斯林的军事机构中，由于一些亲属集团的成员决定去参加战斗，而另一些留在家里，氏族的结构因此被改造。如果整个氏族参加反对不信者的圣战，他们被称为巴拉拉（barara），"真正的"；如果一个分支参加了，他们被冠以黑亚勒（khiyara），即"被挑选者"——导致阿拉伯人中的进一步等级区别。 85

插图 6-1 19 世纪法国浪漫主义的阿拉伯骑士画像。

同时，一些更小的氏族必须在新的军事单位里聚集在一起，基于据

〔1〕Wellhausen（1927：25）。

说的宗谱联系脆弱地回溯到遥远的祖先。这些混合的战士群体然后在被征服地区的边疆，定居在新建的驻军城镇中，如巴士拉、库法和福斯塔特(Fustat)，在这些地方他们被安置在面积大体相等的、由大的部落所构成的住宅区里，每个住宅区都有一个任命的首领。这种强制性的人为合并不是部落组织的结束，相反地，它导致部落联盟发展到以前在阿拉伯半岛从未存在过的水平，促进了大规模派系斗争的发展，在古代阿拉伯部落南北分裂的基础上[通常被称为盖斯/穆达尔(Qays/Mudar)与也门、卡尔布(Kalb)或卡坦(Qahtan)相对应]。按照我们在分支部落社会中所注意到的模式，这些二元派系联盟从此开始通过他们不间断的无结果的争夺权力斗争而使国家分裂。[1]

其他内部分歧也发生了。在里达战争中试图脱离伊斯兰的部落被禁止参与获利的和光荣的侵略，而忠诚的团体获得的奖赏是首先分享

86 战利品。中央对养老金的分配也是基于皈信的先后。这些新的差异激起了怨恨，尤其是因为许多遭受惩罚的人来自拥有“高贵”家系和强烈世系自豪感的部落。关于中央占有来自征服地的财富的问题使怨恨达到了顶点，这些财富被以定期津贴的形式施舍出去，那些参加战斗的人对这种再分配是否公平表示怀疑，对中止他们的份额表示反对。

随着穆斯林阿拉伯人要解决其与传统竞争者之间在前伊斯兰时代的夙怨，无视先知在信仰者中鼓励和平的命令，暴力水平得到增加。韦尔豪森(Wellhausen)捕捉到这个时代的趋向，他引用一个激励其亲属进攻他们古代的敌人、现在应该是他们穆斯林兄弟的一个居民点的战士一领袖所呼喊的：“你可以在地狱和耻辱之间选择，如果追随我，会是地狱；如果不追随我，会是耻辱。”[2]毋庸讳言，没有人选择耻辱，于是这个居民点被毁灭了。尽管宗教的理想主义散发出美好的光芒，但是早期的哈里发并不是没有为权力和荣誉而进行世俗的斗争。

---

〔1〕正如这种集团的典型情况，分裂和交叉联盟都是很平常的。盖斯传统上是在穆达尔(Mudar)和拉比哈(Rabiah)之间划分的，拉比哈经常同卡坦(Qahtan)联合来对付穆达尔，尤其是在伊拉克和叙利亚的定居的基督教皈信者人口中。非阿拉伯人通常同卡坦和拉比哈有联系，尽管一些同穆达尔结盟，尤其是其泰米姆(Tamim)支派(Hodgson，1974，vol. 1：229)。

〔2〕引自 Wellhausen(1927：207－208)。

当第三任哈里发奥斯曼偏袒他高贵的古莱氏亲属，任用他们担任最高行政和军事职务，从而激起来自敌对世系的穆斯林的气愤和嫉妒时，这种对抗进一步加剧，这些穆斯林前往麦地那抗议，在经过一些天的争辩协商之后杀死了奥斯曼，而麦地那人对此袖手旁观。随着奥斯曼的去世，费特乃(fitna)，即混乱，在伊斯兰世界得到放纵，伊斯兰世界再也没有被统一过。奥斯曼的继任者，先知的女婿阿里，力争控制帝国，但遭到奥斯曼的同盟者的反对，尤其是其远方堂兄弟穆阿维叶(Muawiya)，叙利亚的军事总督，他发誓要为奥斯曼的死复仇并继承他成为哈里发。

穆阿维叶最终胜利了。他于661年的到来开创了一个世俗的王国，对于虔诚者来说，这个王国甚至被视为他的前任们的神圣统治的否定性对立物。尽管他确实声称作为穆罕默德家族的成员，他的统治具有合法性，但穆阿维叶的王朝，即倭马亚(Umayyad)王朝，是第一个不是首先因为其道德方面的权力，而是因为它所指挥的最强大军队而得到承认的穆斯林政府。对于虔诚者而言，在倭马亚王朝的统治下，麦地那让位于大马士革；信仰为实用主义和争权夺利所代替，部落文化和宗派主义大规模复活——神赐权力的公社时代结束了。

从这一刻起，倭马亚王朝为存在于伊斯兰社会的世俗统治者的职权提供了典型范例，当局的统治纯粹是因为他们设法取得了王位，没有任何形式的神圣的认可。正如伊格纳茨·戈德齐赫尔(Ignaz Goldzi- 87
her)所指出的，从此以后，逊尼派哈里发成了“只是他之前的哈里发的继承者，人为地被指定为哈里发(由他的前任选定或任命)，不是由于他个性中的内在品质而得到授权。更为重要的是，逊尼派的哈里发已经不再具有给予宗教指导的权威”。[1]

6.2 宗教抵抗运动：哈瓦利吉派和什叶派

对倭马亚王朝的世俗的反对相对地是没有组织的，因为部落民陷

[1] Goldziher(1981:183)。

于他们自己的内部战争,不能团结起来反对这个政权。但是许多曾经参加过乌玛的穆斯林,不能接受他们统一的有魅力的公社如此容易地瓦解,部落荣誉和光荣复仇的古老伦理也不能毫无疑义地再次占据支配地位。即使那个让他的部下在地狱和耻辱之间作出选择的部落首领,经过一定时间以后也被懊悔所征服,在悔恨和祈祷中度过他的晚年。在这种道德方面的复杂形势下,虔诚者仍记得先知的承诺和公社的经历——这种记忆甚至直至今天仍然继续激励着对世俗政府的宗教抵抗——并找寻更圣洁的人选来担任公社统治者的职务,这种公社被视为最初团结一致的乌玛的复制品。

存在两种重建神圣政权的方法。第一种是那些被称为哈瓦利吉派(出走者)的人们的做法,这些人最初是穆罕默德的早期部落追随者,后来又支持阿里反对军事精英与古莱氏贵族的联盟。但是,当阿里徒劳地追求与其敌人谈判的时候,哈瓦利吉派将之视为装腔作势的人加以拒绝,并宣布成立他们自己新的激进的平等主义宗教共和政体,在其中只有最虔诚和最有才能的人来实行统治,而不管其家世、祖先的精神性、皈信的先后或任何其他的主张——在一些群体里,甚至妇女被给予与男子同样的权力!对否认他们的平等主义道德立场的真理性的所有人进行无情对抗,他们将自己视为"天堂的民众",与"地狱的民众"进行战争。

W.M.瓦特将哈瓦利吉派描绘成失望的部落民的倒退运动,他们希望在新的环境中和伊斯兰的基础之上,重新组织起他们在沙漠中曾经熟悉的小团体。[1] 但是与前伊斯兰时代的部落民不同,对他们来说,最强大和最聪明的统治是不够的。他们的统治者也必须是最虔诚的,他可能在任何时候因任何的道德错误而被免职甚至被处死,因此统治者们迅速地崛起和跌落。教义方面的争论也在不断地撕裂着哈瓦利吉派的联合。尽管他们擅长作战,但是组织的松散和内部的分裂使哈瓦利吉派不能赢得任何更广泛的合法性,或建立一个稳定的政府结构。

 他们在对抗整个世界的同时也在对抗他们自己的无法取胜的战争中消

〔1〕Watt(1973)。

耗了自身。[1]

只有一些更温和的哈瓦利吉派团体设法在一些遥远地区建立起自己的统治,著名的如在阿曼,哈瓦利吉派的分支易巴德派(Ibadi)制度化地成为一个完善的教法学派。在这里统治者仍然由商业要人和部落精英进行选举——尽管自1741年以来,统治者一直是皇室赛迪(Saidi)家族的成员。一些易巴德派仍然作为北非偏远地区的秘密的少数派,例如,远离突尼斯海岸的佳尔巴(Djerba)岛。在北非的其他地方,发动叛乱反对中央的柏柏尔人,打起哈瓦利吉主义的大旗作为其反抗的象征。一个这样的集团,鲁斯图姆王国(Rustamids),设法建立了一个禁欲主义、平等主义的政权,这个政权一直持续到10世纪才被尚武的部落民推翻。

尽管缺乏政治上的成功,哈瓦利吉派对高度的道德和政治上的无政府主义的推动,从那时直到现在,一直对拒绝接受世俗统治和精英控制的反叛者有吸引力。甚至在今天,现代穆斯林的激进分子,因为他们的激进平等主义,道德方面的自以为是,主动使用暴力反对那些与他们意见不一致的人,无情地对抗中央权威,仍被正统派憎恶地斥为“哈瓦利吉”。反过来,激进分子因为他们温和的反对者接受世俗国家的统治,而公开指责他们是叛教者,并断言只有他们自己才是真正的穆斯林。[2]

尽管无政府主义的哈瓦利吉派长期以来一直是中东政治制度中令人头痛的现象,尽管他们的启示仍然具有强大的吸引力,但是,一种支撑对现状的神圣反对的更有影响力的源泉,却是来自与之完全相反的意识形态方向。不是主张在激进的平等主义的信仰者公社里,自由地选举他们中最优秀的人作为领袖,这些反叛者使他们自己服从一个神圣的权威,他的话就是绝对的法律。对他们来说,穆罕默德的神授能力在其后裔身上再生,特别是在先知的女婿和堂弟、曾在奥斯曼被杀之后担任第四任哈里发的阿里身上再生。什叶派,或阿里的“党人”认为,

[1]参见Dabashi(1993)更多的关于完全通过“来自下边的”代表保持权威的困难。

[2]参见第13章关于更多的现代伊斯兰运动。

因为穆罕默德没有儿子，阿里已经继承了穆罕默德的精神力量，必须被承认为伊玛目，伊斯兰的神圣代言人。[1]

对那些追随阿里或先知的其他直系后裔的人来说[2]，通过承认某一个特殊的亲属集团拥有超出所有其他集团的精神主权，权威问题得到解决，因此这一亲属集团具有内在的统治的权力。什叶派相信他们先验的伊玛目的全能在信仰者中激起热情，使他们可以正义地统一在他的身后，掀起一场圣战以反对中央的腐败。但是，正如我们将要看到的，这也意味着他们的信仰会经常受到严重挑战，当梦想遭遇政治现实
89 时，信仰者要么承认希望破灭，要么开始对千禧年的更为强烈的追求。

6.3 保持世俗统治

当然，并不是所有穆斯林都积极地抵制穆阿维叶及其继承者的世俗统治。毛日加(murjia)，即“顺从者”，主张普通人不能擅自判断其他穆斯林，而应该留待真主判断。对于他们来说，统治者保卫信仰并在公共场合按照穆斯林应该做的去做，这就足够了。只有安拉知道在这些表面现象后面的目的是什么，而人类被命令延缓判决。这种极端消极的确认后来受到伊斯兰主流的谴责，但是如哈瓦利吉派一样，它确实反映了平等主义的个人主义的逻辑，尽管是从相反的方向理解。哈瓦利吉派肯定每个个体按照他自己的道德主动来行动的要求，不管结果，毛

[1]在逊尼派伊斯兰中，伊玛目是清真寺中的礼拜的领导者。对于什叶派来说，他是穆罕默德没有罪过的和无错误的继承者。当以下在后一种意义上使用时，这个名词就要大写。参见第11章更多的关于什叶派的论述。

[2]在一篇充满矛盾的文章里，Watt(1961)主张这一时期的什叶派传自也门的南部部落，其目的在于重新获得他们在伊斯兰之前就已经知道的有魅力的中央权威，而哈瓦利吉派是追求部落社会固有理想的北方人。无论如何，早期也门领袖是否事实上具有韦伯意义上的魅力是不清楚的，哈瓦利吉派拒绝有魅力的领导权这一点也不明显。实际上，可以说什叶派比哈瓦利吉派更具有官僚主义的倾向，因为他们愿意接受建立在世系而不是建立在表现出来的个人能力的基础上的领袖。

日加断言任何人都无力看穿人的外表并准确地评价另一个人的品德。[1]

在任何情况下，大多数穆斯林都很实际地服从倭马亚王朝的统治，只要他们遵循要求所有信仰者的最低限度的义务性公共活动：礼拜，斋戒，戒绝任何对所禁止的娱乐的明显放任。新的统治者也要表现出中东人经常要求其领袖具备的必需的清醒和勇敢的个人行为。尽管其特别的节制经常只是为了穆斯林观众的利益而作的一种表演，不过倭马亚王朝的虔诚仍然得到支持宫廷的神职人员的证实，这些神职人员为了统治者的喜爱和为了国家的和平而乐意加盖批准的印章。贯穿所有后来的穆斯林的历史，缺少对倭马亚统治者及其麦尔旺王朝（Marwanid）继承者的任何一致的宗教谴责，成为大多数神职人员阶层对世俗权威的态度的特点。

无论如何，倭马亚王朝和麦尔旺王朝远不是后来的统治者所追求成为的绝对的专制统治者。他们的统治只可以被视为部落统治方式的延续和拓展，在宗教内疚方面所受到的限制，远小于在协商的必要性方面所受到的限制——同阿拉伯部落中其竞争的平等者和世系伙伴的协商。特别是穆阿维叶，被认为是“平等者中的第一人”，并因为他的美德哈利姆（hilm），即理性思考的能力、头脑冷静以及对利益冲突双方的调解而著称——一种受到商人和部落民强烈喜爱的价值观，在传统上，他们正是依靠调解在他们动荡的世界里保持和平的。 90

甚至穆阿维叶的敌人也承认他是这样一个人：具有非同寻常的仲裁争端的能力，并能够在增进他自己在中央的地位的同时保证他人的权利。在这种意义上，他非常具备部落领袖的气质，是典型的男子汉，是通过他的能力证明其高贵的与生俱来的权力的裁决者，然而也习惯于操纵权力，通过使竞争者相互斗争、彼此反对以巩固他自己的地位——这种手段此后一直为中东的领导者所遵循，他们缺乏强制的力

[1]正如 Madelung（1992）所指出的，这种形象，或多或少地为穆斯林神学家所承认，实际上是对早期毛日加真实教义的曲解。尽管他们强调信仰高于行动，但他们实际上不是在政治上被动的，然而他们与倭马亚王朝存在争执，因为他们提倡搁置对阿里统治的判断，也因为他们支持给予非阿拉伯人公正和平等。

量,但是确实拥有作为仲裁者的授权。

穆阿维叶因为其作为裁决者和操纵者的能力而赢得尊重和权威,当他不愿意同阿拉伯部落的长者协商其继承人的选拔问题时,他的极大野心就变得明显了。相反地,穆阿维叶把他的儿子叶齐德(Yazid)强加给公社。可能他想要因此而避开竞争的权力要求者的进一步战争,可能他意识到叙利亚军队,他的主要支持者,将只会接受他的直系后裔作为他们的指挥官。当然,他的行为被认为是背离了部落的和穆斯林的统治概念,他们赞成同辈中最年长者的领导,根据公社中年长者们的多数意见选出。

可以预料的是,穆阿维叶的策略激起来自其他哈里发职位潜在候选人的反对,首先是阿里的儿子侯赛因,他的追随者们将他看做信仰者领袖地位的合法要求者。侯赛因的反抗的灾难性失败及其可怕的死亡从那时开始直到现在都给什叶派打上了它的印记。在当时更为严重的是伊本·祖拜尔(Ibn-al-Zubayr)的挑战,他是先知的一位同伴的儿子,得到先知最宠爱的妻子阿依莎(Aisha)的支持。在祖拜尔起义失败以后,激烈的内战相继爆发,随着分派系的部落联盟在各个世俗的王位觊觎者背后组织起来,什叶派也试图在一位神圣伊玛目的领导下加速千禧年的到来,散布各地的哈瓦利吉派小集团,则追求在信仰者公社中的完全平等主义的激进梦想,为反对每个人而进行无情的战斗。

倭马亚家族的麦尔旺王朝分支的最终胜利表明,中央集权的、组织有序的叙利亚军队可以打败支离破碎的、互相对抗的部落,驱散哈瓦利吉派的小集团,碾碎那些支持阿里的人的宗教渴望。军队现在比以往更加成为王朝权力的唯一来源,麦尔旺王朝通过向忠诚的战士提供特殊薪金和特权,小心翼翼地保持着他们的忠诚,与此同时贬低潜在的不忠集团。

尽管许多安全地区的总督来自于直系的皇族,政权也制定了在难以驾驭的省份从地位较低的人中提拔长官和主管人员的政策,预示着伊本·赫勒敦在几个世纪以后提到的用更可靠的受保护者和依附者代
91 替自己亲属集团成员中潜在竞争者的模式。在麦尔旺王朝的统治下,

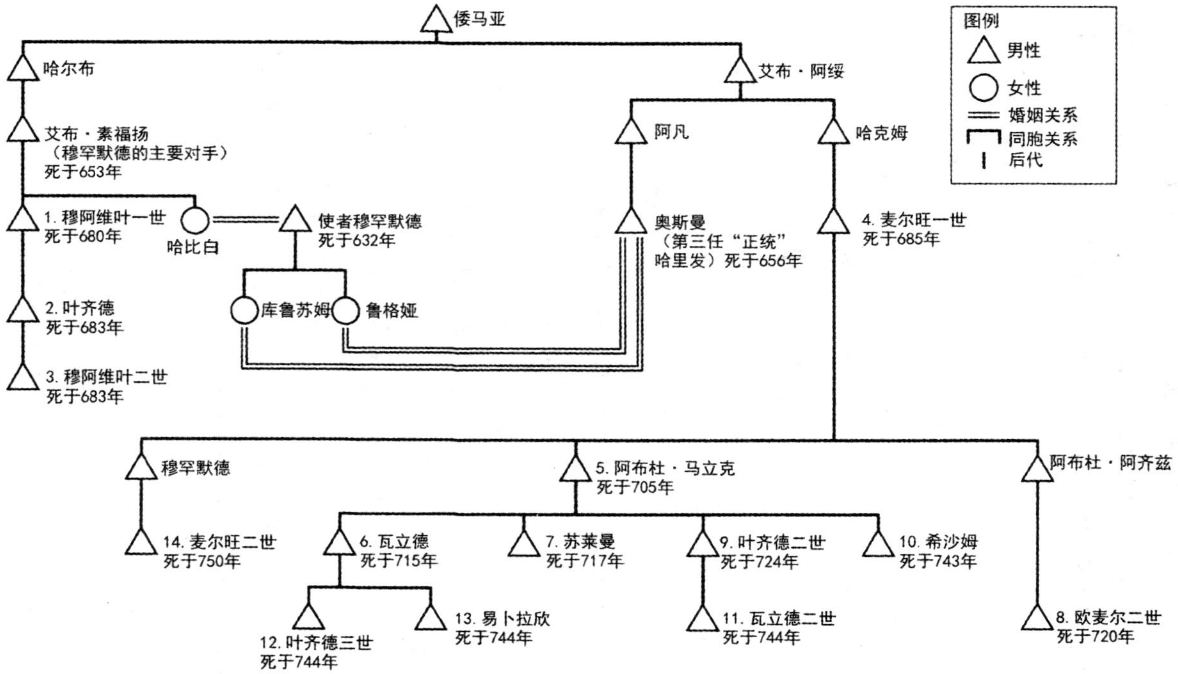

图表6-1　穆阿维叶及其继承者。

这些新来者在他们自己的领地里被给予非常大的权威，导致了分权化，但是避免了公开的反叛，因为他们低下的地位意味着他们不可能赢得对他们自己的高贵和独立保持高度评价的阿拉伯军队的忠诚。

同时，在大马士革，宫廷正在进行一个危险的平衡行为，在不同部落的政治派系间挑拨离间使之互相争斗。为了支持它的不稳定地位，宫廷将古老的部落"血缘"意识扩展到阿拉伯的民族主义的整体意识中，所有阿拉伯人被认为内在地比所有非阿拉伯人优越。被征服民族的人口被并入到部落结构中，作为独立的受保护者（马瓦里，mawli）受到曾经击败他们的各个阿拉伯氏族的保护，非常类似于阿拉伯人受到安拉的保护。在这些条件下，正如戈伊坦（Goitein）写道："为了成为穆斯林，必须先成为阿拉伯人。"[1]

最初，这些策略进展顺利。尽管阿拉伯人之间无休止地争论谁的家系比其他人的更高贵，他们中的大多数发现，根据波斯人、柏柏尔人、库尔德人和突厥人的"自然的"自卑，很容易证明战胜者和被征服者存在差别的社会现实是正当的，这些民族的身上没有流淌阿拉伯人的血脉，应该被统治，这些可以通过他们的附属地位的事实得到证明。

为了保持种族优越性的情绪，麦尔旺王朝不断地寻求在阿拉伯征服者和他们的臣民之间保持一定的距离。与此同时，他们推行一种不断进行扩张战争的政策。通过这种方式统治者们认为，贝都因人认可的世俗权威的唯一模式是属于他们自己的——军事指挥者的角色。这种双管齐下的政策存在明显的优点：阿拉伯战士，政权最危险的潜在对手，他们的侵略性被导向边疆地区无休止的战争，他们也很高兴地分享他们从对异教徒国家的征服中得到的战利品，同时也对他们"自然地"优越于那些被他们征服的人恢复了信心。

但是后一种政策不是没有危险的，部落的宗派主义在一个危险的水平上回到显著的位置，在驻军城镇的住宅区中新近合并到一起的大世系分支，用部落荣誉意识组织成以亲属关系为基础的政治单位，以保护他们自己的成员和击败旧日的敌人，难以驾驭的驻军城镇巴士拉的

[1] Goitein（1966：5）。

一个新总督的讲话,揭示了政权与这些强大宗派之间的一些问题:"你们将亲属关系放在宗教之前,你们为你们中的犯罪者辩解并提供庇护,毁坏受到伊斯兰神圣认可的保护法……注意亲属的随心所欲的召唤, 93
我要把发出哭喊声的每个人的舌头割下来……我要使每个家庭都对那些属于它的人们负责。"[1]

无情地使用武力对付所有反对者,对任何可能联合起来反抗国家的宗派集团的深深敌视,调节的政策,可靠的在职人员名单和战斗中短暂的节制,是保持军队统一和政府掌权的通常手段。然而,这样的政策在征服变得困难或不可能、战利品枯竭的时候遇到了麻烦。在今天的阿富汗的荒凉山区很快就发生了这种情况。在这里,阿拉伯军队,如以往和现在的许多军队一样,碰到难以对付的抵抗。疲倦的士兵,厌倦了获利甚微的无休止战争,习惯于诸如商人和农民的更为定居的生活。在这些环境下,麦尔旺王朝持续发动战争的策略开始遇到反抗,因为人们发现追求他们自己的冒险活动比在军队里服役更有吸引力。

与士兵对从事无休止战争的日益增长的厌烦情绪并存的是,对波斯人和阿拉伯人之间的等级差别的维持开始被打破。因为政权遵循伊本·赫勒敦后来概括出的模式,通过越来越多地征募非阿拉伯人"被保护者"的部队同他们的阿拉伯教友一起作战,以求削弱其部落军队的权力,到8世纪时,阿拉伯人优越和非阿拉伯人低下的等级差别已经变得很难保持。在西部,柏柏尔人迅速皈信,并在战斗中证明他们与任何一个阿拉伯人都一样;在东部,波斯军队也有很好的表现。同时,波斯的官僚队伍和文化精英使他们自己很快地适应了伊斯兰和阿拉伯的方式,并开始将自己融入穆斯林主流,从而他们证明了自己在保持帝国方面是不可或缺的,因为阿拉伯征服者不具备参与行政管理的相关知识,或是不愿意参与行政管理,并乐于让他们的新僚属继续担任其从前的职务。

随着战败的民族更好地融入阿拉伯人的文化之中,相反的过程也在发生。期望阿拉伯战士能在其中保持其纯洁和部落阿萨比亚(as-

[1]Ziyad B Abihi,引自 Wellhausen(1927:122-123)。

abiyya)的隔绝的驻军城镇,迅速地变成真正的城市,拥有不断扩大的市场和由不同成分组成的移民人口。尤其是在东部省份,阿拉伯战士学习波斯语,开始做生意和耕作,并发现大马士革的要求越来越不合他们的胃口,正如H. A. R. 吉布写道:“这一时期(公元720—750年,倭马亚哈里发在位的最后30年)最突出的特征是阿拉伯征服者自己的等级内部开始发展的分化……在那些……积极参加帝国的军队,和那些
94 ……成为市民而不再当兵的人之间。”[1]这种分化松散地附着于盖斯(Qays)和也门间的古代部落的差别之上,盖斯的同盟者与军事扩张和阿拉伯人至上的政策相联系,而也门的同盟者则支持定居、贸易和同化。

种族平等的要求在增加,广泛的纳妾制度不可避免地导致波斯人、库尔德人和柏柏尔人母亲所生儿子的社会平等的要求,他们引证阿拉伯亲属制度和《古兰经》有关家庭法律的极其强烈的平等主义原则,后者对同父异母的兄弟与同父同母的亲兄弟不加区别,都给予他们同样的继承权和同样的尊敬。甚至奴隶母亲所生的儿女也被从法律上给予与自由母亲所生的兄弟姐妹同样的待遇,而女奴在给他的穆斯林主人
95 生了孩子之后,依照法律就不能再被出售。

除了法律以及血统的社会结构所鼓励的平等之外,马瓦里(mawali,扈从或仆人)对伊斯兰的皈信还使这些新穆斯林和他们的支持者运用《古兰经》与伊斯兰的习惯,为他们直接被允许成为由穆斯林兄弟姐妹组成的公社的完全成员而争辩。通过对神圣经文的阅读他们发现,如果所有的穆斯林在真主和法律面前都平等的话,那么原则上所有人都不能被教友看做下等人,即便他们不是阿拉伯血统。

所有这些压力导致不时发生的尝试。首先在欧麦尔二世(死于720年)的统治下,后来在叶齐德三世(死于744年)的统治下,通过给伊斯兰公社的所有成员提供平等的权利和推行贸易优先于战争的政策来改革制度。但是这些姿态都是短命的,因为更加保守的和穷兵黩武的政权推翻了改革,在被征服的集团和支持同化政策的也门人的宗派

---

[1] Gibb(1962:62)。

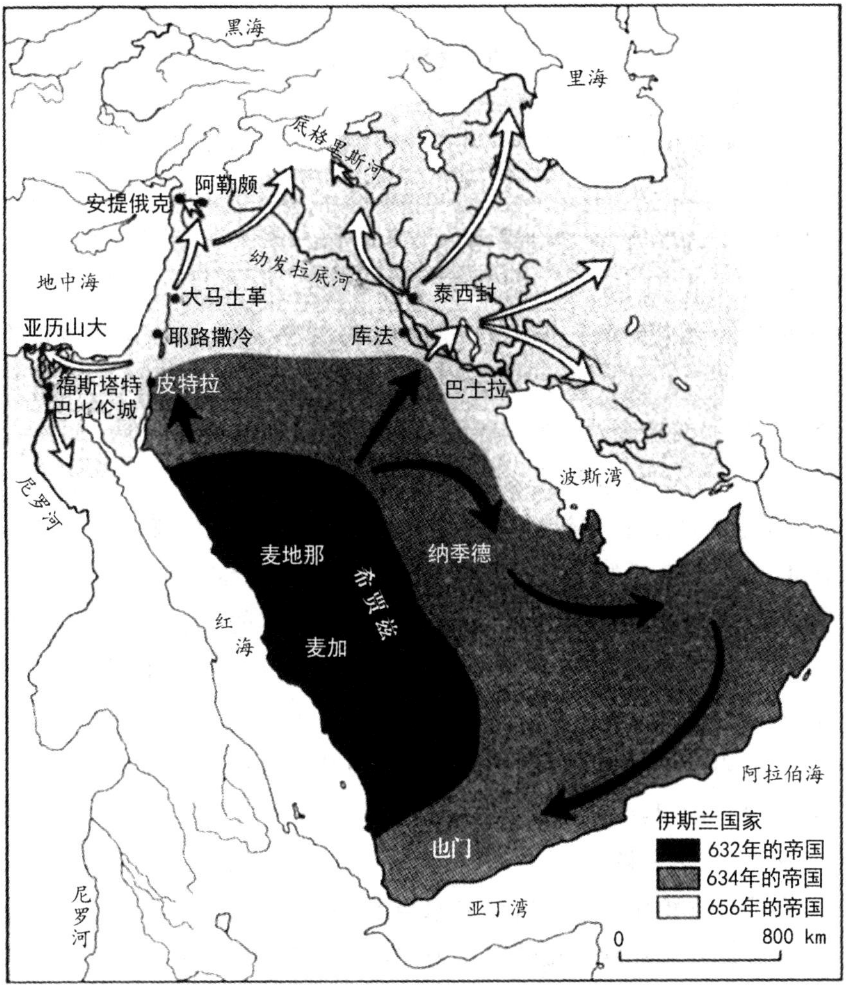

地图6－1　伊斯兰早期扩张。

之中增加了怨恨。同时，来自周边的部落叛乱者和不同的阿里后裔的城市支持者，作为神圣权威的觊觎者竭尽全力地反对当局，而当局内部发生分裂并盛行毁灭性的阴谋。这个周期基本上结束了，一个新秩序的到来时机成熟了。

6.4 阿拔斯人的叛乱

无法避免的成功起义终于在王国极东部边缘的呼罗珊爆发了。在穆阿维叶时代，那些不太适应对驻军城镇进行分割的现存部落区别的穆斯林战士，被派遣到这个遥远的波斯省份。各种背景的5万人的军队驻扎在那里，没有按照习惯同当地民众分开，而是与他们混在一起。长期的相对和平减弱了早已受到削弱的部落忠诚，并允许这些混合的战士慢慢地进入农业和贸易，并同当地社会的精英互相通婚。当战时经济恢复后，在这个地区掀起了广泛的不满。

当地的压迫感和疏远感受到地下宗教革命家哈希姆家族(Hashimiyya)的煽动，他们从爆发支持阿里家族后裔的叛乱并受到麦尔旺王朝(Marwanid)镇压的库法城向呼罗珊渗透。哈希姆家族，一个很小但是高度有组织的派别，从其经历上意识到，在帝国的中心地区发动城市起义是不可能的，但是他们相信从边缘地区发动的革命可以成功，并认
96 为呼罗珊是发动这样一场起义的最可能的地方。

这些阴谋家有老练的征募和组织的技巧，同当今基地组织(al-Qaeda)激进的伊斯兰主义者使用的方法非常相似。在严格的中央领导权之下，狂热者被组织在相互分离的小组中，当他们在整个呼罗珊展开宣传并以千禧年的华美言辞激怒当地的舆论时，他们绝对地保守秘密。公开的叛乱在驻军城镇麦尔夫(Merv)开始，2200名叛乱者在747年举起黑色的复仇和起义的旗帜。很快就有数千名更加不满的革命者加入，运动开始从东到西横扫伊斯兰的国度，在750年随着麦尔旺王朝的最终崩溃和阿拔斯人的上台而结束，这意味着权力从叙利亚和大马士革转移到伊拉克和巴格达，混合种族血统的统治代替了贵族阿拉伯的统治。它结束了只是平等者中最优秀的部落战士的领导，开始了新的帝国的专制主义。

当然，专制主义并不是哈希姆党人在他们的革命言辞中所宣传的。相反，他们通过大声疾呼反对麦尔旺王朝的腐败和政府的不公正，通过呼吁回归所有穆斯林兄弟无论种族、阶级或出身都可以平等地参加的

统一乌玛，来集结追随者。这些追随者在行军时所呼喊的口号声明支持《古兰经》、先知和 al-rida min Muhammad，意思是，通过 al-rida，即协商和公议，由穆罕默德家族的成员中选举领袖。[1] 这些措词别有用心的模糊性唤起对共同选举领导人的信仰者们最初神圣公社的理想憧憬，使得所有派系的狂热者都以为他们的候选人将会成为新的哈里发。

然而，内行人知道，实际上起义是支持先知的叔父阿拔斯的后代的，表面上，在先知的所有亲属中，阿拔斯的后裔是最没有权利对伊玛目的统治权提出要求的，但是哈希姆宗派相信阿拔斯的后裔已经被给予进行统治的秘密的超自然授权。尽管不能确定阿拔斯家族的哪位成员将会事实上披起先知的斗篷，但是哈里发的选举，实际上已经被仅由其内部人组成的精英们定好了。作为特色，他们通过给予他们为所有信仰者作出决定的全权委托的“特别的精神知识”来证明这次篡权是正当的。

在呼罗珊阴谋叛乱的库法哈希姆派的领导人是一个影子人物，可能是一名释奴，人们只知道他的假名，阿布·穆斯林·阿布杜拉赫曼·本·穆斯林·呼罗珊（穆斯林的穆斯林儿子，呼罗珊穆斯林的父亲）。这个名字意味着他想暗示给大家，他既不是被保护者也不是保护人，既不是阿拉伯人也不是波斯人，而仅仅只是一个呼罗珊的信仰者，正如 M. A. 沙班（Shaban）所说：“他是一个活生生的证明，在新的社会中，每 97
个成员无论其种族来源或部落联系，将只被视为一个穆斯林。”[2] 新兵的登记不是像倭马亚王朝那样按世系而是按姓名和出生地，这一事实也可以表明其打破种族界线的政策。

在由具有献身精神的和团结的狂热信徒组成的呼罗珊军队支持下，在那些认为他们是为阿里后裔争得统治而战的什叶派革命者的支持下，阿布·穆斯林得以击败衰弱的和内部分裂的麦尔旺王朝的军队。但是当胜利的革命军队将阿布杜拉·阿拔斯扶上宝座时，什叶派的希望破灭了。阿布杜拉·阿拔斯不久去世，在经过一番斗争之后，他的位

[1]参见 Crone(1984)。

[2]Shaban(1971:183)。

置被比他更强有力的长兄阿布·贾法尔(Jafar)接任,贾法尔最初由于其出自柏柏尔女奴的血统而未被考虑,而阿拔斯却有一位高贵的阿拉伯母亲。

由于他甚至缺少由纯粹的阿拉伯血统所提供的世系合法性,贾法尔不得不寻找新的途径以保持并证明他的权力是合法的,于是他以无情的献身精神去追求自己的目标。在通过阴谋活动掌权之后,他发现到处都是暴动骚乱,在他势力所及的范围内没有人是安全的。他采取的最初行动之一是组织对阿布·穆斯林的暗杀,因为他对军队的影响是很危险的。尽管殉难的阿布·穆斯林从那时起到现在一般被当成一个救星似的反抗者而被回忆,并被认为仍在隐居等待适当的时机领导他的人民夺回政权,但是,却没有发生有组织的抗议以反对他的被谋杀,这使贾法尔意识到多数穆斯林是愿意默认他的统治的。为了进一步保护他自己,他监督对任何可能的麦尔旺王朝王位觊觎者的无情追捕(其中一个得以逃脱,在西班牙建立了与之对抗的哈里发政权)。并且按照穆阿维叶的先例,他要求他的儿子被承认为他的继承者。

在对其政权进行中央集权的同时,贾法尔规划并监督了宏伟的新都、在帝国中心建造的圆形城市巴格达的建设。同早期驻军城市在敌对部落包围下的战士居住的等大的营房不同,巴格达是一座巨大的宫殿,在那里统治者为其个人的亲信和忠诚的、与其故乡隔绝并依靠他们扶持起来的政府给他们提供薪金的呼罗珊军队所围绕。

贾法尔(Jafar)将自己置于这个综合体的核心位置并统治了20年(754—775年),将政府的所有职权掌握在他自己手里,并供养了一个直接向他汇报的庞大间谍系统,报告内容甚至包括像市场上食物的价格这样的平常事情。新的圆形城市代表了他的权力和他对个人控制及
98 强大中央集权的强调。贾法尔也有节制地继续运用同样的精神宣传,这种精神宣传成功地动员起革命的军队将他扶上宝座。虽然他的前辈们很少为自己的权利要求宗教的认可,但阿拔斯王朝的哈里发将据说是先知的斗篷披在了自己的肩上。类似的,倭马亚王朝和麦尔旺王朝,像更大规模的部落的谢赫一样,只是以个人的名字为人所知,贾法尔却给予自己一个称号,曼苏尔(Mansur),即注定获得胜利的人,暗示着安

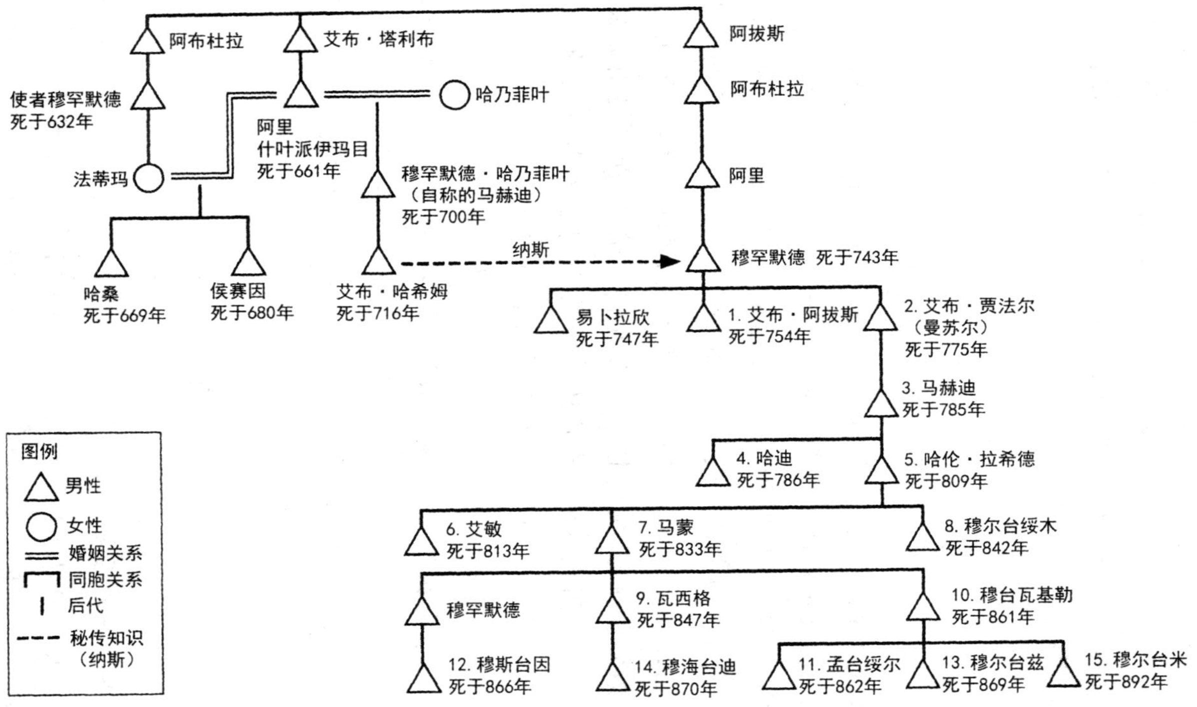
阿布杜拉
艾布·塔利布
阿拔斯
使者穆罕默德
死于632年
阿里
什叶派伊玛目
死于661年
哈乃菲叶
阿布杜拉
法蒂玛
穆罕默德·哈乃菲叶
（自称的马赫迪）
死于700年
阿里
哈桑
死于669年
侯赛因
死于680年
艾布·哈希姆
死于716年
纳斯
穆罕默德 死于743年
易卜拉欣
死于747年
1. 艾布·阿拔斯
死于754年
2. 艾布·贾法尔
（曼苏尔）
死于775年
3. 马赫迪
死于785年
4. 哈迪
死于786年
5. 哈伦·拉希德
死于809年
6. 艾敏
死于813年
7. 马蒙
死于833年
8. 穆尔台绥木
死于842年
穆罕默德
9. 瓦西格
死于847年
10. 穆台瓦基勒
死于861年
12. 穆斯台因
死于866年
14. 穆海台迪
死于870年
11. 孟台绥尔
死于862年
13. 穆尔台兹
死于869年
15. 穆尔台米
死于892年
图例
男性
女性
婚姻关系
同胞关系
后代
秘传知识
（纳斯）

图表6-2　早期阿拔斯王朝哈里发。

拉的喜爱。利用大众对救世主的希望,他的儿子和继承者甚至被给予一个更为浮夸的称号:马赫迪,即救世主。在脑海中有着同样的野心,他的著名的继承者哈里发马蒙(Mamun)为自己采用了伊玛目这一称号,徒劳地试图将自己装扮成什叶派的救世主,以达成逊尼多数派和不断反叛的少数派阿里党人之间的和解。

但是存在一个与在民众中激起热情的期望有关的危险。千禧年的希望升起,就很容易失去控制。具有诺斯替教公有制社会思想的哈希姆家族的追随者相信,真正信仰者的神圣公社应该共享一切事物,包括——他们的反对者是如此指责他们的——荣誉、财产,甚至妻子——这也是很久以前萨珊朝时代反对马兹达克信徒的指控的重复。例如,拉万迪亚,靠奉承获得哈里发曼苏尔欢心的人,来到宫廷,欢呼着拥戴他的神圣性,因为痴迷地从宫殿的屋顶上跳下来摔死,释放囚犯,宣传共享财产的公有制、灵魂转生、哈里发全能的信条,而最终引起公愤。过多的奉承被证明比不足的奉承还要糟糕,这些公有制社会的梦想者受到实际上主张禁欲的曼苏尔的无情镇压,他更支持富有的有资产的人和城市里的企业家,而不是千禧年的神秘主义者。

因此,尽管存在革命的救赎的诺言,事实证明阿拔斯政府不会是对先知神圣统治的回归,而只是一个世俗政府。在某种意义上说,这意味着阿拔斯王朝是它之前的王朝的继续——一个以断然使用权力为基础的王朝。

6.5 新的廷臣阶层

但是在另一种意义上来说,阿拔斯人的起义是一场有着影响深远的结果的真正革命,因为它一扫古老的阿拉伯世系为他们的统治权所提出的要求,并用重新定义的公社和权威的概念取代了他们的位置。
100 哈里发曼苏尔解释这种新秩序时说:"高贵的阿拉伯人同高贵的波斯人比他同低等的阿拉伯人距离更近,高贵的波斯人同高贵的阿拉伯人比他同低等的波斯人距离更近,因为高贵的人形成一个(单独的)等级而平民形成另一个(单独的)等级。”[1]

在这种环境下,高贵在一种伊拉·拉皮德斯(Ira Lapidus)所说的“贵族的自我培养”中得到表达和认可,在对艾代布(adab)的实践中得到表达,艾代布是指精致的波斯礼仪所要求的廷臣的恰当举止和仪表。那些希望被承认是贵族的人不能依靠他们的血统,他们必须展示对诗歌、骑术、尺牍、文学、财政、历史和科学的知识,还需要掌握宗教辩论中的微妙问题的背景。“绅士风度,庄重和蔼,对于等级和荣誉的细微差别的敏感”,阿拔斯王朝的廷臣严格地训练自己以表现出“善于处世的优雅,使之远离低级,并证明他对权力的要求是正当的。间接地,对波斯和希腊文学的修养,暗示着在假想的贵族内在优越性的基础之上的,来源各异的精英集团的一种共同文化”。[2]

宫廷的优雅的泛滥是为在这个世界中孤立的个体要求卓越的一种尝试,而在这个世界里,基于世系和与先知的血统的旧有高贵标准,现在受到了阿拔斯人的世界主义的挑战。伴随着这种变化的是更不幸的事情。贵族等级的断言现在只需要哈里发和他的阿拔斯亲属们的批准就可以得到证实——其他穆斯林在同处于被征服地位这一点上是平等的,在理论上,他们中的任何人可以根据哈里发的意愿被随意地升职或降职,受过训练的廷臣的自我修养不但是一种使他们远离民众的方式,而且也更是一种拍哈里发马屁的尝试。情况经常是这样的,以自由和平等的名义开始的反抗经常以逐渐增强的奴性结束。

阿拔斯王朝的统治者们所维护的得到提升的权威,体现在宫廷和政府行政部门中越来越多地使用个人受保护者(马瓦里,mawali)。在曼苏尔统治之后,受保护者成了阿拔斯哈里发职位在各个层次上的基本的组织特征。马瓦里包括私生子和年青的男性亲属、释奴、自愿服役的自由人,但是即使在理论上是独立的,每个人都无法摆脱同他的精英保护人的联系。正如雅各布·拉斯纳(Jacob Lassner)所写道:“马瓦拉(mawla,复数形式为 mawali)不能根据他个人的意愿辞去哈里发仆人

[1]引自 Kister 和 Plessner(1990:50)。

[2]Lapidus(1988:97),艾代布也可以指建立在宗教谦卑之上的礼貌。

的职位，就如同黑手党的战士不能通过援引其宪法权利自愿放弃其保护人的家族。”[1]

曼苏尔对阿布·穆斯林的谋杀是所有马瓦里为之伤心的教训。他们意识到他们的任务不是献身于服务全体国家这个抽象的理想，而是进一步加强他们的特殊拥护者的个人利益。马瓦里自身没有权力基
101 础，他们被从尘土中取出，也可以被送回到尘土中去。为了生存，他们不得不在提供服务的同时也表现出魅力和谄媚。这些阿谀奉承的廷臣—行政官员们所提供的不稳定的和个性化形式的服务，使阿拔斯王朝的统治者们可以在宫廷中控制他们的下属，并阻止官员为自己夺取政权的任何尝试。

但是，这种安全的代价是：当阿拔斯王朝的精英们之间发生冲突时，“被保护人按照他们自己的最佳利益行动，在为提升他们各自的保护人的权利所进行的努力中，刺激而不是削弱紧张”。[2] 在这种情况下，宫廷变成了流言、挑衅、影射和阴谋的战场。这就是精英们为了在他们谄媚的行政官员和依附者的圈子里要求绝对的个人权威所付出的代价。

更加潜在的不稳定是军队的野心和要求。尽管他们要求宗教的合法性，曼苏尔和他的继承者们，正如走在他们前面的倭马亚和麦尔旺王朝一样，完全依靠军队来实施他们的命令。这种关系是复杂的，因为正如韦尔豪森(Wellhausen)所评论的：“阿拔斯王朝的统治者们不是像倭马亚王朝的统治者们那样，得到他们属于其中的广泛的贵族阶层的支撑：支持他们的呼罗珊人，不是他们的血亲，只是他们的工具。”[3]不再是统治者的男性亲属，军队现在被理解为是他们的帝国主人的仆人，与行政官员的地位完全相同。然而，存在一个主要的差别，这些仆人控制着武器。

阿拔斯王朝的统治者们保持权力的唯一希望，就是保持这个强有力

[1] Lassner(1980:98)。

[2] Lassner(1980:16)。

[3] Wellhausen(1927:559)。

的军事工具的绝对忠诚,但是他们不能够依靠早期倭马亚和麦尔旺王朝通过分享部落的阿萨比亚(asabiyya)而断断续续地发生的联系。呼罗珊军队的团结转而依靠相信哈里发的神圣性和他们共同的战斗经历,也依靠在远离他们家乡的大都市里的隔绝。但是他们作为阿拔斯王朝的最早支持者所赢得的财富和势力很快地腐蚀了呼罗珊人的正直和忠诚,他们成为巴格达的政治和商业精英集团的富有成员,猜忌地保卫他们的地位,甚至对付哈里发本人。根据过去成就的美德他们一直坚定地要求他们的权利,同时却失去了他们对哈里发本人的宗教方面的敬畏。

试图平衡呼罗珊人表现出来的越来越强的破坏性并获得一支更加可靠的军队,阿拔斯王朝的统治者们开始从更为遥远的地区招募“奴隶”军队,其中最著名的是从以前的萨珊帝国的东部地区招募的部队。这些就是著名的“突厥人”,通常根本不是讲突厥语的人,而是来自其首领为财富和荣誉的许诺所吸引而服务于阿拔斯王朝的统治者们的许多不同种族和部落集团的人。尽管他们以马瓦里和哈里发的阿布杜 102
(abid,奴隶)为人所知,这些军队与早期的阿拉伯冒险家们非常相像,他们在伊斯兰的旗帜下战斗,不是由于宗教的原因,而是由于他们希冀获得的财富和权力。正如最初的呼罗珊人军队一样,这些新的军团对于世界主义的文化来说也是外来人,与其先驱者一样,他们也被中心地区的老于世故的居民视为野蛮人。但是,呼罗珊人围绕着阿布·穆斯林阐明的并在阿拔斯王朝哈里发身上得到体现的救世主似的许诺被动员起来,而“突厥人”却是围绕着一位部落的战争领袖团结起来,一个“平等者中的第一人”,他必须在战争中证明自己,否则将被抛弃。除了自我的强化和脆弱的集体精神外他们没有更高层次的忠诚。

阿拔斯王朝的统治者依靠外来的雇佣军最终大体解决了呼罗珊人问题,马蒙(Mamun)在突厥马瓦里的支持下,在哈伦·拉希德(Harun al-Rashid)去世(809年)之后,在为继承权而进行的大规模内战中击败了他的哥哥艾敏(Amin)。但是保持权威的问题很难解决。阿拔斯王朝的统治者们继续努力宣传关于其合法性的主张,但是其政策证明他们所说的是靠不住的。正如沙班写道:“中央政府的做法非常类似于殖民统治，它的唯一兴趣就是剥削它的统治区而不顾其臣民的利益……政府发现其全部义务与责任就是强制征税，国家的收入被用来支持日益增长和腐败的官僚队伍，以及一支几乎没有任何用处的军队。"[1]地方的总督被授予全权，只要税收已经上缴，保护人关系的复杂网络给腐败和操纵留下了足够的空间，由于地方头面人物极力扩大其自身的利益，农民经常是输家。

越来越多地使用谄媚的敬语和在灿烂的宫廷里的更加盛大壮丽的仪式也掩饰不住这是一个政权的事实，在这个政权里，除了国王的首相维吉尔之外，"刽子手可能是正式的职员中最重要的人物"。[2] 这个可怕的事实生动地体现在苏丹宝座旁边的皮革地毯上，将之用作垫席，皇家的刽子手在其上迅速地履行其血淋淋的职责。廷臣们老于世故的艺术修养和艾代布训练不能抵消受到中央剥削的边远地区以及穷人的普遍不满，他们发现在一种明显地对他们的境况没有同情心的政策之下是更加难以生存的。就是在这种情况下，诗人辛迪（al-Sindi）呼喊道："但愿麦尔旺（Marwan）的子孙的暴政回到我们身边，但愿阿拔斯的子孙的正义在地狱里。"[3]

在这样的情况下，大众的和地区性的起义随处可见。宫廷也开始分裂成宗派，并在某种程度上受到支持他们自己高贵保护人的被保护
103 者集团的默许的推动。成分杂乱的"突厥"军队，他们对政权的忠诚只同报酬有关，仅有一点点——如果不是完全没有的话——同整个社会相联系的感觉，被证明是比呼罗珊人更大的一个难题。各种军队集结在各自首领的周围并且将他们自己出售给最高的出价者。各个省变得越来越独立，受到追求其自身目标的世俗领导者的统治，对于哈里发职位的理想只给予口头上的支持。因肆意挥霍而破产，阿拔斯王朝的哈里发们发现权力正在从他们的掌握中滑落，哈里发成为竞争的宫廷卫
104 士集团手中的傀儡，他们只给他象征性的权威。

---

[1]Shaban(1976:89)。

[2]Wellhausen(1927:561)。

[3]引自 Lewis(1973:252)。

7 神圣的和世俗的统治者

7.1 追求救世主:卡尔马特派

两个主要的权力竞争者现在出现了。第一个是什叶派。在分裂时期,阿里党人总是能够在期望救世主的失望的和被剥夺权利的人们中间找到支持者,正如我们所看到的,什叶派为阿拔斯起义提供了热情的支持,但是对其结果却非常失望。但是曼苏尔(Mansur)的中央集权化政府打碎了什叶派的抵抗,使其有机可乘的是,什叶派自身分裂为无数的宗派,每个宗派支持不同的伊玛目位置的觊觎者。什叶派中人数最多的是十二伊玛目派,他们追溯自己的家系到殉难的侯赛因的第十二代后裔。他们受到残酷镇压,从政治冲突中撤出。然而,其他的什叶派,在第七代伊玛目时形成的分支,显现出一种更积极的姿态,并且尽管受到镇压,最终发展为对衰落的哈里发职位的一个主要威胁。

这种发展耗费时间而且不均衡,它从最早出现于驻军城镇库法的激进反对运动开始,然后扩展到叙利亚、巴林、也门,最终到北非。他们认为自己是 al-dawa al-hadiyya,即"得到正确引导的传教团"。但是在叙利亚和巴林的穆斯林当中,这个宗派及其信徒被依照他们第一个本地达伊(dai,传道师)的名字,哈姆丹 · 卡尔马特(Hamdan Qarmat),被称为卡尔马特派(Qarmati),在其他地方,按照其创始人的名字被称为伊斯玛仪派(Ismaili)。在叙利亚沙漠和在北非,他们被称为法蒂玛派,强调伊斯玛仪的后代出自先知的女儿法蒂玛(Fatima)。后者最终统治了埃及,使最强有力的什叶派成为国教,对逊尼派统治伊斯兰构成挑战。[1]

---

[1]权威的解释,参见 Daftary(1990),Lewis(1940)。

但是对于我们现在涉及的这段时期(9 世纪末和 10 世纪初)来说,哈里发职位在西线的最危险对手,是在一系列真正伊玛目的神圣代理
105 人的领导下,或在事实上称自己为救世主的个人的领导下集结起来的各种各样的卡尔马特派群体。卡尔马特派是一个典型的中东类型的千禧年主义群体,向贝都因人的反叛性、城市中的不满和气愤的农民中寻求支持。他们关于伊玛目的“精神传授”的信条打破了正统什叶派的教义,伊玛目可以来自先知的世系以外,并且可以通过他个人魅力的光辉马上被识别出来。这为任何要求者都留下了广阔的余地,并扩大了运动的吸引力——尽管它也包含严重的危险,正如我们将要看到的。

大量的热情的年轻人加入到沙漠定居点中的皈信者的行列。这些独立的定居点是自我意识的平等主义的,除了对宣称代表完美伊玛目的传道师的绝对服从。这种自相矛盾的模式是典型什叶派的,因为对救世主的完全服从意味着信仰者之间所有其他形式的差别,如血缘和职业,必须被去除——完全神圣的权威同激进的政治上的平等主义公有制公社相符合,这是一种通过接受中央领导而得到稳定的哈瓦利吉式的社会。

相应地,在卡尔马特派的营地里,任何对等级和特权的显示都被拒绝,同不支持运动的家庭成员的亲属纽带被切断。这些公社也存在公正的税收制度、对生活相对贫困者的帮助、妇女的地位较高,通过由德高望重的长者组成的议事会中的协商来进行管理。根据一个目击者说,期待新的神圣社会的建立,卡尔马特派“将他们的所有财物集中在一个地方并使之公有,没有人因为其所拥有的任何财产而享有超出他的朋友之上的特权……他们不需要财产,因为地球整体上即将是他们的而不是其他人的”。[1]

奉献精神、公有制社会、公正和相信救世主即将来临的融合是一个强有力的混合物,卡尔马特派开始在不满的当地居民中赢得了大量追随者。他们使越来越不得人心的巴格达政权感到恐惧,这个政权在城市里组织对怀疑是运动同情者的大屠杀,但是在乡村却无法控制“受

---

〔1〕Al-Nuwayri,引自 Lewis(1974:64)。

到正确引导者”的袭击。与来自阿拉伯半岛东部以及叙利亚和伊拉克沙漠地区的游牧民结盟，卡尔马特派得以成功地袭击商路，并威胁到非常有利可图的对麦加的朝觐，他们将朝觐视为加于圣城的不敬的重商主义侵扰而加以反对。他们在被艰难地击败之后，在几年之后即重新崛起，在923年，来自巴林的卡尔马特派在艾布·塔希尔(Abu Tahir)的领导下，威胁到沙漠中的阿拔斯王朝的贸易生命线，洗劫巴士拉，屠杀前往麦加途中的朝觐者，占领了波斯湾在阿拉伯半岛一侧的重要贸易港口，并耀武扬威地前进到距巴格达非常近的地方。 106

在取得这些胜利之后，并期望在占星术上所说木星和土星相合的928年的马赫迪降临，艾布·塔希尔加强了反对那些被他当成是叛教的穆斯林的无情战争。在930年，他的军队开进了麦加，并在一次令人震惊的盗窃圣物的行动中携带神圣黑石潜逃。对于卡尔马特派来说，无论如何，这次行动是他们精神方面优势地位的象征。腐败的古老中心麦加要被他们卡尔马特派的首都艾尔哈萨(al-Ahsa)、圣洁光明的伊斯兰世界的中心所取代。在这座新的圣城，艾布·塔希尔统治着全部阿拉伯半岛，向各个方向灌注恐惧和希望。对他和他的狂热追随者来说，所有迹象都表明，渴望已久的受到正确引导者征服世界的时刻已经来临，哈里发的职位将很快地由一位真正的马赫迪来担任。

在这个决定命运的时刻，艾布·塔希尔对千禧年降临的炽热期望出卖了他，使他认定一位来自伊斯法罕的年轻波斯人就是期待已久的救世主。由于完全相信这个年轻的自称的救世主的奇迹般的力量，阿布·塔希尔虔诚地将自己的权力交给了他。不幸的是，这个被认定的马赫迪很快就被证明绝不是高尚的，因为他创制仪式诅咒穆罕默德、崇拜火并处死当地一些头面人物，包括艾布·塔希尔的一些亲属。由于为自己的生命担忧，艾布·塔希尔宣布他的被保护人是假的救世主并派人杀了他，但是这个末世论的错误挫伤了巴林卡尔马特派公社的士气，并使艾布·塔希尔失去了可信性。许多卡尔马特派现在否认他们的信仰，并离开巴林服务于艾布·塔希尔对手的部队中。出于对他们梦想的失望，残存的卡尔马特派在他们盗去神圣黑石21年以后将之归还麦加。离成功近在咫尺的卡尔马特派运动结束了，为其自己宣称救世主降临的雄心所摧毁。其继承者，法蒂玛王朝的君主们，将取得更大的胜利，但他们也将在对千禧年的期望中失败。

7.2 实用主义的部落民：布韦希人和塞尔柱人

最终征服阿拔斯帝国的布韦希人(Buyids)与热诚的卡尔马特派非常不同。他们是自厄尔布尔士(Elburz)山区来到帝国东部的实用主义的德莱木(Daylamite)部落民，他们利用巴格达的混乱将他们的势力扩展到伊朗高原。当巴格达在军事派系的内战挣扎中崩溃以后，布韦希人于945年没有遇到任何反抗，行军进入这座城市。胜利的军队由三兄弟率领，由于他们在其对伊朗的成功征服中表现出来的英勇，他们将追求荣誉的部落民和冒险家们吸引到他们身边。尽管他们通过热诚的什叶派传教士刚刚皈信伊斯兰教[1]，布韦希人对于信条方面的争辩不
107 感兴趣。对他们来说，伊斯兰就是一条宽阔的大道。他们保留哈里发作为有名无实的领袖，并容忍所有形式的宗教信仰，包括基督教和犹太教，只要不存在对他们统治的反抗。

尽管他们现在控制了曾经是世界上最强大的帝国的躯壳，但是，布韦希人与他们的德莱木人同盟者仍然保持着他们传统的集体领导和地区自治的部落制度。M. A. 沙班(Shaban)对他们的政治组织及其原则作过如下描述："尽管其他首领已经将他们自己置于布韦希人的领导之下，但是他们的个性和在他们自己的山区中近来被猜忌地看守着的他们的独立将仍然会被考虑到。接受这种集体领导制度之下的他们自己的平等原则，兄弟们事实上开创了一种在这个地区受到仿效的先例，他们中的每个人都将只是平等者中的一个平等者。"[2]他们的部落帝国在其一个世纪的统治中仅有一次联合在中央的领导之下，可以想见，

[1]他们是宰德派(Zaydi)的成员。

[2]Shaban(1976:161)。

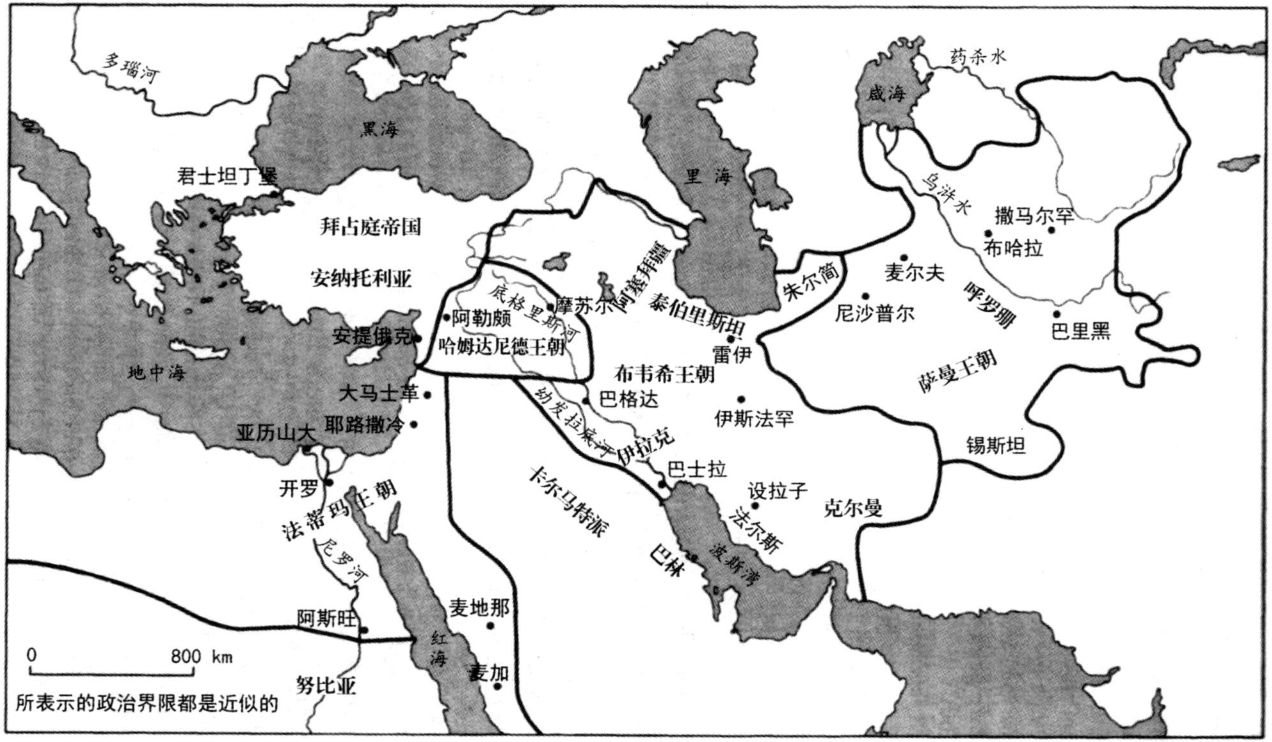

地图7-1　10世纪伊斯兰国土的中心。

这是当它受到入侵威胁的时候,各个分支在其统治受到最大威胁的首领的领导之下联合起来的。一旦威胁被驱散,布韦希人的联合也即解散。

布韦希人对政治和宗教都采取一种放任的态度,他们的兴趣首先在于保持秩序和收获其权力地位所带来的利益。由于他们继承了一个破产的帝国,他们愿意倾听关于如何维持这一帝国的任何建议,波斯的行政官员被提升到新的权威的职位,同时也开创了分派征税权给士兵以代替报酬的做法——一种将受到此后许多统治者模仿的革新,也将被证明最终总是具有破坏性的。

布韦希人时代的特征是,在主要由部落的纽带和士兵的忠诚结合起来的、又为保护人—被保护者的关系所切割的无组织的群体中,对个人利益的不懈追求。在这样一个弱肉强食和对未来无法预料的环境中,保持自己支持者的忠诚是非常迫切的问题。正如罗伊·茂塔赫德(Roy Mottahedeh)所注意到的,不存在强有力的血缘纽带,"对这些雇佣兵开放的唯一资源就是无限的慷慨和在对新战利品的掠夺中为保证个人利益而力争合作的直率声明"。[1] 这就是通过一位失败的布韦希人将军的溃逃部队所展示出来的思维框架。当他们逃跑的时候,他们坦白地告诉他们从前的领袖:"如果你再一次成为强有力的,我们将回到你身边。"[2]

为了保持权力并且给予这个分裂的世界凝聚力,布韦希人尝试与他们的同盟者和下属建立假想的亲属纽带。这种被称为伊斯蒂纳(istina)的制度,被指望成为古老的部落的阿萨比亚纽带的替代物,但却被证明是一次失败。个人自我利益过强和对群体的忠诚过弱,使假想的亲属关系无法成功地建立起对一个在任何更为广阔范围内没有合法
109 性要求的政府的忠诚。在这种条件下,地方团体或多或少地避免了完全加入国家,相反是依靠关系网和与强者的个人纽带来影响他们的外国领主。为布韦希人服务的传教士与支持他们的士兵一样,通常被认为在道德上是折中的。用茂塔赫德的话来说,布韦希人的社会"将自

[1]Mottahedeh(1980:80)。

[2]引自 Mottahedth(1980:144)。

身与政府和政府的道德负担相分离，与此同时，给予政府巨大的权力”。[1] 无论如何，布韦希人的统治者们无法利用由民众准许他们却为政府所撤销的权力。他们自身的内部敌对，加上贸易路线的变迁，在其王国早已摇摇欲坠的经济中导致了他们的迅速崩溃。

取代衰退的布韦希人的是另一支来自东部的部落联盟塞尔柱人，这一次是来自乌古斯（Ghuzz）游牧部落（在他们皈信伊斯兰教以后改名土耳其人），在由人口过剩的中亚大草原迁往伊朗高原的历史上周期性移民浪潮中，他们缓慢地向西漂泊。作为逊尼派穆斯林，乌古斯人在他们的部落首领突格里勒 - 贝格（Toghril-beg）领导下，受哈里发的邀请，从现在已经衰落的什叶派布韦希人手中接管政权，并于1055年兵不血刃地行进到巴格达，建立了奥斯曼人兴起以前伊斯兰国度里最强大的帝国。

塞尔柱王朝是第一个完全放弃为其统治获得精神方面认可的任何要求的穆斯林王朝。让哈里发负责祈祷与布道，而他们直白地宣布自己是苏丹，纯粹通过“保持他们对所有反对者的军事优势”进行统治。[2] 在他们的政权中，正如安妮·兰布顿（Anne Lambton）所写道：“爱国主义具有一种不为人所知的美德，苏丹对其臣民的所有期望就是交税并为他的福利祈祷，同时他们可以指望从他这里得到安全与公正。国家不要求，或接受平民的忠诚。忠诚，只要超越了部落、行会、街区或城市的范围，就不是给予国家，而是给予了伊斯兰。”[3]

缺乏通过司法制度施加于其上的任何限制（除了通常需要保持伊斯兰教主要原则和地方习惯的原样），对塞尔柱统治者的绝对权力的主要限制是其同伴部落民为其安置的刹车，他们要求与苏丹协商的权力和在他们自己领域内的自治。遵循先前王国的先例，塞尔柱统治者们通过下列方法逃避这些限制：不断增加在军队和政府中对奴隶与自由民的使用，同时将他们不稳定的土耳其人亲属作为阿兹（ghazis，为信

〔1〕Mottahedeh（1980：190）。

〔2〕Morgan（1988：36）。

〔3〕Lambton（1968：205）。

仰而战的战士)送往遥远的拜占庭前线参战,在那里他们基本上不能造成什么危害并且可能带来一些利益。不过,苏丹永远也不可能完全征服
110 土耳其人,他们在塞尔柱王朝统治期间不断地要求特权和个人自由。

尽管土耳其人部落具有一种破坏性影响,但是苏丹职位的主要威胁还是来自于内部。当保护人与被保护者、主人与奴隶之间的纵向纽带,超越亲属关系和相互平等者之间的联盟的纽带而占据主导地位的时候,塞尔柱政权变得越来越暴虐和专制,与此同时,围绕在精英阶层各种各样成员身边的被保护者圈子为了手头的赃物而彼此斗争。正如安妮·兰布顿对晚期塞尔柱帝国的描写,宫廷生活遵循一种具有类似特点的令人不快的模式:“阴谋和不安全是社会生活的通常伴随物。有权有势的男人积累财富以保护他们的个人利益,对付任何将来可能遇到的来自他们对手的阴谋,或者对付失去苏丹支持的情况,那些对公职有野心的人积累财富以便买官。”〔1〕

在这样一种不安全的条件下,苏丹的顾问们发现,他们不可能遵循一条诚实的路线(或者是任何路线,就此而言)而不冒犯有权势者的利益,在他们中间响起丧钟的频率的确是非常高的。正如大卫·摩根(David Morgan)所指出的:“在中世纪的波斯不存在文职人员的团体精神。通向最高层之路就是使现任维吉尔(wazir)丧失名誉并导致其垮台之路。只有通过保持统治者的支持和在较低层次上安置尽可能多的可靠的人,一个维吉尔才有希望继续当权。”〔2〕

由于缺乏通常能就应由国家采取的指导观念(除了不断增加其成员的财富和权力并保持伊斯兰惯例的大体轮廓)达成共识的任何中心,也由于缺乏与民众的任何强有力的纽带,塞尔柱政府因为剥削性的农业税(艾克塔,iqta)〔3〕、强烈的宗派主义和普遍的缺乏信任的综合作

〔1〕Lambton(1968:251)。

〔2〕Morgan(1988:31)。

〔3〕艾克塔是一种中东传统,但是在塞尔柱政权时期占统治地位。最初是作为对广大帝国的财政和管理的一种帮助,艾克塔的主要形式涉及赠与土地并期望以军事服务作为回报(“军事”艾克塔),或只是任命为省级长官(“行政”艾克塔)。在强大的统治者之下,这种制度是高效的,但是随着塞尔柱苏丹失去权力,艾克塔的拥有者很快开始类似于独立的大公。

用，而逐渐走向分裂。在一个世纪之内，离心力撕裂了帝国，各种各样的向塞尔柱人的统治提出要求者，在各省及其中心与他们的将军们争夺权力。

无论如何，在其最佳状态下，在为公正的战士伦理所浸透并考虑到伊斯兰法的早期苏丹的统治下，和在专业的波斯行政官员队伍的管理下，塞尔柱人的政权树立了一种为后来的王朝所无法适应的积极榜样。其政权所引起的对穆斯林社会的破坏是相对较小的；他们的乌古斯游牧部落，总的来说，通过利用空地放牧牲畜，可能增进了经济的发展；他们的宫廷是有教养的，对艺术家和学者殷勤地招待；他们开创的官僚队伍也经常是公正的和高效的。继塞尔柱人之后的政权却极端地更具破坏性和贪婪性——在整个13世纪和14世纪蹂躏中东的蒙古人及其亲属尤其如此。 111

但是，即使在蒙古人入侵以前，纯粹依靠武力进行统治，甚至比布韦希人和塞尔柱人更加缺乏内部的团结和对臣民的感情，似乎成为中东世俗政府的最突出形式之一。正如 H. A. R. 吉布（Gibb）写道：

> 自从 11 世纪末塞尔柱苏丹衰落以后，西亚被许多地方王朝所瓜分，所有这些王朝（除了一些遥远的男爵领地之外）都是由突厥人将军或土库曼人的首领建立的，所有这些王朝也都具有决定其政治行动和亲属关系的个人利益与个人强化精神的特征。在突厥人君主或土库曼人首领的彼此关系中——即使当他们属于同一家族的成员的时候——在他们对彼此弱点的利用中，看起来几乎不可能发现任何意义上的忠诚或克制。[1]

对这些军事统治者而言，使统治具有法律效力可以简单地解释为："我们统治是因为我们强大。因此，我们应该得到我们的权力，并将按照我们喜欢的方式去行使权力。"世俗权威只是受到至少在形式上遵循宗教与传统的要求的削弱，和保证军队不会发动叛乱的需要的削弱。苏丹的权威通过在丧失合法性的市民社会中收回国民所关注的他们自身的特殊自由而得到进一步夸大，使国家政府成为人类猛禽的领域，反

〔1〕Gibb（1962：95）。

过来，除了榨取税收和对任何起义进行残酷惩罚以外，他们很少介入民众的日常生活。

7.3 宗教上的选择

在中东，千禧年主义的反抗经常动摇世俗的专制统治。对贪婪和丧失合法性的当局的神圣反抗，遵循阿拔斯人和他们的卡尔马特(Qarmatian)反对者的足迹，而他们反过来是仿效穆罕默德本人在他反对其麦加兄弟压迫的斗争中所树立的典范。这些统治者所作出的主张或许可以表述为："承认我的神圣启示并服从吧。"这种姿态的优势在于，可以动员民众反对不公正，并带着神圣的委托和对合法性的声明接管政权，而且，如果争论者相信仲裁者所言得到了神的认可，仲裁的能力可
112 以得到极大的加强。

而不利的一面是，民众对神圣领袖的期望值非常高，因为伊斯兰教就是建立在同时也是政治统治者的先知的真正降临的基础之上。在这种背景下，追随者容易因强加于谋求权力的人身上的妥协而失望，他们声称具有进行统治的神圣权利，然而他们却必须生活在现实政治的世界里。相反的危险是，拒绝承认现实局限性的傲慢领袖，因为他们不切实际的野心和他们所引发的内部分裂，将会撕裂其国家。在神圣的政治组织内部进行权力交接的时候也很可能发生分裂，因为权威是基于民众对领袖个人魅力的认可，而这种认可在原则上抵制任何合理的继承，所以，在保持连续性和对个人神圣性的表达之间时常发生冲突。

我们可以在伟大的法蒂玛帝国的发展轨迹中发现神圣统治的危险，法蒂玛帝国自一个魅力型领袖与阿尔及利亚部落民的联盟中兴起，向东拓展其疆土，最终在969年至1171年统治了埃及并为控制全部中东而与塞尔柱人进行战争。作为卡尔马特派的继承者，法蒂玛王朝的君主们也在实践一种伊斯玛仪派什叶主义的激进分支的思想，但是，卡尔马特派在追随一个因其个人魅力而被选中的假马赫迪以后走向崩溃，而法蒂玛王朝的君主们保持其伊玛目职位在伊斯玛仪家系内继承，从而在其征服埃及期间得以保持一种高度的内聚力，在那里他们得到

其农村部落同盟者的强有力支持。

一旦胜利之后,他们就有魄力地建立起与欧洲和拜占庭帝国的贸易伙伴关系和联盟,这使财富向他们的金库集中。他们也不可思议地容忍其国内的宗教差异,这使得他们可以利用逊尼派、犹太教徒和科普特基督徒中的专家和行政人员。这种有用的容忍自相矛盾地与对人类被按照其精神方面的启蒙程度严格地分成等级的强烈信仰联系在一起:等级较高的是伊斯玛仪派的弟兄,他们占据了真正存在的层面;等级较低的是逊尼派和其他宗教的信仰者,他们是未意识到自身虚幻的幻影。处于最高层面的是伊玛目本人,容光焕发的没有罪过的人类领袖。信仰者可以容易地证明他们正是生活在不文明的影子存在中并与之相互影响,因为他们感觉到自己居于一种得到提升的精神地位,这是无知民众尚不能开始理解和接近的地位。

尽管他们有着宗教上富有灵感的容忍、逻辑上的才华、老于世故的宫廷和创业者的天赋,但是法蒂玛王朝的君主们因为忽视维修水渠的必要工程而使其经济陷于崩溃,而且成为曾经困扰卡尔马特派的同一种末世论困境的牺牲品,尽管他们通过保持其伊玛目的严格长子继承
制原则而得以避免卡尔马特派在继承问题上的惨败。这种原则有助于 113
阻止在被承认为精神引导者的人之间展开的破坏性战争,但是却不能阻止伊玛目自身的破坏性行动。

最大的例子就是哈基姆(al-Hakim),他在996年至1021年统治法蒂玛王朝,其政权受到各种财政困难、军队反叛、部落起义以及饥荒威胁的困扰。在这些压力下,他宣布进行一个经常相互矛盾的和易变的系列改革,有时看上去是无理性的,也有时是对伊斯玛仪派信条的暗中破坏,对其追随者的信仰构成严重考验。在他最后的年代里,对信仰的考验加强了,因为哈基姆(Hakim)成为苦行修道者,正式放弃伊玛目的称号,禁止信仰者们拜倒在他的面前,并指定了一个不是他的儿子的继承者,打破了长子继承制传统并对皇室的完整性构成威胁。同时,他支持一种新的启示,欢呼拥戴他为期待已久的救世主,将很快地开创人类历史的最后篇章。

遵循这个最后启示的人现在被称为德鲁兹派(Druze)。他们从法蒂玛派的主流中分裂出去,教派的骚乱撕裂开罗。同时,开始在夜晚孤独地于城乡各处漫游的哈基姆神秘地失踪,可能成为其家族某人的暗杀活动的受害者。按照德鲁兹派的说法,无论如何,他已经进入自愿的隐居,在未来将会返回以宣告千禧年的来临。不顾哈基姆的意愿,他的儿子,一个未成年人,被指定为伊玛目,伊玛目职位继承者的纯洁性现在受到深深的质疑。法蒂玛王朝从未能够从这一时期的宗教分裂中恢复过来。最后,当哈里发阿米尔(al-Amir)在1130年无子而死时,政权分裂为无法调和的宗派,至少三个不同的王位觊觎者对精神权威提出要求。因王朝战争所造成的穷困和破坏,使王朝成为萨拉丁(Saladin)唾手可得的战利品。

法蒂玛政权可能是最伟大的宗教帝国,但是它却并不是最后一个。由一个救世主般人物领导的纯洁信仰和确立神圣统治的运动,在中东周期性地重复发生。正如伊拉·拉皮德斯(Ira Lapidus)写道,在部落社会中"不能接受政治上的等级制度,其领导人被要求成为一位仲裁者,最普遍的凝聚形式是在一个魅力型宗教和政治领袖领导下的宗教首领的身份。统治下属单位的杰出宗教干部因信仰的义务或意识形态而结合在一起。在这种运动中,在宗教和先于宗教的组织基础之间存在着令人不安的紧张"。[1]——一种自穆罕默德时代就已经盛行的紧张。

从11世纪至13世纪,他们在北非和西班牙的继承者穆拉比德人(Almoravids)和阿摩哈德人(Almohad)[2]是显示出这种政治组织类型
114 的主要中世纪王朝。二者都是由清教徒似的马赫迪式人物建立的,他们追求通过在一场反对伊斯兰内部的腐败和反对基督教异教徒的圣战中,统一敌对的游牧民和城市支持者,以便根据其最初的使命重建伊斯兰。穆拉比德人受到一名宗教学者和神秘主义者艾布杜拉·本·亚辛(Abdallah b. Yasin)的鼓舞,桑哈伽(Sanhaja)部落的一位部落首领在麦加遇到他并将他带回到他的人民之中,担任法官和教师。类似的,继

[1] Lapidus(1990:29)。

[2] 这是西方人对穆瓦希德(Muwahhids)的又一种称呼。——译者注

承穆拉比德人的阿摩哈德人由穆罕默德·伊本·阿布杜拉·伊本·图迈尔特(Tumart)建立,作为学者他曾经在麦加和其他伊斯兰中心学习过,并随后在北非部落中找到了追随者。伊本·图迈尔特相信他自己就是应许的救世主,并告诉他的柏柏尔族追随者:"只有当人们的命运掌握在一个具有权威者手中的时候,统一才是可能的,也就是说,免除不公正和暴政的不会犯错误的伊玛目……不信仰伊玛目职位的人只能是一个不信者(卡菲尔,kafir)、伪善者、离经叛道的人、异端和无神论者。"[1]

尽管这两个具有超凡魅力的运动在他们的时代里是成功的,并为穆斯林统治西班牙提供了活力,但时至今日他们却什么都没有遗留下来。与其他千禧年反抗相同,由于时间的流逝,也由于对政治现实的适应,最初的救世冲动被驱散和最终消失,当这些神圣王国退化为世俗国家的时候,也就失去了凝聚力和可信性,很快崩溃了。

于18世纪中叶在阿拉伯中部兴起的瓦哈比运动,是伊斯兰宗教改革的距现在更近的形式。最初其所取得的成就还比不上西方的早期柏柏尔人政权,但是却远为长命。瓦哈比运动的创始人是穆罕默德·本·阿布杜·瓦哈卜,与他的穆拉比德人和阿摩哈德人先辈一样,他也曾在伊斯兰的中心麦加和其他地方学习过,提倡一种严格的伊斯兰宗教实践的改革。正如在许多更早的事例中所发生的,包括穆罕默德本人的事例,改革者不是在麦加而是在内地找到了听众,这一次是在中央阿拉伯半岛的北部,在伊本·沙特统治的部落中。在沙特的领导下和在瓦哈卜严肃教导的鼓舞下,改革者们在穆斯林的中心地带开始了一场反对他们视为宗教实践退化的圣战。在伊本·瓦哈卜去世以后,沙特本人成为新的运动首领,强有力地将部落和宗教的领导结合起来。在穆罕默德最初使命的传统中转变并统一追随的部落民,瓦哈比派在1812年设法占领了麦加,在那里他们摧毁了所有助长偶像崇拜的坟墓和圣所。

瓦哈比运动在1818年被镇压,却在1902年重新形成,沙特部落的

---

[1]引自Munson(1993:49)。

首领宣称自己为瓦哈比派的伊玛目,并设法获得对全部阿拉伯半岛的控制。这就是现代沙特国家的起源,它受到一种神圣的意识形态的确
115 认,通过务实的部落联盟而存在,并得到巨额石油收入的支撑,这使其统治者家族能够提供慷慨的津贴以安抚潜在的竞争者并抚慰各个部落。通过对伊斯兰最神圣场所的控制,这个国家的合法性得到增长。使游牧群体在宗教—军事—农业公社(伊赫万,ikhwan)中定居的政策,是这个政权为破坏部落自治、反复灌输宗教热情、建立忠诚的常备军和为国家赢得承认所进行的尝试。

然而,尽管拥有巨额的财富、巨大的权力和对神圣地位的声明,沙特政权也不得不使其权威合理化并受到对其合法性的挑战的困扰。例如,既然国家不得不适应世俗的统治,这就在曾经作为其支柱的伊赫万运动中激起了反对。正如约瑟夫·科斯蒂纳(Joseph Kostiner)所写道,伊赫万"是将部落的阿萨比亚(asabiyya)和任性与宗教复兴者的热诚相结合"[1],很快就开始向沙特家族施加压力,要求其更为严格地推广瓦哈比派的信条。作为回应,瓦哈比派受到统治者的削弱,在1919年其宫廷神职人员为这样的意见辩护,即伊赫万样式的瓦哈比运动并不优于普通的宗教实践。1979年在麦加袭击大清真寺是另一种部落—宗教的反抗,是要对付那些在反抗者看来的沙特统治的腐败。奥萨马·本·拉登和基地组织(al-Qaeda)是同样现象的更为晚近的发生在城市中的例子。

如果说宗教复兴运动同民众的骚乱相结合在西方一直相当普遍的话,它在中东却是比较罕见的,这里,我们再次引用拉皮德斯(Lapidus)的说法:"最普遍的领导形式是得到世系、氏族或公社支持的战士首领——一群士兵依次赢得其他这样的战士单位的忠诚,并因此控制全体臣民。"[2]布韦希人和塞尔柱人是这种类型政权的最好例子。最主要的例外是在伊朗和安纳托利亚东部兴起的什叶派的沙法维派,直到现代,他们作出最后的重大努力以在东方实现好战的宗教政权。

---

[1] Kostiner(1990:23)。

[2] Lapidus(1990:29)。

源自以含糊声称其世系出自穆罕默德来支撑其诱惑力的苏菲导师世系的魅力型领导,沙法维派对厌倦了一系列短命的压迫性军阀王朝发动的不断战争和残酷统治的波斯农民和市民具有吸引力。无论如何,沙法维的军事力量自内地、在突厥人部落民中招募新兵。与他们之前的阿拔斯王朝的君主们相同,沙法维的君主们征募了一支由狂热信徒组成的军队——吉子里巴士(Qizilbash,红头巾,如此命名是因为他们特殊的缠头巾)——他们与阿拔斯王朝的呼罗珊人相似,不是被通过亲属关系或世系加以识别,而是通过其家乡的行政区的名字来加以识别,强调其运动的调和的本质。吉子里巴士直接向神圣之人沙·伊斯玛仪·沙法维效忠,他说他是隐遁的伊玛目,在其世系中是第七伊玛目的后裔,和法蒂玛人和卡尔马特人一样,传自阿里的第七位继承者。运用比喻是想引起最广泛的可能的听众的兴趣(再一次仿效阿拔斯人 116
进行宣传的榜样),他宣布自己是救世主和沙(前伊斯兰时代波斯语的国王),并要求他的追随者绝对和全部服从。作为回报,他的人将是子弹打不死的,或将直接进入天堂——如果意外地,对付敌人火力的符咒被证明是无效的话。

运动传播得非常迅速,在1501年伊斯玛仪占领大不里士(Tabriz)并宣称自己为伊朗的沙,同时强迫从前的逊尼派波斯人接受十二伊玛目派什叶派的信仰。[1] 因为其权力建立在部落军阀和红头巾(Qizilbash)狂热者的不稳定联合的基础之上,其政权使用我们早已看到过的技巧来为自己争得更多的权威,如,提升地位较低的人以抵消大人物的权力,招募奴隶进入部队——尽管古老的中亚奴隶蓄水池现在已经枯竭,不得不从亚美尼亚和高加索发现新的源泉。引进完全依赖王朝获得支持的十二伊玛目派欧莱玛,也将之引入政府作为法官、行政官员甚至作为军事指挥官,与此同时,对逊尼派信仰者的迫害也开始了,以便 117
建立什叶派的信仰并在王朝的传教区内强化这种信仰。

---

[1]这个原因不清楚,因为其团体的最初建立者肯定是一个逊尼派,并且其吉子里巴士(红头巾)追随者不是什叶派。沙·伊斯玛仪本人在一个什叶派的环境中长大,并且很可能受到这种传统的影响。

插图 7－1　18 世纪一个红头巾(Qizilbash)的画像。

即使在救世主似的沙·伊斯玛仪统治期间,沙法维,同那些与他们最为相似的阿拔斯王朝的君主们一样,也受到他们处于其中的不稳定环境的限制,以及他们对救世主地位的模糊要求的限制。在 1514 年红头巾惨败于奥斯曼的军队以后,其对王朝的支持不得不延期,这决定性地证明了千禧年在最近的将来不会到来。[1] 作为对这种令人困窘的现实的回应,也为了努力逃避过分地依赖反复无常的红头巾,同时扩大政权对波斯人民的吸引力,沙法维王朝的君主们逐渐取消称自己为最后的伊玛目的做法,赞同一种更为世俗的角色,作为信仰的"保护者"。在塔赫马斯普(Tahmasp)一世统治期间(1533—1576 年),重点从将沙塑造为最

[1]尽管旅行者的记录表明吉子里巴士对沙的忠诚即使在 16 世纪 40 年代也仍然很深。参见 Morgan(1988:18)。

后的伊玛目转向一种更世俗的沙法维主义的意识形态,沙的所爱。

同时,高加索奴隶的皈信和在营地接受训练,使之成为沙的私人卫队并成为独立的军队,在抵消部落首领和红头巾的影响方面,呈现出越来越重要的地位。这种趋势在沙·阿拔斯(1587—1629年)的英明领导下达到最后摊牌的阶段,通过将红头巾的首领们征收的许多土地收入收归他自己的直接控制之下,为自己提供了一个基金,他可以从中直接支付部队的薪水并因此保持他们的忠诚,从而果断地将权力中心转移到宫廷。在他的领导下,一座新的圆形首都伊斯法罕建立起来,被设计成(与巴格达相同)他的高度中央集权化行政组织的象征的和真实的中心。遵循着波斯贵族艾代布(adab)修养的传统,一个耀眼的、风雅的宫廷得到发展。这个宫廷越来越世俗化、奢侈并在审美上是东方化的,这意味着农民的更大税收负担和更大的不满。

沙法维王朝的君主们,现在基本上不存在对他们的精神方面的信任了,发现他们越来越难以应付各种问题,诸如保持对各省的控制、维持部落的忠诚以及付清他们自己部队的薪金。但是,尽管面临这些挑战,尽管沙法维王朝晚期的统治者们沉湎于"酗酒、吸毒以及过度放任的性关系",沙·阿拔斯开始的中央集权化和行政改革还是在超过一个世纪的时间里保持了帝国的相对稳定。[1]

具有讽刺意味的是,沙法维晚期的沙们的愚蠢行为在很大程度上是沙·阿拔斯自己政权的结果。由于担心起义,他杀害了他最有前途的儿子并弄瞎了另外两个儿子,破坏了继承制。更糟糕的是,他开创了将沙法维的王子们留在后宫的做法,而不是让他们统治一个省并从阅历中学习权力的使用。结果是,正如大卫·摩根写道,此后的沙们"在 118
不良教育中成长,通常对政府、行政或者这个世界都没有经验,并受到妇人与宦官的过分影响"。[2] 因为宫廷中流行的沙作为神圣的存在不必受到伊斯兰法限制的信仰,更加重了其自我放纵的倾向。在这些神圣的挥霍者越来越无能的统治之下(阿拔斯二世是极个别的例外),帝

〔1〕Morgan(1988:147)。

〔2〕Morgan(1988:142)。类似的政策一直被认为是此后的苏丹低素质的主要原因。

国逐渐衰落，最终分裂为混乱的、竞争的部落联盟与军阀。什叶派的欧莱玛也收回了他们对沙的支持。一位欧莱玛告诉法国商人夏尔丹(Chardin)："我们的国王们是邪恶的和不公正的，他们的统治是一种暴政，真主使我们遭受这种暴政，是他在今世收回先知的合法继承者之后，对我们的一种处罚。今世的最高职位只是属于一位穆智台希德(mujtahid)，一个拥有超出人类普遍统治之上的圣洁与知识的人。"[1]

1736 年，沙法维王朝的君主最终为老派的土耳其军阀纳迪尔(Nadir)沙所废黜，他反过来又被赞德(Zand)部落民赶下台，后者又落在沙法维王朝君主手下退休的指挥官卡加尔(Qajars)的手中，他后来在 1924 年被巴列维的军事统治所废黜。这些政权没有一个提出过无论何种形式的宗教方面的合法性要求，这留待阿亚图拉·霍梅尼来重新燃起救世主般热情的什叶派精神，这一次是欧莱玛自己成为真主的随行者。[2]

直到霍梅尼革命，很明显，中东的宗教王朝(无论其兴起于西方还是东方)都在令其先辈失事的同样暗礁上撞得粉碎。妥协的必要性、现实的要求、理性化的过程，再加上在许多强大的和竞争的部落及其他利益集团中保持权力的困难，不可避免地破坏了每个政权精神方面的合法性。无法提供所承诺的千禧年，他们不得不仅仅为控制权力而留下来。如果他们试图保持热情，像哈基姆(Hakim)一样，他们将倾向于成为个人魅力型教派的中心并破坏稳定的政府和使社会破碎。结果是，后来的统治者们，尽管有时也会出现象沙·阿拔斯一样的伟人，与依赖其操纵的能力和对军队的控制进行统治的世俗苏丹很难区分，而军队越来越需要靠薪金和补助金而不是靠君主的宗教信仰才能争取过
119 来。最终，宗教政体被证明并不比国王的统治更稳定和更公正。

---

〔1〕引自 Morgan(1988:147)。

〔2〕参见第 11 章更多对霍梅尼和什叶派的一般论述。

8　种种新事物与各种连续性

8.1　奥斯曼的例外

中东政权迅速更迭的一个突出的例外是奥斯曼帝国，它是最后一个并且在某些方面是最成功的一个世界性苏丹王国。以安纳托利亚为权力基地，奥斯曼的执政家族统治了中东西部的大部分地区，包括全部阿拉伯半岛和大部分的马格里布，外加大部分东南欧。从1300年到1699年帝国稳步扩张，并且统治其巨大的领土直到现代。在其统治期间，统治时间的长度、连续性和统治的力度都是史无前例的。形成对照的是阿拔斯哈里发政权，被认为是过去最强有力的政权，从750年统治到945年，但至少在其存在的最后80年里只不过是一个影子政府，基本上或完全不能控制各个省份。

奥斯曼的权力及其长期性，对将我吸引到这一点的赫勒敦有关中东的描述提出严重挑战。如果平等主义和竞争的个人主义的普遍民族精神倾向于同样打碎世俗的和神圣的帝国，为什么奥斯曼没有屈从于这种衰落和崩溃的周期？为了回答这个问题，我们需要按照其物质条件和社会组织思考一下这个帝国的历史。

奥斯曼人是好滋生事端的被塞尔柱人派往西边同拜占庭帝国作战的中亚乌古斯(Ghuzz)部落民的后裔。这些部落民和冒险家在拜占庭边境上逐渐形成许多军事酋长国。其中最成功的就是奥斯曼帝国的创建者奥斯曼统治下的酋长国。这个很小的军事性国家位于战线的最前方。在那里，在对抗高度中央集权的拜占庭帝国的经常性军事行动的压力之下，奥斯曼人模仿拜占庭的结构，同时也基于奥斯曼自己特殊的地理环境和他们的部落制度，逐渐形成一个中央集权的"次生国家

(secondary state)”,用莫顿·弗里德(Morton Fried)的术语来说。[1] 这
120 个逐渐形成的国家在一些非常重要的方面不同于较早的苏丹王国。

这部分地因为安纳托利亚与中东其他地方的生态和生产方式都不相同,土耳其面积广大并得到良好灌溉的农业平原,更适合于定居的农业而不是游牧业。作为结果,不是像中东其他地方那样,被危险的和流动性的武装部落民所包围,安纳托利亚的大部分地区居住着相对容易统治的和从事农业生产的农民。在奥斯曼人到来之前,确实存在的部落很大程度上都被拜占庭帝国所驯服。

同中东其他地区的另一点不同之处是奥斯曼的经济基础。在其他地区,中东的王朝都在很大程度上依靠贸易获得他们的盈余,正如我们已经看到的,商人不大喜欢中央集权国家的贵族们所支持的神圣等级的意识形态。企业家们倾向于做实用的和灵活的个人主义者,抵制中央管理,因为他们追求自己的个人目标。重商主义的心理也具有强烈的信仰宇宙法则之下的平等公正的倾向,并具有对个人的积极性、适应性和灵活性的信念。所有这些态度和生活方式使被归因于等级制度的要求失去了存在的基础。在中东贸易帝国中,等级制度也因为贸易容易中断这一事实——不论因为外力还是因为内力——而受到破坏。这就使国家易于崩溃并证明精英们宣称的先天高贵的虚假。

相反,奥斯曼政权及其经济更加依靠战争和军事扩张而不是贸易。在其全部历史中,所有奥斯曼行政官员都是军队的一部分,军事氛围充斥着国家组织。尽管维持以战争为基础的经济存在诸多困难,但是奥斯曼人发现这还是可能的,因为数百年对欧洲的进攻,在他们自身的战史和对付异教徒的圣战中,在为信仰而战精神的基础上建立起了内部的团结意识。——在中东其他地区很难激发这种为信仰而战的精神,因为周围的邻居常常也是穆斯林,而且战争通常使军队进入贫穷危险的部落内地,而不是走向更加富裕的地区。

帝国的军事进程在另一个方面也有助于中央集权。战士和企业家不同,如果得到集中地编组和等级制地组织则会更加成功,他们归附于

〔1〕Fried(1960)。

军旗和那些能鼓舞他们在战场上作出自我牺牲的领袖们。商人的美德是适应性,而战士的美德是服从,这些军事价值观有助于加强一种强烈的身份认同,在苏丹逐渐发展出一支格外有效的奴隶军队童子军,来抵消其部落盟友的影响的过程中,这种身份认同得到提高。

胜过其他中东政权的是,奥斯曼人成功地控制和保持了其军队的秩序和忠诚。童子军单独居住并且直到退休时一直都是独身的;他们 121
也被灌输苏菲派的教义;可能同早期的阿希(ahi)派有关,后来肯定是属于持唯信仰论的比克塔西(Bekhtashi)苏菲派,他们的非正统思想使童子军总体上更加远离社会。部队和官员的精英的选拔都是依赖于德伍希尔万(devshirme)制度,就是将基督教儿童从其父母身边强征入伍,使之皈信伊斯兰教,然后从幼年起即进行严格的训练,直到他们成为宫廷的成员、战士及高级行政官员。在所有国家雇员中,只有欧莱玛(ulema)是从自由民中招募的,其余都是库勒(kul),即苏丹的奴隶,苏丹的整个政权被概念化为他自己家庭的扩展,苏丹本人及其直接的随员由因出身和经历而与其他人分隔开的奴隶军队来照顾。

在或大或小的程度上,所有早期的政权都使用过奴隶,但是奥斯曼人所具有的优势在于,邻近的基督教欧洲(更不用说帝国内部的大量基督徒)使他们得到了忠诚的奴隶士兵和行政官员的现成供应。相比来说,其他中东国家不得不从遥远的中亚、欧洲或非洲各地进口他们所需要的非穆斯林奴隶,不得不面对其供应被截断或受阻碍的危险,而这将会使国家的基础受到削弱。

奥斯曼因此具有以下有利于其演化为强大的阶级制社会的因素:相对缺少来自周围内地的武装和流动的挑战者;相对容易控制的农民人口和足够的食物供应;高度中央集权的拜占庭国家留下的范例和遗产;扩张的成功的战争经济和相应软弱的企业家团体;热情支持对付邻近基督教社会的斗争的为信仰而战心理;易于得到供应的奴隶可以训练成忠诚的士兵和行政官员。

所有这些都是十分明显的,但是极其重要却较少为人注重的一个因素是其突厥人的血统以及其与中东其他地区的典型模式不同的婚姻

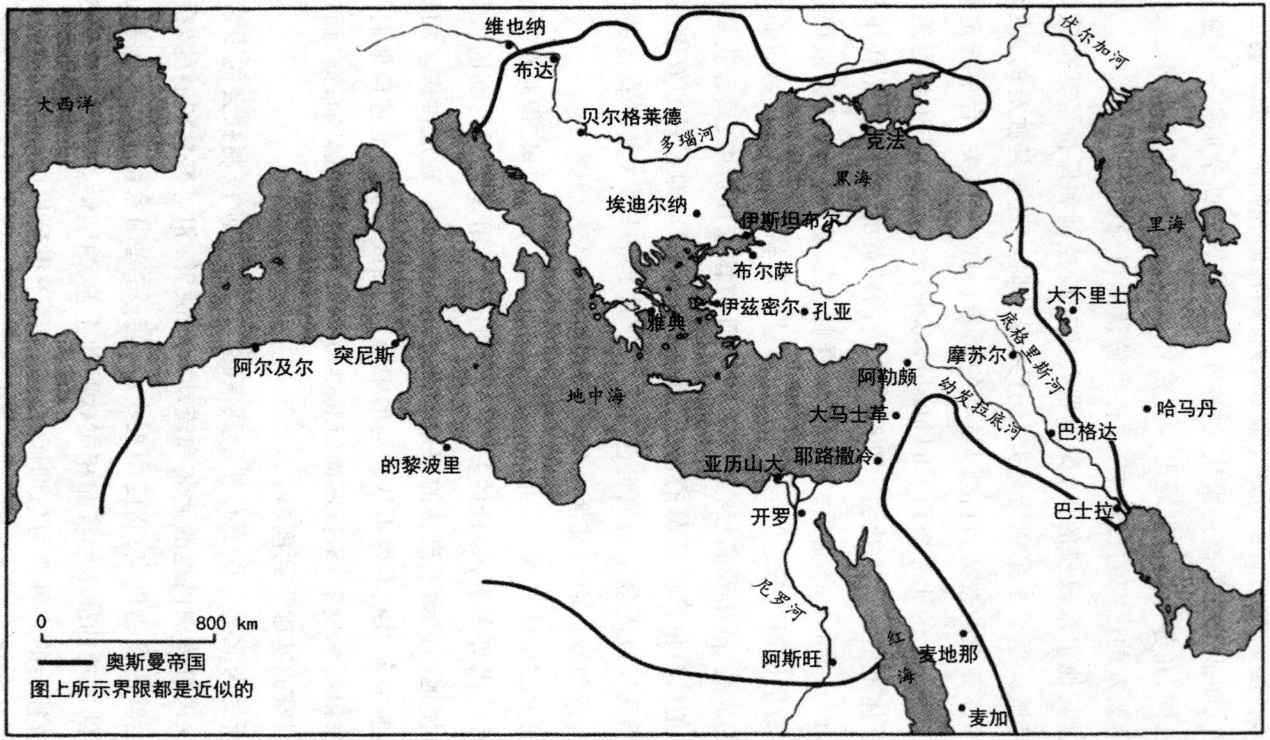

地图8-1　17世纪末期的奥斯曼帝国。

制度。在对政治权力的讨论中引入血统组织和婚姻优先权的差异可能看起来是深奥的问题,但是实际上并不是这样。正如我们在第 4 章所看到的,中东的阿萨比亚(asabiyya)观念在亲属的习语中得到表达,这给男人和女人一种将他们互相间的关系概念化的方式,并且赞成高度平等主义的联姻和分支的灵活结构。而在土耳其人的制度中并不是这样。

中东和土耳其的亲属关系都是基于父系血统,并且都是根据距一个共同父系祖先的世系距离(genealogical distance)计算亲属关系的程度。正如我们在中东的事例中所看到的一样,世系距离或分支只是一种在缺少被接受的阶层的情况下,在已形成模式的联盟和对抗关系中
给个人定位的方式。在回溯到共同祖先的联合世系的金字塔结构内 123
部,它用来组织父系宗族成员。它是中东社会组织内的个体之间确认关系的主要习语。在这种制度下,没有哪个世系、氏族或个人拥有内在的权利宣称自己比任何其他人优越,并且这种宣称也经常受到抵制。

但是正如吉恩·屈瑟尼耶(Jean Cuisenier)所主张的,土耳其亲属关系给这个简单的结构增加了两种模式:“世系距离,或者与一个共同祖先的关系中的世代等级;和出生的顺序,彼此关系中的兄弟等级。”[1]这两者都体现和决定了等级和内部差别,因为兄长和传自兄长的世系在术语上被看做是较高级的,土耳其亲属关系因此同中东常见的那种亲属关系形成鲜明的对照。土耳其的形式与内聚的并且根据权力、地位和门第明确区分等级的氏族相一致,而中东的形式则与选择的和在平等的男系亲属竞争者之间对易变的互补对立关系的操纵有关。[2]

在中东,亲属组织的顺从、平等主义和个人主义结构,和更加严格的、等级性的和群体导向的土耳其制度之间的差别,在这两个社会所认可的婚姻模式上反映出来。在中东,优先的婚姻是同父亲的兄弟的女儿(术语称父系平表婚,patrilateral parallel cousin marriage)。这种婚姻

---

〔1〕Cuisenier(1975:67 我的翻译)。

〔2〕Cuisenier(1975:480)。

类型在土耳其人中十分罕见。父亲的兄弟的女儿的婚姻,通过将父系内部的婚姻理想化而强调父系(如阿拉伯人所说的"贴近骨肉的")。但是它也存在一个矛盾的结果,即增强世系内部的紧张,因为已婚的堂兄妹之间的冲突可能导致兄弟之间的分裂,他们既是最亲密的盟友又是最亲密的敌人。同父亲的兄弟的女儿结婚既是模糊社会秩序的征兆又是其原因之一,罗伯特·墨菲(Robert Murphy)和伦纳德·卡斯丹(Leonard Kasdan)描述为:"其特点一方面是由父系亲属单位大规模聚集的潜力决定的,另一方面又是由原子论的个人主义决定的。"[1]

土耳其的婚姻关系和血统,遵循着内陆亚洲的模式,表明了非常不同的历史样式:将社会接合成独特的被明确区分为高级和低级的氏族,以一种术语上称为一般交换(generalized exchange)的模式通婚,也就是说,男人同其母亲的兄弟的女儿结婚。我不想用对这种制度的术语描述使读者感到厌烦[2],因为由一般交换建构起来的婚姻关系早已在土
124 耳其人中失去了意义,如同被保护人、联盟者和奴隶在帝国的行政部门中已经取代了下级的同族一样。但是这些术语仍然残存以表明从前分等级的氏族结构,并且土耳其人仍然不喜欢其他中东人所热衷的近亲的、分裂世系的父系内婚。

这一切所表明的是,奥斯曼人在其文化内部有一种现成的方法,用来对世系提高作可接受的主张,因此世系提高并不依靠神圣的基础而且能够世代相传。地位较高的世系的长子的长子被公认具有优先权。因此所有的奥斯曼人都毫无疑问地承认奥斯曼的直系后裔进行统治的内在权利,正如在其权威方面他们承认较高等级的本地世系的权力一样。作为土耳其承认奥斯曼家族对苏丹职位的内在权利的结果,在竞争的权力集团中基本上没有宗派的长期斗争,保持了相当的社会团结。这与奥斯曼统治下的安纳托利亚以外地区形成鲜明对照,在那些地方,正如 H. A. R. 吉布(Gibb)和哈罗德·鲍恩(Harold Bowen)写道:"实际上很难通过家庭、集团或部落竞争者对在阿拉伯各省的政府和社会生

---

〔1〕Murphy 和 Kasdan(1959:23)。

〔2〕详细的讨论参见 Lindholm(1986)。

活的所有方面发挥作用的部分进行过高的评价。正是这些激起了灵魂最深处的激情。"[1]

当然，这并不是说奥斯曼中央政府的政治等级只是由世系上的资历预先决定的——在这个尚武的社会，军事能力和领导才能是至关重要的。苏丹的儿子们之间为了王位激烈地竞争，胜利者将他的对手兄弟置于死地。只是到1617年以后，才制定了由在世的最年长男性自动继承王位的法律——这个法律在许多人看来标志着统治家族活力的终止。

然而，尽管在继承问题上存在许多内部斗争，但是没有人怀疑奥斯曼家族统治王国的自然权利，贯穿奥斯曼帝国的历史，世系导致的等级划分依然是占据高级行政和军事权力的基本前提。正如诺曼·伊茨科维茨(Norman Itzkowitz)指出的，大草原的理想："君权是真主选定的用来承担统治重任的一个家庭的特权……这取代了选举领袖的伊斯兰原则。"[2]其他的"土耳其"民族在此前也提出过这种主张，而只有奥斯曼家族使之如此成功——很大程度上是由于我们已经注意到的有利于中央集权化和等级化的各种情况的综合作用。

苏丹家族及其军事侍从的优势与永久性的和类似于种姓制度的艾斯克利(askeri)和雷亚(reaya)之间，也就是实行"奥斯曼方式"的军方和臣民之间的社会差别相符合；通过禁止奢侈的法令，后者被从艾斯克利中划分出来，而且不允许他们携带武器或骑马。这一种姓的差别是 125
如此绝对，以至于甚至苏丹也只能在特殊的情况下才能提升一个雷亚的职位。

这种制度在意识形态上的支持者是欧莱玛，他们以一种远比中东其他地区所曾达到的更为成功的方式与国家结为一体。他们在政府的学校里接受培训，被任命担任政府职位，并被免除赋税。最为重要的是，与奥斯曼社会所属的倾向相一致，他们的职位很快成为世袭的。作为回报，奥斯曼的神职人员承认奥斯曼家族行使皇家权力的合法性，并

[1]Gibb 和 Bowen(1963:207)。

[2]Itzkowitz(1972:38)。

且接受国家要求的人的等级。

但是在安纳托利亚半岛以外的地方,典型的竞争性个人主义的平等主义的理想仍然在发挥着作用,奥斯曼制度不得不使自己适应这些比在帝国中心地带盛行的更为严重的骚乱和内部争执的情况。然而,作为傲慢地远离本地人的外来者"根深蒂固地确信他们的优越性",奥斯曼官员处在一个很好的位置以调停不断地将更多的平等主义社会拆散的派系争执。"通过对其管区内激烈的地方世仇和个人对抗采取中立态度,他为公共安全和私人财产服务,然而没有人知道如何为了自己的目的而使对立的各方相斗。"[1]

正如上面引文所表明的,奥斯曼人一般来说是通过调停而不是强制来统治其分裂的、内部对立的和平等主义的阿拉伯人和柏柏尔人臣民。中东的竞争的平等主义使之成为一个容易被以这种方式进行统治的地区,只要地方集团的自治受到尊重、人们在很少有政府直接干涉的情况下被允许继续他们的日常活动。更困难的是任何通过武力进行统治的企图,这会魔术般地实现当地宗派的统一,而这正是奥斯曼人希望避免的。因此,不是成为一个专制的国家,而是帝国在安纳托利亚以外实际上由"数量巨大的几乎可以被描述为自治的小的社会集团"组成。[2] 这些自治的单位接受奥斯曼的统治,是因为对奥斯曼政府崩溃将引发的混乱的恐惧、对苏丹作为公正的来源的共同尊奉、对他所能集合的军事力量的尊重,也因为地方头面人物可以利用中央政府作为平衡地区对抗的机制。

在这些环境下,苏丹职位获得了以前任何穆斯林统治者从未获得过的权威,这种权威得到土耳其人对他们自己的高贵是天赋权力的信念的内在支持。在整个地区,民众已习惯了奥斯曼的统治,它不太具有
126 侵略性,并且是有用处的。古老的中东对政治混乱的恐惧(《古兰经》明确宣布"迫害是比杀戮更残酷的")[3] 导致法理学家们主张"必须服

〔1〕Gibb 和 Bowen(1963:207)。

〔2〕Gibb 和 Bowen(1963:211)。

〔3〕Quran 2:191。

从当权者”[1],并鼓励人民保持对奥斯曼政权的顺从,如果不是忠诚的话。但是随着时间的推移,奴隶军队—政府变得自满、颓废和腐败;苏丹,在奢侈和宫廷阴谋中被架空,决定性地失去了统治的能力;难以控制的省份宣布独立;过分的税收引发骚动;人口减少,不满盛行。

然而,奥斯曼王朝真正的毁灭不是由于内部的崩溃,更大程度上是由于面对欧洲的影响帝国无力继续其放任主义的老路。作为一个军事国家,由于停止了对欧洲的征服和后期受到欧洲的军事统治以及随后的盈利的枯竭,使帝国出现了经济方面和社会方面的退步。在第一次世界大战结束的时候,苏丹失去了它的影响,在被称为“青年土耳其人”的叛军军官们的领导下,一个新型的西方化世俗社会正在到来,这些军官抛弃了古老的成为世界主义的哈里发继承者的奥斯曼王朝的要求,转而支持穆斯塔法·凯末尔的彻底的民族主义改革运动。但是奥斯曼的光荣已经证明了,一个等级社会可以在否定等级的文化里真正地统治很长一段时间。

8.2 其他尝试:骑士与刺客

除了反常的但取得巨大成功的奥斯曼帝国以外,很少有打破中东王朝兴衰循环的其他尝试。一次值得注意的努力出自最后一位伟大的哈里发纳赛尔,他统治了45年,直到其于1225年去世。纳赛尔看到塞尔柱政权在宗派主义和缺少税收的重压下走向崩溃,他期望重新确立哈里发为伊斯兰国度的道德中心。

在其苏菲顾问欧麦尔·苏拉瓦底(Umar Suhravardi)的影响下,纳赛尔意识到无论是他的恢复活力的军事力量,还是哈里发那非常空洞的精神方面的合法性,都不足以完成他的任务。相反地,他尝试了一种新方法——对在城市地区提供大量市民生活的男人的组织进行重组。这些俱乐部,在阿拉伯语叫做富图瓦(futuwwa),在波斯语叫做杰万玛德(javanmardi),包括社会各个阶层的成员,尽管他们尤其为工人阶级

[1]马立克法学家的话引自 Lewis(1988:102)。

的利益和追求目标服务。富图瓦和杰万玛德在字面上的意思都是青年男人,但是暗指“豪侠”或“骑士”,而且俱乐部看上去具有许多功能,包
127 括运动、互助、贸易协会,等等。他们也作为当地民兵的自愿自助小组,在城市街区巡逻,保持和平,保护社会。

到纳赛尔的时代,俱乐部已经演变为半宗教组织,入会仪式的程序也是对苏菲社团入会仪式的模仿(尽管在苏菲被授予一个带补丁的袍子作为其天职象征的地方,富图瓦被授予一条战士的裤子)。成员宣誓实践骑士荣誉的准则,回避不道德,保持贞洁,保护贫穷者,为他们的兄弟和社团牺牲自己。有时参与者被要求放弃同家人的联系以有利于同俱乐部的联系。每个城镇都有几个同特定的街区相联系的竞争的富图瓦,这些俱乐部有时在城市中流行的宗派冲突中为了其邻居的荣誉而互相战斗。

富图瓦很容易堕落成黑手党一样的暴徒组织,靠勒索保护费供养自己(在如今的阿拉伯半岛和波斯,富图瓦和杰万玛德及其后代屈巴底 qabaday 都同样是土豪和恶棍的意思),但是他们也充当罗宾汉,劫富济贫,保护街区以防政府干涉,维护地方荣誉,参加平等主义的斗争反对各种形式的制度化的权力。在真正意义上,富图瓦相当于城市里的贝都因人。通过用仪式和宣誓将自己结合在一起,他们重新捕捉部落的基于亲属关系的阿萨比亚(asabiyya)的集体感觉;他们重视独立、热情、忠诚、男性力量和平等;他们反对政府、劫掠财富,但是被自己之间的冲突所打碎。他们之间的领导权从严格意义上来说是一个个人能力的问题,他们在政治上是无政府主义的。

纳赛尔的先辈尽力阻止这些恶棍的活动,但是没有成功。正如赫伯特·梅森(Herbert Mason)写道,纳赛尔的妙计不是将这些城市兄弟会想象成国家的敌人,而且作为“宏观的乌玛(umma)中的微观穆斯林社会”;他希望除去他们的非法性,同时扩展其骑士般的服务和自我牺牲的社团行动伦理,向外总体上指向哈里发,使他自己成为这项事业的道德中心。[1] 因此,他成为巴格达一个富图瓦俱乐部的成员。1207

[1]Mason(1972:120)。俱乐部和手工业行会的关系参见 Massignon(1963)。

年，在他成为会员四分之一世纪以后，他宣称自己为重新解释的富图瓦运动的库巴拉（qibla），即柱子或中央的支持，并宣布所有各地的兄弟会都是他自己的“权威的”组织的下属部分。那些不同意的被取缔。然后他颁布法令概括地论述兄弟们应该遵守的骑士行为的准则，包括伊斯兰的虔诚，帮助和保护弱者，服从神圣的法律，博爱和正义。俱乐部被统一起来，在他们之间不允许争吵。简言之，富图瓦成为单一的伊 128
斯兰乌玛的新型城市典范，由个人榜样和哈里发本人的权力将之结合到一起。

纳赛尔没有在将城市俱乐部置于自己的指令之下后止步。他还介绍其他统治者加入自己的兄弟会，包括叙利亚王子和伽色尼（Ghazna）国王。然后他们可以在一种与哈里发相关的有骑士风范的合法等级体系中接纳其廷臣加入俱乐部，哈里发作为俱乐部的最高人物，集创建者、精神指导者和道德理想的角色于一身。从其作为这种精神的和互助的骑士会社首领的位置出发，纳赛尔也能够对其他贵族成员施加影响，尤其是作为不应该打破兄弟关系之和谐的争端的调停者。

纳赛尔发起的合并和苦行运动是将乌玛统一在领导人的新的理想之下的不同寻常的努力。纳赛尔承认政治非集权化、地方自治和社会差别的事实，试图既不通过纯粹的权力也不通过宣称自己是马赫迪来实现团结，而且通过共同参加一个自愿缔约的互相尊重和互相帮助的团体来实现团结，这个团体建立在富图瓦骑士自我牺牲的意识形态之上，通过入会仪式的亲密联系进行组织，以哈里发为象征性的中心。这是一个创造性的成就，考虑到了中东的个人主义和平等主义，同时也考虑到了对共享的伦理团体的历史性渴望，同时依靠道义上的劝导、骑士般的荣誉和作为保持社会团结方式的个人仲裁。纳赛尔将多个王国统一到哈里发伦理权威之下的尝试持续到了下一代，但是，首先受到东方的花剌子模沙（Khwarazmshahs）叛乱的挑战，然后被破坏性的蒙古人入侵最后打断，蒙古人在1258年洗劫了巴格达。在割下的头颅堆成的金字塔下，埋葬了所有复兴哈里发政权的希望。[1]

〔1〕解释参见 Bartold（1968）。

与纳赛尔在骑士荣誉的基础上重建哈里发政权的尝试相类似的，是另一个巩固和保持神圣统治的同样非凡的（并且更成功的）努力。这个努力是由伊斯玛仪什叶派的尼札里耶（Nizari）支派（传说中的“阿萨辛派”，Assassins）进行的，他们在塞尔柱帝国极其边缘的地区内几个小的山区飞地上进行统治。[1] 因为其狂热和隔绝，尼札里耶派在传说中被看成是为大麻所迷醉的疯子和神秘的纵情享乐之人，死于其神秘导师的忽然兴起的怪念头。这些传说掩盖了一些更明显的东西：纪律严格的有魅力的团体，满怀将其终极使命置于任何个人愿望之上的宗教精神——甚至超越对生命的渴望。

这个运动在有魅力的神学家和神秘主义者哈桑·沙班（Hasan
129 Sabbah），即“山中老人”的领导下开始。利用无情的辩证循环论证，哈桑主张法蒂玛伊玛目的优先权，正如霍奇森总结的：“这是唯一一个作为其自身证据的主张——因此必须被接受，因为缺少任何其他的提出要求者来满足逻辑的必要性。”[2]

哈桑得出这个论辩的最终结论，将伊玛目的权威置于社会之上，而社会对伊玛目权威的接受可以阐明和证实他的充满魅力的使命。为了表明遥远的伊玛目的现实性，社会必须完全和无私地自我奉献，以造成他对世界的统治。为了这个目的，无论什么手段都是可以使用的，包括秘密的操纵，使狂热的秘密间谍一连数年等在特定的地方，以等待时机杀死给他们指定的目标。他们的最著名的牺牲品是尼札姆·穆勒克（Nizam al-Mulk），伟大的塞尔柱维吉尔[3]，据说，他在为一个尼札里耶派木匠之死所进行的报复行动中被杀——这表明这个运动的千禧年平等主义。

但是尼札里耶派不得不应对法蒂玛王朝的崩溃，现存伊玛目的消失以及哈桑的死亡。面对来自意识形态方面和政治方面的挑战所造成的失败情绪和士气低落，作为回应，哈桑的继承者哈桑二世宣布，尽管

---

〔1〕暗杀的解释参见 Lewis（1980），Hodgson（1955），Daftary（1990）。

〔2〕Hodgson（1955：56）。

〔3〕在使用暗杀方面，尼札里耶是现代恐怖主义者的先驱。然而，他们杀人从来不是不加区别的。

表面上的圣战实际上已经被人战胜了，但是他自己就是被等待的马赫迪，是来拯救信仰者的。他说，这意味着时间的循环已经到了尽头，死者将被复活，他的尼札里耶派追随者会得到拯救获得永生；它也意味着伊斯兰法不再被保留，因为真正的信仰者现在居于一个更高的精神层面，不再需要凡人被要求从事的宗教实践的外在形式。永生的完成以取消斋月的禁食而代之以盛宴这种令人震惊的行为作为象征。

实际上，这个主张使尼札里耶派可以先验地逃避所有千禧年派别所面临的问题：他们在征服世界方面的失败。通常这意味着逐渐的世俗化，但是对尼札里耶派来说，弱点和孤立为撤退到与外界隔绝的世界所抵消，在这个世界里，精神地位和同活着的神的交流取代了所有其他形式的差别——这可能是在全部的社团历史上曾经存在过的什叶派神秘幻想的最极端例子。

令人不快的是，在人间的天堂被证明是太难以保持的，在哈桑的儿子穆罕默德去世之后，他的继承者哈桑三世宣布，时间的末日已经自己结束，历史已经再一次开始。在1210年，他否认自己的神性，并宣布他的人民现在成为正统的逊尼派。虔诚者马上遵守其领袖的命令否认他的领导权，并且马上开始遵循逊尼派的做法而同时等待教义的下一次变化。同时，哈桑三世同哈里发纳赛尔订立联盟，尼札里耶派开始慢慢
地重建其政治权力的基础。与纳赛尔的尝试一样，这次努力也同样为 130
蒙古人的入侵所打断，蒙古人在1256年征服尼札里耶派大本营阿拉穆特，并对其居民进行大屠杀。

尽管蒙古人的屠杀结束了纳赛尔恢复哈里发职位的尝试，但是它并不是尼札里耶派的终结。许多该教派的残余移民到了印度，在此（现在被称为科贾人 Khojas）他们开始同贸易相联系，虔信者仍然认为其伊玛目是超人，应受到毫无疑问的服从。目前的伊玛目，阿伽（Aga）汗，在家系上被认为是第49位伊玛目。他已经将其会众组织成一个拥有巨大活力的和高度创新的骨干队伍，能够迅速适应变化并在国际市场上非常成功地竞争，在此，这个派别已经极其富裕。

尼札里耶派不规律的历史表明对千禧年世界幻想的潜在的利用，

它特别期望马赫迪的到来,但是它必须在某种程度上使自己适应救世主到来之后所发生的幻灭和相反情况。这种运动通常要么以瓦解告终,要么以退回到不再着迷的世界观而结束。然而正如尼札里耶派所证明的,对于真正的信仰者而言,保持一种精神上得到提升的感觉而不顾(或可能因为)边缘性、失败和分裂的经历是可能的。通过完全关注于对单一的神圣领导人的崇拜——他具有每一代制造一个全新的现实的能力——完成内在转变的尼札里耶派能够保持他们的社团及信仰直到今天。

通过他们现在的人形化的神,尼札里耶派也揭示了加尔文主义/穆斯林正统派的人神之间的鸿沟,对于经济成功的理性追求来说不是必须的。非常明显的是,与韦伯相反,就在今世的凭神的力量指定的精神方面的引导者之中,存在着一种独特的资本主义优势。当然,如果那个引导者是阿伽汗一样的有敏锐商业感觉的哈佛毕业生,它会是有帮助的。

8.3 反复:统治的使用和滥用

那么,在中东文化中,国家究竟处于什么样的地位呢?奥斯曼帝国是将类似于种姓制度的中央集权的等级制度强加于平等主义的个人主义者之上;纳赛尔对富图瓦意识形态的挪用是一种以骑士概念使哈里发职位合法化的尝试;尼札里耶派的改革是充满魅力的精神方面的少数派对极端压力的回应。但是正如我们已经看到的,中东的绝大多数统治者不能够获得其人民的忠诚。穆斯林,厌恶国家的腐败和贿赂,容忍了政府只是因为它在一个易于爆发无政府主义的世界里保持了一点
131 点的秩序。经历过了“里达战争”,然后是在刺杀奥斯曼之后出现的灾难性战斗,之后是标志着王朝崩溃的流血事件,大多数中东人愿意承认任何可以保持和平的政权。

除了保护,宫廷的另一个主要功能就是调停,它源于竞争的平等主义的个人主义的普遍原则,本地的反对者通常需要一些外部的仲裁来解决他们之间的争执。在宗教方面有声望的人、有学识的人或者年长

者通常都是这种位置的主要人选。这些人在合适的环境下能够成为政治领袖,尤其在抵抗外部对地方风俗和伊斯兰习惯的威胁上(二者通常被视为是完全一样的)。穆罕默德是一个范例,许多宗教方面的权力觊觎者在其后都运用他的例子作为自己合法性的证据。

然而,相反的发展轨迹也可能发生,因为国家机器可以将自己推到当地人民面前作为公正无私的外部仲裁者,并且能够为他们所接受,即使他们可能仍旧拒绝交税。但是,尽管有相反的表现,国家确实对地方事务感兴趣,并利用它作为调停者的位置,通过在任何争端中都支持较弱的一方和削弱主要反对集团的力量来获得影响。从这个角度来说,中东的苏丹远不像通常所描述的那样是绝对的专制统治者,实际上他是靠保持敌对的地方竞争者之间的微妙权力平衡来进行统治的操纵者。

统治者的绝对权力主要施于那些与他最亲近的人、最依靠他的人、最不能逃避他的人——他的被保护人、顾问、副官、宠臣和官吏。他们的财富和权力纯粹是他个人临时想法的结果,可以随时被收回。结果是,他们会失去他们的财产,失去榨取税收的权利,失去统治其他人的能力,也可能是失去生命。普通人通常不会受到宫廷世界的阴谋和暴力的直接影响,并且会宁愿欣赏公众堕落、伟人蒙耻和毁灭的常见景象。

尽管有政府提供的益处和优势,情况仍旧是,在中东,权力主要掌握在其权威很少得到民众支持的统治者手里。正如我们已经看到的,即使是宗教性的王朝,与纯粹的世俗政权一样,很快地走向依靠其控制军事力量的能力。他们也很快失去其道德身份,屈服于奢华,转而向奴隶和外国雇佣军寻求支持,分裂为竞争的宗派,向民众征收过分的税收,败在新的也会在之后走他们老路的征服者手中。 132

自然地,有野心的统治者总是力图通过尝试为其政权确立某种合法性而逃避这种命运。早期的王朝建立在想象的特定阿拉伯世系的道德优越性的基础之上,既是出于通过血统传下来的内在高贵性,也是出于历史上同先知的“亲密”。在哈里发政权灭亡以后,这种路线成为非常难以遵循的，这时候权力经常掌握在只是最近才皈信伊斯兰教的外国人的手中，他们无法作出这种要求以抵消他们的权威。只有在讲阿拉伯语的国家中的少数几个现代政权，仍然尝试靠宗谱和历史的背景支持其权力（约旦和摩洛哥是主要的例子）。

阿拔斯人，目的在于巩固其高度中央集权化的权威，同时暗中破坏所有竞争世系的权力，支持新的合法等级制度的模式，他们训练廷臣掌握一种可以明确区分精英集团和平民的独特的言谈和行为方式。这种向上流动的形式从此受到世界性帝国的支持，在其现代的外表下，为自我奋斗的知识分子和官僚所追求，他们希望靠他们秘传的技能和技术专长获得提升，而不是靠其血统或其作为穆斯林的背景。阿尔及利亚和埃及是很好的现代例子，在那里对世俗权威的这种类似的要求得到实现。然而，值得注意的是，依靠自我培养的精英集团的统治能够并且通常确实是与被剥夺公民权的普通公众和专制主义的中央集权相吻合。

使国内权威得到认可的另一种途径存在于成为培养中的社会保护者的要求之中，正如同布韦希人（Buyids）一样。这是一种在军事统治者中特别普遍的主张，他们当然不是贵族，也不以有修养自居。相反，他们更愿意以内心中最关心国家的父母官的形象出现，以牺牲自己保卫国家的形象出现。今天统治伊拉克和叙利亚的民族主义的军事政权常常使用这种类型的宣传来镇压内部反对派，但是与其中世纪的先驱一样，他们很少，即使有的话，真正成功地赢得民众的心思。

最后的选择是宣称拥有神圣的统治权利——一种什叶派从伊斯兰初期就赞同的选择。过去的伟大王朝通过宣称其神圣的基础而获得了他们最初的成功，正如现代伊朗宣称其在阿亚图拉统治下的神圣命运，也与利比亚根据有个人魅力的卡扎菲上校的绿皮书进行自我组织一样。同时，在沙特阿拉伯，瓦哈比派仍然断言其伊斯兰国家的精神优越性。但是每个断言其神圣权利的政府都必然受与最初乌玛相对比之
133 苦。神圣的统治不可避免地容易受到合理性、分裂的影响，运动所激起的巨大希望使得普遍的失望变得更加痛苦。

插图 8－1　19 世纪的平版印刷品：伊朗的传统刑罚。

总之，所有这些提出合法性要求的模式，古代的和现代的，世俗的和神圣的，都注定要在深深植根于所有人根本平等的中东信仰岩石上垮掉。在这种伦理之下，贵族世系、平民“专家”、军事“保护者”和神圣的传道者，都必须通过赢得社会赞同的行动，而不是通过宣称使其权力自动有效的内在能力，来证明其统治的权利。否则他们的权力会主要基于纯粹的保护和胁迫，事实上与过去一样，今天在摩洛哥、阿尔及利亚、埃及和伊朗，也包括在伊拉克，都常常如此。

那么看上去中东人仍然在一个古老的问题上进退维谷，这个问题可以回溯到苏美尔人的战士国王和公共寺庙之间的竞争。选择看上去只是实用主义或救世主义中的一种，二者之间基本不存在其他选择，那些政治的参与者看上去或者是霍布斯所说的追求个人利益的操纵者，或者是英勇地试图复兴先知时代的神圣人物，而二者都注定会失败。在这种环境下，国家，在最坏的程度上，是一种如果可能就避免、如果需 134

要就忍受的灾难,在最好的程度上,是和平的保护者和平衡地方争端的有用的调停者,尽管每个人都知道,这些决定受到那些追求他们自己目标的掌权者的操纵。那么就难怪政治领域对许多穆斯林来说已经失去了吸引力,相反他们在宗教中找到了他们的庇护所。无论如何,这也反映了平等主义社会秩序的紧张与矛盾——正如我们将在以下各章中发
135 现的那样。

第四部分　神圣的权力：吟诵者，法学家和圣徒

9 伊斯兰的基本

9.1 古兰经的权威和实践的必要性

在下面的几章我想说明，在先知去世和最初的社会消散之后，伊斯兰社会处理权威问题的方式。正如我们已经看到的，逊尼派伊斯兰"特点是在法律的眼中所有穆斯林作为真主顺从的仆人的基本平等，是在通过真主希望的行为以寻求灵魂得救的过程中个体穆斯林的自由"。[1] 这意味着逊尼派穆斯林没有权威的机构来解释教义，没有宗教委员会，没有宗教会议或教皇，如基督教那样；没有如犹太教那样的高昂(gaon)[2]；没有如什叶派那样的被神圣化的伊玛目。同时，也没有正式的牧师，官方的教会或教阶制度。原则上，任何能够背诵经文并且了解仪式的人都可以在清真寺领导星期五的礼拜，正如任何能够阅读的人(或倾听他人诵读的人)都可以解释《古兰经》一样。甚至不存在西方意义上的固定的圣会。任何信仰者可以选择在任何清真寺礼拜，追随任何的老师，接受解释教法的任何派别，包括接受与其父母或朋友不同的派别。一个不信者甚至也可以选择根本不接受伊斯兰，因为《古兰经》写道："真理是从你们的主降示的，谁愿信道就让他信吧，谁不愿信道，就让他不信吧。"[3]

在穆斯林中，根据个人信念的自由，明显地为不团结提供了极大的可能性。这种危险被信仰者对《古兰经》绝对权威的信赖部分地抵消。正如刘易斯·马西尼翁(Massignon)写道："不能过分强调……《古兰

---

〔1〕Makdisi(1983:85)。

〔2〕犹太教的拉比，在6—11世纪被统称为高昂(gaon，复数为geonim)，意为"卓越者"。——译者注

〔3〕Quran 18:29。

经》在阐述任何伊斯兰教义方面所占据的核心位置，甚至是那些看上去最为异端的教义。在童年时代就记在心里，《古兰经》是校正每件事情的实验、解释和评价的真实的和被启示的‘世界计划’。”[1]

在理想上，当所有人的最高权威已经降示了校正和评价每个人的
139 行动的规则的时候，是不需要人的创制的。发现这些神圣规定的唯一必要条件是了解《古兰经》。但是，无论在神学上还是在实践中，这都被证明是非常难以实现的，可以在神圣经典中容易地找到并在今世加以遵循的、完整和完美的、易于辨认的神圣道路（沙里亚，Sharia），只是一种理想化的幻想。《古兰经》是有限的，确实没有并且也不可能明确地涵盖所有情况。有许多行为领域没有被考虑在内，一些问题没有得到解答，其他的规则也是模棱两可的，有时在经文中还存在矛盾或明显不可能的事情。受希腊思想影响的穆斯林神学家很快指出《古兰经》
140 中的这些“不足”，他们主张受过教育的读者（例如他们自己）应该能够重新解释《古兰经》，以便用理智的要求对之加以校正。这就是阿拔斯哈里发马蒙（Mamun）所信奉的穆尔太齐赖派的教义，他希望控制专家们并因此获得超过解释权的权力。

这种立场受到伊本·罕百里领导的“传统主义者”的强烈抵制。他们的观点非常简单：“我们按照《古兰经》的明确的节文来行动，我们信仰其不明确的节文；我们按照你对自己的描述来描述你。”[2]对这些人来说，真主的无所不能意味着对他和对他的话语的任何限制——即使是理性的限制——都是偶像崇拜的一种形式。这种排它的墨守经文的伊斯兰视角最终完全胜利——部分是由于对阿拔斯政府企图为自己窃取经典解释权的普遍反感，部分是由于传统主义者的回应符合对人类理性的脆弱的普遍认识，穆斯林从实践中认识到超越个人利益是不可能的。

在伊本·罕百里及其追随者取得胜利之后，穆斯林神学家不再敢狂傲地使真主的语言屈从于分析哲学的验证，也不敢用类比或比喻去

〔1〕Massignon（1982 vol. Ⅲ:4）。

〔2〕Dhahabi 引自 Makdisi（1962:70）。

插图 9－1　叙利亚大马士革的倭马亚(Umayyad)清真寺。

解释经典;所说的就是所意味的——不多,也不少。如果在《古兰经》中安拉被描述为将手伸向罪人,这种援助之手不能被认为是真主的饶恕的象征,它必须被按照比俩卡依夫(bila kayf)原则接受,也就是说我们不能详细说明其象征着什么。理性并未受到摒弃——事实上,对分析性论据的使用在穆斯林的学问中非常盛行——但是现在被严格限制在对神圣经典法律含义的解释方面,不可以延伸到为真主设置局限性。而且信仰者必须按照其本身的意思接受神圣的言辞,按照其事实的严肃性。这种教义看起来可能引发的任何荒谬都被认为是人类无力领悟全能安拉的无限可能性的迹象。

作为不提供有关真主本体的神学的替代物,逊尼派伊斯兰现在提供给信仰者们的是关于安拉所命令的服从和禁止的神学,他给予了人类为获得拯救在人生历程中必须遵循的正确的道路。个人虔诚地履行和接受《古兰经》的言辞，而不是对之进行反思或合理化，才是至关重要的。在其对运用方面的强调上，伊斯兰被恰当地描述为一个行为正统超过信仰正统的宗教，依靠仪式行为揭示和反复灌输信仰。[1] “伊斯兰”这个词指的是行动——顺服真主的初步行动。

要求穆斯林的基本行为有五项：公开见证信仰（造物主是独一的；
141 穆罕默德是他的使者），礼拜，去麦加朝觐，捐献天课，伊斯兰教历赖麦丹月（Ramadan）的斋戒。[2] 这些共同的实践简单、直接，并在精神上是强制性的。每一个都具有特定的和有特点的形式和内容。每一个的目的都是向追随者灌输个人自愿服从穆斯林团体的规定的必要性。作为回报，信仰者在后世获得补偿，在今世获得奖赏。这是一个积极的自我克制的循环，紧随其后的是直接的和应许的补偿——一种神圣的行为主义。这也是一个不断寻求将平等主义社会的要求同个体行为者的愿望相调和的循环。

插图 9－2　真主的使者穆罕默德的祷文，
约 1838 年为奥斯曼苏丹穆罕默德二世书写。

例如，考虑一下礼拜（帅俩特，salat）的习惯。穆斯林每天应该礼拜五次，开始于黎明，结束于傍晚，礼拜是一件费时的和相当辛苦的仪

［1］这个公式参见 Smith（1957）。

［2］一些穆斯林激进主义者现在认为，吉哈德，即圣战，也应该被视为义务的。对于一些具有“哈瓦利吉派”信仰的人来说，这可以理解为是对付那些被当成不信者的人的有形的战争，这些人也常常被同时代的穆斯林视为叛教者。对于其他人来说，吉哈德可以被理解为针对自己的内在的斗争。

式，包括重复地拜倒和对信条的冗长地标准化背诵。这是一种锻炼自我控制力的行为和对真主的顺从的表达。但是如果每个人积极地服从，他或她就在平等的信仰者团体里团结起来，因为各处所有穆斯林都在一天的同一时刻礼拜，以差不多同样的方式，用几乎同样的话语，朝向相同的麦加中心点。对于穆斯林来说，对时间本身的感受就是由礼拜的周期构成并使之神圣化的。

然而在参加团体的同时，礼拜者能够而且也经常单独做礼拜。甚至必须参加的星期五在清真寺里的共同礼拜，伊玛目也只是站在人群前边的人。他也礼拜，之后讲道[1]，但是仪式无疑不是在他的控制之下，清真寺也不是发散宗教权威的圣殿。相反，它是公众集会的地方——一个集会的地点，而不是寺庙，阿拉伯语称清真寺为 masjid，只是意味着礼拜的地方，与英文的名词“church”大不相同，它的意思是“上帝的房子”。

除了在个体礼拜者中间形成强有力的团结感之外，礼拜的行为也为每个人提供了一种愉快的感觉和意义深远的和平。这是一种精神状 142
态，但它也至少部分地是祈求者按照规定调整呼吸、诵经和有节奏地跪拜的纯粹物理性结果，它有强大的生理效果，正如研究过分离状态的人所了解的那样。礼拜使个体沉浸在遵守纪律的团体的统一中，通过向真主表明服从获得个人的精神价值，并获得身心两个方面的强烈的安宁感。

伊斯兰的另一支柱是哈只(hajj)，即去麦加朝觐——一种随着近年来普通穆斯林的更多参与而被看得越来越重要的仪式行为。朝觐与礼拜一样，既是平等主义的也是公共的——每个男女朝觐者都穿着简单的服装，所有人都一起参加一系列复杂的和难懂的仪式和献牲，与许多其他事情一样，这些被认为是对易卜拉欣生活中一段往事的模仿。但是朝觐也是个人主义的。在仪式中没有领导，每个穆斯林都自己举行仪式，即使是同时沉浸在周围的平等参与者的团体中，他们每个人实

〔1〕在伊斯兰教星期五的聚礼中，伊玛目先要发表演讲，而后才是领导穆斯林大众一起礼拜，作者在此将二者的次序弄颠倒了。——译者注

行的行为都被认为是既对他们自己又对整个社会都有好处的。

如礼拜一样，哈只也要求巨大的牺牲，当从事旅行意味着漫长和危险的穿越沙漠的陆上旅途的时候尤其如此。但是回报也是非常巨大的，因为所有信仰者参加的等同于和认同于易卜拉欣和一神教过去的盛大感人仪式是这次旅途的高潮——回到他们的祖国之后拥有大大提高的地位，自此之后被尊称为哈吉。

在对施舍的命令中我们也同样可以发现类似的模式，对于穆斯林大众来说，这是另一项被要求无私完成的命令。如哈只一样，施舍也导致一个人世俗地位的直接提升，并且还被许诺在天堂中得到更大的几百倍的回报。施舍也是纯粹的个人行为，根据个人的见解随意而做，但是为了整个社会的利益，得到社会的赞许作为报酬。

穆斯林习惯的模式在赖麦丹月的斋戒中表现得最为清楚，这是在伊斯兰教太阴历的九月。[1] 斋戒在整个月份中进行直到看见新月，在此期间，从日出到日落，禁止吃饭、饮水、吸烟、嚼烟，或将任何东西放入体内。根据某些更狂热者的说法，甚至不能吞咽唾液或吸入香味。性交被严格禁止，不可以有强迫性的呕吐，也不可以在体内保存任何正常来讲应该吐出去的东西。斋戒不仅仅是对饮食的限制，而是彻底地限
143 制身体的界限，也同保持无污点的纯洁有联系。

这些严格的禁令也受到弱化，因为伊斯兰的斋戒，与其他宗教的斋戒不同，只是从日出持续到日落。白天的斋戒是完全的，只要太阳一落山，所有的限制都被取消，“至黎明时天边的黑线和白线对你们截然划分”。在此期间，《古兰经》命令信仰者们“和妻室交接……可以吃，可以饮”。[2] 实际上，大多数穆斯林在斋戒期间体重增加。例如在开罗，据估计，食品杂货的销售额在斋月期间比在一年中的任何其他时候都要高3到5倍，不但在斋月的夜晚所吃的食物通常数量更多，而且食

---

〔1〕太阴历比太阳历少11天，意味着每32年穆斯林的节日循环一次。穆罕默德的天才之一就是创造一种新的衡量时间的方式，它会有效地消除所有穆斯林节日与任何以前的季节性庆祝的联系。

〔2〕Quran 2:187。

插图 9－3　叙利亚南部拿着念珠的老人。

物的质量也更高，包括只有在特殊场合才能吃的节日食物和糖果。[1] 夜晚的丰盛食物同时伴随着朋友和家庭的聚会，从中欢快地庆祝社区的团结。在类似的情况中，施舍和食物由商人与那些有任何剩余的人公开地分发给穷人，因此每个人能遵守的不仅是斋戒，而且也包括其后的盛宴。 144

穆斯林并不认为斋戒是通过受苦进行赎罪的方式，如其在犹太—基督教的传统中的那样。相反，关于斋戒的《古兰经》章节中说："真主要你们便利，不要你们困难，以便你们补足所缺的日数，以便你们赞颂真主引导你们的恩德，以便你们感谢他。"[2] 通过斋戒，穆斯林希望通过自己修行的行为获得富有同情心的造物主对整个社会的慈悯。正如一个正统的评论者写道"穆斯林在特殊事情上的一致和集中，在一个

〔1〕更严肃的人不纵容自己，并且在斋月期间吃的不超过平常的饭量被认为是正确的。但是值得注意的是每个人都要开斋并且吃的至少同不封斋的时候一样多。

〔2〕Quran 2:185。

特定的时间,所有的人都关注一件事,这给他们以鼓励并使斋戒变得容易……这种目的的和谐和统一是给地位高和地位低的人同时降下精神上的幸福的原因。"[1]

在希望赐福之下的是对真主的慷慨的信仰,正如每天夜间的盛宴所带来的共同快乐所具体证明的。信仰者们,他们的努力立刻得到回报,相信封斋中所经历的任何苦难在天堂中都有千倍的补偿,在天堂中一扇特殊的门特别向那些封斋的人敞开——一扇同样向所有穆斯林男女敞开的大门,因为所有人都同样能够进行并完成赖麦丹月的斋戒,而不用给他们自己施加太大的负担。

伊斯兰深层的平等主义在一些限制中体现得很明显,就是禁止狂热者在斋月之后继续封斋,尽管《古兰经》明文规定在其他的日子里可以封斋。[2] 斋月里的斋戒每天晚上必须开戒,要吃饮充足以维持生命和健康。对于某些具有热诚气质的人是如此引人注目地有着强烈诱惑的禁欲主义,受到来自支持平衡的正常状态的反对。斋戒不是展示某人特殊的禁欲能力的方式,而是帮助普通人学习自我克制和以一种更温和更有道德的态度生活的方式。

限制和免除、孤独和共处的循环,在宏大的节日开斋节(Eid al-fatr,在字面上是小节,但实际上是一年中的主要庆典)中达到顶点。[3] 这个庆典充分表明了参与和更新,因为各处的穆斯林穿上新衣服、走访、拥抱、分享节日的食物和饮料、互相祝贺成功完成了斋戒。这一天给穷人施舍,所有人聚会在一个公共的场所礼拜,最好不要在家附近的清真寺,而是在城外一个开阔的大地,以便地方的分歧可以暂时被忽视。男人们单个地去参加仪式,同日常的世界相区分,作为一个神圣的团体聚集在一起倾听布道,赞美服从的美德。被命令原谅所有的侮辱

---

[1]Shah Waliullah,引自 Nadwi(1972:195-196)。

[2]这些封斋都不像斋月的斋一样是必须的,尽管它们被认为是在身心上都有益的。但是在任何情况下连续封斋超过4天(除了斋月期间和节日之后的6天)都被评论者认为是错误的(参见 Gibb 和 Kramers 1965:504-507)。

[3]尔德艾勒-艾祖哈,大节,也是一个纪念日和包括大的共同盛宴的宰牲的重现——通常是已经通过禁食净化的一只羊,屠宰后在家庭成员、依附者和穷人之间分配。

和敌意，债务被取消，旧日的敌人互相拥抱以体现其重新开始的兄弟情谊。作为整个月标志的音乐和庆祝得到加强，并且去探望祖先的坟墓， 145
再一次重申社会及其神圣继承的连续性。[1]

开斋节总的来说是社会性的庆典，是超越家庭和清真寺的所有穆斯林的庆典，过去和现在都是如此。财富被重新分配，祖先得到尊重，兄弟情谊受到劝勉，团体参与被着重强调。通过分享强化个人自我克制的价值的共同回报，个人在斋戒中的牺牲得到补偿。开斋节重复了斋戒全部循环的模式。为个人的禁欲主义行为提供了直接的利益，为相互平等信仰者的乌玛（umma）的纽带提供了象征性更新。

那么我们可以看到伊斯兰在斋月里和其他时候的封斋是实用的、平等主义的，目的在于社会的统一和个人的救赎。在白天，信士个人的限制和美德，被以今世的共同庆祝和后世的获得拯救作为回报。高的和低的通过施舍被拉向同一水平；富人与所有其他穆斯林一样参加斋戒和宴会，同享饥饿感给富人一种其富裕仅仅是偶然现象的感觉以及与贫穷人的兄弟情谊。灵魂的得救是通过今世的个人行为，以及在对社会方面和精神方面有益的自我牺牲行为的履行中与其同伴们的团结。

9.2　灵魂得救的问题

在这种神学的实践中没有原罪说。人类被置于道路上并且给出方向，他们只需要注意和服从。在他们从今世生活的黑暗中朝向最后审判的顶峰时刻的时候，《古兰经》是指引旅行者的光亮。拯救、赎罪、无法赎清的内心的罪恶感——基督教信条的这些方面在伊斯兰教中被放在一边，在伊斯兰教中对离开正路的惩罚是简单而可怕的——真主自己撤回，将个人留在没有灯塔的道德荒原上独自徘徊。

然而，尽管不存在原罪说并且注重实践，伊斯兰不是一个积极思考

〔1〕对 19 世纪中期在开罗举行的这个节日的详细描述，请参见 Lane（1871，vol. Ⅱ：238）；之后 Jomier 和 Corbin（1956）对同一个节日作了评论，Goitein（1966）对斋戒作了总的叙述。

的宗教——用威廉·詹姆斯的术语说，是一种"once born"宗教。相反，根据《古兰经》，"畏惧主的人，为他而战栗"。[1] 当为他们引述《古兰经》的时候，"他们痛哭着俯伏下去"。[2] 信仰者意识到，所有的恩赐和苦难都来自安拉，不可能对他彻底了解、胁迫、乞求或劝诱，但是要按照他所希望的去行动。邪恶和苦难都是真主创造用以考验人类的奋斗精神的，但是，不能猜想遵循正确的行为或者是善功就可以被提升到获得拯救的品级，拯救只是真主那无法形容和不可预知的恩赐的结果。安萨里(Al-Ghazali)写道，即便是穆罕默德也为其灵魂而感到担心，并祈求"从我做过的邪恶之事和我没有做的邪恶之事上"得到庇护。[3]

对真主绝对的和不可知的权力的恐惧，只有通过对真主的正面的特性的依赖才能得以缓解。在《古兰经》中，安拉不断地将他自己描述为仁慈的和富于同情心的，穆斯林希望得到他的赦宥，因为他们不能拯救他们自己，或者，甚至不能在今世的生活中不破坏神圣的法律。[4] 通过第7章172节信仰者们也被给予希望，在这节经文中真主提到，在创造人之前他与人类订立的契约，他从阿丹的腰部招来所有未来的灵魂并且问他们："我不是你们的主吗？"他们答道："你是我们的主！我们作证！"这是时间被创造的时刻，人类和真主之间无法衡量的差异已经被设定。礼拜和崇拜是人们对这种差异作出的适当回应，因为所有的人都是造物主全能的见证，他反过来，在末日到来的时候，会使那些尊重契约的人恢复到同他在一起的原始状态中。

但是不可能取悦于一个绝对超验的、无法预测和无法确定的主宰，使所有正统派穆斯林在对于其灵魂的状态上处在惊恐和困惑的状态之中，这一点为安萨里所证实，他写道："谁说了'我是信仰者'，他就不是信仰者；谁说了'我是博学的人'，他就是无知的"，以及"谁经常害怕伪善他就是离伪善最远的人，而那些认为自己不受伪善侵扰的人是离伪

---

〔1〕Quran 39:23。

〔2〕Quran 17:109。

〔3〕引自 al-Ghazali(1963:130)。

〔4〕在其对造物主的宽恕的强调上，穆斯林更像路德教派或五旬节教派的基督徒而不太像基督教的原教旨主义者。

善最近的人”。[1] 在伊斯兰教中，只有真主知道人的灵魂的状态；渎神 147
的醉鬼可能得到拯救，而小心谨慎地礼拜、封斋和施舍给穷人的哈吉可能受到诅咒。

9.3 先知的魅力

由普遍意识到自己的错误和虚伪而引起的痛苦，和对真主的无法预知的愤怒的恐惧，使穆斯林自然地在学习《古兰经》和必须进行的活动之外，追求其他方法以寻求灵魂的得救。尤其是他们将目光转向使者本人，宣称他是一个圣人，一个完美的人，没有罪过，纯洁和没有错误——是人类如果能够认识其神圣本质就可以实现的境界的一种象征。[2] 随着时间的推移，穆罕默德越来越被确信能够作出奇迹般的行为，能预见未来、诅咒其敌人、使月亮在空中裂开。[3] 他的身体的能力也同样变得非同寻常。一本 13 世纪的教科书说穆罕默德“不但能向前看而且能向后看；他有在黑暗中看清东西的本领；当他在身材高于他的人旁边经过的时候，他的身材和那个人相等；当他坐下的时候，他的肩膀高于所有与他同坐的人；他的身体从来不投射阴影，因为他是完全光明的”。[4] 他也被确信活着的时候就已经登上了天堂，并且看到了安拉的面容；这个奇异的事件（登宵，laylat al-miraj）今天作为伊斯兰教一个主要的宗教节日在整个穆斯林世界庆祝。信仰者们尤其相信穆罕默德肯定会在末日为他们说情。[5]

无疑地，相信穆罕默德的精神能力可以拯救信士有助于减轻穆斯林因以一个绝对超验的真主为前提而造成的自然忧虑。但是另一个起

---

〔1〕引自 al-Ghazali（1963：134，128）。

〔2〕参见 Andrae（1936）关于这种转换的历史材料。正如我们将要看到的，大多数的这种意识形态在苏菲理论里都有其基础，尤其是伊本·阿拉比的。

〔3〕这是一个奇迹，为奥斯曼象征提供一个意象，即新月的两个尖中间有颗星星。

〔4〕引自 Goldziher 里的 al-Sharani（1981：189）。

〔5〕神圣的调停者是对一个绝对的全能的和超验的真主的心理反应的理论是由 David Hume（1976）首次提出来，并且由 Ernest Gellner（1981）应用到伊斯兰教。

作用的因素可以回到韦伯的宗教本质的范例进行详细解释。对于韦伯来说,所有预言的经验性的真理——使者的或范例的都一样——都存在于对有魅力个体无法解释的出现的公众认可之中,他们"被从普通人中区分出来,并被认为天生具有超自然的、超人的或者至少是特别例外的力量或品质"。[1]

超凡魅力型同其他的、更有作用的或传统类型的领导权的不同点在于,领导对于其追随者的权威的源泉不是共同的利益,不是共同的价值观,也不是领导有权利统治。从追随者的观点来看,魅力型领导能够领导因为他具有内在的"仁慈的天赋",一种神秘的但是在情感上有感召力的"同所有的制度化的路线、传统的东西和屈服于理性管理的东西相反",而且,正如韦伯所说:"被统治服从是因为他们相信这个特定

148 的人的超凡品质。"[2]无论先知说什么都必须相信,因为是他说的,正是他作为一个人所实施的情感强制力规定了信徒们的宗教经历。穆罕默德的情况就是这样,他首先是被喜爱,然后是被服从,对于他的早期追随者,他所宣告的内容次于他个人的出现所激起的情感影响。

正如我们所看到的,穆罕默德所提供的启示是一个无比纯洁的使者预言,它谨慎地对他个人的魅力角色不予重视。很明显,谦逊地称自己只是真主的"警告者",这一合乎道德的使者的启示,同追随者在先知面前狂喜和超绝的个人实际经历之间,存在着一种紧张。正是后者的主观现实使得穆斯林将范例的和非理性超自然的以及拯救的权力都归结到使者的身上——换句话说,是信徒们把一个所称的使者型先知转变成范例性的有魅力之人。后来,当穆斯林的政治世界越来越醒悟时,民众对穆罕默德奇迹般的成就和不同寻常的个性的关注却变成更加重要的,因为信仰者们在一个不确定的、充满敌意的世界里寻求一个他们可以依赖的拯救者。

那么,穆罕默德的魅力可以看做是在中东的环境中对平等主义的个人主义社会现实作出的回应,这个竞争性的伦理压力反复给焦虑的

---

〔1〕Weber(1946:47-48)。

〔2〕Weber(1946:52,295)。

插图 9－4 信仰的较长表白，有装饰性的 waw（和），出自 20 世纪早期的土耳其书法家："我相信真主、天使、经典、他的使者以及审判日，相信善恶都来自于真主的前定，相信复活。我作证万物非主，唯有真主，穆罕默德是他的仆人和使者。"

公众灌输一种对调整的呼声的渴望，它会将好战的自私自利的平等竞争者调和成更高级的统一体。对穆斯林来说，先知提供的那种呼声通过将其所有追随者都吸引到一个单独的道德群体中，给一个不成熟的具有威胁性的环境提供明确的形式和赋予道德凝聚力，通过对所爱戴的范例型人物的共同热爱而联结在一起。这种转变在军事策略的变化 149
中有所体现，使得穆罕默德的团体战胜其敌人。前伊斯兰时代的理想战士是挑战者，他们单人独骑走出去，蔑视成群的敌人，战争本身即是英雄之间的个体格斗。穆罕默德停止了这种做法，他的部下应该服从他，保持协调，像一个人一样地共同作战。

因为他成功地通过其个人魅力克服对抗性的个人差异，穆罕默德的一生，作为历史上的个人，成为所有穆斯林关注的精神方面的非常重要的事情，爱戴和仰慕穆罕默德可以从模仿他最细节的方面来体现——这种模仿达到如此程度，以至于某些虔诚者仍然将自己的胡子染成红色，因为据说先知的头发是红色的。这是逊奈，即先知的行为，许多被认为是中东所特有的特征（衣服、胡子、举止等等）都是有意识地对逊奈的模仿。普遍的仿效穆罕默德的行为也在伊斯兰历第一世纪开始的名字的改变方面突出地体现出来。正如戈伊坦（Goitein）所表明的，以前曾经是中东特征的个人名字的巨大多样性突然降低。在几百年之内，这些古老的名字被穆罕默德及其同伴的名字所取代，与之经常相伴的是指称真主特性的比喻性名字。[1]

通过仿效穆罕默德（并且，程度稍差一点的是仰慕他的同伴及家人），穆斯林希望模仿他对《古兰经》和团体所命令的规诫和做法的服从。以这种方式，他们希望取得真主的喜悦，并且参加也在模仿先知的平等的信仰者们在精神方面融合成的乌玛。但是从情感上说，真正关键的是体验同穆罕默德有魅力的个人情感的联系，这种联系将穆斯林吸引进信仰者们的社会，并同时给他们一种个人精神拓展的感觉，这是有魅力的门徒身份的特点——通过成为如穆罕默德一样的人，他们也在临近自己的完美。

尽管分享先知的个人魅力确实克服了许多集体和个人之间的紧张，仿效的和扼要重述的方案也带来了其自身的矛盾，尤其在先知去世之后，因为经文的专家（欧莱玛）宣称对穆罕默德及其道路有更多的了解，因此可以实现对他的更准确仿效，向乌玛介绍了一种新形式的特
150 征，并且也因其主张引发了新的各种形式的抵制。

〔1〕Goitein（1977）。但是这不能看做是对个体的压制——高度个人的、描述性的和通常侮辱性的绰号继续在日常生活中使用。参见 Antoun（1968），各种绰号和滥用绰号是在地方的环境下表明平等的一种方式。

10 重温神圣的过去：知识的力量

10.1 历史的权威

由于其天使报喜的本质，伊斯兰是一种对历史及历史复原着迷的宗教。普通的穆斯林总是力争尽可能多地了解先知的一生，他的习惯，他的言语以及和他亲密的人的生活、习惯和言语，并且使自己忙于力图发现和保持所有他们能发现和保持的关于千禧年的过去。这些记忆同《古兰经》一起作为穆斯林道德意识的主要来源。[1]

因此，其他的宗教通过权威立法部门的决定，或通过总的原则的演绎来解释其神圣的经典，而穆斯林与之不同的是，他们通过"对真主已经同意的个人行为的经验观察"[2]来发现伦理的标准和权威。这些行为只能通过搜集创始人及其同伴的言行记录才能了解到。这就是神圣历史的保存者和背诵者的任务，因为他们传统上被称为艾哈鲁艾勒－哈迪斯（ahl al-hadith），即传述圣训的人。[3]

起初，对神圣传统的说明是通过任何曾在麦加和麦地那同穆罕默德相处过的人，或者是那些随征服的阿拉伯军队一起出去征服世界的人，凭记忆偶尔所作的叙述。这些先知的同伴的回忆自然地反映出他们自己的经历和个人特征，不同地区根据最初定居在其地的穆斯林的

---

〔1〕Hodgson（1974，vol. Ⅱ）将之称为宗教体验的福音布讲方式，在这里最终事物被在历史上的道德事件记载中加以寻求。回忆这个历史性的启示可以在历史宗教戏剧中重新设想自己的生活。

〔2〕Hodgson（1974，vol. Ⅰ：321）。

〔3〕这些"口传戒条"不应该被看做通常的英语意义上的不成文的习俗。随着时间的推移，这些都被仔细地编纂和汇集在经文里，并且通常明显地否定普通用法。圣训作者将自己看做保持穆罕默德所默示的真正口传戒条的人。参见 Hodgson（1974，vol. Ⅰ：63－67）。

知识而产生了不同批次的圣训。同样关键的是皈信的当地穆斯林的需求，他们向早期传统的持有者请教关于穆斯林的正确行为方式的问题，例如，正如理查德·布利特（RichardBulliet）所指出的，早期伊朗的圣
151 训过度地关注污染问题，反映了前伊斯兰时代波斯人的观念。[1]

穆斯林会从许多英里外的地方赶来听那些曾经真正听过先知本人声音的人的声音。在那些描述他们亲眼见到、亲耳听到的先知及其做法的人死去之后，这种直接性就不存在了。信仰者们现在只能倾听一些人重复其他人曾经告诉他们的事情，而不是他们的亲身经历。在这种情况下，背诵和记忆变得更加不正式，记忆者关注于发展其记忆并取消个人偏见，这样他们可以一字不差地重复从他们的前人那儿听来的东西，没有解释、评论、阐释或压缩。

对伊斯兰传统的口头传述比书写更占优势。这在部分上是由于阿拉伯语书面语的特点，省去了元音，因此可以有大量的解释。[2] 一个早期的学者忠告学生要“努力渴求获得圣训并从人们的口中直接获得，而不是从书面记录中获得，恐怕他们受到文本讹误的弊端的影响”。[3] 口头传述也体现在中东的传统诗歌文化中，并且在同样人格化的伊斯兰文化中受到尊敬，《古兰经》本身从天使命令穆罕默德“你读”开始，并且大声诵读《古兰经》这件事本身一直被认为是存在精神灵验的，因为背诵被认为是唤醒同最初的说话者的心理联系。[4] 以同样的方式，大声背诵圣训是神圣的行为，它使人马上与使者及其同伴沟通。通过详细叙述其所学的圣训，传述者将自己看做并且被别人看做

---

〔1〕参见 Bulliet(1994)。

〔2〕从很早起，为了阐明《古兰经》和圣训，穆斯林语言学家和人种志学者旅行到阿拉伯半岛偏远的地方去重新捕捉纯粹的阿拉伯语法和习惯用法。Makidsi(1985)主张这种运动是西方复兴人文主义的直接灵感。人文主义的语法、诗歌、修辞、历史和道德哲学的原则，也是早期穆斯林调查者为了澄清其文化历史所研究的学科。西方人受到经院风气的影响，然而，作为对穆斯林关注阿拉伯语的反应，他们将注意力转向古代希腊语和拉丁语。

〔3〕引自 Messick(1993:23)。

〔4〕背诵《古兰经》是穆罕默德曾经宣称完成的唯一奇迹，并且穆斯林认为《古兰经》独特地振奋情感以及其美学优点是其神圣来源的权威证明。直到今天，普通穆斯林主要的宗教和美学经历就是听专家以 Mujawwad 方式吟诵《古兰经》的章节，它使用韵律、重复、修饰、洪亮的声音和强度来“达到听众的心”（参见 Netson,1986）。

通向典范历史的渠道,他们通过经常性地回忆和重复穆罕默德的话语和行为也赢得了一部分魅力。

尽管成为一个背诵者对任何穆斯林都是开放的,但这却不是件容易的事。正确的背诵要求对古典阿拉伯语非常熟悉,以便对经文正确地发音——有一点差异就会被认为是渎神的。[1] 背诵者也必须具有超乎寻常的能力来积累和记忆这些报告。因为知道得越多,就越能同过去联系在一起。随着伊斯兰国度的不断扩大,这些搜集者中最有雄心的人,要走过遥远的距离去发现"罕见的"圣训或者发现年长的背诵者,他们的圣训更"高级",也就是说,距离最初的来源的步骤最少。男人(和女人)[2]在积累了多种罕见的高级的圣训之后,在信士中赢得特别的威望。他们的名字也会进入圣训传述世系(isnad),或者说传述者的"链条"当中,无论何时提到这条圣训时都要背诵出来(我从某人那儿听到的,他从某人那儿听到的,那个人从某人那儿听到的……先知说),这确保他们得到一种不朽的名声。在他们赢得作为有能力、有知识的圣训传述人的成就之后,这些专家型的个人搜集者也开始充当其邻人的顾问和老师。以一种低调的方式,他们重复着穆罕默德本人的 152
传记,他也是真主的语言的传述者,同时也是一个道德榜样。

在决定其详细叙述的圣训的可信度方面,背诵者的道德至关重要。自然地,圣训是根据历史原则进行判断的,例如时间方面的一致性,不存在与时代不合的人或事,从其他来源确认传述,等等。但最重要的,对圣训的接受和分类整理是根据传述者个人的声誉。对中东人来说,阅读、学习和记忆的能力尚不足以构成有学问的充足条件。品格和学识是连在一起的,记忆和背诵被深深地嵌在心里,知识的合适掌握者是那些人生经历无瑕疵的人。从不值得相信的或非宗教的来源得来的知

[1]阿拉伯人在语言方面的保守主义与他们对《古兰经》语言的神圣性的感情相关。在现代中东,几乎所有的书面阿拉伯语都是用古典的方式,与普通的口语确实存在很大的不同,如果西方也是这样,就意味着我们的报纸用乔叟时代的英语来写。

[2]这是表明圣训传述者的范畴的本质,男性和女性穆斯林都可以担任这个角色,因为它只需要这个人正直、可信和根据其一生中的地位以令人尊敬的方式行动。早期最著名的传述者之一是阿依莎,穆罕默德最喜爱的妻子。

识，无论多么光彩夺目，都是先验的不可靠的，这与部落人认为任何不是其自己世系的人的品格基本上都是可疑的非常类似。

这意味着每则圣训必须靠其传述者“链条”成员的可信度来检验，也就是说，通过其道德谱系。一则好像有道理的圣训，如其传述世系带有可疑的名声，则被认为是可疑的，虔诚和正直的传述者的圣训传述世系被认为是可靠的，而不管圣训本身的内容。为了进行这些道德判断，“人的学科”(ilm al-rijal)[1]，就是这么叫的，在圣训探索的中心成长起来，用大量的传记历史文献建立圣训背诵者的道德出身背景。这些出身背景，就如高贵的部落人的家系一样，通过回溯到某人的先辈进行道德权威的有效判断。但是在部落人说“我伟大是因为我是一个伟人的儿子，他也是一个伟人的儿子”的地方，“人的学科”则说：“我是一个可靠的传述者，听一个可靠的人背诵了传述，他从另一个可敬的人那里听到传述，等等，直追溯到听过先知本人话语的他的同伴。”

对个人名誉、传记和世系历史的普遍关注与戈伊坦(Goitein)所称的中东“身份情结”相一致，也就是说，“倾向于将任何智慧、行为和事件归于一个叫得出名字的并以一些传记细节为特征的特定的人”。[2]在一个平等主义的文化中，这种关注是可以理解的，因为只有品格和个人的声誉可以使个人从集体中被识别出来；相反，任何特别的事情都同一个特殊的人的成就(或缺陷)相联系，他的名望通过血缘或对那些跟随他的人精神方面的影响而流传下去。

当然，名誉对圣训传述者和对部落民具有不同的内容，后者英雄般的名望是通过与其追随者一起战斗所表现出来的坚定的自负赢得的。
153 相反，圣训传述者的名声是同其没有傲慢和在社会中的庄重可敬相联系的，以至于要靠其自传和其老师、家人的正直的品格来证实。首先，可信的传述者必须是一个在道德上遵奉习俗的人，“其操行模仿同时代人中的可敬者，和追随其同乡……根据个人、环境和地点”。[3] 同传

[1]ilm al-rijal 指通过对其人的人生经历的研究而作出的对其人的道德判断。

[2]Goitein(1977:15)。

[3]法学家 al-Nawawi 引自 Messick(1993:161－162)。

述圣训者相比,英雄般自负的勇士事实上是不能将自己清空从而成为真理的容器的。

有一段时间,当地的背诵者继续作为宗教道德的知识和范例的唯一交叉点,每个人都是同所有其他人相分离的,每个人都声称是先知的神圣话语和行为的容器,而同时否定他们之中的任何等级组织。随着帝国扩张到越来越广阔的地域,高度非正规的、乐观的、分散的、个人主义的传述者的知识形式与伊斯兰的多数人意见的逐渐削弱相一致。由于对知识的传播和散布缺乏任何教会的权威或国家的控制,圣训的传播变得越来越地方化,地方派系开始出现。关于信士们如何区分真伪圣训,如何挑选和整理无联系的圣训等问题出现了。

为了解决这些问题,巡游的学者开始搜集、验证和出版可接受的圣训的汇编。开始了圣训的更为一致的和较少个性化的传授阶段,并且逐渐削弱地方背诵者的自主性和影响。由于在时间和空间上同最初使者时代的遥远距离,当地背诵者的派生魅力变得越来越弱,正规的学校建立起来了,由专业的教师教授那些得到普遍接受的圣训,虽然他们继续采取旧有的口头教学方法,但是他们现在也用书籍而不是人作为其来源,从书面的编纂物中获得他们的口头背诵。到 1300 年的时候,单独的个人传述者已经或多或少地为受过专业训练的大学教师所取代。

个人圣训传述者影响的减少,通过 6 部被称为逊尼派圣训"权威"汇编的出版而体现出来。不是像老版本那样根据作为圣训传述世系来源的人来编排次序,这些圣训被根据主题进行组织,特别地确立了一种传记的方法以便法学家们用以寻找先例。这些汇编并没有被接受为最终定论,穆斯林学者们能够并且直到今天仍然激烈地争论某条特定圣训的正确性,但是它们被接受为标准的来源是因为它们将圣训合并到法律习惯里。对这些编辑物的发行和接受清楚地表明法学家现在比圣 154
训背诵者更占优势。

10.2 伊斯兰中的教法主义

法学家的权威源起于导致依靠圣训学识的同样的环境,也就是说,最初乌玛的魅力的削弱。这个过程同政治世界的逐渐的权威丧失相一致,这意味着正义在官方的法院里是找不到的。同时,征服制造出许多新穆斯林,他们对使者及其同伴遵循的惯例不熟悉。随着信众失去其道德凝聚力和政治世界失去其神圣的特征,与此同时,新的问题被提出,新的情况又需要面对,还详细叙述口头戒条不足以保持统一,始终在扩散的穆斯林社会需要一批能够回答这些问题并且能够作为决策者的人。在整个地区,虔诚的个人自发地开始献身于伊斯兰学问的研究,目的是利用其学问积极地指导其同伴:这些人就是教法学家(legalists,法基 faqih)或法学家(斐格海,fiqh)。

起初,教法学家几乎与圣训传述者完全相重叠,与圣训学者们一样,早期的教法学家没有正式的组织,只是在家里或在清真寺供人咨询,或者免费或者收费。他们很快形成了一个非正式的学术圈子,就教义和法律问题同其他有类似兴趣的人讨论,并且,与圣训学者一样,教授那些挑选他们并为在他们圈子里学习的特权支付费用的初学者。没有学校,没有"学位",没有任何人的文凭证明。有学问的人就是那些被当地的社会和更广泛的学者社会认可其学问的人,认可的程度由教法学家拥有的学生数,他们被拜访咨询的次数,以及他们受到公众和同龄人的尊重的程度来衡量。

教法学家和圣训学者社会地位上的重叠与他们学习的内容是相对应的,因为二者都致力于圣训的研究,还有必须阅读《古兰经》和圣行(逊奈,sunna)。教法学家需要这种知识以便得出与沙里亚(sharia),即教法,相一致的判决,教法在原则上被认为是包括所有人类行为的。但是与圣训学者不同的是,教法学家们很快发现他们不得不给经典中没有解释清楚的事物制定规定,例如财产转移的确切实质。他们也要
155 澄清任何特定的规定的价值:是必须的,还是嘉许的或者是中性的行为;如果是必须的,疏忽者是由人来惩罚,还是留给安拉处置?

因为他希望应用他在对圣训研究中获得的知识,教法学家不能像圣训背诵者那样只是记忆和重复;相反地,他需要理解和补充,经常回到对经典的研究中去寻找灵感,而不是仅仅依赖他人的意见。"实际

上”，正如乔治·马克迪西(George Makdisi)写道，教法学家“即便在相同的或类似的问题上必须甚至不遵循他自己的意见；相反地他必须通过一次新的研究努力实现一个新的见解，一种伊智提哈德(ijtihad)的新的努力”。[1] 伊智提哈德字面的意思是努力到最大限度——这里它指的是个人解释的有原则的努力，以便把握神圣经文的暗含的和潜在的意思。

在这一个人努力和解释的早期阶段，宗教学问的自由——同法律学识一样——得到非常好的发展，正如戈德齐赫尔(Goldziher)评论道：“在伊斯兰神学史上，不对任何人表现感激、不对任何人负责的意识经常是格外地明显。”[2]这种自由是可能的，因为《古兰经》的绝对权威，以及人类理性的不可靠，为所有辩论者所接受。学者们可以激烈地互相反对，同时从不失去在基本原则上基本一致的感觉。严格的名誉规则制约着这种学术交谈，看法不同的作者们小心谨慎地区分自己的判断同其他人的判断，他们小心地报告对手的论点，并指出他们的观点和其对手的观点被整个学术界接受或排斥的程度。因为相信沉默表明同意，所以鼓励辩论。这些辩论不必要以胜利或失败告终。正如布林克利·梅西克(Brinkly Messick)写道：“经常是这种情况，当已经确定立场但是事情的真实性仍旧不确定的时候，这可能通过在小册子中或其他作品中附加惯用语句‘真主至知’加以体现。”[3]声誉好的权威们所公布的冲突的意见也被信士们作为同样有效的加以接受。

同严格遵奉习俗的圣训传述者的比较是有启发的。圣训报告者作为收集圣训的中间人而获得威望，在更理性化的编纂经文方面和因时间与距离使其魅力逐渐减弱方面失去其权威。教法学家，作为对照，因其作为真主语言的有才智解释者的个人能力赢得权威。专业学识的高度竞争环境迫使他们证明其对推理细节的把握以及在秘密争论中的技巧，这有时使他们疏离整个社会的真正道德关怀。

[1]Makdisi(1985:82)。

[2]Goldziher(1981:164)。

[3]Messick(1993:34)。

从被困扰的圣训学者的角度出发，教法学家使用推理和分析来填补神圣经典中的空白或者解决神圣经典中明显的矛盾是一种危险的和
156 受诅咒的事。当他们看到那些采用具有渎神味道的方法的教法学家们利用他们神圣报告的任意的有时是轻浮的态度时，传统主义者被激怒了。在圣训背诵者看来，生活应该完全由对经典和先知及其同伴的圣洁言行的简单了解所控制，没有解释和个人裁决的余地。有真主的语言、圣行和圣训，其他的东西最好不过是无聊的举动，最坏就是偶像崇拜了。

插图 10－1　一个人凭记忆背诵整本《古兰经》。这样的专家在重大场合下是有薪酬的。

这种敌意的争执威胁着伊斯兰的凝聚力，但是被沙斐仪（死于820年）提出的妥协方案所解决，在决定理解模糊事物的态度上，他主张伊制马尔（ijma），即有知识的学者的一致意见。在实践上，这意味着，在缺乏任何正式组织通过审议和表决决定一致意见的情况下，在缺

少教会的等级制度的情况下,穆斯林社会要在几代人的时间里,通过对学者/教法学家研究成果的赞成或不赞成,来自己决定对经典和圣训的正确解释方法。从理论上说,这种一致意见永远不会最后结束,因为权 157
威的分歧在原则上能够引发任何争议的重新开始,如果那种分歧赢得公众的支持和学者的认可。

沙斐仪的调停使伊斯兰得以保持其平等主义和平民主义的特征,而同时专家的法律知识被接受为圣训的仲裁。通过集体一致意见的连续性仍然使新的伊智提哈德在理论上是可能的——这种可能性在现代穆斯林当中仍然是激烈讨论的来源。结果是,他的妥协确立了教法学家负责确定宗教知识的意义及其使用的地位。同时,学者解释的自由,受到任何教义赢得普遍同意的必要性,和对关于《古兰经》及圣训知识的自我施加的局限性的限制。作为沙斐仪改革的结果,教法学家的思想和观点的混乱并没有导致无序状态,像圣训背诵者所担心的那样,而是被很快地合理化并进入教法学校和教育机构,取代分散的和紊乱的圣训学者,成为合法的宗教权威的独立中心。

沙斐仪的改革和伊本·罕百里对穆斯林圣训的严格肯定,成为两个著名的伊斯兰法学学派,或者说麦兹海布(madhhab,字面意义是“选择的道路”)的灵感的基础。在伊斯兰的早期,曾存在数百个这样的学派,每个学派都聚集在对经文和圣训具有其个人解释的教法学家的周围。圣训的学问在对伊斯兰走向分散的危险的回应中得到合理化,在此过程中教法学派也被合并。到 1075 年,逊尼派的教法学派减少到 4 个,出于对建立宗谱的世系链模式的模仿,这 4 个教法学派现在以其被认定的创始人的名字:沙斐仪、伊本·罕百里、马立克·本·艾奈斯和艾布·哈尼法,来命名。

起初,这些教法学派被普遍认为是新的交战派别的确定标志,在教法学派的地方代表及其拥护者之间,为了政治的和意识形态的统治而发生激烈的斗争。[1] 然而,到了 12 世纪,很清楚的是,没有哪一个学

〔1〕这些争议可能是危害极大的。例如,在尼沙普尔(Nishapur),哈乃菲派和沙斐仪派的地方性战争导致放弃了这座城市,参见 Bulliet(1972,1976)。

派能够统治其他的学派，因而发起了一个谨慎的停战协议。从此以后，每个学派都被认为是同样正确的，因为“只有安拉知道”真理。尽管在理论上每个人都可以选择遵循任何一个派别，但是大多数穆斯林遵循他们本地区盛行的教法学派。中东中部地区是哈乃菲派或沙斐仪派，马立克派流行于北非，而罕百里派留存下来的相当少，但是在知识阶层
158 有影响。

在这个时候，许多穆斯林（尽管不属于罕百里教法学派）都同意，以已经达成的社会的一致意见作为法律的基础，法学家们应该尊重他们所选择遵从的教法学派的原则。没有新的教法学派形成，因为法律已经凝固了——它被“披上了权力的外衣”（塔格利德，taqlid）。[1] 这意味着教法学家的独立解释被认为应该停止了，法律已经成为成文的和合理的。技术的专长和标准的训练已经取代了伊智提哈德的道德想象和个性化的解释。随着蒙古人的入侵，当破碎的社会试图通过各学派汇编标准化的经书来扩充塔格利德以实现其复兴的时候，终止辩论得到更加严格的执行。

然而，仍然缺少任何中央组织来实施规定，缺少任何民法规则或上诉到更高一级法院的任何标准程序（事实上不存在任何法院等级制度），意味着教法学家仍然拥有很大的解释自由，尽管他必须总是引证现存的法律来证明他的研究结果是正确的。可是，与执行英国普通法（common law）的法官一样，穆斯林穆夫提（mufti，发布法特瓦 fatwa，即法律意见的人）有全套的案例手册供其参考，也包括一系列经常是模糊的甚至是矛盾的圣训供其参考，为其决定提供了一个有效的选择范围。他也可以在伊斯兰法所未包括的案例中作出独立裁决。这些因素给教法学家的自由决定留出了非常大的空间。

穆夫提不受雇于国家，除了对自己不对任何人负责，不具有实施其裁决的权力，对其裁决争论者可以根据自己的喜好接受或拒绝，这些事实都使穆夫提的解释的独立性得到进一步增强。如果他们不喜欢一个

---

[1] 塔格利德（taqlid）指对成文教条的“仿效”。其反义词是伊智提哈德（ijtihad），指运用理智和类比重新解释法律。

法官的判决,他们总是可以尝试另一种裁决。穆夫提的工作只是着眼于事实,根据经典、圣训、圣行、判例法和常识能够为这个特殊案例提供的方式进行最好的归纳,以作出道德上的裁决,而不考虑该案例涉及谁。在原则上,他甚至不应该知道谁是哪一方的,因此他可以平等地对待所有的提出要求者。

这种平等主义的理想存在了相当长的时间。根据一个评论者所说,争论者,不考虑财富或等级都应该在法官面前成一排坐在一起,法官以同样的方式称呼他们,给他们同样的机会说话并倾听。法官甚至在原告和被告讲话的时候,应该用同样的时间以同样的方式看他们。另一个评论者评论道,穆夫提在每个争执者进来的时候应该同等地对待对立的双方,即便在站起来(或不站起来)和回答他们问候的方式这样的事情上。[1]

作为对其公平地给予平等和正义的回报,法官被那些在其面前出
现的人尊敬地对待。吻法官的手和对其尊敬的称呼反映出法官高贵的 159
地位。但是,穆夫提是因为他凭借公平、学识和正直而获得的个人名誉,而不是因为他在政府机构中的位置,被其同伴选出的。他与政府的疏远为其经常在自己家里就在其门外开庭这一事实所表明,为任何来拜访他的人作出裁决而不考虑他们的地位。强大者和弱小者同样都能进入其法庭,没有卫兵或官员使他们远离,除了一个穆夫提自己掏腰包支付薪水的秘书。

10.3 学术精英的教育

如果穆夫提不是由于其与政府的联系而在民众中拥有权威,那么他也不能希望由于其绝对的个人性质的力量而给其他人留下深刻印象,或是因为他的父亲曾经是法官而宣称自己是法官。他的地位必须是自己赢得的,这只能通过一种方式来获得:学习法律。最初,这曾经是一种非正规的方式。就像圣训传述者一样,教法学家在其老师的家

〔1〕Abu Shuja 和 al-Nawawi 引自 Messick(1993)。

中学习法律。但是到11世纪，法律学院（麦德来塞，madrasa）已经很普遍了。[1] 这些机构依靠捐赠，这些私人的捐赠物（瓦格夫，waqf）来自虔诚而富裕的商人，或来自追求宣传他自己的特殊教法学派的政府官员，和为了给他在追求权力过程中所犯下的罪行赎罪的政府官员。每个学院都由一个终身的法律教授来开办，他教授学生他的教法学派的原则，管理学校的基金，并任命下级的教师。

与中东的民族精神相适合，伊斯兰教法学院的教育，正如马克迪西（Makdisi）评论的，是“私人的、个人主义的和人格主义的”。[2] 伊斯兰教法学院最初是由富有的个人出于他们自己的自由意愿由私人捐赠资助的独立组织，彻底远离政府权力。他们没有标准化的考试或官僚政治的统治集团颁发的证书。相反，“在一个正规的答辩会上，候选人对一个论题或一些论题作出令人满意的答辩之后，由单个的法律教授发给他个人的证书。在发放这个证书的时候，教授完全凭自己的个人权威行事。他不能被任何其他权威强迫授予证书，无论是中央政权，甚至是宗教机构”。[3]

教授也可以采用他选择的任何方式从事教学，可以按照任何标准选择向他提出申请的任何学生（塔利班，talib），并且决定何时、何地或者是否学生可以得到他的证书。他可以指定自己的继承者，甚至可以
160 决定成为一个其他教法学派的学者。学生们也拥有相当大的个人回旋余地。他可以决定向任何教授学习，跟随任何的教法学派，他可以改变自己的学习进程，以任何顺序从事各专题的学习，学习任何数目的专题，等等。他唯一的责任就是掌握他所选学校的主要法律学说。[4]

换句话说，正如在法律“体系”里那样，在教育“体系”里也没有正规的组织，没有官僚政治的统治集团，没有标准的证书或国家的干预。

[1]可能这些机构，如伊斯兰教中的许多其他机构一样，是在伊朗尤其是在呼罗珊的革新的结果。

[2]Makdisi（1983：81）。

[3]Makdisi（1983：82）。

[4]Makdisi（1981）已经强有力地主张古典的穆斯林高等教育体制，强调学术自由，原创性的博士著作，论文答辩和通过学者一致意见的正统派的成就，是西方大学的直接先驱。也可以参见Makdisi（1990）穆斯林学术和西方人文主义的关系。

资深的教授通过得到同事的认可和一般大众的钦佩来决定(一个学生评论道,最受欢迎的老师就是那些"在宗教科学里有真主的祝福和最惧怕真主的,那些年纪大的和更有权力的,并且在街上经常有人吻他的手的人")。[1]

事实上,对圣训的传述者而言,法学家的权威不只是来源于其学术才能。除了对神圣经文的深深了解之外,学者们也被期望表现出品格的纯洁。对圣训背诵者而言,这并不涉及太多的东西:他仅仅需要成为一个有好名声的、符合其社会标准的人。他所拥有的任何地位都来自于持续背诵这一简单的行为,这使他自动地接近穆罕默德和最初的公社。

早期的传统主义者满足于将自己清空以便成为真主语言的被动容器,而教法学家则具有不同的天职,他们将自己看做在道德败坏的世界里积极地解释和执行神圣法律的人。这需要一个严格的道德训练,以给予教法学家对经文内在意义的洞察力,并允许他们坚持个人道德优于普通人的权利。为实现这个目的需要一种教育,它不但能给予学生对特定的教法学派的理性把握,也能完全改变其性格,以便他能够以一种与更高的宗教目标合拍的方式解释法律,而不是强化其个人兴趣。

通过对导师的完全服从——导师被期望对由他照看的人进行严格的训练——以实现无私。正如艾克尔曼(Eickelman)观察到的:"当一个父亲将他的儿子交到一个教法学家手中时,他用习惯性的话语说你可以打孩子。"[2]暴力只是司法培训的一个方面,目的在于除掉学生的傲慢态度。所有个性的表达也都被禁止,因此典型的自作主张的男孩很快学会了规矩的谦逊和安静。正如一个以前的学生描述的:"去古兰经学校,对我,对所有孩子来说,就像被带入屠宰场一样。"[3]

经过基础教育,出众的学生被送到伊斯兰教法学院成为一名职业的教法学家。在那里他们生活在一个全部是男性同龄人的群体之中,

〔1〕引自 Eickelman(1992:117)。

〔2〕Eickelman(1992:105)。他的解释是 20 世纪早期摩洛哥的,记忆特别受到强调。但是给予教师的绝对权力是典型的。参见 Makdisi(1981),Fischer(1980)的其他的例子。

〔3〕M. al-Akwa 引自 Messick(1993:75)。

161 他们都在寝室、清真寺和学校这一狭小的圈子里活动。学生是最底层的人物,同转变和死亡相联系。值得注意的是,他们主要的外出活动之一就是在葬礼上充当背诵者,并且至少在也门,他们被称为穆哈吉勒(muhajirin),那些被分开使自己游离在外的人——同样的称呼也用来指那些陪伴穆罕默德迁徙到麦地那的人。[1]

在高级学校里的教学通常遵循问题和答案的高度形式化和格式化,包括评论和讨论,尽管这种讨论进行到何种程度各个地方都不相同。大多数时间用于记忆听写经文和抄写学生在日后将用作其标准的参考资料的法律手册——对解释的问题的讨论主要限制在同龄人的学习圈子。教育的次序从死记硬背地重复到默记,到写作,最后,对于非常优秀的学生,到对特定法律文本的篇章分析和辩证理解,这通过作为最初联系人的一位教授来传递。

法律学者,与圣训背诵者一样,仔细地确切记录他们从谁那里学习,确切记录他们所理解的经文,因为要求他与导师的个人联系和对原文材料的记忆,以证实其道德谱系和其作为教法学家和教师的证书的范围。因为他被训练服从他的导师和神圣的经文,民众以及学者本人都相信,他已经成为传递神圣权力的渠道。他应该受到外行人的尊敬,不仅是因为他的学识,而且也因为他的被改造过的灵魂,通过训练,它已经被净化,同普通生活相分离并献身于神圣社会的服务。

在其理想化的形式中,传统的穆斯林的法律/宗教教育体制是向上流动的途径,与通向权力的政治路线相平行,并作为一种对政治路线的批判性评论。在这两种情况下,任何智力健全和能力允许的穆斯林男子从理论上讲都会成功,但是取得权威的方式意味着个性上的完全相反的差异。一个战士通过有男子汉气概的积极表现,即在与其平等者的竞争中所展现出来的内在的和个人的能力,而获得他的权力,他不服从任何人,而是夸耀自己的独立和力争在男人的世界里实现自己个人的愿望。作为对照,宗教的助手——圣训背诵者和教法学家——通过

---

[1]参见 Messick(1993:81,83)。也见 Lane(1871)对埃及古兰经学校的男生履行仪式角色的描述。

被动地服从将其用作容器并在神圣的等级中为其定位的神圣力量而赢得学者的地位。对于圣训传述者来说，这是通过清空自我以便作为准确的圣训的传递者来实现的，而教法学家在伊斯兰教法学院像修道士一样的环境中，通过使自己服从于他的导师和经文而学到必要的严格的自我克制。 162

10.4 抵制学者的权威

学者尽管受到尊重，但是他们要求的道德权威却从来没有完全地被平等主义的穆斯林大众接受。对教法学家的怀疑通过同世俗领导权进行比较的流行言论隐喻性地表达出来。苏丹和王子们被看做是坦率的利己主义个体，依他们的个人能力为获得和掌握权力进行不断的斗争。他们的价值观就是男子汉气概的战士们的价值观：勇敢、慷慨、荣誉、自主、权力。宗教人物将自己表现为相反的角色，也就是说，作为真主的奴仆完全没有个人野心。但是他们接下来被谴责在其他方面也同样与战士相反：柔弱、胆小、小气、不名誉——所有这一切在世俗人们的心目中仍然是学者普遍的原型。欧莱玛也经常被谴责为伪君子，在其连鬓胡子、缠头巾和自以为正直的言谈下掩盖其世俗的贪婪和野心。通过与世俗领袖进行比较，这种谴责获得可信性，世俗领袖的领导能力很明显是真实的和直接的，来自他的力量和个人素质，这是不能伪装的，而伪装的虔诚者却不容易被发现。正如普什图人说的："任何傻瓜都能蓄胡须。"

随着许多教法学家成为古典判例法中的"许可"（黑亚勒，hiyal）的专家，允许其当事人回避经典的字面情况，民众对欧莱玛的怀疑增加。正如一个著名的律师写道："知识意味着你能够给予一个许可，并把它建立在一个可信的传统主义者的权威之上。任何人都可以很容易地找到一个限制。"[1]有权力的和有威望的法律专家也开始社会化了，并同当地的商业精英集团和占统治地位的武士精英集团通婚。随着学者们

[1]Sufyan al-Thawri（死于778年），引自Goldziher（1981:56）。

在世俗世界成为有权势的人,他们的社会慢慢失去了开放性,因此最终只有学者的精英家族拥有社会关系和必要的资金去从事获利丰厚的司法职位任命所要求的教育。在阿拔斯王朝崩溃后所留下的权力真空中,一些这种精英学者家族甚至在权力分散的破碎的东方帝国里担任了短暂的地方政治权威的职务。[1] 这个越来越封闭的精英集团的职业化、财富和权力,使得教法学家们越来越难于将自己作为公正无私的、值得信任的调停者和法官展示给普通信徒。

教法学家们社会地位的变化与其逐渐被国家吸收相一致。正如马
163 克迪西(Makdisi)写道:“中央权力对穆斯林宗教知识分子的特权的阴险侵犯是无情的,从政府任命的法官的职位,到大学里从事法律研究的教授职位,以及从事法律判定的教授职位。因此,在奥斯曼帝国统治下,在中央权力的无所不包的范围内,穆斯林知识分子在制度方面的规划被击败。”[2]

对欧莱玛的吸收从强大的塞尔柱维吉尔(wazir)尼札姆·穆勒克(Nizam al-Mulk)在伊斯兰教法学院的制度方面所作的革新开始,在1067年他捐赠建立了自己的学校,在首都巴格达的著名的尼札米亚(Nizamiyya)。不是像已经成为习惯的做法那样,将学校交给一个长期任命的独立教授来管理,尼札姆自己对学校进行行政管理,任意雇佣和辞退教授。尼札姆也为学生们设立了奖学金和支付报酬给下属的从事教学的全体教师。这些变化一举破坏了全体教师的自主性并且诱使学生和学者进入新的中央控制的体制中。到了13世纪,中东各处的伊斯兰教法学院的全体教师和学生在很大程度上都依赖政府。

伴随政府对教育的越来越显著的干涉的是,为国家训练的欧莱玛创设政府职位。早在11世纪,没有官方力量给出独立意见的并由向他请教的人或由虔诚的捐赠来支付薪金的穆夫提,开始为政府雇佣的法官哈地(qadi)所取代,他的服务既是免费的又是强制性的。两者之间

---

[1]在布哈拉(Bukhara),一个欧莱玛家族实际上从11世纪到13世纪统治了这个城市,而在撒马尔罕,在另一个学者的头脑中“君主统治的魔鬼下了一个蛋”,他在1098年领导了一个短暂的成功反叛。参见Bulliet(1994:143)。

[2]Makdisi(1985:89)。

的对照可以表示为：穆夫提通过表现出道德品质和智力的能力吸引其当事人，而哈地却可以既是不道德的又是无知的，因为他的职位是政府授予的，而不是公众授予的；两种从业者都使用神圣的法律，但是穆夫提将案件看成是他对教义的解释的开始，而哈地的判断基于证词、证据、宣誓和其他实际的信息，教义只是被用作一个参考的观点；穆夫提在家、在伊斯兰教法学院或在清真寺非正式地主持判决，而哈地是在官方的政府法庭，为卫兵和其他国家权力与浮华的外在标志所围绕。

将学者吸收进国家并不容易，存在来自学者和民众两个方面的相当多的反对，他们引用谚语，例如“三个法官，两个在地狱”和“从事审判业的人不必用刀就将自己的喉咙切开”[1]。抵制采用了多种形式——一个18世纪的手稿描述了一位军事总督希望任命他为法官的当地学者的反应。“他走进浴室，使用脱毛剂并剃头……他给自己穿上裹尸布并且涂上防腐的油膏……然后跪在侯赛因（总督）面前说： 164
‘以独一的主发誓，我不会为你或其他任何人指导。你想怎么做就怎么做吧。’”总督深受感动，免去了对他的任命。[2] 那些确实接受了国家职位的学者经常羞于承认：一个11世纪的沙斐仪派法学家，只是在他不被强迫在公开的政府队伍中游行或被给予政府的薪水的附加条件下，才接受官方的哈地职位。[3]

抵制直到今天也未停止。例如中东高等教育的最高学府，开罗的艾资哈尔大学（法蒂玛王朝的君主[Fatimids]于970年建立，是世界上最古老的大学），传统上是被认可的埃及毛拉（mullah）和教师的培训地点。在19世纪它被穆罕默德·阿里并入国家，他将大学的所有瓦格夫（waqf）充公并将教授们变成政府雇员，给予校长以首相的级别和巨额的薪水。这个过程完成于1961年，至此，艾资哈尔成为一所国立大学，在使其闻名的宗教研究之外也提供世俗教育。

随着大学受国家权力的控制，它在民众中失去了很多名誉。作为

〔1〕引自Messick（1993：143）。

〔2〕引自Bulliet。

〔3〕引自Makdisi（1983）。

对现代毕业生道德品质的怀疑的回应,当地人民在清真寺开办了自己的非正规学校教授宗教基础知识。为了抵制这种地方的非政府宗教中心的迅速成长,埃及政府曾努力将它们置于自己的直接控制之下。最大的清真寺被国家侵占,其伊玛目转而由政府任命。然而,由于得到批准的宣教者数量的短缺,和缺乏资金支持这种强大的地方层面的干预,意味着只有大约16%的清真寺能够真正被政府控制,绝大多数清真寺至少部分地免于政府的控制。同时,大量受欢迎的、平等主义和非正规的"自愿慈善协会"自发地出现,完全在清真寺和政府的控制之外,例如,自学的宗教领袖在其周围聚集信众讨论并遵行道德和社会问题。[1]

类似的在教育和法律领域抵制国家权力的普遍运动在中东各地都或多或少地发生,因为正是国家的非法性败坏了同意为之工作的宗教教师和教法学家的可信度。相应地,普通信徒和改革者经常试图通过其他未被污染的渠道发现与伊斯兰的联系,并因此发展他们自己的领袖和教师,他们不可避免地要求更加平等和公正地执行法律。[2] 除伊朗外,今天民众对官方的欧莱玛的不信任已经如此强烈,以至于那些对国家提出一种"伊斯兰主义者"的批评的人,都是有意识地使自己远离受过传统宗教教育的阶层的自学成才者,毕业于政府的学校已经成为
165 一种污点。[3] 这种反应不是新出现的——尽管作为现代国家对教育极大地增强权力的回应,它最近采取了一种激进的形式,更确切地说,它是对怀疑所有形式的权威的古代文化的一种反应。[4]

甚至没有因参与政府而受到腐蚀的欧莱玛也未能免于民众的愤世嫉俗的影响。对学者和国家的影响同样厌恶,这经常从民众避开政府的法庭和穆夫提的非正式的法庭中体现出来。地方民众经常是更喜欢

---

〔1〕Gaffney(1987)估计有4万个这样的组织,政府控制和制约6000个组织得最好的。

〔2〕参见 Gaffney(1987),Antoun(1989),Mullaney(1992)。

〔3〕有关这种术语参见 Koy(1994)。正如他写的,自学的伊斯兰学者现在已经被新的在新原教旨主义的学校里训练的欧莱玛所取代,他们在表面上同国家相分离,并由如穆斯林兄弟会或瓦哈比派这样的组织所资助,许多中东政府欢迎这种新形式的宗教奖学金,它在政治上是保守的,在社会上是禁欲的。参见第13章更多的关于现代伊斯兰主义运动。

〔4〕参见 Peters(1987),18世纪"原教旨主义"起义的一个例子。

替代两者，而在部落和村里长者、知名人士和朋友监督下的保持传统的调解过程——尽管附近的欧莱玛可能确实作为有智慧的和受尊敬的人而发挥一些作用，与其他人一起给出其意见。

此类平等主义的和非正规的调解并不依靠神圣经文或官僚政治规定的专制来判决是非，而是取决于中间人个人对争执双方的了解，同邻居和朋友的长时间讨论，平等的对抗者之间妥协性地慢慢协商。诉讼程序不是发生在教法学家的家中，或在法庭和清真寺中，而是发生在争执双方的家中。比需要回避的对质更好的方法是，调解者试图劝说对抗者接受保全面子的解决办法，保护每个人的名誉和避免外部权威的干涉，同时保持社区的和平和团结。取代文本资料和法律的规定，转而引用部落习惯劝说敌对双方达成协议。

然而，这种平等者之间的传统的实用主义协商形式并没有提供超验的和信士们期望的吸引力，以便永久地将其社会凝结在一起。相反，尽管调解者作出了最大的努力，地方冲突者的不妥协和妒忌会导致灾难性的世仇和流血冲突。正如我们所看到的，欧莱玛试图通过回忆和解释神圣经文的话语来克服这种冲突，并重新激起穆斯林之间的精神团结，但是人们怀疑学者伪善地将自己的世俗野心藏在伪善和学问的外表之下。他们神圣的地位也因圣训背诵者同先知的关系变弱、法律知识的官僚政治失去人性和逐渐吸收教法学家进入合法性丧失的国家而受到损害。对学者道德正直性的讥讽和对更大意义上的精神交流的企盼，为演化出其他更情感化的和个性化的宗教权威形式大开方便之门。这些将是下面几章的主题。 166

11　阿里党人

11.1　阿里的魅力

相对于越来越官僚化的逊尼派主流的最稳定和最有影响的另一种选择是什叶派即阿里"党人"提供的[1]，什叶派开始于早期阿拉伯穆斯林反对在他们眼中与乌玛真正利益相反的不道德政治权威的抗议。今天，几乎在中东各地人们都可以至少发现部分什叶派：什叶派几乎占伊朗总人口的全部，伊克拉人口的55%，巴林的70%，黎巴嫩的1/3。据估计，什叶派可能占全部穆斯林的11%，使得他们成为到目前为止最大的非逊尼教派。

在大多数意义上，什叶派同其逊尼派兄弟难以区分，他们也有大量的圣训作为《古兰经》的补充；他们也遵循相同的基本做法：念清真言、礼拜、斋戒、施舍和朝觐。根据法律，主要的差别存在于对继承的规定。一些什叶派，与逊尼派穆斯林不同，允许女儿继承其父亲的全部财产，如果她没有任何兄弟。一些也允许穆塔尔（muta），即为了追求快乐的临时婚姻，在其中妇女可以自由地订立婚约，以一段时间里她在性的方面的服务换取一笔协定的费用。[2] 然而，这些法律许可都与逊尼派和什叶派信仰之间的基本差别没有多大的关系。

仪式差异是更具象征意义的。什叶派在召唤礼拜时要加上一句"我作证阿里是真主的卧里（wali，朋友）"，在去麦加的朝觐之外，在什叶派当中，以去他们从前的伟大宗教领袖们（伊玛目们）坟墓的次要朝

[1]什叶意味着党人或团体，假定他们是阿里的党派。在这一章，我遵循一般用法指这个党的追随者为什叶派而不是Shi'i，这可能是更正确的。参见第6章和第7章更多的关于什叶派的政治运动。

[2]参见Haeri（1989）关于这一话题的权威性著作。

觐作为补充形式，其中最重要的是在纳杰夫、卡尔巴拉、萨马拉、马什哈德、卡兹温(kazemeyn)和古姆。在这些“神圣的门槛”什叶派举行一些与在麦加进行的仪式同类的仪式，绕行圣陵，诵读祷文，从对被埋葬的伊玛目的精神谒见中获得恩赐。 167

插图 11－1　叙利亚大马士革的波斯式清真寺。

这些做法，关注于阿里及其后裔的神圣性，是特别充满魅力的救赎人物世系的什叶派承诺的象征性表达，他们甚至在死后也能够为信徒提供个人的朝向神的途径。什叶派信仰的逻辑非常简单。在先知在世的时候，他是人们遵循的必要指导者。问题是：在先知去世之后人们做什么？与哈瓦利吉派一样，什叶派反对实用主义的逊尼派在穆罕默德死后接受逐渐丧失合法性的权威，与哈瓦利吉派不一样的是，他们坚持合法的领导者不能被选举和产生于整个穆斯林社会，因为选举出来的领导者是由易犯错误的人类组成，在其进行选择时必然会犯错误。
168 也不能指望普通人在没有其他人指给他们路径的情况下，理解和补充《古兰经》与圣训的全部要求。

按照什叶派的说法，人类需要刘易斯·马西尼翁(Massignon)所称的"明白的证据"(波斯语中的侯加通[hojjat]——没有矛盾的证据)将人类引向真主。在穆罕默德向人类宣布安拉的启示时，他的魅力服务于他的目的。在缺少这种不容置疑的指路人的时候，人们会很快忘记穆罕默德展示给他们的真理，并且脱离伊斯兰的正道误入迷途。人类的弱点在先知去世后爆发的战争和哈里发职位的腐败中得到生动的证明。很明显，即使在穆罕德来临之后，人们也需要天赐的领袖来带领他们遵循灵魂得救的道路，而且公正的真主不会忽视人们的请求。因此，必须存在一个活着的指导者，他无需证明的魅力会将人类引向正义。

接下来的问题是："谁可能是这个不可缺少的领袖呢?"大多数人同意，他必须是先知家族的成员，出自对高贵血统美德的文化信仰的主张。因为穆罕默德没有自己的儿子，最佳的世系人选就是阿里，穆罕默德父亲的长兄兼穆罕默德的保护人艾布·塔利布(Abu Talib)的儿子，阿里和穆罕默德的长女法蒂玛(Fatima)结婚[1]，并且也是被他抚养的兄弟，因为阿里自孩提时代起就是在穆罕默德的身边长大的。最后，阿里是穆罕默德最初的和最忠诚的皈信者之一，并且是一位信仰的坚定奋斗者。因为这种紧密的联系，所有穆斯林都仍然给予阿里的儿子哈桑的后裔谢里夫(sharif)的尊贵称号，而阿里第二个儿子侯赛因的后裔被尊称为赛义德(sayyid)。逊尼派也相信这些后裔中的一部分(不是所有的)可能表现出特别的精神品质，应该受到信士们的施舍和尊敬。

但是什叶派远远超过了这些。对他们来说，阿里具有超人的品质，这使他极有魅力地令人信服。一部诺斯替教似的什叶派经文援引阿里的宣告："我是全能的真主的标志，我是第一个也是最后一个；我是明显的和隐藏的；我是真主的面容，我是真主的手，我是真主的肋肉……

[1]法蒂玛(Fatima)是穆罕默德最小的女儿，此处原文有误。——译者注

我是保存真主使者的秘密的人。"[1]什叶派相信阿里独特魅力的力量在每一代都传给其后裔中的一个人,给予每个时代一位具有崇高的真正本质的世袭伊玛目。正如马西尼翁(Massignon)写道,这个完美的个人"是先验神圣的。他不需要检查自己的内心。他的目的不应该受到怀疑。他嘴里说的每句话都是神圣的……富有灵感的人,在他个人的奇想中,被尊奉为个人的面具,通过它造物主的无法理解的任意性得到体现"。[2]

按照什叶派的说法,阿里作为先知的斗篷的直接继承者和伊玛目
世系始祖的神圣地位,是由穆罕默德自己宣布的,当时他在麦地那附 169
近,要求一群穆斯林承认其女婿为"最高权威"。[3] 同样被他们引为证据的是,阿里和法蒂玛连同其儿子哈桑和侯赛因一起,在632年他所承受的一次关键的反对基督教社会的共同磨难中,在先知的斗篷下作为表现其诚意的人质。通过在这次事件中充当先知法律上的替代者,他们被确认是他最亲近的血亲。对于大多数穆斯林来说,根据在父系亲属之间为血债分担罪责的部落习惯,这只意味着他们被认为与先知共同负责。但是阿里的支持者们将斗篷视为共享穆罕默德指导下的神秘先知身份的"五人"的象征。这五个人成为伊斯兰的超自然的"神圣家庭",作为不能让普通人——因为其愚昧的性格,将会出于破坏的目的加以使用——听到的神秘知识(纳斯, nass)的贮藏所,充满了特别的神秘的力量。[4]

对阿里及其后裔神圣性的伟大主张,回答了在先知去世之后魅力型权威如何保持这一困扰人的问题。正如在第7章中指出的,服从阿里及其家族的绝对统治,与不考虑其部落关系、其与先知的亲密程度、

---

〔1〕引自 Corbin(1971—1972,vol. Ⅰ:96)。

〔2〕Massignon(1982,vol. Ⅲ:35)。参见 Crone 和 Hinds(1986)矛盾的说法,在这里哈里发职位同伊玛目职位联系在一起。然而,我相信服从真主的代理人和崇拜真主的神圣化身之间是有差别的。

〔3〕自然地,这些说法不能为逊尼派穆斯林所接受,他们否认这些口传戒条的真实性,或者说穆罕默德只是在地方的争论上为其侄子辩护(此处原文作"nephew",意为侄子、外甥,但穆罕默德既没有侄子也没有外甥,此处应指其堂弟阿里。疑原文有误。——译者注)。

〔4〕参见 Massignon(1982,vol. Ⅰ:299-303);Amir-Moezzi(1994,1983)。

参加战争的历史或者其政治权力和财富,对所有信仰者本质上平等的重申,存在着互相矛盾的影响。只有伊玛目的精神权威被认为值得尊重,其他所有优越性的主张都无效。通过在骆驼之战胜利后在其所有支持者中间平分战利品,阿里本人确立了这一原则,没有给原来的穆斯林超过新皈信者的优惠,也没有给阿拉伯人超过波斯人的优惠。[1] 因为他们原则性地反对各种形式的特权,除了接受其神圣伊玛目的统治。阿里派的事业对被剥夺权利者总是有吸引力,他们在通过服从于一个具体化的真主而实现所有人平等的什叶派战争号召下集结起来。

11.2 什叶派的两面性

不幸的是,对他们来说,阿里党人的英勇号召很少能赢得胜利。阿里本人在相当年轻的时候被一个哈瓦利吉派反叛者用毒剑刺杀。正如我们在第 6 章中看到的,阿里的儿子,被认为是其魅力和哈里发职位的继承者,并没能就任其职位,而是由阿里的老对手穆阿维叶(Muawiya)就 任,他建立了倭马亚(Umayyad)王朝。阿里的直接继承者哈桑,没有
170 竞争王位,而是选择了引退到麦地那进行沉思和精神的修行。在哈桑死后,他的兄弟侯赛因,受到来自驻军城镇库法的盟友的鼓动,确实起来反抗穆阿维叶的儿子叶齐德(Yazid)。但是在倭马亚军队进攻的时候,侯赛因的库法盟友胆怯地抛弃了他。被敌人切断在无水的沙漠中,他和 72 个同伴在 680 年的卡尔巴拉(Karbala)战役中被无情地杀害。这两个兄弟的历史——寂静的神秘主义者和悲惨的反叛者——已经深深地植入什叶派的神学理论,作为可供选择的模仿的典范供信士们仿效。

哈桑的神秘主义对什叶派的吸引力的来源是非常清楚的。什叶派相信通过忠诚于有魅力的伊玛目本人就会与安拉建立特殊的联系,这会将他们置于宇宙的中心地位,然而同时,他们要遭受现实的贬斥和压

〔1〕其他的什叶派人物也有类似的例子,例如,Abu Zarr al-Ghifari,先知的早期伙伴,远避奢侈,号召重新分配所有战利品,并且因为其信仰而被放逐。

迫。为了自卫,什叶派从哈桑时代就尝试调解其较高的精神地位同其世俗的失败之间的矛盾。他们通过宣称外部的表现(扎希尔,zahir)是虚假的来做到这一点。真正的现实只有通过神秘的内部知识(巴推,batin)才能被发现,而这种隐藏在物质的假面具下的知识只有得到精神方面的传授的人才能够觉察到。他们主张在这个真正的内部世界,人类是根据其体验到安拉之爱和代表安拉的伊玛目之爱的能力的程度来划分等级的——其他的差别的形式都是陷阱和欺骗。因此,即使阿里的人民不统治物质世界,他们确实统治了那个值得统治的世界——看不见的世界。

为了支持这种立场,什叶派神秘主义者建立了复杂的获得精神等级的理论,这是通过三种不同的关系类型降下的:同阿里及其家庭的血亲关系、精神上的指引、神秘知识的传授。秘传的知识受到塔其亚(taqiyya),即掩饰的保护,哈瓦利吉派最早使用掩饰的方法以避免遭受迫害。之后,这种实用的自我保护方式被什叶派团体接过来,在此它成为具有其自身价值的神秘戒律。根据这种戒律,那些知道隐藏真理的人不应该把它泄露给那些不值得的人,正如穆罕默德没有把纳斯给予任何人而只给予阿里一样。为了值得被指引,寻求者必须寻找外表下面的东西,并且找到一个得到启蒙的导师,他能够给其门徒以精神方面的启迪,这经常从高层倾泻下来。社会学家会承认这是一种在秘密组织里经常可以发现的类型,在这里,秘密的实际内容,远不如拥有它的方式重要,正是拥有秘密的方式将分享它的人团结成对立的团体,由于指引进入内部神秘的程度而在其内部划分等级。[1]

为了保持这种秘密的等级世界,指引的经验只能通过仅有少数人理解的晦涩的和比喻性的语言来表达。例如,与启蒙的不同水平相对应的精神状况的心理状态,被诗意地描绘为,在从西部黑暗物质世界中的放逐,到东部光明地与真主重新合一的旅途中,灵魂发生了炼丹术般的质变。为了给这次历程提供便利,原型的形式(barzakh)出现在"使 171

〔1〕这种机制可以运行的方式一个恰当的例子,参见 Bainbridge 和 Stark(1980)。

人顿悟的地方”,如镜子或静止的水里,或出现在人类的梦境或幻想中。在这些被加剧的梦幻般的时刻,当“精神被物质化而身体被精神化”的时候,寻求者感觉到神秘交流的确实无疑,这在经验上证实了他们被提升的水平。[1]

什叶派的神秘主义也是由令人愤慨的侯赛因的遇害为标志的,这是什叶派历史上的巨大转折点——与耶稣被钉死在十字架上对基督徒所形成的影响相同——但是在这个事例中,因为信仰者胆怯地拒绝集结到侯赛因身边,他们默许了他们的救世主之死。从那时直到现在,什叶派一直力争通过在什叶派的盛大节日穆哈兰节(Muharram)[2]为殉道者们流泪和模仿其苦难,为其在对侯赛因的政治—宗教谋杀中的同谋行为赎罪,这是一个公开的对卡尔巴拉的再现,也是公开哭泣和流血的自我折磨的节日。

哭泣和鞭打自己,无论如何,并不是只在悲伤中进行,这也是一个神秘的认同行为,通过同情地哭泣和折磨自己,参与者同坐在真主旁边的殉道者结为一体。如侯赛因一样,普通的献身者也必须英雄般地遭受不公正的压迫和残忍,以便救赎曾经抛弃他们的愚昧和腐败的社会。在这种牺牲的自然神学中,殉教被概念化为安拉对其人民的考验,他们被赋予通过忍耐地顺从来净化伊斯兰的特殊任务,特别像阿里耐心地等待他作为哈里发的最终的任命,而不顾其竞争对手的不公正的诡计。当阿里党人为侯赛因及其他神圣事业的殉道者的死而痛苦和悲伤的时候[3],他们相信他们的卑下和悲伤有助于带来最终的正义统治——真主不会抛弃他喜悦的人。

当启示来临的时候,会通过最后的伊玛目马赫迪的到来而展示,他会在最后的审判日返回,为真正的信士辩护,在那一日罪恶者将成为卑贱的,信士将得到提升。救世主的概念不是来自于《古兰经》,而是产

---

〔1〕更多的请参见 Corbin(1977)的翻译和其四卷本(Corbin,1971—1972)。

〔2〕什叶派一般在侯赛因于卡尔巴拉(Karbala)遇难的穆哈兰月(Muharram,伊斯兰教历一月)阿舒拉日(Ashura,第十日)举行大规模哀悼活动,这一天穆斯林习惯上称为阿舒拉节(Ashura)。原书按阿舒拉节所在的月份将这一节日称为穆哈兰节,这种称呼不多见。——译者注

〔3〕在什叶派的信仰中,其所有的伊玛目都是被逊尼派敌人,通常用毒药,奸诈地谋杀了。

生于基督教的启示信仰和阿里被刺杀后的穆斯林传说，在阿拔斯哈里发时期，当阿里党人的希望在被燃起后却再一次破灭的时候，发展为一个精心设计的体系。[1] 根据这个传说，救世主即将出现的前兆是信仰的崩溃、假弥赛亚的到来、内战、地震、太阳从西方升起以及基督的复活。那些有信仰的人会被从死亡中唤醒，罪恶的人也被唤醒，将会有启示所预言的争斗，在这里，就在地球上，在死后给予永恒的正义之前，就给予人奖励和惩罚。 172

在这种信仰体制下，今天的腐败社会的世界是暂时的和不稳定的，会因救世主的来临而被摧毁，他会拯救那些坚定地高举其信仰的人。什叶派信仰者因此必须密切注意可能预示其到来的世俗事件，并准备行动起来加快最后的伊玛目、对不公正者的谴责以及末日的到来。周期性的混乱、不稳定和公然反对伊斯兰政府，尤其可能是最后时刻的征兆，可以强烈地激起什叶派对拯救的希望。在什叶派的寂静主义的背后，潜藏着持续的潜在的激进千禧年运动，因为一个新的侯赛因可能在任何时候出现——这一次信士们一定会支持他。

这种矛盾情绪在穆哈兰节的象征主义中体现得很明显，自我折磨、眼泪和殉道，有特色地同盛宴、喝芳香的饮料、纵情的音乐以及其他快乐的表达方式混在一起。[2] 自我折磨的献身者的队伍一致地慢慢行进，抽打自己或划破自己的额头，是一个令人无法忘记的场面，不但展示了与过去的殉道者神会的共同的自我牺牲能力，而且也表明了令人吃惊的纪律、统一和献身的力量。给人印象更深刻的是那些肩膀上扛着巨大的装饰过的金属架的男人，当他们带着这些重物在惊羡的人群前面旋转的时候，表现出超人和蔑视死亡的控制。这些表演描绘了什叶派的苦难和忍耐，但是它们也表现了信仰者的力量，和准备好了为其先辈的胆怯赎罪，准备好了当补偿的时刻来临的时候毫不退缩地进行战斗。

〔1〕逊尼派穆斯林也有马赫迪的概念，这可以号召合法的宗教起义，但是它远没有在什叶派中那样发达。更多内容参见 Madelung(1986)。

〔2〕关于这个独特的节日的更多内容参见 Chelkowski(1979)所编辑的文集。

穆哈兰节的两面性反映了什叶派的两面性。其中一面是寂静主义的和祈求的，从世俗转向精神，记忆殉道者的痛苦同时追求同殉道者的爱的交流，期望着在未来获得其神秘的说情。今天的低下和苦难被认为是明日灵魂得救的费用。其另一面是激进主义的，随时准备起义以便实现末日，并且惩罚那些引起不公正的苦难和否认《古兰经》中所承诺的什叶派平等地位的人。正是对压迫和非正义的神秘主义的和激进主义的辩证关系，推动着什叶派文化的历史进程。[1]

11.3 什叶派历史：默认和反叛

在侯赛因灾难性地被击败之后，他的直系后裔仍然谨慎地保持沉
173 默。反叛的精神通过最初的什叶派的不满者得到持续，他们主张伊玛目职位不是通过长子继承权自动地授予，但是可以通过纳斯的传递留给直系的亲属。[2] 这些反叛者中的一些人认为，纳斯已经被授予阿里和哈乃菲叶(al-Hanafiyya)(哈乃菲[Hanaf]部落的一个妇女)的儿子，她是阿里在法蒂玛去世后娶的妻子。这个人就是穆罕默德·哈乃菲叶(al-Hanafiyya)，被冒险者穆赫塔尔(al-Mukhtar)宣布为救世主，后者集合了其支持者，喊出的口号是“帮助先知的家人并为他们的流血复仇”。[3] 穆赫塔尔的反叛在678年被艰难地镇压下去，但是后来阿拔斯家族宣称从穆罕默德·哈乃菲叶的儿子那里领受到纳斯，并以此作为其统治的宗教合法性。

大多数阿里的支持者并没有接受阿拔斯家族的合法地位，并继续从法蒂玛的孩子中寻找他们的救世主。然而，涉及阿里的哪个后裔有合适的资格成为伊玛目时，阿里党人发生了分裂。大多数人承认穆罕默德·巴基尔(Muhammad al-Baqir)为第五任伊玛目，但一些人支持其同父异母兄弟宰德(Zayd)，一个女奴的儿子。这个集团，宰德派，同其

---

〔1〕参见 Mary Hegland(1983)对现代伊朗两种理解 Muharram 的方式的冲突的描述。也可参见 Richard(1995)，Chelkowski(1979)。

〔2〕Watt(1973)。

〔3〕引自 Goitein(1996:145)。

余的什叶派社会分裂，宣称伊玛目不必源于法蒂玛的世系，而可以是阿里的任何后裔，只要他表现出非凡的政治、学术和精神的才能。宰德派被逊尼派主流认为是最温和的什叶派，在其强调展示能力方面与哈瓦利吉派非常接近。尽管他们是第一个为自己赢得独立国家的什叶派，但是他们的实验并没有传播到太远的地方，他们仅能在大不里士斯坦(Tabiristan)和北也门实现了长久的统治。

一个更致命的分裂发生在什叶派主流的第6位伊玛目贾法尔·萨迪克(al-Sadiq)(死于765年)去世之后，他是一个伟大的神秘主义者和炼金术士，也是什叶派教法学派的创始人。当贾法尔去世时，一些什叶派宣称他将纳斯传给了其子伊斯玛仪(Ismail)，一个在其父亲之前去世的人。他们将其忠诚转移给了伊斯玛仪的儿子，并且从事积极的斗争，为他及其后代赢得胜利。正如在前面的章节中概括的，这些难以控制的伊斯玛仪家系的拥护者分成不同派别，每个都忠诚于自己的伊玛目职位的候选人[1]，展开各种策略以决定伊玛目职位的继承。革命的卡尔马特派(Qarmati)走得太远，以至于宣布精神选择可以将伊玛目职位完全从阿里的世系移开。在他们选定的伊玛目被证明是极其易犯错误的之后，他们分裂成碎片。法蒂玛王朝保持了其领袖的长子继承权，但是当一位伊玛目否认他自己的神性而其后的一位没有儿子的时候，王朝开始衰落。被抑制的和不重要的尼札里耶派(Nizari)，相反却能数世纪保持他们活着的伊玛目的世系。[2]

伊斯玛仪派和宰德派追随其不同的活着的伊玛目，而大多数什叶
派对保持其领导权魅力的问题持一种不同的解决办法。他们相信贾法 174
尔已经将其精神知识传给了他的儿子阿卜杜拉和穆萨·卡齐姆(al-Kazim)。当874年这一家系的第11位伊玛目去世，并很明显地没有子

〔1〕更多的关于也门和伊玛目职位的内容参见 Dresch(1989)，Caton(1990)，Crone 和 Cook(1977)。

〔2〕尼札里耶派的实验并不是独特的。除什叶派的团体以外，在穆斯林主流派内还存在其他的有魅力的秘传的保持反抗的小团体，围绕在一个赋予形体的马赫迪的周围并对隐藏的知识进行等级制的控制(巴推)。其中一些，例如德鲁兹派和亚齐德派，受到激烈地迫害。另一些，例如叙利亚和黎巴嫩的阿拉维派，已经成功地赢得了相当大的政治力量。

嗣的时候,信仰者们陷入窘境。通过宣布必定有一个人们看不见的活着的第12位伊玛目,他们解决了这个窘境,解决了继承的问题。他已经隐遁了,但是会作为马赫迪在世界末日返回,给其追随者带来胜利。伊玛目的隐遁消除了一个需要解决的难题,即,当有许多竞争的宣布者时,必须确定谁继承了纳斯。这个什叶派别因为其世系中被承认的伊玛目的数目而被外人称为"十二伊玛目派"。他们是目前在伊朗占优势的一派,并且在今天的世界占据阿里党人的大多数。

但是如果伊玛目的世系已经隐遁,那么十二伊玛目派也面临着其逊尼派竞争对手所面临的同样问题。当缺少神圣领袖的时候,信士们如何才能得到合法的权威?与其逊尼派的共同宗教信仰者一样,什叶派通过依赖所收集的先知言行的指导回答了这些问题,并以来自其伊玛目的类似材料为补充,他们也形成了一个有学问的欧莱玛的骨干以
175 传递这些圣训,也包括一个经过高级培训的教法学家/教授的圈子,他们使用经典和圣训来设计法律和作为教育的基础。与逊尼派中类似的人物一样,什叶派的学者在与国家的联系方面也是慎重的,通过展示道德和学识而赢得地位,通过普通人的敬仰而证明其统治是合法的。并且,正如在逊尼正统派里那样,在那些主张了解圣训就足够了的人(艾克白勒[akhbari]学派——艾克白勒[akhbari]是历史性圣训的"报告")[1]和那些支持更大范围的适应和解释的教法主义者之间(尤斯里[usuli]学派)存在着争论。

以上是逊尼派与什叶派相似的地方。在逊尼派当中,教法学家和传统主义者通过沙斐仪的一致意见的概念而和解:对于他们来说,可允许的解释范围受伊制马尔(ijma),即社会的同意的限制,这由写入法律文本的权威学术意见中得到表达。什叶派尤斯里教法学家,作为对照,从来不接受社会一致意见作为证明神圣法律的方式。重申什叶派表明伊玛目必要性的主张,他们坚持社会是由易犯错误的人组成的,他们在

〔1〕圣训和[akhbar](历史性圣训的报告)在法律上的区别在于,圣训对一些教义给出先知的证据,而akhbar给出的是关于过去特殊的事件的信息,只是偶尔作为道德指南,参见Hamphreys(1991:83)。

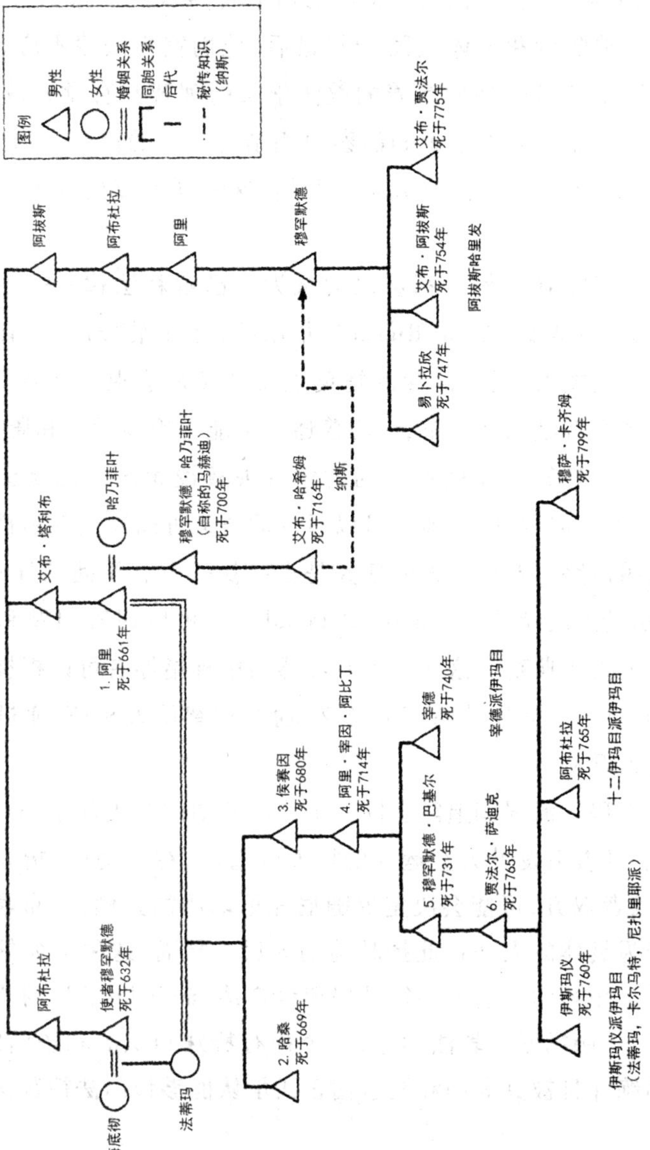

图表 11－1　阿里及其继承者。

作决定时也会犯错误。他们也坚持既然隐遁的伊玛目仍然活着，尽管是看不见的，但也不可能说信仰已经完成。相反，伊玛目可能在任何时候出现,在梦境中或在幻想中,将新的启迪传给教法学家—圣人,并经他们传给其追随者和全体人民。[1] 最后,他们宣称法律不应该"模仿死去的人",而应该保持向活着的教法学家的理智和直觉开放。[2] 法律的理想倾向于受到将学识和洞察力相结合的人的修改,从什叶派在萨法维王朝统治期间成为官方宗教开始,这种观点直到今天一直在伊朗占据统治地位。

这并不意味着任何人都可以尝试为自己解释法律——远不是这样,正如扬·理查德(Yann Richard)指出的,什叶派"对于人有把握他们自己方向的能力,既是深深的精英主义者又是悲观主义者"。[3] 十二伊玛目派学者激烈地争辩,认为普通人不能正确地学习和履行教义。让能够阅读和理解经文的有学问的学者去教授无知的民众也是不够的。相反,人们需要榜样,他既可以通过话语又可以通过其精神的光环给他们指明道路。普通个人的任务是去寻找一个有学问的导师(一个"可以模仿的指导者"——marja al-taqlid),他可以回答问题和为理想生活充当个人的典范。这样一个有灵感的精神指导者可以把握住法律的外壳,同时也把握住其内部的意义:通过理智使人相信,通过魅力的存在迫使人顺从。

十二伊玛目派强调追随者同一个典范领袖的个人联系和对其的服从,很明显具有引发魅力型运动的爆发性潜能,在运动中,指导者或其追随者,或者双方,可能会决定追随尼札里耶派的先例,宣布隐遁的伊
176 玛目现身为具体的人并在此拯救他的人民。然而,这种革命的潜能受到每个精神领袖的人选也必须是穆智台希德(mujtahid)[4] 的要求的限制,它相当于逊尼派的教法学家,一个拥有特殊知识的和圣洁的人,受过法律训练并且被其老师和同事们正式承认能够作出法律裁决。要成

〔1〕尤斯理派认为人只有通过神秘的洞察力或通过精通法律的经文才能够达到真理。Mullah Muhsin al-Fayd al-Kahani(死于1680年)可能遵循神秘的路线,参见 Kohlberg(1987)。

〔2〕在允许解释方面,什叶派接近于重新接受穆尔太齐赖派(Mutazilite)的立场,即推理可以被用来理解真主的要求。但是对于什叶派来说,推理必须同精神权威结合在一起。

〔3〕Richard(1995:91)。

〔4〕权威学者,有权解释法律的人。——译者注

为这样一个人需要长时间严格训练服从，与对逊尼派教法学家的要求非常相似，反复向学生灌输对圣训的尊重和一种保守的观点。

自己受过服从的训练，十二伊玛目派的神职人员一般相信，隐遁是对世俗暴政的恰当回应。在这方面，他们与其逊尼派的兄弟相似，尽管他们对顺从的主张有些不同，甚至可能更有助于消极状态。首先，正如我们所看到的，在什叶派中苦难本身具有价值，因为它增加了个人与殉道伊玛目的认同；顺从将在末日得到回报，当救世主来临时最终将事情归为正义的。而且，如果在原则上所有的统治者都是隐遁伊玛目的合法王位的篡夺者，那么由谁来执政就真的是没有区别了，因为没有人真正拥有进行统治的委托。正如亨利·芒森（Henry Munson）所评论的："所有人类政府而不是伊玛目的政府，都是非法的，这种想法导致顺从同时也导致革命。"[1]

无论如何，无为的思想受到十二伊玛目派神学中强调学者根据个人洞察力和知识解释经典的能力的抵消。对个人解释能力的公认，被看成是确定一个学者等级的最有力因素。在这个制度化的然而有魅力的学者神学的"僧侣统治"（正如赛义德·阿乔曼德［Sayyid Arjomand］所称的）[2]中，被认为是有能力的解释者的穆智台希德被授权教学和审判。他们被称为侯加通·艾勒－伊斯兰（hojjat al-Islam）[3]，即"伊斯兰的证词"。通过他们的同事的共同意见非正式地选出他们中能力最强的人，就是阿亚图拉（ayatollah），即"真主的奇迹"。因此一致意见并没有从什叶派中消失，但不是用以使某个教法学派的宗教法规合法化，而是通过他们博学同事选出的有魅力精神领袖的提升来使之得到不断实践。

只有阿亚图拉才是民众精神指导者的合适人选，只有他们可以写下其独立的见解来回答其追随者的问题，并且根据他们的神学知识和精神洞察力自由地解释法律。他们也制定将其追随者团结在一起的行

[1] Munson（1988：28）。

[2] Arjomand（1984）。

[3] 指什叶派高级宗教学者。——译者注

为准则。几个阿亚图拉的意见可能不一致——解释之门仍然敞开,这 177
等于由追随者用自己的思想和心灵来决定他或她应该模仿哪一个指导者,正如逊尼派可以决定跟随哪个教法学派一样。

什叶派神职人员中的精英神学理论的独立性与其物质方面的独立性相符合。在逊尼派神职人员越来越受到为国家服务的吸引和玷污的同时,伊朗学者得以保持其独立地位和他们自己的非正式的内部等级制度。这由于几种因素。其一是萨法维王朝吸收欧莱玛进入国家的历史性失败,欧莱玛对王朝没能实践其千禧年的承诺感到失望。继萨法维之后的相对较弱的军事政权甚至更不能征服神职人员们,相反不得不安抚他们,允许他们巩固其精神方面的门徒的关系网并作为巨额捐赠(瓦格夫, waqf)的管理者而保持其财富。甚至在今天,作为一个集团,欧莱玛是伊朗最大的财产拥有者,其财富由门徒的捐赠而得到补充,门徒们向其选择的指导者交纳天课。所有这些给精英的欧莱玛数额巨大的可以随意使用的资金,可以用来维持其门徒,建造清真寺和医院,并为其事业吸引支持。[1]

11.4 霍梅尼的革命

由于他们独立判断的能力,他们所依靠的个人魅力,他们强大的等级制的教会组织,他们的千禧年末世论,和他们财政和政治上的高度独立,十二伊玛目派的欧莱玛有足够的组织、独立性和普遍的支持站起来反对国家。这些情况有助于解释在19世纪末和20世纪初只有伊朗的神职人员在激励民众起义反抗政府的政策上发挥了作用这一事实。[2]相比较而言,奥斯曼帝国的神职人员成为政府付薪的官员,完全被吸纳进政府中,失去了其与人民的联系。当帝国崩溃时,他们也灭亡了。

在20世纪,伊朗国王非常正确地发现独立而富有的伊朗神职人员

[1]参见 Keddie(1972)。

[2]最著名的是1890年的烟草联合抵制,英国的垄断成功地受到一个法特瓦的挑战,并且在1906—1909年的宪法暴动中,一些欧莱玛在动员抵抗方面发挥了主要作用,尽管他们大多数想到民众的起义就害怕。

是其权力的主要威胁。他将他们从其从前的作为教师和法官的职位上开除,用政府任命的人员取代他们。许多人被放逐、折磨,甚至被杀。但是欧莱玛保持其宗教上的关系网并将自己定位为独立传道师和神学家。在避难所中他们是安全的,他们被国家放逐只是增加了其在民众中的威信,民众在越来越世俗化和疏远的环境中向他们寻求精神上的指导。[1] 同时,伊朗国王力图通过在人为制造的与前伊斯兰时代的联系中寻找其合法性,而完全逃避伊斯兰,同时将基督教西方视为模仿的对象和保护者。 178

在这种环境下,阿亚图拉霍梅尼的兴起就不是一件特别令人惊讶的事情了,至少在回顾历史时是如此。他是在合适的时间的合适人选,适合早已准备好的由他来扮演的激进角色:出色的学者,神秘的榜样,有魅力的领袖,他不受物质影响,不受文化剥夺,并且正如他所做的,他自己没有声明的作为救世主的体现的要求是得到承认的。他拒绝什叶派的被动的和哀求者的态度,求助于其潜在的积极主义和改革的梦想——信仰者们现在可以在一个有秩序的革命中表现他们对宗教的献身精神,革命将推翻过去所有的愚蠢的伪装和腐败,并且在霍梅尼的领导下重新唤醒神圣社会——一个末世论的事件,对于它来说任何数量的自我牺牲都不是太大。当在同伊朗国王作战中被杀的年轻人的运尸匣于穆哈兰节(Muharram)在街上行进的时候,这种变化具有了象征意义,他们被比作卡尔巴拉的殉道者。同时伊朗国王很容易被描绘成现代的叶齐德,杀死侯赛因的凶手,现在是西方资本主义魔鬼的傀儡。[2]

霍梅尼的中心主张是他要重新找回曾经丢失的神圣秩序——阿乔曼德(Arjomand)称他的启示为“革命的传统主义”。[3] 具有讽刺意味的是,他所发现的“传统”实际上根本没有存在过——尽管霍梅尼及其追随者主张,这只是因为逊尼派将历史从其指定的进程中弄出轨。从他们的角度来说,当世俗的领导者设法从阿里家族夺走权力时,伊斯兰

[1]参见 Kohlberg(1988)。

[2]更多的关于革命的象征意义参见 Fischer(1980),Beeman(1983)。

[3]Arjomand(1988)。

就已经开始错误地改变了方向，阿里家族处在隐遁中，在缺席状态下由宗教学者和教法学家所代表。为了纠正历史性的错误，有学问的欧莱玛，作为先知的继承者、法律的解释者、伊玛目的代理人，最终应该收回被世俗篡位者夺去的权力并将国家和信仰重新统一。为了保持对欧莱玛的神化，霍梅尼本人被称为卧里－艾尔－法基（Wali-e-faqih，最高法学家）和瓦拉亚特－艾尔－法基（Walayat-e-faqih，以学问统治），这现在被作为官方教义在伊朗的学校里教授。

这本身就是一个巨大的革新。尽管是在恢复传统的名义下进行的。正如埃唐·科尔贝格（Etan Kohlberg）写道，通过颁布其阶级的政治和宗教最高地位的原则，霍梅尼的欧莱玛“将以现世统治的世俗主义和政治秩序世俗化为明显特征的什叶派政治气质革命化。为了建立和宣传其新的权威理念，伊朗神职人员的统治者不断地坚持所有权威的神圣特征，和政治秩序的彻底神圣化”。[1]

在这种新型的神圣政体下，教法学家的研究成果便不再是附有条件的或偶然的，并且普通人不能再像逛商店挑选商品一样去发现最符
179 合其偏好的精神领袖。相反，过去非正式的宗教领袖之间的争论对追随者来说是进入了一个开放的精神市场，而现在被一个由70位民选教法学家组成的新型中央集权化的组织所取代；这个大会将相应地从最合适的欧莱玛中选出一个绝对的指导者。根据霍梅尼的意见，这个无错误的指导者的立法“比其他所有机构都更重要，其他都可以被当做次要的，甚至包括礼拜、封斋和朝觐”。[2]

在理想的状态下，什叶派绝对主义的道德权威依赖于对其精神领导者统治权的神赐合法性的普遍接受，建立在学者中最优秀和最受引导者被任命为平等者社会的指导者的一致意见的基础之上，而这一平等者社会正是在对其神圣化领袖的共同服从中统一起来的。然而，理想和现实很少能在权力的走廊里相遇，我们毫不奇怪地发现，1989年被选为伊朗国家指导者的不是得到其同伴民主承认和被追随者围绕的

〔1〕Kohlberg（1988）。

〔2〕阿亚图拉霍梅尼引自 Richard（1995：85）。

阿亚图拉之一，而只是一个低级神职人员，也是霍梅尼的强有力支持者。宪法被修正以说明这一反常现象。同时，著名的阿亚图拉，卡齐姆·沙里亚特－马达里(Kazem Shariatmadari)，因为有反霍梅尼的倾向，被草率地从其作为“被模仿的指导者”的职位上撵走，霍梅尼自己指定的接班人侯赛因·阿里·蒙塔泽里(Montazeri)也是如此。在这种情况下，许多信仰者和高级神职人员怀疑，不是使政府神圣化，而是霍梅尼的支持者因政府而堕落。

神职人员中这种愤世嫉俗是不可避免的民众觉醒过程的迹象，与此相伴的宗教革命运动必须使自己适应制度化和权力的苛求。当清真寺成为官方宣传的中心，以及分配掠夺品和实行高压统治的中心的时候，它作为世俗不平等的精神对立场所的重要位置就基本被腐蚀了。当通过其对权力的抵制获得民众支持的教法学家必须自己来行使权力的时候，他发现其委托统治的局限性；当在来世获得拯救的末世论希望在现实中出现的时候，希望的幻灭也就是必然的结果了。这是霍梅尼魅力革命运动的艰苦斗争所要克服的残酷规律——但是它们仍然是一种束缚。

无论如何，这里也存在使我们抱有希望的理由。在伊朗，对伊斯兰革命的幻灭没有导致向军事独裁统治的回归，也没有导致对新的救世主的寻求，而是相反地导致了选举实用主义的和自由主义的穆罕默德·哈塔米为总统。可能这意味着不是霍梅尼的魅力，而是其理性主义，将给中东未来的民主的伊斯兰政府提供样板。 180

12　实践中的苏菲主义

12.1　找寻爱的对象

在真正意义上来说,苏菲主义和什叶主义都是与最初的穆斯林社会的崩溃相并行的精神回应。正如我们已经看到的,什叶派力图通过对无错误的和永远有魅力的阿里及其家系的无条件服从,来重新获得他们失去的乐园。逊尼派穆斯林拒绝阿里派立即进行统治的主张,认为这既是不切实际的又是专横的,而宁愿留在越来越不具备合法性的世俗国家的统治之下。在这种恶化的道德环境下,一些虔诚的穆斯林试图通过精细地研究先知的生活和言语(圣训)为自己找到坚实的精神基础。按照刘易斯·马西尼翁(Lewis Massignon)的说法,到8世纪晚期,一些早期的圣训传述者已经演变为苏菲主义的先驱。[1]

这些特殊学者的目标在于个人的精神转变。他们中最激进的和苦行的人撤到遥远的地区,在那里他们模仿最初乌玛的有节制的纯洁和穆罕默德的无私行为。他们也向农村的人民宣教,使之受到传教士的严格、执著和学识的吸引。一些人相信早期的神圣传教者/苦行者的标准服装是一条粗糙的羊毛(苏菲,suf)长袍,因此有了苏菲这个名称。

尽管在学术上拒绝都市文化,这些苦行的有道德的人却绝不卑下。正如马西尼翁所说的,他们将自己描述为“驱邪的圣徒”,圣训中预言,这些人会在穆罕默德之后出现。与什叶派的伊玛目一样,这些卧里们(walis)或“真主的朋友们”相信,他们注定要更新信仰和抑制今天的罪恶行为。最有影响和最有代表性的早期苏菲之一是巴士拉的哈桑(死于728年),他被真主远离人类的悲剧和其时代的黑暗所深深打动,作

〔1〕Massignon(1954)。

为回应，他投身于苦行和坚守教法。他也是主张超越沙里亚法典的个 181
人和私人的"神圣暗示"的第一人，这使他"以真主的名义以第一人称"讲话。[1]

哈桑及其伙伴以"那些经常哭泣的人"而知名。他们的悲伤准确地反映出觉醒的时代趋势，但是没有提供使人从无法忍受的环境中逃脱的方法，因此对民众没有多大吸引力。需要一个更积极的信息使苏菲主义成为流行的运动。这个方法由拉比娅·阿达维叶（Rabiya Adawiyya）（死于801年），从前的女奴，明白地表达出来，她因一只手拿着燃烧的火炬，另一只手拿着一罐水，在巴士拉大街上徘徊而知名。她说，她的目的是烧掉天堂和浇熄火狱，以便人们将不再因自私地渴望天堂或恐惧火狱的惩罚而崇拜真主，而只是出于正确的理由：崇拜。[2]她教导说，在神圣的爱中的自我牺牲是穆斯林唯一值得追求的目标。当为真主的拥抱所包围时，她感觉到自己已不复存在并与真主融为一体。[3]

拉比娅将真主比作爱人，成为在后来所有苏菲的理论和实践中占统治地位的比喻，其自我牺牲的价值观也通过爱代替了早期对悲痛的强调。不再为现实的悲伤而哭泣和为启示而祈祷，苏菲自此之后将试图获得对遮蔽在世俗外观背后的爱人的面容的直觉意识（麦勒阿，marifa）。这不能通过书本的学习来完成，而是需要严格的训练来疏导和控制情绪（奈夫斯，nafs），否则，它就会像难以驾驭的马一样，会将寻求者从所追求的目标上带走。对启迪的追求也需要同一般人所专注的事情彻底划清界限。正如波斯神秘主义者贾拉勒丁·鲁米（Jalaluddin Rumi）（死于1273年）建议："凡是看上去有利可图的，要逃避它，喝下毒药，泼洒出生命之水，凡是赞扬你的，谴责它，将你的财富和利润借给

[1] Massignon（1982，vol. Ⅰ：383）。

[2] 参见Smith（1984）。妇女在苏菲的圈子里比在伊斯兰的公共世界的任何地方都更容易被接受，但是只有在她禁欲独身的情况下。相反，男人们通常被期望将神秘的追求同家和家庭生活联系在一起。

[3] 拉比娅不是唯一的依靠对爱的想象的神秘主义者。正如Schimmel（1975）指出，第6位伊玛目，贾法尔，以前就使用过同样的概念。

乞丐！放弃你的宗派，成为令人讨厌的人，抛弃名字和声誉，并寻求耻辱。”[1]

早期苏菲的苦行和弃世精神使旅行者走得非常远。例如，据说在其对启迪的长期寻求中，艾布·赛义德·伊本·阿比·卡亚尔(Abi khayr)(死于1049年)只穿过一件衬衣；他从不躺下、倚靠着门或墙，或坐在垫子上休息；他只站在墙上的洞穴里睡觉(很少)。他只在晚上吃东西，只吃干面包，除非绝对必要他从不说话。听说天仙们倒着崇拜真主，他经常晚上把自己倒着挂在井里，在那里背诵《古兰经》，并且祈求道：“啊，真主啊！我不想要我自己，让我从我自己中逃脱吧。”[2]他以作漂泊的伊斯兰教苦修者的仆人来贬低自己，等待他们，打扫他们的厕所，并为他们乞讨。最终，他能够在40岁的时候体验到梵那(fana)，自我消失。从此开始，他以第三人称来称呼自己，或自称为“无人的儿子

 无人”。然后他将苦行主义抛在身后，认为它也是自我主义的一种表现，并且因其热爱享乐的行为而出名。

到12世纪，个人对启迪的追求已经成为相当制度化的东西。苏菲圣徒，如艾布·赛义德，创建了塔里卡(tariqas，小屋——字面意思是道路)。在那里他们为学生们(毛瑞德[murids]——决心进入这条道路的人，也被称为萨利克[salik]，即旅行者)[3]所环绕。在这些小屋中，导师们教给学生们真主的无限富足，他没有固定的界限，但是表现出不断伸展的潜能。正如马西尼翁解释的，神秘的旅程因此不能寻求任何结论性的目标，但是结束在“一种心灵的普遍状态中，在这种状态的延续中，始终总是保持可塑性……一个人不应该花时间来比较其各自的价值，也不应该依恋于神恩赐的这一个或另一个工具，神的恩赐本身才是目的”。[4]

这意味着与教法主义者不同，教法主义者拥有一批法律为其行为

---

[1]Rumi(1975:90－91)。

[2]引自Nicholson(1921:16)。

[3]艾布·赛义德可能建立了第一个塔里卡，但是可能制度化的道团真正开始于远东，在呼罗珊，作为对那里高度不稳定的社会状况的反映。

[4]Massignon(1982，vol. Ⅲ:25)。

提供一个确定的底线，神秘主义者却没有为其寻求而设立的可靠的路标。即使神圣的经文也不是真实的向导，因为根据秘传的苏菲教义，按照法律的字面意义看起来可能是错误的，在苏菲圣徒同超出规则之外的神的直觉交流中，可能实际上是正确的。类似的，仪式只有在反映实行者的“心”的时候才有意义，甚至虔诚的行为在寻求启迪的道路上都可能被解释为障碍。在这种环境下，苏菲信徒怎样才能确定他没有自欺？将自己的想法误以为是神的？允许狂热将之带到异端邪说或精神错乱？

唯我论的不确定性和潜能受到学生所热衷的他现在永久居住的保护性修士团体的抵制（至少部分地），与其同伴均分他的所有世俗的东西，在一个共产主义的社会里与他们同吃、同睡，在这里各种财富、知识和力量上的差别都不存在了，“我的”这个词受到诅咒。精神上的“一帮兄弟”在他们的必尔（pir，精神指导者——也称为穆尔西德［murshid］或谢赫［shaikh］）的绝对权威下团结在一起，他被概念化为真主在大地上的活着的代表，必须被无条件地服从——一种超越逊尼派的老师—学生联系的关系，并且在一个小的和个性化的环境中概括为什叶派对其伊玛目的义务。

苏菲的宗教导师可以单独地将蓝色带补丁的“祝福的长袍”和伊斯兰教苦修者的帽子给予他认为值得的弟子。这些象征性的信物，带有表示新手的精神顺序的装饰，标志着他拥有神圣的恩赐（白勒卡提，baraka）。授予的仪式也要求学生公开宣布对老师效忠的誓言，其方式非常类似在认可其统治时苏丹要求欧莱玛所发的誓言。然后，学生将手放在导师的手上，学生正式地获得老师的一部分白勒卡提。从此以 183
后，在他以启迪的技巧教授自己的新学生的时候，他有权担任精神指导者，代表其老师的学派。

为了达到自己的目标，苏菲信徒，比学习教法的学生更甚，必须在一种绝对信任地服从（塔瓦口，tawakul）的关系中使自己成为老师的奴隶，安萨里（al-Ghazali）将之描绘为存在于三个层面上：第一层面是，比作人相信他的律师；第二层面是，比作小孩子相信他的母亲；第三层面

插图 12－1　胡瓦安拉——“他是真主”——库夫(kufi)四角形书写字母。

是最高级的和是最困难的,是“尸体般地服从”,学生们成为洗尸体人的手中的柔软的死尸。[1] 这种关系的广度和深度在苏菲的手册中显示为:“学生们不应该同谢赫争辩,也不应该向他要求他命令自己或使自己做的事情的任何证据,因为谢赫是真主的信托者……他应该总是服从谢赫,他应该用自己的生命和财产服务于谢赫……他不应该反对穆尔西德说的或做的任何事情……他应该相信谢赫的错误也优于自己的美德。”

首先,苏菲信徒被教导“如果不爱谢赫任何什么也不会实现,而服从是爱的标志”。[2] 通过喜欢服从他的导师,学生才能学会将自己完全地投入崇拜真主,“所有人都同意,因为爱是通过被爱者的选择的肯定,对爱者的选择的否定”。[3] 强调无条件的爱是将苏菲信徒与学者气质的教法学校的学生区分开的标志,后者被迫服从但不是崇拜他的老师。

苏菲信徒对神圣的爱的追求需要严格地压制个人的激情和个性。他不得不“为了真主缘故而同人类断绝”,并且他的行为是“被引导进入显现和正确的形式,排除对感觉的异质的无理性的表达”。[4] 为了

〔1〕参见 Watt(1953)。同样的比喻“尸体服从”,由耶稣使用并且后来由纳粹党卫军使用。讨论使用和滥用身份转变的技术问题,参见 Lindholm(1990)。

〔2〕引自 Gilsenan(1973:75),Ajmal(1984:241)。

〔3〕Al-Hujwiri 引自 Lapidus(1988:197)。

〔4〕Lapidus(1984:57)。

完成其训练,他被从普通的生活中拖出,服从于一个完全的和艰苦的并充满他的所有日日夜夜的政权。懒惰和安逸被认为既促进自我放纵又促进内省而被加以提防。无用的活动,例如挖坑和之后填坑,使门徒忙碌和疲倦,同时也向其表明人类努力的无用。服务和乞讨有助于贬低旅行者,基本的苦行戒律"少吃、少睡、少说"打破初学者的身份感并且"磨光"人性中的杂质,使他更靠近镜子般空寂的理想状态。最重要的是40天的沉思,门徒们被隔离在被比作坟墓的黑屋子里,身穿裹尸布,并恳请自己死去。 184

在苏菲的宗教导师和其信徒的关系中也预期存在暴力和任意性,并由与所爱合一的热情可能有害于爱者的观点得到证明,也由医生有时必须伤害病人以便治愈他的观点得到证明。正如鲁米(Rumi)所说:"疼痛是一种财富,因为它包含着慈悯;当果皮被剥掉后,果仁也软了。"[1]学生们也被期望向老师汇报所有内心的想法和梦想,老师然后可以用这些信息去揭示学生的弱点、自我主义、无知和无力,这将有助于使学生的世俗身份解体,并增进其在对所爱的崇拜中绝对丧失自我的能力。

12.2 痴迷和纪念

忠实地服从其导师的纪律,学生然后准备好通过瓦加德(wajd),或"发现",清空自我,这被概念化为内心的旅程,走向灵魂的深处,在那里等待着经历对真主的证明。[2] 这可能是一个骚乱的事件。一个神秘主义者描述自己的启迪如下:"我听到铃声。我的形体解体了,我的痕迹消失了,我的名字被刮去了。通过我所经历的暴力的原因,我就像是一件穿破了的衣服,挂在一棵高高的树上,猛烈的狂风一块一块地将之刮走。"[3]根据一些报道,瓦加德的颤抖可以使寻求者在长达一年的

[1]Rumi(1975:90)。

[2]由于这个原因,Schimmel(1975)将瓦加德定义为"瞬间"而不是痴迷。

[3]Al-Jili(死于1406年)引自Nicholson(1921:129)。同Grim(1983)和I. M. Lewis(1971)所记录的萨满所说的话相比较。

时间里无意识。

再一次,潜在破灭性的无私经历受到苏菲导师对其学生的持续监控的抑制,也受到其他兄弟们的支持和学生自身的期望的抑制。旅行者及其老师期望一系列的心理阶段(麦卡姆,maqam),这被认为是寻求者的精神历程的标志。这些分等级的阶段(贫穷、忏悔、相信真主、耐心、感激等等)与苏菲秩序的越来越合理化和集中化和谐发展,并为学生提供一个可以依靠的结构,以便避免因失衡而导致的精神错乱或叛教。与此同时,一种开放的等级得到保持,道路被最高痴迷恩赐(哈勒,hal)的偶然的短暂的片刻所照亮,这给予旅行者力量以继续进行其
185 艰苦的航程。

以黑格尔的方式,启迪的阶段被理解为反映了灵魂的扩张和收缩,当它螺旋形地朝着最终与真主一致的道路前进时,希望和恐惧交替,陶醉和冷静交替,存在和不存在交替,统一和分裂交替。最终的和最高的阶段是毁灭(梵那),成为与真主一体的,受到巴给(baqa)的平衡,意识上仍然同真主在一起而保持一个人转变后的自我。根据他们经历的这些阶段的数目,苏菲学生可以在精神上被划分等级,尽管对给予不同的选择甚至其次序的重要性存在很大争议。

例如,一些导师,其中最著名的是(朱奈德,Junayd)(死于910年),强调醒悟(帅哈瓦,sahw)重于陶醉(苏克拉,sukhr)以及巴给重于梵那。侯吉维里(Hujwiri)说:"陶醉是儿童的游乐场,而醒悟是男人的死亡地。"[1]其他人,可能从巴耶济德·比士塔米(Bayazid Bistami)(死于874年)开始,作出了相反的评价。从此以后,苏菲主义分裂为,那些追求痴迷状态的人("陶醉"派),和有知识的少数人,后者认为,在这种状态之后紧接着必须回到正常的世界,尽管是在一种内部已经发生转变的状态中("醒悟"派)。

陶醉派大量依靠赞词的做法,使它很快成为苏菲秩序的核心和限定的礼拜仪式。[2] 这些做法可能起源于早期的隐士,担心忘记真主的

〔1〕引自 Schimmel(1975:129)。

〔2〕这些术语是 Gilsenan(1973)的,并且后面的讨论大多归功于他的分析。

慷慨，再加上其孤独和苦行主义，他们狂热地重复祈祷的词句，默默地或者大声地背诵。[1] 例如，艾布·赛义德的赞词是“没有你，噢心爱的，我不能休息；你对我的好处我无法计算，纵使我身体的每根毛发都变成舌头，千分之一的感谢我也说不出”。[2] 在他的一生中经常不断地背诵这句话，说它允许他“和真主交谈”。

通过《古兰经》的告诫“多多纪念安拉”[3]，赞词被证明是正确的。不同的受到启迪的追求者及其周围的献身者，以不同的呼吸方式并且常常伴以有节奏的身体运动，来形成他们自己的赞词。例如，哈拉智(hallajiyya)一派使用的赞词基于单词“安拉”省去起首的音节“al”，其组成是：将头倒向右侧时背诵“laha”，将头倒向左侧时背诵“lahi”，将头低向心口时背诵“lahu”。[4] 表演也有时用音乐和舞蹈来加强，尽管更严肃的人不赞成，将这些看做是世俗的乐趣。这些纪念的表达既可以独自进行也可以在集体内公开进行。在其公开的表演中，当修士们沉 186
浸在真主之爱中的时候，他们常常失去意识，得到基于神圣的情感的主观感觉，这在分裂的世俗世界中，或在学院的知识里，或在普通的祈祷行为中，都是不可能找到的。戏剧般公开表演的赞词吸引成群的观众，他们受到这个场面的鼓舞和震撼，常常成为社团的世俗奉献者，捐赠钱款和资助。

通过对星期五聚礼和赞词表演的比较，逊尼正统派和苏菲派之间的差异可以明显地展现出来。[5] 在礼拜中，参加的会众在领导礼拜者的身后面向他随意地排列成行，领导礼拜者只是一个代表整个社区的普通人，所有的人在以整齐庄重的方式朝向麦加拜倒时都单独地背诵经文，表明其自由地和有意识地服从宗教的道德要求。当每个虔诚者严肃地和自愿地默认社会的伦理准则的时候，以拜倒为象征，共同的集

〔1〕据说穆罕默德将安静的赞词传给艾布·白克尔，而教阿里高声地背诵赞词。

〔2〕引自 Nicholson(1921:5)。

〔3〕Quran 33:21。

〔4〕这一点在 Massignon(1982, vol. Ⅱ:29)有报道。这是一个特别有力的赞词，只有那些受到良好教育的才可以在私下里使用。使新手受到警告。

〔5〕当然，苏菲做礼拜与所有其他穆斯林一样。

体和自由的个人之间基本的冲突暂时地得到了解决。

在诵念赞词时,集体和个人也得到了统一,但不是单独的和有意识的,在诵念赞词的时候,痴迷的个人在情感上被从自身抽出,融入积极的有魅力的集体。在某些场合,参与者握着手面对面地并排站着,领导者站在他们之间,或者成员们围绕着领导者站成一个圆圈,或站在领导者的面前。更加穷困和疏远的集体的表演倾向于没什么秩序,更加痴迷,并且表演者可以使用药物以及音乐和舞蹈,以有助于他们进入精神恍惚的状态。他们也可能表演一些超常的自我折磨行为(吞玻璃或火,在炭火上走,被马疾驰踏过,刺穿自己,等等),他们在其导师的指导下治愈疾病,使其表演达到高潮。这些就是维克托·特纳(Victor Turner)所称的痴迷的“弱者的宗教”,给信士们提供力量和控制其生命的瞬间感觉。另一方面,其门徒出自中产阶级或精英集团的苏菲派别的表演可能更文雅一些——更像音乐会或音乐聚会而不像痴迷的场面。这种差别可以含糊地比作五旬节教徒和唯一神教派教徒的宗教仪式的差别。[1]

但是不考虑形式上的各种变化,在所有苏菲的赞词表演中,领导者站在引人注目的一边,面对着大家,集体内的差别被最小化了,他不是平等者中的一员,而是作为精神指导者,站在上面并且作为他们绝对的上级在指挥参与者。他的任务就是通过管理音乐、节奏性的动作和与之同步的吟诵,鼓舞和控制集体的情感高潮。不是单独地、自愿地通过
187 叩拜传达对真主及其社会的服从,苏菲修士们通过共同的精神恍惚状态而集体地接近与真主合一的境界,不是单独地站在一个与他们做着相同动作的象征所有人的人的身后,他们面对的是一个高位的人物,他站在一边并将他们拉向一个痴迷的超验状态。

这两种类型的宗教体验,在一种个体独立和平等的文化中,对于解决建立神圣权威问题都是典型的和可以选择的。正统派接受人类同真主相分离和人们互相分离,并且强调信仰者对平等者社会——由对神

〔1〕参见 Gilsenan(1973),Massignon(1954),和 Lane(1871)讨论和比较一些苏菲派别的赞词。关于“弱者的宗教”的概念参见 Turner(1982),Lewis(1971)。

圣经典的共同信仰统一起来的——的自愿的个人服从，而苏菲派试图通过修士们对给他们提供一种自我痴迷超验的痉挛性经历的有魅力典范的共同热爱，来克服人类的差异，通过与其超自然的导师的同一，门徒们获得能力，至少是在主观方面，并可能最终使自己也成为可仿效的超世俗的人物，能够站在普通世界之外鼓舞一个热情追随者的小团体。

12.3 宇宙的秩序

有魅力的可仿效的苏菲导师和门徒之间的个人关系很快发展成为复杂的等级制的精神大厦。这开始于门徒们聚集在道堂（苏菲小屋，在北非叫扎威耶 zawiya）向其导师学习、进行集体的修行、从事集体的仪式和对当地社会的参与。在创始人去世后，圣徒的墓成为新派生出的信仰宗派的中心。每个新宗派通过回溯道统或者说精神谱系（与圣训的传述世系或给予什叶派伊玛目秘传知识类似）来证明其真实性，回溯与在精神上可以通过贾法尔上溯到阿里或艾布·白克尔的神圣创始人本人的联系，经常以 9 世纪的伟大的巴格达苏菲朱奈德（Junayd）为媒介。[1] 通过将自己置于与伊斯兰教的创立者本人相联系的精神世系之中，也就因此将自己置于不久以前的伟大圣徒的精神世系中，在作为苏菲宗派创建者的苏菲宗教导师与其皈依者之间的最初有魅力关系的受到削弱的和合理化的形式中，来证明其目前的真实性与永久性。他们也提供了一个源于成员与其导师个人魅力联系的潜在的无限分支等级秩序。

与什叶派主张世袭伊玛目形成鲜明对照的是，在苏菲信徒中，任何人都可以成为宗教导师，不管其历史或家庭怎样——唯一标准就是加入一个苏菲道团，由他自己的老师授予精神上的白勒卡提，以及得到一些苏菲信徒的坚定信仰。导师也同正统派的欧莱玛形成对照，欧莱玛逐渐建立起与种姓制度类似的要人地位群体，为自己垄断正规的宗教教育。尽管苏菲也表现出在亲属集团内部传递权威职位的倾向，但导 188

[1] 参见 Trimingham（1971）。

师们却通常不是学术精英的后代,而是具有下等的或工人阶层的家庭背景,大多数来自平民,通过内心的探求而不是外在的学习赢得他们的权力,通过个人有魅力的灵性而不是学历、官方荣誉和出版物受到承认。

通过苏菲的教派成员都居住在道堂这一事实,苏菲与欧莱玛之间的区别得到物质方面的象征。道堂是私人捐赠机构(最初都设在为旅行者提供食物与住所的地方),当官方在清真寺进行的礼拜成为一种有名无实的政府功能的时候,传教士的义务之一就是提到当时统治者的名字并为他祈祷。[1] 正如我们已经提到的,欧莱玛被同化进政府在塞尔柱统治时期之后不久就已经开始,在奥斯曼帝国时期,在欧莱玛与政府官僚机构完全合为一体中达到高潮。[2]

苏菲信徒,作为对照,经常把自己描绘成给国家提供一种可选择对象。宗教导师吸引门徒的个人魅力,与国家支持的法律学者的行政和司法权力不同,而更像是部落武士的情感吸引力,其男子汉气概的品格在竞争中的平等者的世俗世界里赢得其随从的忠诚,这可以部分地解释苏菲主义对军事阶级的强大吸引力。但是武士的力量来自于个人的能力及其与高贵世系的联系,必尔(pir,一种苏菲派宗教导师)的权力被认为来自更高的来源,通过精神连接其老师,再由他们连接真主。

自一个神圣中心散布的权力的象征,被苏菲们详细解释为,建立于平民主义和平等主义的"友谊"和"性格"原则基础上的,看得见的和看不见的圣徒的全部层级。圣徒秘密管理的信仰背后的理论是这样的:穆罕默德不但是最后的先知,他也是一个完美的人,被真主派来维持宇宙的秩序。在秘传的语言里,他是卡特布(Qutb),即宇宙的中心点,他使宇宙趋于完美。并且,正如十二伊玛目派主张每一代人必然拥有一个伊玛目,即便是隐遁的,苏菲派也主张宇宙的中心点是一定存在的,尽管作为"真主的新娘",相对于普通人来说,他是被遮蔽起来的,只有

〔1〕Gellner(1981)因此将"医生"和"圣徒"的差别弄得很有说服力。

〔2〕这种差别,无论如何,不要考虑得太远,一些苏菲塔里卡在其对一个非宗教的国家的服务中也怀疑自己。

得到净化的精英才能目睹。[1]

据许多苏非权威说，今天的宇宙中心点具有与穆罕默德在其时代中所拥有的同样的法律权威，因为两者的权力来自同一个来源：真主本身。在更加秘传的教义中，先知施与恩典而不会变形，圣徒只是变形而不施与恩典。因此圣徒的级别更高，因为他更接近于同真主结合，而先知只是真主的使者。当然，穆罕默德的独特性是他身兼两个角色，在任 189
何情况下，卡特布都取代在什叶派伊斯兰教中的伊玛目的职位，但是没有必要属于阿里家族的世系，也不存在随着他被真实地了解而可能引发的忠诚的冲突。

围绕着宇宙中心点的是详细说明的其哈里发的地位次序，麦克唐纳总结其特征为"靠圣徒的管理委员会，这个世界的看不见的政府在运作"。[2] 这些次要的圣徒具有超人的能力，例如有能力同时出现在两个或更多的地方，看透门徒的心和探明任何虚伪，任意显露本体，诅咒和祝福，尤其具有在审判日为其追随者说情的能力。"真主的朋友"的隐藏秩序在地方的苏非宗派里成为有形的，在这里常住的苏非导师是更大的导师的继承者，而后者被想象为处于尤其伟大的导师的权威之下，等等，既可以延伸到活着的圣徒本人，又可以回溯到穆罕默德，同时也可以下溯到刚开始走上这条道路的最卑微的苏非信徒。

作为在制度化的道团里发现世俗表达方式的神圣力量的意识形态，圣徒的等级给大众的想象提供了一幅秘密运行的永恒神圣秩序的图画，取代（至少是在想象中）腐败的和此时已经崩溃的世俗权力的等级制度。正如霍奇森指出的："在普通的政治意义上，可能不会再有掌权的哈里发。但是仍然存在真正的精神上的哈里发，真主的直接代表，他拥有远比任何公开的哈里发更根本的统治。"[3]

〔1〕他们主张穆罕默德真正是封印的先知，但不是最后的支柱。他的工作是预言和将世界聚在一起的神圣恩典。卡特布要遵循的只是负后一项责任。

〔2〕Macdonald（1909：163）。

〔3〕Hodgson（1974，vol. Ⅱ：288）。

12.4 精神方面的劳动分工

在前现代的中东世界里，有魅力的苏非导师管理伊斯兰的神秘方面，它是个人的、创作神话的、在经验方面得到验证的、分等级的、有表现力的和异端的，而有学识的欧莱玛或多或少地统治着伊斯兰的公众的、实用法律的、导向历史的、平等主义的、抽象的和有学者风度的方面。对于大多数逊尼派穆斯林来说，这两个世界只是同一枚硬币的不同的面，在对启迪的追求中，每一个都给追求者提供了不同的和互补的洞察力的形式。借用伊斯玛仪派的术语，苏非和学者类似，经常主张法律和经文的限制是真主的外在信息（扎希尔，zahir），目的在于约束有知识的人，而苏非主义提供其隐藏的启示（巴推，batin），它接触真正的心灵。公众仪式和伊斯兰的规定都是外表，在这个外表下面的是个人
190 同真主关系的内在意识。[1]

因此，在穆斯林的大部分历史上，正统学者完全可能也是苏非神秘主义者，一方面，苏非学者包括许多强烈敌视所有通俗形式的圣徒崇拜的人，如著名的 14 世纪极端拘谨的改革者，伊本·泰米亚（Ibn Taimiya）[2]；另一方面，苏非谢赫们本身经常就是教法学派可敬的成员。例如，阿布杜－卡迪尔·吉拉尼（Abdul-Qadir al-Gilani）（死于 1160 年），被其后来的追随者认为是其时代的卡特布，是一位罕百里学派的学者，尽管人们猜想罕百里对苏非主义有敌意。事实上，正如马克迪西（Makdisi）所指出的，罕百里主义和早期的苏非主义共同持久地关注对作为精神启迪大道的经文的沉思。

秘传的教义与公开的教义之间的劳动分工运作得非常好。欧莱玛保持圣训并且为人民和法庭提供官方的法律和行政技能。苏非派则有更加全面的秘密影响，其传播遍及中东各地，修士的关系网担任了重要的意识形态和组织角色，这是普通的和主要是城市的欧莱玛无法做到

[1] 这同十二伊玛目派什叶派的理想，将魅力和学问在引导中统一起来形成鲜明对照。

[2] 参见 Makdisi（1974）。

的。例如，因为他们强调内在的优于外在的，或“心”优于“经”的重要性，苏菲派比官方的欧莱玛更愿意容忍地方的变化，这使得他们成为自然的传教士，他们通常正是那些将伊斯兰带入周边地区的人。苏菲派的赞词的戏剧性场面也给城乡的质朴群众一种直接的宗教体验，并且以一种对经文的学术性研究所无法实现的方式增强他们的信仰。

在城镇里，苏菲派也在行会和富图瓦俱乐部里找到易于接受的观众。这些封闭的群体通过入会仪式加入，秘密地行动，提倡个人化纽带的义务并且建立在成员根据专门知识提升梯级的等级运动的基础之上。因为他们同苏菲道团有许多相似之处，他们很容易接受苏菲主义为其选择的宗教，使其业已存在的分等级的个人关系模式理想化。甚至直到进入现代，苏菲兄弟会仍然紧密地结合进封闭的行会和俱乐部组织，他们在这里建立独立的宗派据点，有助于维持地方生活的完整性。在苏菲的影响下，行会和俱乐部也向城市人民提供神圣化的社会世界，以此反对，有时候是起来抗议丧失合法性的中央政府。

苏菲主义在部落地区也拥有巨大影响，修士们被利用作为对立的亲属集团间的神圣仲裁者和和平的保卫者，这些亲属集团间缺乏神圣的解决争端的方式。道团的道堂一般战略性地位于部落集团间的空隙处，在此它们可以作为贸易和调停的中心发挥作用。部落的冲突者可
以在这里安全地见面、交换货物，以及使他们的分歧马上得到解决。因 191
为这些服务，拒绝苏丹世俗统治的部落民常常接受他们本地的谢赫的宗教权威，给他们定期的捐助并且提供人力保护他们——非常类似奥斯（Aws）和赫兹拉吉（Khazraj）部落在麦地那支持穆罕默德。

这些农村的道团在一个敌对的环境中提供了一点点稳定，并且通过他们的关系网、贸易的特许和与城市的联系，建立起部落和部落之外的世界之间的联系。成功的道团甚至能够在大的世俗国家内建立其自己的小的神圣帝国，包括中央集权的政府组织，受到白勒卡提祝福的领袖，通过自愿捐赠的税收和接近部落随从的军事力量。这些宗教的飞地提供了一种世俗中央权威的替代物，并且有时可以起来抗议反对国家的非正义和腐败。

插图 12 - 2　19 世纪北非的道堂。

在北非尤其如此，例如，在 1804 年，德加维(Darqawiyya)道团领导卡比利亚(Kabylia)部落起义反对大公，而在 19 世纪之交，马拉柯什(Marrakesh)附近的沙勒尔达(Shararda)的宗教领袖叛乱数十年反抗摩洛哥国家，认为政府以一种沙里亚法典所不允许的方式征税。

但是尽管他们有分裂的可能性，可是总体来说，苏菲派还是一种安静的力量。因为他们能够将自己插入部落之间的道德空白并且能够进入城市街区的行会和俱乐部，苏菲派在一个欧莱玛的法律和抽象的书面学识不能支持的扩张中的和复杂的世界里，提供地方一致性和精神交流感。具有个人魅力的领袖在赞词表演中提供给信仰者们真实的宗教痴迷的体验，他们给普通人一个使其能够从日常非神圣化的和破裂的世界里逃脱的机会。正如霍奇森评论道，他们是"社会秩序的精神纽带"。[1]这个无论如何不是结论性的，因为在下一章中将要略述原
193 因。

〔1〕Hodgson(1974, vol. Ⅱ:230)。

13　神圣权威的矛盾

13.1　对圣徒的崇拜

苏菲影响的侵蚀与神秘主义传统的重点的转移相关，按照朱奈德(Junayd)的看法，个人交流和社会节制让步于建立在被神化的个体启示性体验的基础之上的苏菲主义更为神奇和疯狂的形式。这些神奇圣徒中的第一位可能是9世纪的巴耶济德·比士塔米(Bayazid Bistami)，他在痴迷的狂喜中喊道"荣耀归于我"。当对此产生反感的他的学生攻击他的时候，他们发现他们的击打不可思议地转而对付他们自己，这表明比士塔米(Bistami)确实成为真主的完美的镜子。

对于敬畏的门徒而言，发生转变的圣徒是神在地球上的显灵，他们应该被无条件地爱戴。鲁米(Rumi)在来自大不里士(Tabriz)的衣冠凌乱的云游苦修者沙姆斯丁(Shams al-Din)的身上发现了真主的化身。对于鲁米来说："大不里士的太阳(沙姆斯，Shams)是一种完美的光，一个太阳，是的，真主的一道光！"[1]在他狂喜的时候，他走得更远："我的导师和我的谢赫，我的病痛和我的医药；我公开宣布这些话，我的沙姆斯(Shams)和我的真主！"[2]沙姆斯没有否认鲁米的宣告，并且证实他确实是一个超越所有习俗和法律的完美的人。在其所爱的影响下，鲁米也感觉到他也已经摆脱了时间和空间的限制，并且喊道："酒同我一起陶醉，而不是我同它一起陶醉！世界从我这里获得生物，不是我从它那里获得生命！"[3]

尽管这种不可思议的展示和非同寻常的主张被狂喜的圣徒们推向

[1]Rumi(1975:6)。

[2]来自于 Diwan-e-Shams，引自 Arasteh(1965:64)。

[3]Rumi(1975:32－33)。

极点,在许多年中狂喜的苏菲能够在其秘密的道路上继续前进,而很少受到欧莱玛或世俗政府的干预,这部分地是因为他们遵循了朱奈德的建议,通过隐藏的暗示神秘地讨论其与真主的交流,与什叶派将其信仰隐藏在掩饰下面非常相似。鲁米写道:"当神圣真理的新娘向你显示其面容和秘密被展现之时,切记,切记,你不要把这件事告诉任何陌生
194 人,并且不要把它描述给其他的人。"更进一步,鲁米实用地建议道,最好是保持沉默,因为如果一个苏菲讲出了真理,"没有一个人会留下来或给他们穆斯林的问候"。[1]

在另一方面,欧莱玛,很高兴苏菲和学者的劳动分工,感觉到只要法律得到公众的遵守,苏菲给予其教育和做法的个人意义就只与他们自己相关了,因为逊尼派的教义认为只有真主知道其他人心里想的是什么。如果一个人愿意公开宣称,安拉是唯一真正的主宰,穆罕默德是他的先知,他就会被正统派接受为一个逊尼派穆斯林,除非他证明自己是其他的。只有当神秘主义不再能保持其同一的"秘密"时,正统派和世俗权威人士的怒火才被燃起,因为这种启示构成对其权力的直接挑战。

曼苏尔·哈拉智(Mansur al-Hallaj)是这种挑战者中最著名的和最激进的。出身于卑微家庭(他的名字的意思是"梳棉机")的哈拉智是朱奈德和"醒悟"派其他人的学生。但是他太陶醉于真主,以至于不能遵循他的老师们对其体验要慎重的告诫。相反地,他宣布艾乃勒哈格(Ana l-Haqq),即"我是神"或"我就是真主",并且被其神秘的交流鼓动,念诵狂热的诗句:"你的精神同我的精神混在一起,正如酒同纯洁的水相混。某物接触你时,它也就接触了我。现在在每件事情上'你'就是'我'。"[2]在他的痴迷状态下,他反对苏菲精神特权集团的慎重沉默,并且相反呼吁平等主义地分享交流的秘密。拒绝超然和谨慎,他脱掉苏菲的标记,在伊斯兰国度的各地云游,对民众也对权贵宣讲神圣的爱,表演奇迹并且激起人民对弥赛亚的期待感,反对政权的压迫和神

[1]Rumi(1972:81,141)。

[2]Hallaj 引自 Massignon(1982,vol. Ⅲ:41)。

职人员的精英政治。

正是由于其在宗教和市民方面对当时的秩序的挑战，他受到迫害、审问、监禁，在最终受到可怕的折磨并在922年被处死——伊斯兰内部非常少有的殉难者之一。那些支持处死他的人包括担心民众起义的阿拔斯王朝的统治者、觉得哈拉智的主张无法忍受的正统派欧莱玛以及将其视为他们对阿里家族救世主期望的威胁的什叶派。大多数苏菲也抛弃了他，说他通过向不值得的民众展示苏菲教义而威胁到他们的存在。

尤其值得注意的是哈拉智接受甚至欢迎针对他的判决。这里面有几个原因，首先是压倒一切的同真主完全和最终合一的愿望。正如哈拉智喊道："在我和你之间（停顿）'是我！'（这）痛苦……啊！通过仁 195
慈从我们两者间解除这个'是我'！"[1]

根据传说，哈拉智在赴绞刑架的路上又唱又跳，并且诵读："杀了我，噢，我忠实的朋友们，因为杀了我会使我生；我的生存在于我的死，我的死存在于我的生。"[2]当他的手和脚被砍掉之后，他并没有喊叫，信徒们看到他的血在地上写出"安拉"。

除了他自己寻求死亡之外，哈拉智也承认其痴迷的神秘直觉对逊尼正统派的基本价值观造成压力，并决定牺牲自己保持主流派的清醒和教义。正如他对他的一位门徒所说的："对于穆斯林来说没有比我的死刑更迫切的事情。试着理解我的死刑是对根据法令实施的制裁的保护，因为违反（法律）者必须受到痛苦（后果）。"[3]因为其酷刑，哈拉智成为逊尼派手工业者、外国人、流浪者和违法者心目中的英雄和保护圣徒，否则他们就会在什叶派的侯赛因悲剧中找到庇护。他们把他作为殉道者来崇拜，认为由于其牺牲的美德，他可以向真主给他们说情。

但是哈拉智接受法律的权力的原则和他为了普通信徒而殉道的勇气，对于苏菲主义的发展轨迹基本没有什么影响。相反，一些宗派，如

---

〔1〕Hallaj 引自 Massignon（1982, vol. Ⅲ:47）。

〔2〕引自 Massignon（1982, vol. Ⅰ:600）。

〔3〕引自 Massignon（1982, vol. Ⅰ:289）。

除了达到意识的痴迷状态之外不存在特殊信条的卡兰达里道团(Qalandariyya),在精神追求者中越来越受欢迎;反社会的漂泊的苦修者也在激增,苏菲导师们倾向于成为魔术师而不是道德家,因为他们试图控制激动找寻中的公众的忠诚。到了13世纪,成功苏菲宗派主要依靠情感上的公开宣教,在慈善团体中重新分配财富,赞词的壮观展示,以及表演奇迹,以赢得民众的赞许和获得世俗教友的捐赠。主要的苏菲仪式就是毛里德(mulid),即在创始人墓前一年一度的诞辰纪念,来自各个道堂的成员聚集在一起,通过展示慷慨、盛宴、戏剧性地表现活跃的禁欲主义和令人狂喜的反复诵唱,竞相表示他们对其敬奉的保护圣徒的忠诚。

随着神秘地倾向于苏菲派的知识分子们逐渐被吸引到伊本·阿拉比(Ibn al-Arabi)(死于1240年)的秘传教导中,他们也同时从道德的实践主义中退却。取代哈拉智的道德上的自我牺牲和对直接的灵知的平等主义参与,伊本·阿拉比构建了一个复杂的、等级制的、泛神论的和沉思的新柏拉图主义的神秘梦幻。其学派的专家们把时间花在冥想升往或降自仁慈的完美者的40个阶段,和沉思自终极的神圣名字所发散出的28个等级上,每一种发散都在其自身的多种多样的原型中发
196 展,全部都折射出真主的完全的爱。与经院法学家的无谓琐细分析相对应,伊本·阿拉比的信徒们专注于这个永恒派生的神秘宇宙的深奥细节当中,对于他们来说,只有那些能够掌握原型和发散的深奥抽象的
197 人能够真正地体验到真主,普通民众只是"手执火把的动物"。[1]

无论是知识分子的苏菲主义还是普通民众的苏菲主义,因此都远离早期实践中的苦行的道德主义,趋向更加过分地沉浸于沉思真主的各种形式,并痴迷热爱其有魅力的领袖,一个完美者,追随者受到他的一种直觉的内在强制力的吸引,皈依者将之比作浪漫之爱。从这种角度来说,活着的蒙真主选定者可以通过其精神光环——他们的吉庆,由其门徒自动地识别出来。正如艾布·赛义德(Abu Said)所说:"这些灵

〔1〕参见Massignon(1952)。

插图 13－1　宗教乞丐。

魂通过气味，如马一样互相认识。”[1]

然而，在层次和考验的任何标准体系的缺乏中，在个人发出的精神迹象的品质中很少有任何的一致。正如从前的圣训搜集者，严肃的追求者去遥远的地区找寻隐逸的和独特的精神人物，通常是乞丐或卑下的手艺人，他们只有在直觉的洞察力的光亮中，或可能在梦境或幻觉中，才被认出是伟大的圣徒。

13.2　苏菲主义的权威丧失

尽管存在侧重点的变化，苏菲派一直在部落中发挥其仲裁和领导

〔1〕引自 Nicholson(1921;56)。

的功能，而在城市里，他们提供可以将贫困者从其苦难中脱离出来的痴迷体验，即使只是片刻的。神秘主义也保持其对城市上层阶级的吸引力，他们可以同时磨炼其精神和提高品味。尽管到20世纪苏菲主义仍然流行，但是它已不再是中东的主要驱动力，而是越来越遭到攻击[1]，为什么会发生这种情况呢？

许多评论家已经看到，西方理性主义的现代化和批判的影响是苏菲主义衰落的主要原因。由于受西方技术和科学的声望和成功的影响，穆斯林改革者在世纪之交将苏菲主义的实践和信仰看做是原始的和异教的。他们主张，为了同西方达到平等，伊斯兰应该切掉这些“残余”并关注伊斯兰的现代方面，如协商、个人自由、理性和思想自由。[2]

这些现代的理性主义的清教徒引起了后来的相反的知识分子运动，例如赛莱菲耶，于20世纪30年代作为对法国反伊斯兰宣传的回应兴起于北非。赛莱菲耶改革者提倡向他们所相信的最初的伊斯兰回归，并且在这个过程中激烈地批判苏菲主义，称之为反穆斯林的、原始的和通敌者。正如欧内斯特·盖尔纳（Gellner）指出的，反苏菲主义的兴起与中东各地城市中的行政和技术阶层的权威的上升相一致。这种
198 增长的和越来越在文化上占统治地位的社会部门自然地发现，城市欧莱玛的普遍的和抽象的伊斯兰，比个人化的、有魅力的苏菲主义更有吸引力。[3]

然而，正如盖尔纳（Gellner）自己已经证明了的[4]，苏菲主义在原则上不能使自己适应现代性这一点是不明显的。因为一个有魅力的领

〔1〕重要的是，在中东只有在土耳其苏菲主义仍然真正占据着中心地位。这在部分上归因于，我认为，乌里玛和奥斯曼帝国的深层联系，这导致正统的学习丧失合法性和与此相对应的大众对苏菲主义的兴趣——一种为阿塔图尔克（Ataturk）（阿塔图尔克是土耳其资产阶级革命的领导者凯末尔的姓。——译者注）的努力所加强的兴趣，他摧毁了不是由国家机器控制的或不是由接受等级制度的土耳其人控制的宗教的所有形式。同样重要的是，苏菲主义在南亚和东南亚的更为严重的等级制社会里仍然是强有力的。更多的参见 Werbner（1995）。

〔2〕同穆尔太齐赖派的联系是清楚的，并且受到改革者的唤起。

〔3〕这种主张参见 Gellner（1983）。

〔4〕Gellner（1981：99－113）。

袖可以根据环境作出单方面的决定，基本上不用注意到法律的限制，在理论上，苏菲集体应该能够相对快地适应现代的条件。阿伽(Aga)汗的现代追随者，在第8章讨论过的，就是恰当的例子。那么看起来苏菲派将会得到迅速变化的和复杂的现代环境的支持(或至少不是惩罚)，但是情况并不是这样。

其他的评论者看到，苏菲主义的削弱开始于18世纪瓦哈比派的复兴，后者传播反苏菲的教义，例如禁止在坟墓上的各种崇拜，停止苏菲的行为，例如赞词。然而，这个运动的精神领袖瓦哈卜，曾经在麦加向一个寂静派的苏菲辛迪(al-Sindhi)学习，并且瓦哈卜所宣传的伊斯兰清教主义的模式是非常自觉地对罕百里派教义的重申，尤其是像伊本·泰米亚(Ibn Taimiya)(死于1328年)曾经说过的那样，瓦哈卜本人是一个苏菲团体的成员。在真正意义上，瓦哈比派只是在没有明显的神秘主义的情况下接管标准的苏菲宗派的组织。[1]

瓦哈比运动的积极的道德风格同苏菲主义也不是格格不入的。一些苏菲的团体，例如，纳西里耶道团(Nasiriyya)和赛努西道团(Sanusi)，也通过将净化伊斯兰和模仿穆罕默德作为他们的口号，来对时代的压力作出回应。这些新苏菲运动(如法兹勒·拉合曼[Fazlur Rahman]所称)[2]要求门徒们深入世界以便改造世界。他们，不止是狂热的和清教徒似的瓦哈比派，给现代穆斯林激进主义以特色，并且我们毫不奇怪地发现，哈桑·班纳，穆斯林兄弟会的创建者，在开始其事业的时候是一位苏菲，阿拉尔·法西(Allal al-Fassi)，在他开始赛莱菲耶(Salafiyya)运动时是费斯(Fez)著名的苏菲谢赫家族的成员。

如果通常猜测的现代清教似的改革和苏菲主义之间的对立关系远不是十分清楚的，那么同样不清楚的说法是，任何苏菲宗派曾向殖民主义和本地世俗政府作出系统的合法性丧失的投降。一些苏菲宗派使自己适应殖民主义和世俗统治，而其他的则不是这样。例如，利比亚的萨努西(Sanusi)道团领导了反抗意大利的斗争，并且是强烈主张回到最

[1]Voll(1987)。

[2]Rahman(1982)。

初做法的提议者。在其他地方,其他苏菲团体,一些改革家,其他的痴迷者,也领导他们的追随者反对国家,追随萨法维和阿摩哈德(Almohad)的反叛的脚步。[1]与通常很容易被吸收进任何政府的城市欧莱
199 玛不同,苏菲派一直到现代常常保持其独立和作为人民代言人的能力。

事实是,西方的影响、大国的力量和社会的变化结合在一起,使流行的苏菲主义的合法性受到质疑,但是它失去中心性地位的主要原因是更深层的。它存在于,在中东平等主义和多元主义的社会世界里,在保持魅力型个人统治的组织方面所涉及的内部冲突。正如一个18世纪的诗人气愤地写道:"但愿我们没有活着看到每个发狂的疯人被其同伴举起作为支柱。他们的欧莱玛在他那里避难,真的,他们甚至还接受他为主宰,而不是王位上的主宰。因为他们已经忘记了真主,说'某某人为苦难中的全人类提供解脱'。"[2]作者谴责的权力的夸张有几种来源。

13.3 超凡魅力的夸张

部分地,苏菲对导师神圣权力的夸张是道堂之间内部权力斗争的结果。由于导师的位置是有魅力的,它不是自动地传给圣徒的家庭成员,而是传给精神方面最有资格的被传授知识的人,他可能是或可能不是家庭的成员。实际上,随着时间的发展,事实上的血缘纽带或精神传授变得越来越不重要,因为神圣地位的竞争者通过只有他才能够看到的幻象试图使其权威合法化。例如,艾哈迈德·提贾尼(al-Tijiani),在18世纪中期创建了颇有影响的道团,通过宣布其道统只有一个很长的环节,直接从先知穆罕默德处传来,先知在梦中出现教导他,从而证明其高贵的精神地位。

---

〔1〕例如,在土耳其,纳合什班迪(Naqshbandi)苏菲派在1925年领导了要求库尔德斯坦独立的起义,而最近在阿富汗同一道团与伊斯兰主义抵抗组织结盟。即使在英国人撤离以后,苏菲也继续领导了在巴基斯坦西北边境省(NWFP)的起义。我已经提到了苏菲领导下发生在北非的许多起义中的几个。

〔2〕Al-Badr al-Hijazl 引自 Arberry(1950:128)。

这种不能证明的主张给苏菲宗派内部继承者的适宜性的争议留下许多空间，因为门徒和俗人一样，在围绕死去圣徒的白勒卡提的对立竞争者的派系联盟中结盟。继承的争议不仅仅是关于精神的事物，他们也关系到掌握道堂所控制的经济和政治资源。考虑到较高的收益，也就不必奇怪，对提出要求者神圣性的争议是如此强烈以至于导致道团的分裂，两个或多个宗派宣布拥有正确的道统，保持独立的集会地点，每个都辱骂性地嘲笑他们对手的领袖的品德，而对于他们自己导师的精神权力提出特别的要求。

对神圣权力的夸张也在更大的神秘社会中盛行的争议中发生，几个导师自称是当代的卡特布（qutb），或者在隐藏的神圣机构中享有较高的地位。竞争性的主张导致就形而上学的优越性问题的不断争论， 200
圣徒参加在精神方面具有高人一等地位的竞争，不过是部落骑士的自吹和世仇的一种形而上学的版本。甚至最大的苏菲团体卡迪里道团（Qadiriyya）的最谦逊和最宽容的创建者阿布杜·卡迪尔·吉拉尼（al-Gilani）也坚持其精神方面的优势地位，据说他吹嘘地说："我的脚站在每个圣徒的脖子上。"[1]当他自豪地宣布自己就是卡特布－艾勒－其塔布（qutb-al-aqtab，极中之极）和封印圣徒时，提贾尼（Tijiani）甚至走得更远，他不但掌管所有活着的苏菲导师，也同样掌管所有在他之前死去的苏菲导师。[2] 类似的，阿拉伯诗人伊本·法里德（al-Farid）（死于1235年）用这些话向读者结束其伟大的关于神秘之爱的诗歌："我发现部落的成年男人（苏菲的聪明程度）比不过小孩子。因为我同时代的人只喝我剩下的残渣；对于我之前的，他们的（自我吹嘘的）价值是我的奢望。"[3]

R. A. 尼科尔森用这种方式解释了圣徒们逐渐增加的傲慢。"正如贝都因诗人吹嘘自己以便表明其部落的高贵，因此当穆罕默德家族的

---

[1]引自 Schimmel（1975：247）。提贾尼（Tijiani），以典型的方式，通过说"我的脚踩在从阿丹时代直到（末日的）号角吹响的每个全能的真主的脖子上"而胜过自己，参见 Abun Nasr（1965：39）。

[2]参见 Gilsenan（1973）。

[3]引自 Nicholson（1921：264）。

圣徒吹嘘真主赏赐给他们的独特恩赐时，这不是自我夸耀，而是向他感恩，‘所有的恩赐都来自于他’。”[1]可能是这样，但是自豪的自我肯定的花言巧语也同等级不确定的平等性文化相一致。在竞争性的中东世界，个人主要通过给他人留下深刻印象来赢得尊重。这个可以部分地通过简单地陈述和再陈述个人的伟大来实现，当权力的基础具有相对很少的物质基础和主要依赖于他们相信自己的神圣性时，通货膨胀性的花言巧语就是更加具有诱惑力的。同以其强壮的右臂给他争得下属支持的武士和成功地通过其考试的学者相同，未来的圣徒在寻觅门徒和尊重时不得不更多地吹嘘他的白勒卡提以及其先辈和同盟者的精神力量。

圣徒的自命不凡因此是比部落民的自命不凡更有野心的和更令人怀疑的，部落民只是平等者中的第一人，是男人中的男人，而圣徒恰恰不是那样的，而是以自己与真主统一而自豪。对超越个人与更高存在统一的确信，自然就成为所有神秘体验的典型特征，并且到处都有浮夸的成分。这种典型的夸张在伊斯兰中增强，在这里，神学上的绝对的、无所不在的、无所不能的真主为寻求者指明完全与神相合一的方向。鲁米以这种方式提出其主张：“说‘我是真主的奴仆’的人表明了两种存在，一个是他自己，另一个是真主。但是说‘我是真主’的人已经失去自我，并将自我扔到风中。”[2]对于苏菲圣徒来说，“失去”在真主那里，他的思想现在必须是真主的思想，他的感情是真主的感情，他所做的一切都必须是真主所意欲的。

201 正如我们所看到的，正是这种在真主那里失去自我的苏菲体验，成为他们被教导的“自己已死”，并成为他们朝着梵纳的最终目标沿着内部状态向上攀登的阶梯。虔诚地重复赞词也能激起精于此道者的片刻的忘我狂喜。理智和行动推动着苏菲导师对他自己先验的同绝对神灵统一状态具有坚定的信念。正如鲁米欢呼到：“由于我的嘴吃过了他

〔1〕Nicholson(1921:173)。

〔2〕Rumi(1972:56)。

的糖果,我就变得聪明,并能面对面地看到他。”[1]——这种断言与正统派的宣称是直接矛盾的,后者认为,在不可知的真主和其易犯错误的、只能依靠安拉的仁慈作为灵魂得救唯一方法的人类被造物之间,存在一条不可逾越的鸿沟。

即便深深地感觉到,但神秘的交流是很难加以证明的,因为与教法学家的证书不同,神秘的交流完全是内在的和看不到的。因此,为了体现其精神权威,圣徒故意地站到一边,其行动的方式象征性地将自己从普通人中区分出来:大多数穿着特殊的衣服,留着长胡须,走路极富尊严,对权力不表现出明显的兴趣,表现为贞洁的端庄的,不携带武器,避开政治,讲话从容不迫。其他人,作为苦修者的角色,拿着一只讨饭碗,穿着带补丁的袍子,他们没有家,四处流浪,在狂喜的恍惚中改变自己。在所有的例子中,神秘主义者在身体上和精神上都将自己装扮成不同于普通人的人。

但是因为苏菲导师的地位主要依靠其内部的改变,而这仅仅由其外在的相貌和行动作为象征,并且也因为存在冒充内行的巨大潜力,因此在皈依者中存在着对导师的神圣品质要求一些更确切证据的强大压力。这种证据一般采取两种形式:第一是发展一个门徒的圈子,正如阿布·赛义德指出的,门徒们可以闻到宣称者的圣洁;第二是依靠宣称者表现奇迹(凯拉麦,karamat)的能力,例如,鲁米的学生被吸引到他的跟前来,是因为他有着令人惊奇的本能地吟诵华美诗歌的能力,但是他蔑视自己的诗歌天分。“我并不在乎诗歌,”他写道,“但是这对于我又是义不容辞的,正如一个人将手伸进供食用的牛肚里,为了投客人所好而洗一下,因为客人的爱好就在于牛肚。”[2]

鲁米是对的。门徒们被吸引到他跟前是由于他的诗歌的品味,正如他们被吸引到其他能展现持续时间较短的奇迹的圣徒面前。在他们的方面,聚集到导师周围的修士力争使潜在的追随者及其自己相信其领袖值得忠诚,因为他,如阿布·赛义德,已经成为“无人的儿子无

[1]Rumi(1972:166)。

[2]Rumi(1972:85-86)。

202 人”,他什么也不需要,因为作为在真主那里“失去”自我的结果,他已经拥有了一切。在皈依者看来,导师因此是不会犯错误的,圣徒喝下的酒自动地变成蜜。[1] 他神奇的能力来自于他与其所爱者的无私结合,并通过将自己融入赞词表演中对仁慈的直接体验所团结起来的尊贵社团,以给予普通信仰者灵魂得救的能力中得到体现。

忠诚的信徒相信其导师的圣洁自然可以敏捷地将其提升到甚至是上帝所在的高度,在那里,他可以在他们通向天堂的不确定的道路上为他们说情,并在同样不稳定的今世帮助他们。结果是,他们倾向于认为发生在他们身上的每件不平常的事情都是由于其导师的神奇介入。[2] 苏菲信徒也通过他们与有魅力人物的联系而在其同学中获得更高的精神地位,他们也因为这个原因而倾向夸大自己的力量。

有这些激励追随者的事物,圣徒的教义或态度究竟是什么不是真正重要的,只要他提供一个有形的存在使人能想起神灵就可以了。在其一生中绝对没有浮夸声明的清教徒似的苏菲导师,往往在其去世后被后来的皈依者加以夸大。例如,在打碎偶像的伊本·罕百里于 855 年去世后,仅仅 40 年以后,崇拜者就开始在他墓前礼拜,他被尊奉为圣徒和精神说情者,在今天他被视为反对崇拜偶像的反苏菲主义的保护者。类似地,在塔姆格特(Tamgrout)、南摩洛哥的纳西里耶道团,是由本·纳赛尔(Ben Nasir)在 17 世纪早期建立的,他是一个不允许痴迷地跳舞和精神恍惚的苏菲,他谴责魔术,赞成严格地遵守礼拜、学习并仿效先知。然而在他去世后,他被赋予神秘的力量,他的道团发展成以他的坟墓为中心的标准的苏菲宗派。[3]

那么,看起来在中世纪的中东文化中,很难获得合法的权威和个人

[1]参见 Munson(1993)。

[2]Gilsenan(1973)指出道团中受过更多教育的、更值得尊敬的和更富裕的成员将凯拉麦看做是同学习和性格相联系的,而地位低下的成员会寻找更神奇的证据,引用梦幻和声音作为其导师权力的证据。

[3]参见 Hammoudi(1980),Mille 和 Bowen(1993),利比亚赛努西道团中类似的事情,参见 Evans-Pritchard(1949)。

的安全，任何有宗教名誉的人都有可能吸引追随者到他的墓前来。[1]圣徒崇拜的趋势由苏菲导师们进一步加强，他们被劝告说，普通人需要狂欢娱乐和奇迹的保证才能被吸引到宗教的虔诚中来。清教徒似的苏菲可能不会相信自己的不可思议的神奇品质，但是不过可能会容忍甚至鼓励追求奇迹者向其聚集，并且可能将手伸给狂热追求得到他的白勒卡提的朝圣者亲吻。

13.4 无私的模糊性

在为其领袖的精神权威作出这些过分的要求时，道团推翻了自治和平等的文化价值观，并在正统派中引起了质疑。玩世不恭者怀疑，是否皈依者给予其如此名誉的卧里可能事实上是一个伪君子，躲藏在圣洁的面具后面同时秘密地做着其他每个人都做的事情。尽管其门徒们 203
说他不再是一个普通的人类，但他肯定仍然是由男人和女人所生出的，无论他特殊的神圣气派看起来是什么，他仍然出汗，并且可能他喝下去的酒根本就不是蜜。

甚至对于那些接受圣徒是在真主中失去自我者的描述的人，这种矛盾情绪依然存在，因为为了更高力量的个人服从在中东文化中存在令人棘手的分歧。正如我们在欧莱玛的例子中所看到的，这种自我否定与日常生活中普通人所要求的积极的自我表述完全相反。因为其训练是严格的，因为其名家地位的证据主要存在于其个人的魅力中，也因为其同真主存在的交流通过强大的仪式表现出来并使公众感动，所以，苏菲以最强的形式代表着这种矛盾。当苏菲导师宣称其精神权威时，情况尤其是这样，然而通过宣称其是全能者的延伸，其行为就避免了个人的责任。结果是，吸引其门徒之爱的导师的特征也在普通民众中引起了疑虑，他们对待真主的朋友的态度是敬畏和恐惧的混合物，有时接近于厌恶。

[1]一个从摩洛哥到巴基斯坦北部都可以听到的故事阐述了这个观点。一个神圣的人冒险进入部落地区和一群当地人见面，他们问他的职业。他回答说他来就是带给他们其精神知识的恩典。作为回应，他们将之杀死，以便获得其坟墓的吉庆。参见 Serjeant(1981b)的描述。

这种态度在韦斯特马克于摩洛哥搜集的民间信仰中是清楚的：

> 同样的地方——岩石，山洞，泉水，海洋——都是镇尼（jnun，恶精灵）出没的地方，也同圣徒联系在一起——偶尔也有人怀疑是否某个地方是同圣徒相联系的，或者只是镇尼出没的地方……圣徒和镇尼间的关系经常是非常亲密的。许多圣徒……控制镇尼，它们作为圣徒的哈的目（huddam），或者说奴仆，并且在所谓的镇尼圣徒的说法中，圣徒和镇尼间的界限基本上被忘却……无疑圣徒和君主都习惯性地和臭名昭著地犯过大罪，但又没有失去其圣洁的名声。[1]

这些危险的圣徒一般被民众认为是有神奇的飞行、通灵、看透他人心思和变形的能力，显示出超越人类束缚的自由，及侵入普通人的个人空间的能力。除了其使人敬畏的和令人害怕的能力之外，他们也被看做是渴望权力的，特别有妒忌心，充满强有力的但是多种形式的性欲，可以引诱那些到他们那里去寻求精神帮助的人。在斯瓦特（Swat），脸上有胎痣的男人仍然被看做其母亲同好色的苏菲违法结合的产物。

204 苏菲导师也可能是暴力的，正如我们在圣徒传记里面所看到的，其中的重要内容之一就是相互对立的苏菲之间的奇迹比拼，通过展现其精神力量，如看透他人的心思、在水上行走、给人治病，来显示他们的威力。这可以逐渐升级为公开的战斗，圣徒进行的超自然的战争类似于部落民之间进行的权力斗争。尽管参战者的武器是无形的，但是却被认为是如矛和剑一样有杀伤力的，信徒之间的伤亡也会很高。

神奇的武器也被用来惩罚任何没有对圣徒表现出恰当尊敬的人。即使动物也不例外。据说有一只鸟飞过吉拉尼（Gilani）的头顶而没有向他敬礼，立刻被在空中摧毁，山羊在一片属于某个圣徒的牧场吃草时会自动死去。[2] 其他有记载的奇迹也很少是西方人所期待的善良的行为。例如，在很多流行的传说中，圣徒是个骗子，向他们要车票的列车乘务员发现火车突然间不动了，他们的手表停了——但是当低声下

---

〔1〕Westermark（1926:389,228,238）。

〔2〕Hodgson（1974,vol. Ⅱ:227）；Serjeant（1981b）。

气地赔礼道歉之后一切又都恢复了正常。在其他的例子中，圣徒的力量更是可怕得多，鲁米的导师沙姆斯神奇地将一个虔诚的信徒弄聋，并且强迫他当众背诵“万物非主，唯有真主；沙姆斯·大不里士是他的先知”。当这个学生因其亵渎神明的言辞而受到攻击时，沙姆斯大吼一声，声音是如此之大，以至于杀死了其中的一个攻击者，证明了其神奇的力量。[1]

即使统治者也不能免于超自然的惩罚，如果他们碰巧冒犯了一个真主的朋友。尼科尔森告诉我们，当一个艾米尔没有给和蔼的阿布·赛义德捐款时（他被其门徒们认为是“爱的保证人”），他受到被自己的狗生吞的处罚。商人在其礼物吝啬的时候也受到类似命运的威胁。[2]这种超自然的报复和敲诈行为，可以当做对压制性权威的精神抵制的民间神话来读[3]，但是它们也清晰地表现了圣徒采取专横残暴行动的可怕力量，即使不是大于，也等同于国家的残暴，这种残暴更加可怕，因为它无法逃避或控制。在民间传说中，苏菲导师受到的尊敬非常类似于苏丹：通过对残忍的力量的任意使用。

普通人持有的对真主朋友的信仰的真与假，与这里的讨论不相关，当然许多圣徒的性格是平和的和善良的。值得注意的是苏菲导师，因为他宣称一种特殊的神圣性从其完美的个人身上发出，他是一个到目前为止被普遍尊敬的人，因为他展示了不同寻常的力量，但是除了尊敬之外常常达到明显的模糊、害怕和厌恶的程度，这一点在摩洛哥谚语“真主的慈悯来自于拜访一个圣徒并且很快离开”[4]中得到证实，苏菲 205
导师总是一个危险的人物，当他能提供精神影响、痴迷的体验以及各种世俗的关系和服务时，人们就追随他，但是当存在其他来源的不太危险、不太矛盾和要求不太高的方法和力量时，人们就抛弃他。

并不令人感到意外的是，苏菲主义的全盛时期是在塞尔柱统治期间和蒙古人分裂的政权的统治之下，哈里发已经衰落，纯粹世俗的政府

---

〔1〕引自 Hodgson（1974，vol. Ⅱ：245）。

〔2〕Nicholson（1921）。

〔3〕参见 Geettz（1968）看这样一个解释和 Munson（1993）看一个反应。

〔4〕引自 Westermark（1926：228）。

开始收买和封锁欧莱玛，在精神资源或合法权力的方面留给民众的东西是非常少的。苏菲提出的有魅力的无限等级向穆斯林大众提供了在神圣领导权下统一的经历，也提供了监督管理分裂世界的想象中的宇宙秩序。

但是随着伊斯兰国家再一次慢慢结合到一起，苏菲道团越来越被迫强调其导师的神奇力量和提供狂喜痴迷的合一。这些越来越盛行的苏菲主义的方面对普通人而言是令人烦恼的，他们既受苏菲神化某个领袖和与工具性自我断绝关系的要求的吸引，又对其加以排斥；他们要求与正统伊斯兰的严肃态度相反的东西，也要求苏菲试图通过个人的魅力加以改变的在其文化中占统治地位的个人主义与平等主义伦理。结果是，许多苏菲道团慢慢变成有神秘倾向的知识分子聚会的地方，或者成为受贬低者的孤立的团体，或者变成通俗娱乐的地方。尽管有些例外，但是大体上他们今天还是那个样子。

13.5 伊斯兰主义者和苏菲派

但是苏菲导师魅力的诱惑以及苏菲宗派的纪律还没有完全失去特色。尽管苏菲主义在中东伊斯兰教中已经成为次要的，但是其许多信仰和实践在新的政治化的外表下，在当代的激进伊斯兰主义运动中得到复兴，它的兴起是对现代化、社会变革和西方文化的挑战所引起的伊斯兰世界的政治和道德危机的回应。在这些巨大的压力下，一些虔诚的和被疏离的中东人，对马克思主义和民族主义未能兑现的承诺大失所望，批判其统治者是非伊斯兰的，谴责欧莱玛与政府串通一气，呼吁建立一个新的社会，如最初的乌玛一样，在沙里亚法典的笼罩下，由贞洁的穆斯林的一致意见进行统治。

206 这些自称的伊斯兰主义者不但抵制正统欧莱玛的道德权威，而且公开敌视民间的苏菲主义。[1] 他们认为苏菲的做法是不道德的革新，并断言赞颂苏菲圣徒和在苏菲墓前礼拜是近乎异端的危险做法。但是

〔1〕参见 Roy(1994)这个术语。

尽管对苏菲主义进行严厉的意识形态方面的谴责，伊斯兰主义的激进分子仍然聚集在有魅力的人物的周围，并且以同过去活跃的苏菲道团十分相似的方式进行组织。

例如，激进的Takfir wa al-hijra（不信者和流亡者）团体[1]——他们中的许多人在刺杀埃及宗教资助部部长之后被投入监狱并被处死——呼吁从社会中完全脱离，为反抗他们假想中的凶暴埃及国家的千禧年起义作准备。这个派别的成员们发誓保密，在受到严密控制和隔绝的单位里结合在一起，严格地传授自我净化的技术，并被命令完全服从。所有人都在一个绝对的领袖，舒凯里（Shukri）·穆斯塔法的领导下，他宣称知道《古兰经》里每个字母的秘密含义，《古兰经》里的每个词语都被认为是神圣的法律。[2] 在其他激进的伊斯兰派别中也可以发现类似的模式，甚至相对温和的穆斯林兄弟会也建立了秘密的和广泛的基层组织（叫做家庭），通过严格的纪律和对其领袖精神方面无上权威的强大信念组织在一起，哈桑·班纳，被授予穆尔西德（murshid）的苏菲头衔。[3]

伊斯兰改革者参加秘密的有魅力的宗派的趋势，部分地是中东政权的压制性政治的可以预见的结果，它们激烈地迫害所有的反对者。作为回应，激进主义分子很自然地通过聚集在为共同信仰和仪式结合在一起的团结的秘密组织里以寻求安全，这些组织也常常倾向于服从一个被理想化的神圣的有灵感的领袖。我们发现类似于教派的千禧年一救世主组织在许多社会中，穆斯林的和非穆斯林的，在类似的敌对条件下兴起。过去的政治化的苏菲宗派可以看做是这种普遍的抗议形式的亚类型。

但是现代的伊斯兰主义者，由于更特殊的与中东和伊斯兰的平等主义原则相关的原因，也被迫走向将其有魅力的领袖和苏菲式组织理

[1]“不信者和流亡者”原文作 infidel and exile。但该组织目前通行的汉文译法是“赎罪与迁徙组织”，是埃及穆斯林兄弟会后起的分支。——译者注

[2]参见 Youssef(1985)这个例子和其他。

[3]参见 Mitchell(1969)关于穆斯林兄弟会，Roy(1994)，Abun-Nasr(1985)，Youssef(1985)，Choueiri(1990)的其他的例子。

想化。这些理想,到了逻辑的极端,经常导致穆斯林狂热分子谴责所有正规的权力组织为不道德的强迫接受,并且主张“机构的功能只是与那些实施这些功能的人的道德一样的”。因此道德领袖不需要正式的官僚政治的或家系的资格,他可以是任何人,只要他是一个健康的、性格无瑕疵的男性成年穆斯林。[1]

结果是,因为个人道德是合法权威的唯一标准,公正的政府或正义
207 的组织的领袖必须是“index sui,他自己的体现者”。[2] 只是由于其个人的品质而被跟随。在伊斯兰尤其是苏菲的思想中,这种典范的和鼓舞性的人物的榜样是卡特布,宇宙之极,完美者,先知的再现,他应该得到那些直觉认识到其个人统治权的精神上蒙真主挑选者的服从。相应地,伊斯兰主义者被迫地寻找领袖,他如苏菲的导师一样,不是因其证书而知名,而是由其无形的光环——只有被挑选者才能辨别。

一旦真正的领袖被发现并得到承认,门徒们的职责就是模仿他并给予他绝对的忠诚,拒绝围绕着他们的腐败社会,在精神方面的精英的范围之内,重现围绕在先知周围的最初的乌玛。那么,以这种方式组织起来的政党就变成了苏菲宗派的等同物。封闭的团体作为净化灵魂的训练场,在此,献身的门徒的统治集团通过对领袖所写经文的努力学习、对罪过的公开忏悔、绝对地服从和实践自我牺牲来获得神圣的知识。正如奥利维亚·罗伊写道,在这种条件下,“从属于派别的程度,与个人皈信的阶段和心理内化的阶段相符合,而不是知识与技术的简单获得。富有战斗精神的职业因此成为一种美德的梯级,其精华体现在站在顶峰的人的身上……‘传授’的阶段被明确地比作神秘主义的传授”。[3]

在这些新的激进主义的神秘—政治派别中,对于人格化的救世主的古老穆斯林梦想在皈信者中被再一次唤醒,只是由于政治上的妥协

---

[1]由于这个原因,领袖通常被任命为艾米尔,或穆尔西德,而不是哈里发,因为哈里发职位同古莱氏的世系相联系。

[2]Roy(1994:62,43)。

[3]Roy(1994:69)。伊斯兰技术术语通常直接从伊斯玛仪和法蒂玛传教士中取得词汇,参见 Roy(1994:101)。

和国家的镇压力量才再一次破灭。对于一些人而言，对此的回应是恐怖主义的自杀性行动，因为狂热的信徒希望通过表现其无私的信仰来恐吓政府和唤醒大众的抵抗。这很明显是一种绝望的行为——尼札里耶派暗杀政策的再现，尼札里耶派在塞尔柱王朝的穆斯林世界被边缘化，导致他们在其对千禧年的徒劳追求中遵循了与此相同的策略。[1]基地组织是这条道路上最近的例子。

但是大多数以前的激进主义者已经声明放弃暴力，并使自己转变为拥有他们自己的伊斯兰教法学院和清真寺的欧莱玛——常常由沙特阿拉伯提供资金。这些所谓的新原教旨主义者大多致力于创建一个"伊斯兰空间"，坚持戴面纱、封斋和普遍地禁酒，以及在其他方面管理普通人的道德。他们在净化信仰方面的努力，经常受到渴望通过将宗教狂热分子吸引到国家的领域内，从而促进伊斯兰热情的安全表达的政府的鼓励。尽管清教徒似的新原教旨主义的严厉推动，早已经在许多中东社会的公共生活方式中造成了巨大的不同，但是运动本身并没 208
有挑战世俗的权威，它也不可能这么做。相反，正如罗伊写道："伊斯兰主义的党派转变为民众的运动，权力的考验将会产生同所有其他意识形态同样的结果：'纯洁的'会被腐化，或将政治扔给野心家、投机分子和不道德的商人们。"[2]那么，即使在其新的伊斯兰主义的外表下，看起来要么殉道要么适应是穆斯林政治的魅力型运动的可能终点。在这种疏离的条件下，苏菲主义非常可能会重新作为中东文化的中心部分，给醒悟者提供通向启迪的经验性的路线。 209

---

〔1〕参见第8章，政治暗杀几乎不是穆斯林现象，并且可以发生在任何无权力的组织抵抗一个压迫性的政府的地方。但是中东的暗杀常常反映更大社会的平等主义和反权威的意识形态。暗杀无辜者，无论如何，完全是现代的现象。

〔2〕Roy(1994:195)。对今日苏菲主义的更积极的观点，参见 Paulo Pinto 的优秀的博士论文 Mystical Bodies: Ritual, Experience and the Embodiment of Sufism in Syria (Departmert of Anthropology, Boston University 2002)。

第五部分　服从的困窘

14　奴隶,阉人和黑人

14.1　阉割了的武士:奴隶和被保护者

人们经常说穆斯林中东在世界历史上是独特的,因为其境内奴隶制度的普遍性和重要性。正如在西方一样,在中东奴隶是可以被买卖的,不能在法庭上作证,主人在性的方面对奴隶有权,等等。但是与最初被用于艰苦劳动的西方奴隶不同,中东的许多奴隶被雇佣作为家中的奴仆、侍妾,并且最为重要的是,作为权力中心的士兵和行政人员。[1]

中东从9世纪开始的世俗政府的演化表明,从中亚、非洲和欧洲的人力资源库中买来或捕获来的奴隶武士和官僚变得越来越重要。这些被称为马木路克(mamluk)的人们,他们被从其亲属集团和家乡中带出来卖作奴仆,成为国家的肱股并被认为是苏丹之下的大地上最有权势的人物,埃及的马木路克甚至自己成为国王。

马木路克的权力在阿拔斯时代开始壮大,那时哈里发们雇佣“突厥人”来抵消使他们掌握权力的呼罗珊人的影响。奴隶和被保护者也作为皇室的随员进入到政府,从事自由人觉得有损其尊严或超出其能力之外的工作。倭马亚人(Umayyad)任用“下等的”部落和亲属集团的人作为行政人员和地方长官就是对这种趋势的预示。这些人是马瓦里(mawali),即“被保护者”,他们只忠诚于其保护人,按照伯纳德·刘易斯(Bernard Lewis)的说法,早在766年他们就已经成为帝国及其首都部队的主体。

欧内斯特·盖尔纳(Ernest Gellner)评论说,在前资本主义时代的

[1]只有在中国对阉割的奴隶进行类似的使用,尽管数目不是如此之大。

中东，这些依附性的行政官员和士兵等同于现在的领薪工人，没有保护
213 性的世系或其他的原生性集团的庇护，完全受其雇佣者的支配，并且他错误地得出结论："我们现在都是马木路克。"[1]但是这种对比并不十分确切，因为，与今天的受雇佣者不同的是，马木路克和马瓦里不能够找到一份更好的工作，也不能被解雇，尽管他们可以被出售或转让。他们无条件地依附于其主人，主人对他们有完全的权力并且也给予他们升迁的唯一机遇。

正如在第4章中所概括的，中东的受保护者和奴隶的优势被伊本·赫勒敦(Ibn Khaldun)经典地解释为统治者摒弃其平等的亲属的愿望的自然结果，这些亲属为他们的效忠而提出要求并且觉得自己同样有能力行使权力。正是在这种情绪中，塞尔柱维吉尔(wazir)尼扎姆·穆勒克(Nizam al-Mulk)写道："明智的人说过，一个有价值的仆人或奴隶强于一个儿子……一个服从的奴隶强过300个儿子；因为后者希望其父亲死亡，而前者渴望其主人活下去。"[2]大多数统治者采纳这条建议，依靠仆人和奴隶来组成他们的军队和扈从。统治表明了独特的有男子气概的统治能力，并为之提供可靠的同盟者，同盟者(至少在理论上)要无私地献身于帮助他进行反对其亲属和竞争者的角逐。

然而，伊本·赫勒敦主张，由奴隶和仆人代替自由人的政策，无法避免地导致将最初的征服性的部落民联系在一起的集体感觉(阿萨比亚，asabiyya)的丧失。奴隶和依附性的被保护者不会意识到共同团体的重要性，而只是支持其特定的主人反对所有其他的人。他们甚至在他们的主人中间挑起不和以便加强其自身的利益。据伊本·赫勒敦说，没有集体感觉所产生的凝聚力和忠诚，王朝就会衰弱，并且最终将受到一个将部落男性亲属——迄今为止还没有受到奴隶制和保护制玷污的——更有力地结合起来的入侵的折磨。但是直到那一刻来临，马木路克和马瓦里才会在政体内僭取越来越大的权力，其数量和重要性

[1]Gellner(1990:115)。

[2]Nizam al-Mulk(1996:121)。

将会是政权内部衰弱的最明确的指示针。

帕特丽夏·克罗恩(Patricia Crone)给伊本·赫勒敦的理论加上了另一个视角。对于她来说,阿拔斯时代以后马木路克在政治生活中的统治地位,实际上是其受玷污的地位的指示针,因为拥有土地的贵族、商人和学者等地方精英都在一种"停止体现公共行为标准"的状态中离开,而听任主要由奴隶、雇佣军和外国军事将领/国王的依附者组成的受鄙视的干部队伍进行统治。[1]

在合法性丧失的国家里,国家的奴隶和仆人总的说来比自由人生活得更好,也更有势力,然而即便他们中最强大的也可以因突然产生的念头被罢免和砍头,正如哈伦·拉希德(Harun al-Rashid)直截了当地 214
展示的,在他屠杀其强大的巴尔马基德(Barmakid)维吉尔之后,在公设市场上展示其被肢解的尸体。原则上,王室和贵族的仆人在其营房和办公室之外没有家系,没有亲属集团,没有社团。甚至他们的婚姻也由其雇主来安排,并且其子女无权继承其父亲的权力或职位。[2] 他们,实际上,被禁止为他们的后代构筑未来的可能。

这种绝对的依附(即便它同非常伟大的权威相重合的时候)也受到中东文化的极度排斥,在这里,个人荣誉、父系世系的连续性、平等和独立的概念总是被极为复杂地连接起来——这种联系达到这样的程度,以至于自由(侯利亚,hurriyya)一词也意味着高贵、尊严、慷慨和虔诚,正如费圣兹·罗森扫尔(Franz Rosenthal)指出的,这种含义的结合"表明自由的概念、独立的感情对普通穆斯林所产生的巨大情感影响"。[3] 同样的意识形态今天仍然保持其吸引力,因为部落民和无产阶级同样都会认同,自由和荣誉是个人最珍贵的财产,任何价钱都不能出卖。

在这种精神特质下,屈从于另一个人被认为是本质地受到贬低和

〔1〕Crone(1980:87)。

〔2〕这是一种理想。实际上,作为以前的奴隶和被保护者成为新的权力组织,他们试图通过将财产和职位传给其儿子而保护自己的利益,这在奥斯曼和马木路克中很常见,并经常被引用作为这些政权最终衰落的原因。

〔3〕Rosenthal(1960:120)。

不名誉的，正如欧内斯特·盖尔纳写道，对于中东人来说，“只有那些拒绝被统治的人本身适合进行统治，政治教育只是在荒野中单独进行”。[1] 巴基斯坦和阿富汗的普什图语有一个词，begherata，指的是这样一个人——它不仅意味着一个没有独立的男人，也指懦夫、乌龟、被动的同性恋者。对他们来说，对其他中东人也是一样，失去自由和接受奴性在比喻上是同缺乏男子气概联系在一起的。

男性生殖力和自由的联系不只是比喻性的，因为在中东，达到一种在世界任何其他地方都未发现过的程度，事实上经常对奴隶进行阉割。这也有实际的原因。在做完手术后，奴隶作为闺房的守护者才能得到信任。而且，阉人在身体上切断了任何拥有后代的希望，大体上，这应该使他比其他奴隶更加完全地依赖其主人，而割断其他奴隶同未来的联系只是通过法律禁止将其权力和财富传给其后代来实施。

但是阉割也有一个重要的象征性的功能。阉割了其奴隶之后，主人在自然差别的意识形态的框架下显示其地位的优越，而差别产生于使特定种类的人丧失人性和降为在本质上低下的。正如我们将要看到的，在中东妇女一直是这种信仰体系的主要目标。通过这种对身体采取行动的阉割，强迫性地将奴隶并入这种“自然地”低劣的非男性的范
215 畴，对于所有奴隶和被保护者的内在低下作出一种象征性的说法，他们，通过引申，属于同样低级的人类阶层；阉人在身体上成为所有奴隶被认为在心理上必然呈现出的状态：柔弱和无力。

在描述性的等级制度得到普遍接受的社会里，差别是不需要通过这种激进的方法强加上去的，因为等级的不同早已经被理解为本质的、不可改变的和神授的。例如，在印度的种姓社会中，因为其习惯和世袭的工作，低级种姓被认为自然地受到污染和低下，这被确信是奖励和惩罚一个人在前世的所作所为的因果报应发挥作用的结果。种姓集团之间的道德差异为所有人所接受，因此用断肢或将属下的身体阉割来体现和标志其低下就是不必要的和不为人所知的。

---

〔1〕Gellner(1981:28)。

相反地，恰恰在一个具有包括一切的平等主义伦理的社会中，地位较高的个体通过使其下属不仅完全地依附而且象征性地次于人类而将其自身区别开来的压力是最大的——在对奴隶的真实的阉割中我们可以发现这种努力的极端表现形式。在中东奴隶制和阉人的盛行可以被视为，既是象征性的也是实践性的，是中东地区弥漫的在“自然的”男性优越的意识形态框架内发生的平等主义原则的结果。

14.2 种族与卑下

在平等主义的个人主义中，另一种使下级失去人性的办法是通过种族的意识形态。作为一个象征性的特征，种族，如性别一样，具有看上去自然的优势；它在身体上是明显的，很难掩盖，而且可以作为一个方便的挂钩，在上面悬挂可以使低下地位合理化的所有的陈词滥调。例如，刘易斯·杜蒙（Lewis Dumont）认为，种族主义在盛行的美国平等主义民族精神中发挥着使低下地位合法化的象征性作用。深色的皮肤被许多美国白人理解为是生物的并且相应地是低于人类特征的真正标志，有色人种因而自然被视为野蛮的并且没有资格包括在人类和平等者之列。黑人的贫穷和隔离被认为是器质性的，并因此被证明是有道理的。[1]

类似的种族意识形态在中东也同样存在，种族偏见在此有相当长的历史。按照伯纳德·刘易斯的说法[2]，早期阿拉伯人没有真正地将肤色和性格联系在一起的概念，尽管他们确实认为黑色的皮肤是丑陋的，与任何其他没有达到他们美丽标准的物质特征非常类似。但是阿 216
拉伯人非常尊敬黑皮肤的几乎征服了他们的埃塞俄比亚人。并且尽管黑奴妇女的孩子由于其耻辱的背景和文化上不吸引人的相貌而遭受某些社会耻辱，他们却可以通过其技术取胜，因此他们中有些人成为著名的武士和吟游诗人。

〔1〕Dumont(1970)。

〔2〕Lewis(1990)。

插图 14-1　18 世纪波斯黑奴的画像。他的衣着和他在画像中被永垂于世的事实表明他有较高的社会地位。

正如黑人诗人努萨伊卜(Nusayb)(死于 726 年)所说:"黑色并没有贬低我,只要我有这条舌头和这颗勇敢的心。一些人依靠其世系得到提升,而我的诗歌的韵律就是我的世系。"安塔尔(Antara),伟大的前伊斯兰时代的诗人和武士,宣称"敌人由于我皮肤的黑色而辱骂我,但是我人格的白色抹去了其黑色",而另一个诗人写道"如果我的肤色是黑的,我的人格却是白的"。[1] 在这里,无论黑人还是白人,都将"黑色"当成是丑陋的身体特征,同一个卑下的世系相关,但是它可以被一个人的内在能力所克服。

随着穆斯林对非洲的逐步征服,带来了阿拉伯人和其他中东人与不存在诡辩或早期埃塞俄比亚人的军事才能的黑人文化的接触,这种
217 看法发生了改变。在这些征服之后,作为其结果的黑人奴隶(一般称作赞吉,Zanj)的涌人,使对来自非洲的人的态度变得更差了。伊本·

〔1〕Nusayb 引自 Lewis (1990:29);Antara 引自 Lewis(1990:24);Suhaym 引自 Rosenthal(1960:91)。

赫勒敦写道："黑人民族一般说来是服从于奴隶制度的，因为（黑人）基本上没有（本质上的）人类的东西，并且拥有的特征非常类似于那些不会说话的动物。"[1]

对于伊本·赫勒敦来说，正是黑人的卑下性被看做是其兽性的证明。真正的人类不会如此地易于管教，而是会为其平等而战。事实上，假如有阿拉伯军队的巨大技术优势，几乎不可能让非洲的农村人作出任何类似的坚决抵抗，他们的弱点和奴性因而被解释为其天生的服从本性的证明。黑人异教徒和他们的穆斯林征服者之间的巨大文化差异，对阿拉伯人来说，也使其易于将他们的非洲奴隶看做不如人类，因为他们看起来在信仰和文化方面与他们相似的地方太少了。

在棕色皮肤的阿拉伯人当中，白人也受到歧视，被征服的白皮肤的民族，例如来自高加索的民族，也像黑人奴隶一样遭受服从的耻辱。但是白人奴隶一般来自于更加复杂的、有文化的和军国主义的社会，并且通常也信仰一神的宗教，更容易同化到中东的文化之中。这些白人是受到信任的军事和行政的马木路克，字面上的意思是"被拥有的"，而黑人，主要充当仆人的角色，做卫兵、劳工和家内仆役，只是被称为阿布杜，即"奴隶"——刘易斯告诉我们这个词已经在一些阿拉伯方言中成为普遍的代指"黑人"的词。

很少有黑人曾经达到白人马木路克所获得的社会地位，当他们达到的时候，这就是恶意讽刺评论的原因，因为黑色和奴性在公众的脑海中已经强烈地联系在一起——一种因阉割黑人家仆的普遍做法使之更具强制性的联系。因此，当一个努比亚阉人在10世纪成为埃及摄政者的时候，他遭到诗人穆塔纳比（al-Mutanabbi）的辱骂，诗人问道："谁曾经教给阉人黑奴高贵性？他的'白色'人民，或皇室的祖先，或他在奴隶掮客手中的流血的耳朵？"[2]白人马木路克权威从来没有成为这种辱骂的对象。

---

[1] Ibn Khaldun(1967:117)。

[2] 引自 Lewis(1990:59－60)。

正如在西方,黑人的低下被中东人理解为自然的生物现象,尽管有时也通过援引《圣经》对含(Ham)的咒骂在理论上证明这是正当的,含被穆斯林认为是黑人的祖先。黑人服从的地位不可避免地与女人对男人的同样“自然的”低下相并行,而且阿布杜被视为在其情感上“同妇女一样”并同样缺少辨别力。其他的归属特征被用来将他们同真正的男人区分开:他们不仅具有奴性,他们也是肮脏的、愚蠢的、懒惰的、胆
218 怯的、不可靠的和散发着不佳气味的。他们也是危险的和有野兽一般的性欲的,在夫妇间不忠实的童话里他们被看做典型的诱奸者。[1] 从积极方面看,他们因其纯朴的虔诚和忠诚而受到赞扬,并且常常被描绘成忠诚奴仆的角色。

这些令人困惑的熟悉的陈词滥调,反映了在平等主义的文化中,通过将“自然”低下的服从变成理想化的普通人的相反形象,使低下有效的倾向。如果棕色皮肤的真正的人是勇敢的,情感上是能够控制的,有节操的和高尚的,那么黑皮肤的“非人”就会是相反的。如果真正的人在其同妇女的关系上是有限制的,那么“非人”就是兽欲的、在性的方面精力充沛的。即便黑人的积极形象也具有类似的意义:内在奴性的黑人乐于使自己适应忠诚的服务和无私的崇拜,而自豪的棕色皮肤的武士却不得不维护他们的个性和个人的荣誉。

然而,尽管肤色偏见是深深嵌入成为中东大众文化的组成部分,但是它常常受到伊斯兰平等主义精神的反对。正如刘易斯告诉我们的:“穆斯林神学家或教法学家在任何时候都没有接受过这种思想,即,可能存在因其本性或因为天意注定,而使之倾向于奴隶制条件的人类的种族。”作为证据,他指出,先知任命他的黑奴比俩里(Bilal)为伊斯兰首任穆安津(muezzin,宣礼员),据说还要求比俩里被许可同一个高贵的阿拉伯家庭通婚,指出他希望伊斯兰采取的方向;刘易斯也翻译了萨希卜·伊本·阿巴德(al-Sahibibn Abbad)(死于995年)所写的下面的

[1]例如,性爱启蒙读物 *The Perfumed Garden*(Nafzawi,1964)里面的一个主要的主题是上层妇女对一个生殖崇拜的黑奴的羞耻情欲。

话:“既然真主创造了高矮以及赞吉人的黑和希腊人的白,那么人们因为这些特征受到责备或惩罚就是不正确的,因为真主既没有命令也没有禁止他们。”[1]在中东,没有私刑处死,没有种族通婚法律[2],没有法律效力根据其黑色血液的程度将人们区分开。通过对伊斯兰的支持,黑人一般能够断言他们作为其白人兄弟的同等者的绝对权利,并赢得权力和尊重的位置,直到最近,这些都远远超过他们在美国和欧洲所获得的,在这些地方肤色偏见仍然是用以证明对人的贬低的主要标准。

14.3 人类类型的范畴

伊斯兰教义在中东不是唯一的反对种族主义的源泉。肤色的特点作为低下的标志,同时也受到作为伊斯兰扩张结果的人类差异的激增和帝国内人的巨大变化的破坏。正如《古兰经》所说:“他的一种迹象是:天地的创造,以及你们的语言和肤色的差异,对于有学问的人,此中确有许多迹象(30:22)。”[3]“黑色”、“白色”和“棕色”是在这个多色的世界里为保持差异所作的困难的分类。 219

这些在中东占优势的种族类型的差异,同一个实际上高度运转的和相对无法预测的社会领域相符合。为了在这种流动的环境中保持一种控制感,中东人全神贯注地根据一系列不仅仅建立在种族,也建立在民族、世系、职业、居住和信仰基础上的期望和范畴对人类进行分类。所有独立身份的标志可能或不可能在任何特例中重叠,并且可以被用作等级的指示针。

例如,在任何中东人的帐篷、城镇或城市里,人们可以迅速发现当地世系和邻居的基本个性的通行原型。一些被表扬为内在的勇敢,另一些被谴责为内在的胆怯和吝啬,等等。这些描述根据其来源而发生

〔1〕参见 Lewis(1990:87;33)。

〔2〕同这样的法律最近的还是关于凯发艾(Kafaa)的法律条文,它要求丈夫和妻子是平等的,这可以解释为社会或道德平等,但是也可以实施来禁止种族混合的婚姻。

〔3〕Quran(30:22)。

变化，因为每个部落或街区都将自己放在道德较高的地方，而贬低其他人。在各处对不同职业人员的典型特点和趋势的类似概念都很盛行，一些被认为是自然地受其职业的污损。在10世纪的巴格达，正如马西尼翁(Massignon)告诉我们的，这些低下的群体包括“铁匠、屠夫、巫师、警察、拦路强盗、警察告密者、更夫……制革工、木桶和皮桶匠、女鞋鞋匠、排泄物掩埋者、打井的、浴池的司炉、毛毡匠、男按摩师、贩马的……织工、锻工、赛鸽者和下棋者”。[1]

每个职业，无论低下与否，都有其他人给它定的原型的特征和行为。例如，在斯瓦特(Swat)的普什图人当中，被人鄙视的皮革匠(沙口，shah khel)被认为极度易于生气、精力旺盛、沉默寡言和格外地能干。他们被当做密友，其妻子们被作为武士贵族的乳母。理发师(拿依，nai)，被同皮革匠一起作为村子里最低级的职业群体，具有“女性的”个性特征：夸夸其谈的、不可信的、胆怯的、贪欢、哄骗的和在性的方面不道德的。他是村子里爱讲闲话的人，他的妻子是村中的懒妇。[2]

这种原型不仅适用于较低的社会等级，在复杂的城市圈子里，各种派别的欧莱玛也被认为具有特殊的道德特征：按照马格达斯(Mugaddasi)的说法，哈乃菲派是好管闲事的、灵巧的、见闻广的、虔诚的和谨慎的，马立克派是枯燥的、愚昧的和严格遵守圣行的；沙菲仪派是精明的、没耐心的、能理解人的和脾气急躁的；穆尔太齐赖派(Mutazilite)是优
220 雅的、博学的和好讽刺人的；什叶派是积怨的和爱财的。[3]

宗教上的分类在相当大的程度上是更加贬低身份的，正如逊尼派贬低什叶派，什叶派反过来以更大的怨恨报复。一些什叶派甚至拒绝
221 同非什叶派一同进餐，并且认为同其接触是一种玷污。这种态度既可以被理解为对其自身低下地位的反应，也可以理解为古代波斯关注纯洁问题的结果，通过不愿意同外人分享食物体现出来。残暴的集体屠

〔1〕Massignon(1982，vol. Ⅰ:267)。

〔2〕更多参见 Lindholm(1986，1995b)。

〔3〕参见 Massignon(1982，vol. Ⅰ:266－268)。

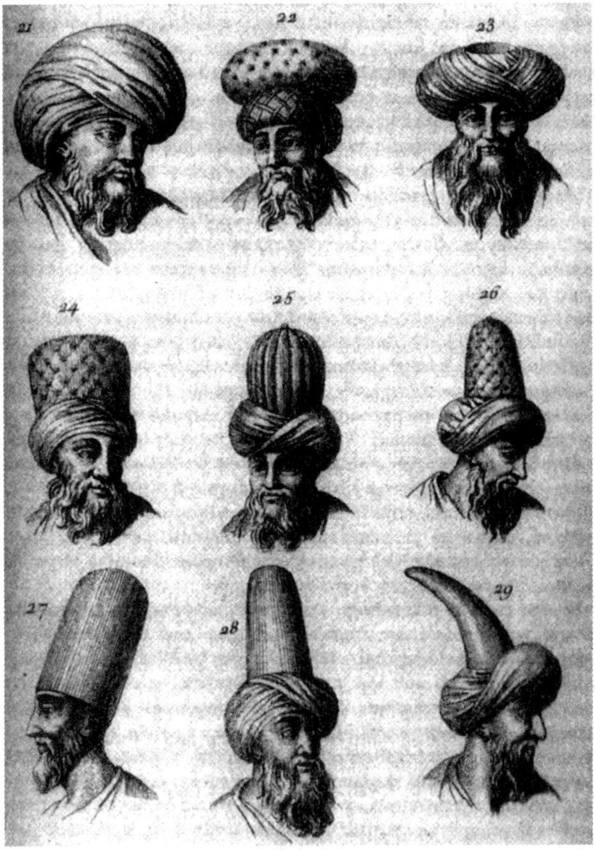

插图 14－2　18 世纪中期也门所记录的 48 种头饰变化中的 9 种。每种头饰表明种族特点、职业、地位等重要差别。

杀在双方都时有发生，反映出对带有政治—宗教议程的少数民族颠覆活动的忧虑。但是总的来说，什叶派和逊尼派一直能够在相对和平的情况下共同生活。

也有对非穆斯林（代黑米，dhimmi）的偏见，犹太人常常被看做尤其不值得尊敬的。然而，直到最近（随着以色列人的到来），同西方相比，歧视相对较小。除了极特殊的场合，对非穆斯林的暗杀、暴力或者侮辱，在中东从来没有系统地或大规模地实行过，反对犹太人和基督徒的偏执和暴力也没有经常地在清真寺宣讲，除了在现代。相反，定居的代黑米被认作是乌玛的“被保护者”。作为回报，他被要求交纳附加税并且遭受某种程度的社会排斥和贬低。与此同时，他们也被免除某种特定的要求。作为没有名誉的人，他们不被期望作为战士，并且也不应该在战斗中遭到攻击。犹太人也被允许从事对穆斯林禁止的工作，例如当锡匠和银匠，并且被允许放贷收息。如果犹太人或基督徒改信了伊斯兰，他们就同任何生来就是穆斯林的人一样被给予同样的尊重和同样的法律权利。

我们然后可以看到宗教、职业和民族，再加上肤色，被城市居民、村民和部落民一样地用作使低下合法的范畴。但是到目前为止，最普遍存在的对于高级和低级的证实一直是涉及某人的祖先。那些低下者被认为是“自然地”女子气的、无能的或孩子气的，由于他们出身微贱的血缘，而那些高贵者宣称其出自强大的男性英雄的世系。这种区别为政治现实所证实——我们统治，你们服务；因此我们是真正的人，而你们是被毁坏的或有错误的人，并且天生虚弱（戴义夫，daif）。这种认识值得注意的是戴义夫的意思是虚弱或无能，但是也指那些不是出自名门或没有武装的，戴义夫因为出身微贱和不能作战而没有力量。

男性成年战士“自然地”统治女性化的、幼稚的和虚弱的下属的形象，尤其在穆斯林部落群体里是典型的。例如，摩洛哥的柏柏尔人相信低等级的家奴、工匠和歌手都具有任性的或女人气的性格，同部落人的
222 坚定的、清醒的和男人气概的个性相反。认为从属的群体具有下等的血缘的类似观念也可以在伊拉克的爱沙班纳（El Shabana）阿拉伯人，也门的呼拉坦（Huraydah）镇，巴基斯坦的普什图人和玛里俾路支人（Marri Baluch），埃及和沙特阿拉伯的贝都因人，和在其他人当中发现。[1] 对血缘低下的诋毁在实践中可能发展到与种姓制度相类似的程度，正如通婚甚至共餐可能在武士精英同其下属之间被禁止。这恰恰是阿拉伯纯粹主义者在征服之后反对同马瓦里通婚的主张——这样

〔1〕参见 Fernea（1970）关于爱沙班纳（El Shabana），Bujra（1971）关于南也门，Lindhohm（1982，1995b）关于普什图，Pehrson（1996）关于玛里俾路支（Marri Baluch），Marx（1976）和 Cole（1975）关于贝都因。

一种婚姻会贬低阿拉伯人的血统。因此普什图武士也不会同一个皮革匠或理发师的家人结婚,贝都因人拒绝同农民结婚,俾路支人(Baluch)禁止与其家奴、工匠和歌手结婚,呼拉坦的人不会同一群“不可接触的人”共同吃饭,他们的在场就是玷污。

自然的耻辱、玷污的世系、污染和无能等习语,可以被比喻性地用来表述那些被迫向国家交税和效忠的人的低下。对于山地普什图部落民来说,低地普什图人被认为是永久低下的,因为他们已经放弃了其自治和平等的男性特权。这可以被解释为女性化或阉割,那些服从的人不再值得尊敬和给以荣誉。相反,他们被创造就是要成为仆人的,并且被掠夺性的武士掠夺。在摩洛哥,内地的部落柏柏尔人也将自己看做狼,被允许吃“服从于权威之羊,他们因服从而露出丧失可能使之高贵的道德本质的迹象,并将通过形成服从的习惯而更加彻底地丧失”。[1]贝都因人也相信他们统治的农民不值得自己统治自己,而是应受其部落最高统治者的控制,他们为农民提供其所需要的权威的控制和保护。

这种态度也适用于,正如我们已经看到的,那些国家的直接雇员,他们到倭马亚时代是自由的阿拉伯武士所轻视的人,因为其败坏的身份和平民百姓的世系,因为有名誉的人不会同意做这种降低身份的服务。这种态度由一个贵族阿拉伯诗人写入诗中,他呼吁起来反抗平民总督哈加吉(Hajjaj),因为“真主和伊本·穆罕默德(伊本·艾沙斯,b. Ashath)的荣誉及其比萨莫德(Thamud)年长的国王家族的后代,禁止我们接受出自奴隶的卑鄙的人的统治”。[2]

“所有这些部落人都认为人……被分成许多不同的范畴,每个范畴都倾向于在职业上的特殊化,高度的内部通婚,并且分成等级。”[3]他们中的每个人,当然想象自己的人民是最高级的贵族,然而,与过多的将招致不满的差别相符合的是,部落民自然在其人类本质的概念化方面保持平等主义——由于其耻辱的祖先、现在的弱点和作为其结果 223

〔1〕Gellner(1981:30)。

〔2〕引自 Wellhausen(1927:247)。

〔3〕Cole(1984:184)。

的性格上的缺陷，仅仅有非常少的人具有做完全的人的资格。

那么很明显，肤色和宗教一直是许多因素中被中东人挑选出来作为普遍特征的两种，在一个高度灵活、乐观和竞争性的平等主义的文化环境中演化道德阶层和建立期望。最为重要的是，自然的高贵血统的概念在武士的征服事迹中证实自己，但是民族的特征、宗教上的从属关系、职业、阶级、街坊和地域等其他陈规老套，也被用来将其他人和自己放入可以被用来证明高贵和低下的“自然的”分类。在美国，缺少这种显著的社会群体，意味着肤色作为“自然”从属性的压倒一切的指示针。在中东，正相反，有许多方式将自然低下归于其他人，因此种族的重要性一直相对较低，尽管其仍然是相当重要的。

14.4 高贵的奴隶，卑贱的自由人

在平等主义文化中，将“自然的”卑贱归属于某些人群，从来没有不引起抵抗，或至少是意义不明确的，因为人们不但寻找证明等级差别的途径，而且也寻找消除、推翻或掩盖这些差别，并将所有人类一起吸引到平等者团体里的途径。在伊斯兰对所有形式的种族偏见的反对中，我们就已经可以发现这样的事例。

在世俗方面也是如此，“高贵的”要求权威者的口中喷涌而出的反对其“卑贱的”竞争者的非常尖刻的言辞，就是用实例证明了在一个社会里保持先天优越性的意识形态所引发的紧张，在这个社会里，民族、肤色、奴隶制、以前的宗教甚至阉割所构成的障碍，都能够而且确实为有野心的、能干的人所克服，这些人在力争爬到有权力和有影响的位置。努比亚阉人奴隶统治埃及是值得我们注意的，平民总督哈加吉的情况也是这样。这些人的权势，正如我们所看到的，为其高贵的和生来自由的反对者们蔑视地觉察到。但是更为重要的是这些抗议丝毫没有作用。尽管如此，两种人都在统治，老的精英们无能的愤怒表明了制度的相对开放性。

在对向上移动的现实可能性的承认，和对普遍的宗教信仰及平等

与成就的文化伦理的保持中，使低下者丧失人性的过程在中东从来没有被完成过。正如在种族的例子中，各种相反的原型总是产生相反的 224
形象，在其中下级被描绘成其从属地位只是环境的并且具有个人的内在生命、个人的荣誉和独特命运的人。最重要的是，被奴役者和卑下者被认为既有愿望也有能力争取自由。这意味着奴隶的从属性可能只是外在的，而内在方面，由于其人格的力量，他能够保持其独立性。正如黑奴诗人苏哈伊姆（Suhaym）（死于660年）唱道："虽然我是奴隶，但是我的灵魂是自由的，因为它是高贵的。"[1]

在逻辑上作为必然结果出现的是，相反的也可能是真实的，一个法律上自由的男人可能被欲望所奴役，或者，甚至更糟糕的是，自然地具有谄媚的人品。从平等主义和个人主义伦理的角度来看，这两种品质在内在方面都比法律上的奴役的低下地位更加可鄙，因为后者是被迫受奴役的。因此在中东就出现了这样的现象，奴隶作为"自然"低下者和应该得到被贬低地位的概念，受到他们中的一些人可能事实上天生高贵和自豪的猜想的抗辩。并且，通常人们想当然地认为，自由人"自然"比他们的奴隶优越，但中东人也认识到，一些自由人可能内在地比其拥有的奴隶还卑贱。

因为这些矛盾的情绪，奴隶制可以在想象中被从法律关系和身份地位转换为个人品格问题，奴隶制可能是卑下的，但是奴隶可以在精神上抵制其从属地位并维护其基本的自主权。安萨里（Al-Ghazali）甚至警告说，一个国家的公民是比实际的束缚更严重的对人类自由精神的威胁，因为服从政府需要自愿地接受，而奴隶制是不自愿地和强迫地。奴隶，意识到自己的束缚，可以保持其内在的自主权，而市民已经被驯化成欢迎其低下并接受其枷锁[2]——这种分析得到下述事实的支持，在阿拉伯语中训练动物和训练全体选民使其政治上服从是同一个单词：siyasah，即政治的艺术。[3] 在某种程度上，奴隶因其被迫服从的清

[1]Suhaym 引自 Rosenthal（1960:91）。

[2]引自 Rosenthal（1960:105）。与人类的堕落归于嫉妒和虚荣的罗素的看法相比较。

[3]Lassner（1980:94）。

晰性而被羡慕，市民因其串通进行自我阉割而受到怜悯。

对于分等级和服从的类似的矛盾心理在虔诚穆斯林的伦理中有所表达，对于他们来说，“人类的自然情况，以及因此而假定的地位，是自由的，任何不被认为是奴隶的人都是自由的”。[1] 从正统的法律角度来说，人们成为其他人的奴隶只是由于其命运的变化，奴隶或属民本质上同其他任何人没有不同，所有人在其同真主的基本关系上都一样，在真主面前所有人都同样是无能力的。对黑奴的贬义词（阿布杜，abid）因此也指“人类”以及“真主的奴仆”，它也可以用作一种尊称，并且是
225 一个最普通的穆斯林名字的词根：阿布杜拉，或“安拉的奴仆”。

一些苏菲，例如朱奈德（Junayd），甚至将正统派的服从证明引申得更远。他写道：“只要你没有达到完全的真正的奴隶制，你就不会达到纯粹的自由。”[2] 正如我们所看到的，需要无条件地服从和放弃自我，如果一个苏菲宣称他与真主的统一和在精神上高过其他穆斯林。这种过程开始于在主人—老师关系中的自我牺牲，并且可以被延伸到包括对政治统治的服从。被统治者的谄媚，受到安萨里（al-Ghazali）如此地诋毁，却因此被一些苏菲重新塑造成一种值得仿效的精神修养。这暗示着奴隶实际上优于其政治主人，因为他们实践使自己无价值的精神修养。

然而，大多数正统的穆斯林并没有走这么远；他们的目的并不是将阶层倒转过来，以至于政治上低下的成为精神上高尚的，而是宁可停留在一个基础的层面上。这个在朝觐方面最能得到明确体现，信仰者之间在任何基础上都是绝对没有差别的，任何种族、职业或民族的朝觐者平等地参加，穿着同样简单的仪式服装，所有人同时按照规定环绕克尔白。甚至在中东社会是如此根深蒂固的性别差异也归于无声，因为妇女也平等地参加朝觐的仪式。在朝觐期间对多种色彩和多种文化的神圣社会的经历，使美国黑人穆斯林马尔科姆·埃克斯（Malcolm X）转变

---

〔1〕Lewis（1990：6）。

〔2〕引自 Rosenthal（1960：111－112）。

成正统派,并且它也有助于使伊斯兰成为在美国黑人和任何地方的其他被剥夺公民权的团体中发展最迅速的宗教之一。

然而伊斯兰神学愿意强调在一个无所不知的上帝的权威下所有人类的平等,一个类似的运动从世俗的方面发生,但却是朝着相反的方向。不是将所有的人想象为奴隶,普通的中东人通常试图忽视或使奴性关系模糊。谈及某人缺少自由被认为是非常没有礼貌的。礼节要求奴隶不应该被称为阿布杜,相反地被称为"我的孩子","我的女孩"。经常使用的名词乌俩目(ghulam)意思是年轻男人、仆人、士兵和男性奴隶——这个范畴将一个同另一个合并,并且抹杀奴役的界限。

基本的礼貌也要求所有男性不管地位如何,都应该互相平等地对待——实际上,表现自我在中东同美国非常相似。在美国,从殖民地时代开始,"物质条件的极度不平等同一种强烈的对尊重平等的关注联系在一起",并且在这个地方穷人和富人"穿类似的衣服并且互相以名字相称,他们在平等的基础上一起工作、吃饭、说笑、玩耍和战斗"。[1] 226
类似的制度化的平等主义礼节在大多数中东人中也很典型,尽管同美国人的故意轻松、活泼的举止存在不同的表达方式。例如,吉尔森南(Gilsenan)指出,在沙黑里耶(shadhiliyya)苏菲中,拘谨的礼貌有助于保持平等的外表,尽管在实际的财富和地位方面存在相当大的差异。[2] 其他的中东人可能使用煞费苦心的言语范式逢迎其他人,将自己贬低为在不平等者之间保持顺畅的社会交往的渠道。

在法律上也一样,奴隶制和自由的界限也常常被抹去或弄得模糊不清。例如,奴隶皈依伊斯兰教之后(穆斯林在法律上不能被变为奴隶),即拥有授予其他任何信仰者的宗教上的特权,尽管他们的地位卑下。正如第6章指出的,奴隶妇女的孩子在法律上同自由人妇女的孩子平等,有绝权的权利要求其自由人父亲的财产。甚至在被释放之后,奴隶也保留其主人的部落名字(尼斯白,nisba),这是一种以前的奴隶

[1] Fischer(1989:754)。

[2] Gilsenan(1973)。

集结到其以前的主人的事业中的荣誉的事情，相反也是这样。[1] 常常地，关系甚至越来越近，因为奴隶和被保护者常常被作为主人儿子的代理父母和乳母，并且后来又成为其养育的孩子的心腹和顾问。在同一个乳房上吃过奶的男孩——一个是奴隶乳母的亲生儿子，另一个是她主人的孩子——具有几乎同血亲关系一样强的同乳关系，通常比兄弟之间盛行的对立关系要亲密得多。[2] 这种亲密的关系成为维吉尔角色的典范，一个奴隶培养了国王并且之后成为他的主要顾问。

主人和奴隶、上级和下级之间的关系因此在中东文化中是很复杂的。虽然等级的差别明显地存在，但是在意识形态上和行为上这些差别却常常是模糊不清的、变为平等的甚至是颠倒过来——奴隶可能比其主人更高贵；卑下可能是一种美德；下属可能是一个比自己的同等地位的人更亲密的朋友和知己。真正的等级差异不断地被礼节、仪式、法律、宗教意识形态以及潜在的下降和上升的流动性所碾平。

但矛盾的是，承认所有人的人性和基本相同的平等冲动——不管其种族、民族、信仰或职业，也产生了一种对原型的相反冲动。分类、奴役，甚至非人化和肢解下属，以便使在意识形态上有问题的服从现实化，无论对上级还是对下属，看起来都是"自然的"。强加于下属地位的最有力的象征是通过阉割使一个男性变得女性化来实现的，女性化的比喻被扩展到所有地位低下的人以使其从属地位显得自然。接下来
227 的问题就是：在中东为什么妇女被作为"自然"低下者的典型？

〔1〕例如，埃及的马木路克接受 nisba 作为其现在的拥有者，还有以前的所有者的名字。对于获得自由的奴隶来说，最重要的 nisba 是其解放者。

〔2〕参见 Musil(1928:277)阿拉伯的例子；也可参见 Goitein(1966:192)。普什图人中的沙·克尔(Shah khel)也如上面提到的发挥同样的功能。

15 妇女的模糊性

15.1 中东意识中的妇女

到此为止，我的叙述几乎一直完全是男性的看法，反映了中东人自己对公共世界的传统看法，在公共世界中男人占统治地位，并且所有真正重要的事情都被认为发生于其中。相反，妇女的世界是秘密的和隐私性的，为她父亲家的院墙所限制，再以后是为她丈夫及其家族的建筑物的围墙所限制。这就是所说的闺阁，家庭中受保护的妇女居住的地方。[1] 离开闺阁的妇女必须通过用面纱遮盖来继续她们的隔离，以面纱隔离陌生人的视线。[2] 在传统中东她们的隐匿和匿名达到如此程度（今天仍然如此），以至于丈夫在提到他们的妻子时不是称呼名字——这么做是丢脸的。男人宁可间接地提到"我的家人"，或可能至多间接提到"我儿子的母亲"。类似的，当男人草拟家谱时也只提到男性祖先，仿佛世系的繁衍是由男性单性繁殖似的。

妇女不但隐藏，她们也被贬低。例如，斯瓦特（Swat）的普什图人说他们的妇女缺少感觉和分辨力："妇女没有鼻子。她们会吃屎。"对他们来说，妇女是个独立的人种，生来愚蠢、懒惰、不可信、道德败坏、顽固、情感化、任性、多嘴、贪婪，并且天生地不道德。对于男人来说，控制这些危险的和反复无常的家伙不是件容易的事，她们需要被严格地隔离起来并经常性地挨打。正如中东其他地方一样，在普什图人当中，妇女一直被当做低等人类的杰出的和基本的"自然"范畴，因此对所有低

〔1〕Harem 派生于词根 h-r-m，它也是 haram 的词根（神圣的，禁止的）和 hurma（荣誉）的词根。

〔2〕在面纱上有许多种变体，从阿富汗的全部遮住的黑色面纱，只给女人留一个缝可以向外看，到奥斯曼的 yashmaq，它雅致地将头发和脸的下部遮住。

下的人,都是通过将其引申为体现"女性的"特征,来刻画其特征。[1]

普遍的男性对女性的轻视得到欧莱玛一致意见的肯定,他们宣称,
228 在一个正确的穆斯林世界里,造物主给予妇女从属的地位。他们说,伊斯兰委托男人代管女人,女人除非被锁在建筑物的围墙内并且严密地监视,不然将会引发混乱。[2] 欧莱玛通过引用口传的戒条以证明他们的看法,例如:"那些将权力委托给女人的人永远不会知道富裕"和"狗、驴、女人如果在信仰者前面经过会打扰礼拜"。[3] 他们指着《古兰经》的训谕:"男人是维护妇女的,因为真主使他们比她们优越,又因
229 为他们所费的财产……你们怕她们执拗的妇女,你们可以劝诫她们,可以和她们同床异被,可以打她们。"[4]

女性低下看起来也在伊斯兰法律里规定了,其准许男人们轻易地同他们的妻子离婚,而妇女则被禁止提出离婚。这是对前伊斯兰时代行为的一个转变,那时允许妇女随意地更换配偶。伊斯兰也重新定义了通奸(贼那,zina)以包括旧式的临时婚姻,妇女主动的性关系或"出租"妻子,现在成为主要的罪行。穆斯林男性允许娶4个妻子,妇女只可以有1个丈夫。在法律案件中,妇女的作证只是男人的一半。给妇女支付的血金是男人的一半。依照法律,妇女继承其男性同胞的一半——这已经是幸运的了,在农村社会和在普通的城市贫困之家她们什么也得不到,所有的遗产通常只传给儿子。考虑到这些相反的因素,在中东的各个地方,生了男孩,要热闹地庆祝,而生了女孩则会安静或慰问,就不足为奇了。

这些负面形象被我们早已发现的对其他从属关系的反应中同样的颠倒现象所抵消。例如,在许多苏菲当中,女性得到非常积极的评价——真主是新娘并且启示是一个不断揭去面纱的过程。毕竟是女性圣者拉比娅(Rabiya),首先阐明苏菲是在神圣的爱中信仰。苏菲主义

---

〔1〕参见 Hammoudi(1993)更多的例子。

〔2〕费特纳,混乱和无政府主义的术语,根本的准确意思是害怕女性的乱交。

〔3〕引自 Mernissi (1991:56 -57)。

〔4〕Quran 4:34。

插图 15 - 1　斯瓦特(Swat)普什图人的新婚队伍。新娘躲在花轿(palenquin)中。

也赞成“女性的”宗教样式:情感的直觉、欣喜的经历、隐藏的知识、神奇的做法、沉浸在无所不包的真主之爱的子宫中(尤其在伊本·阿拉比[Ibn Arabi]的著作中作过举例说明)。[1] 苏菲派和其他非正统派的团体也一直特别欢迎妇女的参与,在对待妇女上实行平等主义——这些因素促成了更大的社会群体对这些团体的不信任。[2]

然而,在正统派中,妇女的形象有积极的也有消极的含义。例如,如奴隶一样,妇女被描绘成受苦的人类的代表或被提出作为强烈的信仰、虔诚和忠诚的范例。拉哈姆(rahm,子宫)作为穆斯林辩论家的精神共同体的模型,因为母系亲属(rahma)包括相区分的男人们所关注

〔1〕伊本·阿拉比(Ibn Arabi)引用两个妇女作为其主要精神导师,并且使用男性和女性的交接作为追求神圣性的完成的比喻,参见 Murata(1992)。

〔2〕Bekhtashi 苦修者将妇女看做道团的平等成员,早期伊斯兰的激进的哈瓦利吉派集团允许很大程度的妇女权力,包括,一个例子,妇女的领导权(Dabashi,1993:131)卡拉米特派也反对多婚制、纳妾制、同年幼的小姑娘结婚和戴面纱(Ahmed,1992)。

的父系血统（奈赛布，nasab），将整个社会一起吸引到一个共享抚育的统一乌玛（umma）。[1] 正如我们所看到的，吃过同一奶妈的母乳的男人以一种超越血亲的方式联系在一起。

建立在妇女之上的统一社会的形象反映了一个社会的和比喻性的真理。例如，卡拉·马赫卢夫（Carla Makhlouf）告诉我们，也门的城市妇女每天聚集在某个人的家里，跳舞、唱歌、闲聊、吸烟，在一种拥挤的、平等主义的、无拘无束的气氛中自娱自乐，同互不信任的严肃的典型男
230 人聚会大相径庭。类似的，在一个加斯盖伊（Qashqai）的营地，谨慎的和有地位意识的男人们甚至不会互相接近彼此的帐篷，但是当男人们出去工作的时候，女人们就会自由地走访、谈话、互相交换礼物，不考虑其丈夫之间的敌对状态，并且给她们的未成年的儿子们提供一种社会经历，这是他们日后常常带着怀旧之情加以回忆的。[2]

许多穆斯林的法律规定也反映出对妇女的积极态度，其中具有特殊重要意义的是法律禁止前伊斯兰时代杀害女婴的做法。更为重要的是，前伊斯兰时代的妇女被认为是其丈夫或父亲的财产，并且可以任意地继承和转让，随着伊斯兰的到来，她们成为家庭财产的共有者，保持她们自己的个人继承权，不可以由她们的男人从她们那里加以剥夺。妇女仅有权获得其男性亲属所继承的数额的一半这一事实，得到其嫁妆作为补偿，当她结婚时，一个女孩子在法律上有权从其家庭得到物品、钱财，有时候是土地作为嫁妆。这份嫁妆，通常再加上从其丈夫家里得到的丰厚的聘礼（麦哈勒，mahar），成为她自己的个人财产，她可以随意花费和使用——尽管二者通常都会被并入共有的家庭财产。在离婚时，妇女可以向其丈夫索要聘礼和嫁妆，并且伊斯兰法庭会作出有

---

〔1〕这种分析参见 Antoun（1989）。

〔2〕Makhlouf（1978），Beck（1978：357）；关于阿曼也可参见 Wikan（1991）。当然妇女的团结和友谊并不排除竞争。她们同男人一样关注自己的荣誉和自尊，并且通过煞费苦心地炫耀好客和显示财富进行地位的竞争。然而，女人被排除在严肃的政治斗争的公共事物之外确实给予她们一种诚恳和坦率，这是作为不断斗争中的竞争者的男人们所缺少的。而且，无论她们个人之间有什么差异，她们总是可以在对男人的共同抱怨中找到舒适和团结，而男人宁愿假装女人不存在。

利于女方的裁决。

伊斯兰承认女方的独立在结婚协议中表现得尤其清楚。正如诺埃尔·库尔森(Noel Coulson)写道,在伊斯兰的婚姻安排中,妇女的地位得以改变,“从被当做出售物品的地位到成为订婚的一方……被赋予了她以前从未有过的法律能力”。[1] 与受誓言约束的基督教婚姻不同的是,伊斯兰的婚姻被实用性地理解为交换商品和服务,在原则上是可逆的,通过双方的家庭也可以进行积极的讨价还价,在婚姻协议中妇女(通过其保护人)以其性的和生育的功能交换协商的聘礼和永久的保护和保持。[2] 如果条款未能实现,合同可以被取消并且聘礼回到其合适的所有者处,也就是女人——这种安排使妻子在离婚的情形下拥有巨大的影响,并且补偿丈夫解除婚姻的优先权。[3]

正如马歇尔·霍奇森(Marshall Hodgson)主张的,在这种法律框架下,穆斯林妇女实际上比欧洲基督教社会的妇女有更大的人身自由,直到最近,欧洲基督教妇女的财产都永久地加入到其丈夫的财产中,并且婚姻的单位要优先于结婚的个体。相反,穆斯林家庭法牺牲了家庭集 231
团的优先权而“支持所有相关各方的权利平等”[4]——体现了深刻的中东人的个人主义和平等的价值观。穆斯林妻子的主权体现在他可以保留其家庭的姓氏,和以其能力为她自己赚钱并经营她自己的财政事务。当然,这并不是说妇女常常利用其法律选择自由——大多要遵循传统,使自己不被注意,并且将其事务交给男人们。

即使在那些表面上看起来是对妇女的约束的事情中,伊斯兰也是含混的。例如,神圣的经文允许穆斯林男子至多可以娶4个妻子(没有提到妾),并且穆罕默德树立了一个特殊的典型,他有12次正式的婚姻。然而,穆罕默德毫不动摇地忠诚于比他年长很多的第一个妻子,海底彻(Khadija),达25年时间,其后来的婚姻绝大多数都只是巩固同

〔1〕Coulson(1964:14)。

〔2〕在伊朗,女性的贞洁被公开称作“其资本”。参见Haer(1989:67)。

〔3〕在一些方面女性对其麦哈勒的绝对权利给她们为自己的利益协商的能力。参见Mir-Hosseini(1993)。

〔4〕Hodgson(1974,vol. Ⅰ:341)。

其盟友的关系的方法(最初的5个哈里发都是他的姻亲)。可能穆罕默德对于一夫多妻制的态度在他对其最喜爱的女儿法蒂玛(Fatima)和其堂弟阿里的严格的一夫一妻制规定上得到最好的体现(尽管阿里也因其多次的临时婚姻而知名)。[1]

更多的矛盾可以在《古兰经》的规定发现,只有男人能够绝对平等地对待所有他的妻子时一夫多妻制才是被允许的——一种许多改革者认为在实践中不可能做到的规定,除非是一位圣人。因此一夫一妻制是唯一道德上安全的穆斯林婚姻形式。[2] 出于相似的意向,通奸,尽管以死刑惩罚,但是只有通过总计4位可靠的亲眼目睹的证人才能被证实——这种条件使得任何证实几乎完全不可能。并且离婚,尽管允许,但是被先知痛斥为许可的事情中最应受指责的事情。

在当今时代,宗教对贬低妇女的原则上的反对,既被从左(女权主义者)也被从右(伊斯兰主义者)强有力地宣布。对妇女文化低下的依据的最初重新审视,是通过使用可以选择的早期伊斯兰的证据,来质疑许多现在仍被正统派欧莱玛和普通信仰者认为是可信的反对妇女的格言的准确性。例如,法蒂玛·莫尼斯(Fatima Mernissi)主张,《古兰经》中使妇女从属于男子的经文,受到《古兰经》中对男人和女人依据其品德而未涉及其性别的祝福的经文的否定或至少是挑战:“对于男女穆斯林来说,——对于信仰的男女、服从的男女……真主已为他们预备了赦宥和重大的报酬。”[3]并且她也指出,《古兰经》明白地主张“她们应享合理的权利,也应尽合理的义务”。[4] 莫尼斯也提到,穆罕默德的爱
232 妻阿依莎(Aisha),她本人是一位著名的圣训背诵者,驳斥艾布·胡莱勒(Abu-Hulayra)传述的妇女玷污礼拜者的圣训:“你现在把我们比作

[1]类似的,中东穆斯林男人并不希望其女儿们屈从于作共同妻子的羞辱,但是他们自己却希望娶第二个妻子。

[2]在普什图人当中,只有多妻的男人被认为是按照《古兰经》的要求生活,他个人确实平等地对待其妻子们——他像避免瘟疫似的同样避开她们。

[3]Quran 33:35。

[4]Quran 2:228,也可参见4.1,这节经文被注释为,妇女和男人一样是由“单独的灵魂”创造的人。

驴和狗,以真主的名义,我曾看到先知念诵着礼拜而我就在那儿,躺在床上,在先知和朝向之间。”[1]

那些宣称在伊斯兰教中妇女拥有较高地位的人,称引穆罕默德通常对妇女的深深慈爱,尤其是对阿依莎的爱,并且提醒我们他选择死在她的房间,他及最初的两个哈里发都安葬在这里,给阿依莎的荣誉很难看出与对女性低下的信念相吻合。至于说“鞭打”恼怒的妇女的权力,先知本人从来没打过他的妻子们,而是当其与她们中的任何一个生气时,代之以独居,他还曾对门徒们说“只有你们中最差的”才会采用武力对付其配偶们。[2]

《古兰经》的训谕要求信仰者们的妻子和女儿们“用她们的外衣蒙着自己的身体(在出门时)”[3]也被重新解释。妇女脱掉面纱的捍卫者主张,最初的伊斯兰并没有命令所有妇女要完全用面纱罩住或者隐居,仅仅是谦逊看起来就已经足够了。事实上隐居是一种特殊的措施,只针对先知的妻子们,为的是给予她们一些私人的生活,后来才被不符合教法地扩大了应用范围。[4] 他们也指出,妇女们娴静地从社会生活和活动中退出,并不是最初的伊斯兰社会的做法。阿依莎再一次被提到,作为妇女参加公共辩论、陪同穆斯林军作战的实例,她还是一个受人尊敬的圣训传述者,甚至凭自身的能力成为政治领袖。[5] 海底彻也被提到,作为一个独立的妇女,成功的商人,她在其年轻的合作者、她忠诚的丈夫穆罕默德的帮助下经营她自己的事业。如果这些早期的妇女可以是如此有影响力的知名人士,为什么现代的妇女被阻止获得同样的地位?

正如女权主义者一样,伊斯兰主义者通过引用神圣的经文对伊斯兰使妇女非人化和贬低妇女的指责作出回应,但是他们得出大相径庭

---

[1]引自 Mernissi(1991:70)。

[2]Ibn Sad 引自 Mernissi(1991:157)。

[3]Quran 33:59。

[4]再一次参见 Mernissi(1991)对这种主张的清晰表述。

[5]阿依莎参加骆驼战役中失败的一方对进一步不相信妇女的政治激进主义发挥了主要的作用。参见 Spellberg(1991)。

的结论。他们主张支持"不变的和在性别的本质上的完全不同,这是真主对世界的规划的一部分"。[1] 对于他们来说,在正确的伊斯兰的做法中,妇女和男人"在人性上平等,在功能上互补"[2],妇女作为生育者、孩子的抚养者和家庭的保护者,而男人作为保护者和挣钱养家的人。通过提到进化生物学的发现,这种观点得到支撑,据称可以证明妇女的化学构成和神经系统自然地适合她们成为家庭主妇。[3]

现代伊斯兰主义的观点赋予妇女与男人同样的地位,只要两性之
233 间平衡的和想象的内在关系得以保持。任何对平衡的改变都被看做是偏离真主的蓝图和自然的秩序,它只能导致动物般的贪求、苦难和社会崩溃——这些,他们宣称,在西方已经发生了。从逻辑和科学上讲,他们的主张是有严重缺陷的,但是,通过将妇女描述为与男性平等而同时将职业的差别"自然化",它确实包容了指向平等的文化压力。在这种情况下,引用进化生物学来证明,使表面上的不协调具有了完美的意义。

这种新的来自于左派和右派的说法是否能导致男人更加尊重女人仍然是一个问题。相反,实际上出现的情况是,现代中东女性越来越被在核心家庭中孤立起来,得不到她们父系亲属的支持,被迫在外面工作以补贴家庭收入,然而同时被迫继续其传统的家务工作,得不到其男性同伴的任何帮助(帮助会与事物的自然秩序相冲突)或任何赞许(女人的工作是不重要的和愚蠢的)。正如许多研究所证明的,在城市和农村的环境下情况都是这样。新的原教旨主义的兴起及其对女性纯洁和文化完整性的强调,也同样腐蚀了早期伊斯兰主义者对性别平等的号召。[4]

---

〔1〕Stowasser(1993:15)。这种新修辞的好的解释,请参见 Metcalf(1987)。

〔2〕El-Amin(1981:92)。

〔3〕例如,参见 Sayyid Qutb 引自 Choueiri(1990:128)

〔4〕对于女性的工作,参见 Papps(1993),al- Khayyat(1990)和 Friedel(1991a,1991b),对于新原教旨主义的视角,参见 Roy(1994)。

15.2 历史、文化和厌女症

那么我们可以看到伊斯兰对于同妇女关系的记录是复杂的，但是平衡是朝向妇女的主权和平等的信念倾斜的。[1] 对妇女的平等和公正是穆斯林的基本原则，可以并一直通过保守的和有自由趋势的激进主义分子得到形式多样的表达。但是这些原则在驱散民众所拥有的女性低下的信仰上肯定没有取得成功。为了认清为什么会是这种情况，我们需要观察的不是伊斯兰教，而是历史和文化。

我们注意的第一件事情是，在阿拔斯时代及其以后，增长的政府独裁主义和性别等级的巩固之间的关系。尤其关键的是流传广泛的纳妾的制度化，它削弱了男人合法妻子的要求，正如统治者通过招收奴隶军队和官僚削弱其男性亲属的要求一样。正如阿博特（Abbott）写道，对于新的权贵“得到一个妻子是比蓄养小妾严肃得多的事情，小妾可以被抛弃、转让，甚至杀掉也没有什么问题。妻子有财产结算的法律权利。她有‘家庭联系’”。[2] 在这些环境下，奴隶妇女常常成为征服者战士的重要配偶及其儿子的母亲，而自由民的妇女被降低到隐居的和边缘的地位——她们从来没有逃脱过的位置。 234

通过纳妾制度对妇女的控制在中东不是什么新鲜事。萨珊帝国以国王和权贵们拥有巨大的奴隶后宫而知名。在中东历史上，我们发现许多先于伊斯兰的家长制的做法，并且经常被穆斯林法律所改变和改进。[3] 例如，戴面纱就有着古老的历史。年代在公元前13世纪的亚述的泥板中规定，有身份的妇女应戴面纱，而相反妓女和奴隶却被禁止遮盖自己。在这些例子中，面纱不仅被用来表明庄重，也用来表示贫穷和富有、自由和奴隶、私人的和公开的、有道德的和无道德的之间的区

---

〔1〕关于此事其他的观点，参见 Stowasser（1984），Abbott（1942），Ahmed（1986）。

〔2〕Abbott（1946：67）。

〔3〕在这方面，尤其看 Deniz kandiyoti（1991，1992）和 Germaine Tillon（1966）的著作。

别。[1] 在这种角度下,我们可以说伊斯兰的平等主义得到事实证明,与亚述人不同,穆斯林允许每个妇女遮盖自己,而不管其社会地位如何。

除了强制性的面纱,大多数前伊斯兰中东帝国很少给女人权力。女性被从有威望的职业和公职中排除。离婚对于妻子来说通常是很难的,对于男人来说却简单得多,女人被期望对其丈夫殷勤和服从,他有权对其妻子、孩子和奴隶进行体罚——一种为罗马法所沿袭的权力。例如,一则公元前3000年的美索不达米亚的法规说,妇女违背丈夫则要将其牙齿敲掉,而奸妇可以被处死。

在其对中东妇女权利历史的描述中,利拉·艾哈迈德(Leila Ahmed)写道:尽管妇女在大多数古代中东国家都存在不利条件,但她们的地位受到侵蚀而每况愈下,在萨珊帝国时期达到顶峰,巨大的后宫和反女性的法律设定了否定女性主权的新标准。萨珊帝国的妇女不允许充当证人,可以按照其丈夫的意愿出租作妾,普遍没有受过教育,闭门不出,严格同男人分开,缺少资金资源。在这方面拜占庭与其对手波斯相去不远,尽管有证据表明,一些妇女,与后来的穆斯林妇女实业家一样,确实有独立的资本并且可以参加贸易和金融。[2] 伊斯兰法律,在许多方面,是对厌恶女人者的历史的激进废除,但是,正如我们已经看到的,在大多数人当中,对女性低下的潜在的家长制式认定依然没有受到削弱。

历史学家和文化人类学家通常主张,在中东男性权力的稳定扩张来自于复杂的影响关系,包括劳动分工和相伴随的地位等级的增长,促
235 进了地方政体从地方范围的城邦成长为世界主义的帝国。通常主张这个过程必然包括更大的男性统治,正如父系的继承开始于对更加有价值的永久财产的控制权,而家长的权力被用来保持对妇女的合法权威,因为妇女可以通过其婚姻和独立潜在地破坏群体的团结。

---

[1]参见 Lerner(1986)。

[2]Ahmed(1992)。

这种转变通常被看做早期文明变化的高潮，从以农耕代替狩猎和采集开始，反过来导致了更大的剩余积累、男女劳动的更大差别、男性权贵的产生、作为一种表达男性地位差别方式的女性隐居的发展。在所有的例子中，女性的从属地位都同父系的和从父居的社会组织的兴起联系在一起，它将妇女同其父亲和丈夫联结在一起。

然而事情可能并不是十分清楚的。当然，当妇女的户外工作对生存绝对必要时，生产方式确实起到了重要作用，中东游牧部落的情况就是如此，生产的必要性需要女性不戴面纱地出去工作，并且在作出决定的时候起到十分重要的作用，因为在其丈夫经常不在家的时候她们对家庭负责。但是贝都因妇女的相对自由并没有改变部落民的强大父系道德观。事实上，部落妇女实际上比城市妇女更不可能得到任何遗产，她们更可能由于通奸或其他的违法行为而遭受肉体的惩罚，尽管有伊斯兰法提供的保护。简单和合作的生产方式改变了父权制的特征，但是没有必要阻止它。

说复杂性、父系制和地位差别暗示出女性低下的意识形态这一点是并不明显的。在中东本身我们发现了一个强有力的反面例子：前伊斯兰的埃及在新王国时期是一个高度等级化的复杂社会，然而妇女可以拥有财产、继承、作为法律认可的个人、在结婚契约中订立条款、提出离婚等等。婚姻，除了法老之外，都是一夫一妻制。不存在面纱或女性隐居，妇女受到尊重和享有尊严，尽管男性在政治、职业和宗教领域占统治地位。[1] 除了皇室[2]，在埃及对于确保孩子的真实父系血统没有太多的关注，没有儿子的人通常领养一个继承人——这种事在后来的穆斯林中东文化或在埃及的前伊斯兰邻国里都没有听说过。

这种异常现象的原因可能来自于第3章所概括的古代埃及的其他特征。再重申一下，中东其他地区的典型特征是，在平等竞争者之间为 236
了短暂的权力地位而支持不断内部斗争的不稳定的和贫乏的环境中，

〔1〕Ahmed(1992)。

〔2〕关于忠诚涉及的血缘纯粹导致兄弟和姐妹之间的乱伦的婚姻。然而收养也时有发生，在摩西的故事中证实的。

存在强大的个人自由和自我扩张的概念。在肥沃的、隔绝的和相对安全的环境中,古代埃及的普通男人和女人被分隔在神圣的法老及其祭司统治下的稳定的和等级制的社会秩序中。在这个世界中,他们不需要血统或性别的"自然"差别概念来认可王国内被视为当然的各种等级。普通埃及人也对保持他们的世系或通过实施妇女隔离控制生殖不感兴趣。

15.3 父系的窘境

埃及的例子表明,在社会复杂性、父系、对女性纯洁的焦虑和女性低下的意识形态之间,不存在绝对和必然的联系。那种联系需要忠实于血缘继承习惯,这是在一个不同的流动的社会世界里决定身份的至关重要的因素。这种因素被中东人认为是"自然的",但是实际上对于一个父系社会来说,完全有可能通过对孤儿的领养将孩子指定为合法的——如在埃及发生过的那样——或者仅仅因为他们是某人的妻子所生,而不考虑其真实的父亲。换句话说,共享父系血统的概念微弱地存在于古代埃及的等级制社会里,但在其好战的(并且最终胜利的)邻国中间盛行。[1]

正如我们所看到的,想象一个"自然的"团结的、建立在亲属关系基础之上的共享父系血缘的社会,将公认的物质财富赋予被伊本·赫勒敦称为阿萨比亚(asabiyya)的集体感觉;这种"文化想象"在一个变换的、危险的、任何秩序都根本很难实现的环境中,为调整和调动社会参与者提供了一个稳定的和建设性的模式。伊斯兰法中(除了所有早期模糊的认识或母系贯穿权利[matrilineal cross-cutting right]的痕迹,去除了领养子女们的继承权,并且要求奴隶妇女所生儿子的平等份额)父系血统权利的法规汇编,仅仅是向以血缘为基础的父系意识形态演进的长期历史过程的最后一步。

---

〔1〕从跨文化角度来看,父系—从夫居的组织看起来在对抗的环境中受到推崇,在这样的环境里男性的团结为生存所必须。在中东,图阿雷格是唯一的例外。

地位的不稳定性、竞争的平等主义伦理、体现于血统继承的自然差别的文化习惯和父系与父权的演变之间的偶然关系的假设，当然只是一种尝试，但是无论这种关系如何偶然，很明显，一旦父系血缘被接受为人们代际联系的来源，并且作为个人身份的主要基础，许多后果将随 237
之而至——没有一种后果会有助于男女之间的相宜的和平等主义的关系。

这是因为继承的男性道德中心性的意识形态基于明显的和烦扰的矛盾，也就是，即便世系和社会的官方组织模式只考虑男人，不容置疑的事实是父系源自于子宫，并且女人——父系的外人和男人认定的自然方面低下者——是分割的、男性的社会结构的真正中心，因为她们作为孩子的生育者和母亲的角色。正如阿布杜拉·哈穆迪（Abdella Hammoudi）写道，这种矛盾的生活事实是“根据父权制的标准是不可能避免的丑闻”；作为结果，男人们必须不断地奋斗“来超越父权制和世系的物质性繁殖之间的结构性矛盾”。[1]

男人们试图克服妻子和母亲的“丑闻性的”身体中心的一种方法是，将妇女描绘成可以买卖的商品，以聘金在父亲和兄弟间进行交换，但是这种控制的外观被婚姻关系中妇女的法律代理和妻子只是有条件地置于丈夫的权力之下的事实所破坏——她的父系男性亲属，而不是她的配偶，仍然主要负为其荣誉复仇的责任并且因其不端行为而丢脸。无论支付了多少聘金，永远不足以打破共同的血缘和荣誉的纽带。男性将女人变成仅仅是男人之间交换筹码的企图基本上未发挥作用——妇女仍然是其名誉的积极持有者和其家系的血亲。

父亲的兄弟的女儿的婚姻，在文化上在中东占中心地位，可以部分地理解为，通过将母亲的世系归入父亲的世系以克服这种紧张关系的尝试，“同最亲近的人”结婚，这样在婚姻集团之间存在的就是绝对的最小的差异。但是这种机制并没有消除双方之间的差别，它只关注于最低的层面。这远没有结束敌意，同父亲的兄弟的女儿结婚可能是对

[1] Hammoudi（1993：155，158）。

最亲近的堂兄弟之间良好关系的破坏。

交换妇女在另一种意义上也具有破坏性,因为在一个以世系为基础的社会,给予和取得妇女总是在平等的男人之间争夺地位的手段,同精英世系结亲的成功婚姻足以证实某人的高贵性,并且将等级引进到平等主义的一群兄弟中。相反,将女人嫁到一个低下的集团中表明衰退的运气。[1] 那么妇女是男人努力推翻平等主义理想的主要因素,这样他们就担起了这些努力引发的矛盾的主要压力——尤其是,通过拒绝一桩婚事安排或从一个已经协商好的联盟中走出来这样一个简单的行为,妇女可以切断其追求地位的男性亲属如此费力协商才形成的纽

238 带。

对于婚姻的深深的文化焦虑体现在婚姻仪式中新娘家人的悲恸仪式和新郎家人的喜悦和庆祝中,后者已经"取得了一个女人"并在竞争性的荣誉比赛中获胜。在这种情况下,通过夺去处女新娘的童贞以证实一个人的男人气概及其氏族权力的象征性行为是非常重要的,并且"年轻男人一直怀有对那一时刻的恐惧,对在初婚之夜那决定命运的交合中的弱点的恐惧"[2]——影响男女性关系的另一种紧张。当(如果)新郎确实成功了,在新婚之夜后悬挂出有血迹床单的传统成功的公开展示中,他的行为得到宣传。

然而,展览处女血不单是为了新郎及其世系自己,而且同样是为了女方及其家人。年轻的中东新娘远不是西方传奇中经常描写的温顺的或者咯咯笑的人物。如其兄弟们一样,她也是一个自豪的个体,被训练成十分在意自己的地位和其家人的地位。在对其失去处女的公开展示中她也冒着很大的风险,她的血是其辉煌的祖先的血,通过这种展示她为自己的世系和自己获得自豪和纯洁。对于新郎来说,带血的床单表明其男性的生殖力并且,通过引申,表明其世系的男性生殖力,对于新娘来说,它是她及其家人的美德和价值的证明,也证实了她有权享有其

〔1〕参见 Conte,Hames 和 Cheikh(1991)关于这种冲突的近期文章。

〔2〕Hammoudi(1993:47)。

作为妻子的地位。

新娘实际上视婚姻为其赢得尊敬的唯一可能途径，但是她并不把自己看做其丈夫的财产，仅仅承认他对她有某些性的权利和法律的权利。正如保罗·维埃耶(Paul Vieille)写道，对于她“男人是陌生人而且他的家人是敌人”。[1] 她立刻害怕其配偶的暴力，新的婆婆的权威，令人感到羞耻的没有孩子的可能性，最主要的是她可能被离婚羞辱的可能性或者，甚至更糟的是，一个共同妻子的到来。她的任务，正如她所看到的，是在赋予她的条件下将其位置和荣誉尽其所能地最大化，正如她的男性搭档所做的那样——尽管对于她来说，竞争的场所是家庭，主要的武器是生儿子。

她必须在陌生的领域斗争，但是在她同其对手的令人紧张不安的关系中，正如许多人类学和社会学研究已经证明的那样，妇女有许多坚持己见的途径，例如，在城市环境中，中产阶级妇女常常可以个人控制其在婚姻或继承中所得到的财产，并且可以随心所欲地从事商业或投资。然而，较低阶级的和农村的妇女同其更富裕的城市姐妹相比可能 239
在物质上具有更大的流动性和自主性，因为在继承方面的机会要少得多，并且因为其在外的工作对于维持家庭是必须的。她们因此可以积累她们自己的财力并建立自己的影响网络，赢得某种程度的个人自由，在中东社会这种自由通常与妇女没有联系。一些年长的妇女甚至可能赢得相当受人敬重和尊重的位置，充当她们的男性亲属的顾问，和在敏感的婚姻协商中充当媒人。

无论她们的阶级情况、年龄或职业如何，中东各处的妇女都可以通过激怒和奚落其丈夫来表现自己的权威，并且可以公开责骂他们的无能或软弱以羞辱其男人。妇女们经常是世系荣誉的最热心维护者，唆使其男人以比他们本来意愿更为激进的方式行动。妇女对当地信息的控制是她们的另一个资源，这使她们可以按有利于自己的方式进行操纵。对男人统治的抵制也在女人们的歌曲和诗歌的词句中隐含地显示

〔1〕Vieille(1978:469)。

出来。[1]

但是对抵抗的关注会错过问题的要点。大体上来说，妇女对推翻或对抗她从中得到荣誉地位的体制不感兴趣。她认识到其位置是在家里，在家里她努力保持其荣誉，同其丈夫保持谨慎的距离，赢得其同龄人的尊重。在这场斗争中，其儿子们是其盟友。正如A.布赫迪巴(Bouhdiba)写道，阿拉伯社会“尽可能地男性化，非常高兴将孩子扔给他的妈妈”。[2] 男性退位意味着女性是男孩社会化的主要影响。成长在女人的群体里，中东男孩同其母亲和姐妹有着很强的情感纽带，她们是他们的保护者、帮手和调停者。当一个男人遇到麻烦时，有一句普什图谚语，他会羞于去求助于其父亲，因为他会训斥自己，但是他相反会去找其母亲或姐妹。她们会不问为什么就为他求情。反过来，他是他的母亲对付他父亲的盟友，是他的姐妹对付其丈夫的盟友。[3]

但是尽管女人是不要求的情感和赞许的来源，可是要成为一个成年人，男孩子必须离开女人社会的保护性庇护并且在竞争的男人世界里找到自己的路。在这么做的过程中，他认识到他的母亲和姐妹是下等人——他可以自由地在村子里走来走去，可是她们必须在其大院里待着，或至少藏在端庄的面纱后面。她们的方式是可鄙的和可笑的，她们的气味和工作是令人讨厌的，她们应该被隔离在家庭的范围内。

男人对女人的敌视态度也被其家里的女人积极地反复灌输着。例如，正如苏珊·道尔斯基(SusanDorsky)从也门报道的：“一个3岁大的
240 小男孩不断地用一个有棱的玩具枪击打他9岁的姐姐。她试图在阻挡殴打时强带微笑。他们的母亲，另一个女人，还有几个大的男孩和女孩都在场，但是并不干涉或批评那个男孩子。”[4] 母亲们对其儿子残忍地对待姐姐这种事的看起来矛盾的态度，是对父权制家庭的权力关系的

[1] Abu-Lughod(1986)。

[2] Bouhdiba(1977:128)。

[3] 根据al-Khayyat的说法，核心家庭在城市社会的兴起意味着“传统的妻子和其姻亲之间的冲突被丈夫和其姻亲之间的冲突所取代”，因为男人寻求完全孤立其妻子们以便更好地统治她们(1990:122)。

[4] Dorsky(1986:87)。

现实反映。正如彻丽·林霍尔姆(Cherry Lindholm)解释道:"这使她的儿子在处理其将来的妻子、母亲的未来儿媳妇方面得到实习,她的儿子应该能够恰当地控制其妻子,这是符合母亲的个人利益的。"[1]在这种矛盾的环境中成长,男人对女人的态度是复杂的和矛盾的,由孩提时代培养起来的深深的依赖和慈爱的纽带构成,又覆盖上后来的厌恶、敌对和恐惧等感情。当男人必须处理其妻子的性的诱惑时,关系的模糊性变得尤其突出。

15.4 女性性欲的危险

穆斯林对性欲的态度一直远比西方自由。与基督教相比,在伊斯兰教中没有女性为男性的堕落负责的说法,性欲本身被描述为好事,既是对天堂的提前体验,又是大地上人类繁衍所必须的,是真主所注定的。禁欲在穆斯林的经文里是被积极地反对的,女人和男人都同样对子宫里的孩子的形成负责,女人和男人一样被认为经历性高潮,如男人一样,女人也有同样的权利得到性满足——相互性满足的文化规范体现出,社会基本的平等主义规则甚至在卧室里也是适用的。

这些都是非常积极的,但是文化的矛盾也暗示着少得多的肯定性的反应。例如,妇女的性能力被彻底否定,对妇女的文化描述是柔弱的、必须在闺房隐居中受到纵欲的男人保护的牺牲者。然而女性的真正力量体现在作为可怕的性的捕食者的另一种女性形象上。在两个例子中,女人都必须被关起来,但是其受囚禁的原因却大相径庭:在第一个例子中,她是一只无罪的羔羊;在第二个例子中,她是一只发情的母狗。这两种理解很难由男人是"女人潜在性欲能力揭示者"[2]的信念所调和,男人唤醒处女的内在欲望,它会因此成为贪婪的,需要男人集中所有的注意力来满足。

男人对女性强大的性欲所表现出的焦虑是地区性经典色情描写获

〔1〕Lindholm(1982:56)。

〔2〕Vieille(1978:463)。

241 得灵感的地方，在老一套的描写中，贪得无厌的妻子们“对交媾的渴求从来没有满足过”。[1] 流行的名言称，女人的性欲一旦被激起，比男人的要大9倍，男人将无力承受女人无法抗拒的进攻。[2] 一个摩洛哥男人告诉劳伦斯·罗森(Lawrence Rosen)：“女人有非常强大的性欲，这就是为什么男人总是有必要控制她们，以免她们产生各种不规矩的事情，以免让她们将男人引向歧路。为什么我们也将妇女称为哈布鲁撒旦(hbel shitan，撒旦的绳索)？为什么在公开场合下妇女必须被遮蔽起来，其居住的房子要安装小窗子，这样其他人就看不到里面，在其能给其父亲带来任何麻烦之前就把她嫁人，其原因都在于此。”[3]

插图15－2　几代妇女聚在一起等待葬礼。这个照片是在斯瓦特(Swat)拍摄的，但是在中东大多数地区妇女担负哀悼的情感工作。

阿布杜拉·哈穆迪(Abdella Hammoudi)写道，男人对女人的焦虑在“描写她的治疗和危险相混合的矛盾的大众形象”[4]中得到象征性

[1]引自 Sabbah(1984:27)。

[2]Vieille(1978)。

[3]引自 Rosen(1978:568)。

[4]Hammoudi(1993:115)。

的揭露。接触妇女使得男人在仪式上成为不洁的，她的经血是污染，同她的性接触也是污染。[1] 而且，妇女被普遍认为同黑暗处的精灵和神秘之事有特殊的关系。正是她们懂得如何准备咒语和膏药，她们是算命者，圣地和圣陵的主要光顾者，在那里她们情感的祈求和恍惚的行为与男人的克制大相径庭。这些女性的超自然活动和祈求通常目的是生 242
产和保护其儿子或将其丈夫束缚在她身边，因为正是通过父母的和性的方面对男人的控制，女人才获得了她们的权威。[2]

男人对妇女诱惑他们的力量的担心是如此明显，以至于在几本有争议的书中，法蒂玛·莫尼斯（Fatima Mernissi）宣称："整个穆斯林社会结构可以被看做是对女性性欲破坏力的进攻和防御。"[3] 莫尼斯主张在伊斯兰教中虔诚是受限制的和理性的，而女人是色情的和不理性的——她们可能通过其欲求而将男人从正路上勾引下来。为了避免这种危险，学术性经典告诉虔诚的男人应该如何控制和监督其性生活并因此保持适当的理智优于情感。莫尼斯得出结论说："伊斯兰体制对妇女的反对不像对异性爱那样强烈。所担心的是男人和女人之间逐渐卷入一种包含一切的爱，满足对方性的、情感的和智力的需要。这样一种卷入对男性忠诚于安拉构成直接的威胁。"[4]

以类似的腔调，但不是指伊斯兰教，保罗·维埃耶（Paul Vieille）写道，在爱人的性爱激情和分等级的男女关系所要求的克制之间存在基本的紧张。女人作为一个色情的行动者"代表着在来自于上层的文化中的自发性爆发"，她的行为属于"无法理解的领域"。[5] 维埃耶主张女性性冲动的强迫性的性欲危及男性至上地位并引发男人对女人的诽谤和怨恨。

然而这两种视角都没有注意，到底为什么女人的性欲——明显是

〔1〕正统派认为这些禁令是强加于伊斯兰教的，但是现代女性称穆罕默德反对这些古代的污染性思想，她们说这些来自于父系的犹太教。

〔2〕参见 Lindholm（1981c，1982）。

〔3〕Mernissi （1975：14）。

〔4〕Mernissi（1975：viii）。

〔5〕Vieille （1978：471）。

真主给予的、用来享受的,同时也是繁衍所必需的东西——应该被看成是引起混乱的力量的问题。莫尼斯,按穆斯林学者的传统,引用宗教的经文作为她的证据,但是经文本身是将宗教语言变为一种未被分析的社会现实。当她正确地指出男人和女人的地位差别受到性欲的威胁时,维埃耶是离目标更近的,但是差异本身却被视为当然的了。

对于女性性欲的模糊性的文化来源是很容易被发现的,它存在于中东父系制的矛盾中,我们已经看到,正是通过其繁衍能力,女性以其作为母亲的角色创造并统一了父系,保持了社会结构并且通过其儿子们设想到未来。然而,她可以通过接受一个情人否定她的所有创造性工作。这样做,她会毁了其男人的荣誉,并且破坏基于血缘的父系的基
243 础——而且毁了她自己。妇女的性欲既是整个男性社会秩序的基础又是潜在的祸根。

即便是在其妻子的角色中,妇女的魅力也给男人带来无法解决的难题,她的性欲对于繁衍世系是必要的,但是妻子在性的方面的诱惑力,将其丈夫从日常生活中应该首选的忠诚对象,他的平等的世系兄弟和邻居的身边拉走。这就是为什么普什图人说爱其妻子的男人变得虚弱,为什么伊拉克人说"妇女听到软话就行为不端"[1],和为什么扩展家庭的破裂通常都归罪于外来的妻子的诡计和自私。作为父家长制的来源和终极挑战者,妇女必须总是被提防着——尤其是在其性欲方面。正是在这种意义上,妇女的性欲真正是进入男性世界内部的无法接受的爆发。

那么我们可以说,中东的戴面纱、隔离和贬低妇女的习惯并不是伊斯兰的发明,或者妇女脆弱性的证明,而是建立在血缘继承意识形态基础上的父家长制内部对女性性欲能力的创造性和破坏性的一种表达和防范。围绕妇女的行为和象征主义揭示其隐藏的潜力,其抚育和诱惑的矛盾能力,以及她们给男人们造成的恐惧。正如女权主义小说家沙达维(Nawal El Saadawi)写道,在中东"妇女是强大的而不是虚弱的,积

---

〔1〕引自 al-Khayyat(1990:79)

极的而不是消极的,能够破坏的而不是容易被破坏的……如果有人需要保护,那么这个人是男人而不是女人"。[1] 244

〔1〕El Saadawi (1980:100)

16　逃离差别:爱和友谊

16.1　浪漫的爱

迄今为止,我认为,中东男女关系建立在存在于整个社会秩序根基里的深深的矛盾之中。在中东,妇女在文化方面得到详细阐述的低下,是建立在共同父系血缘习惯基础之上的父系和从父居文化中的她们模糊的结构性位置的象征性表达。妇女给这个结构带来的威胁被通过对其从属性的强大的驯化以及控制其性欲和力量的共同努力来对付。

但是文化上宣称的女性低下,与人类平等、自主和竞争的个人主义的普遍社会思潮不一致,这在妇女满足性欲的权利、对她们自己财产的合法控制,以及为她们自己和她们的世系争得最大化的尊敬和荣誉的尝试方面得到表达。对妇女充满威胁的力量的隐讳承认,也在猜想是由她们控制的异端的精神力量中、在她们的情感力量中以及在她们性的方面的诱惑能力中得到体现。

在传统的中东环境下,妇女被认为是危险的和造成分裂的人。最糟的是,其乱交可以毁坏男人的名誉,导致某种社会性的死亡。即便虔诚,她们性的方面的诡计可以诱使他远离他对其他男人的最重要的战略性忠诚和远离他对真主的精神承诺。然而女人,作为家庭的中心和源泉,也提供一种团结和抚育的模式,正如她们在朋友们之间的非正式私人团体里举行聚会的能力中所表现出来的。妇女作为母亲是社会的核心,作为勾引男人的女子也是社会最危险的敌人。围绕妇女的复杂象征意义,既反映了又掩盖了她们普遍的矛盾的影响,并给所有关系都涂上地位低下的色彩。

在这种环境下,看起来夫妻间任何的互相依存与尊重都几乎是不
245 可能的。当然情况不是这样。夫妻间分享信任和深情的情况在中东当

然确实存在并且曾一直存在,正如在一起长大的和渡过其关系的风暴的夫妻。但是,这种关系与现实中的父权制社会结构的全部构造相对立。正如法蒂玛·莫尼斯(Fatima Mernissi)所指出的,妇女在中东,不是值得信任的伴侣,而是被继续看做“穆斯林家庭固有的极端亲密、背叛、脆弱的内生性破坏的源头”。[1]

然而矛盾的是,就是在中东,我们发现了我们所知道的浪漫的爱的最深情表达:对另一个人的衷心爱慕。在中东,这种情感经常被作为所有经历中最有价值的。正如一个14世纪的诗人写道:“一颗从来没有爱过的心是一颗坚硬的、非人的心。”对于某些被爱慕者,爱甚至胜过天堂的巨大幸福。例如,考虑一下9世纪诗人赛义德·本·胡迈德(Said b. Humayd)的诗:“如果我们获得天堂,它就会将我们两个都置于其中,如果这是真主的意欲。或者,假如真主意欲,他会将我们扔进火狱。当它燃烧得很热的时候,亲吻会使我们俩凉爽下来,吮吸(唾液)的凉爽会激起我们强烈的爱,这样最后所有那些在火狱里面的人会不断地说:但愿我们所有人都曾是恋人。”[2]

除了其永恒的、崇高的和疯狂的特点以外,爱在古典中东还存在西方读者会赏识的其他特点。在苏菲派当中,爱被精神化以代表在与真主合一中体验到的巨大幸福的最高形式。真主希望点燃人类心灵的爱,恋人的圣战是“被吸引之剑杀死,倒在媚态和慷慨的门槛上”。[3]这种恍惚的爱是无私的:“完美的爱从无所希冀的爱者心中发出,在那里所渴望的什么是有价值的?对于你来说,当然给予者要胜于礼物。”[4]爱也涉及遭受痛苦和自我牺牲:“一个认为在爱中不会遭受痛苦的灵魂,当其向爱诉说的时候,就会被藐视。没有哪个被给予宁静的灵魂曾经获得爱,也没有任何渴望平静生活的灵魂曾经赢得奉献。平静!它离恋爱者的生活有多远!伊甸园是被恐惧之心环绕的。”[5]

---

[1]Sabbah(1984:35)。

[2]引自 Rosenthal(1987:12,14)。

[3]Hallaj,引自 Massignon(1982,vol. Ⅱ:87)。

[4]Abu Said 引自 Nicholson(1921:5)。

[5]Ibn al-Farid 引自 Nicholson(1921:205-206)。

被伟大苏菲诗人颂扬的追求者和神灵之间的热情精神之爱，是一种人类间理想化关系的转换，并且反映出中东更多的古代故事和传奇，里面尽是些充满激情的恋人在被剥夺其所爱伴侣时变得日渐憔悴和死去的故事。波斯史诗莱拉（Laila）和曼君（Majnun）可能是最著名的例子，当曼君（字面意思是疯子）在沙漠中发狂地走着，在他对莱拉没有
246 实现的爱的鼓舞下背诵着诗歌，莱拉却被她的父母嫁给了别人。最终，他因爱而死，莱拉也一样，两个爱恋的人在死后终于走到了一起，因为从其紧邻的坟墓里长出的玫瑰缠绕在一起。

这些激情和失败的故事不只是虚构的作品——它们是现实生活的行为。正如马西尼翁（Massignon）写道："对于一个坠入爱河的阿拉伯人来说，死亡并不是稀奇的事，因为他'燃烧'并且在身心方面都全神贯注。沙漠里没有消遣或'替代物'能够使其从在孤独的回忆中闪耀的美丽想象中转移。"[1]所记载的自己造成死亡的事例通常都是爱的结果，因为一个男人误杀了其所爱的人然后懊悔地切开自己的喉咙，或者是爱人在其被爱的人死去后自杀，或者是一个男人在其激情没有回报的时候死去。[2]

按照许多评论家的说法，正是从这种强烈的中东传统中，浪漫之爱的概念传到了西方，由返回的十字军战士传播开来。[3] 无论这在历史上准确与否，能够肯定的是，对视为唯一引人关注的和几乎被神化的另一个人充满激情的依恋的经历，既是西方的也是中东文化的深层次组成部分。但是这种经历被典型地表现出来的方式确实存在很大差异。在西方，爱所经历的历史进程将性行为、理想化和婚姻结合在一起。我们把这种组合视为理所当然的，但事实上这种组合在世界各种文化中却是非常与众不同的。按照一些历史学家的说法，这种异常的组合，是伴随工业革命发生的对扩展家庭的离散和家庭微型化，同容许更持久的恋情的人口变化相结合的结果。而其他人主张，这不是资本主义的

---

〔1〕Massignon（1982，vol. Ⅰ:348）。

〔2〕Cases 引自 Rosenthal（1946）。

〔3〕对这种矛盾的支持和反对参见 Boase（1977），Bell（1979）。

结果,浪漫之爱是其先驱,成长于支持社会流动性、自由选择、晚婚、个人主义和从很早的时候起在北欧就很盛行的相对富裕的条件。[1]

无论爱在西方的历史如何,在中东它没有遵循同样的轨迹,中东的相对贫困和世系的重要性造就了不同的社会环境。与中世纪骑士的尊严而礼貌的爱相同,在中东,浪漫和婚姻从来没有被联系在一起。爱总是发生在那些没有法律纽带束缚的和在契约上被迫进行性交的人之间——这种具体的集团之间的世俗的和协商的关系,是激情浪漫的理想化的鲜明对照。这在中东婚姻关系的背景下是有意义的,正如我们所看到的,它是一种将家庭联系在一起的政治协约而不是心灵的事物。

现代西方情感中更明显的是,而且也可以同中世纪的尊严而礼貌的传统相比,性行为本身常常被同爱分离。关于浪漫之爱的最高产的中世纪作家伊本·贾沃齐(Ibnal-Jawzi)(死于1200年)写道,贞洁的传统来自于早期的贝都因人,他们"深情地爱着但是摒弃肉体的交合,认为其毁坏爱情。因为从交合中产生的愉悦,只是动物的事情,而不是人的事情"。这个假设被在偏远部落搞调查的语言学家易司马仪(死于828年)所证明。他写道:"我对一个贝都因妇女说:'你认为你们之间的爱是什么?''紧抱,拥抱,眨眼示意和谈话',她回答到。然后她问:'你们之间的爱是怎么样的,城里人?''他趴下并且把她压到极点',我回答道。'侄子,'她喊道,'这不是恋人,这是一个男人对一个小孩做的!'"[2] 247

传统上对纯洁的爱(hubb udhri)的高度评价可以上溯到7世纪贝都因也门部落的白努·乌德拉(Banu Udhra)人,他们的想象中认为"死于爱是一个甜美的和高贵的死亡"。据马西尼翁所说,纯洁的爱同一种深深的概念,即"通过无法期待的'志同道合的灵魂'的出现,选择一种宗教的和牺牲的生活"相联系。[3] 鼓舞这种高尚境界的卓越的另

[1]参见 Stone (1988),Shorter (1977)看最重要的例子,Mac Farlane (1986)看次重要的例子。

[2]引自 Bell(1979:33-34,134)。

[3]Massignon(1982,vol. Ⅰ:348,349)。

一个人被认为是体现在人身上的一种纯洁的精神，并且这种关系不能被肉体接触所玷污。相反，所爱的通过渴望的默祷被内化，这样最终两个人成为一体。塔哈·侯赛因（Taha Husain）将7世纪阿拉伯诗歌中纯洁之爱的兴起同经济危机联系在一起，认为是贫困的艰苦生活使阿拉伯人易于接受不与人往来的爱，并且在死亡中结束。他的论文仍然存在争议，但是纯洁的理想和将婚姻与激情分离长期渗透于中东人的体验，这一点无疑是真实的。为什么会发生这样的事情只能通过文化背景来理解。

对于这个目的一个特别有用的例子是，在伊朗东南部多岩的沙漠中游牧的玛里俾路支人（Marri Baluch），人类学家罗伯特·皮尔逊（Robert Pehrson）正在对其进行研究。玛里（Marri）人，正如许多中东民族一样，居住在艰苦的、隔绝的和无情的环境中。也很典型地，他们居住在父系的、从父居的和父权制的小营地聚落里。在一个由宫廷任命的称为萨达尔（Sardar）的首领领导下，按照对立的分支原则，在一个支配的政治同盟内组织起来。他们是高度个人主义的，利己并且具有竞争性。按照皮尔逊（Pehrson）的说法，俾路支人（Baluch）期望在所有社会事务中都采取投机主义和操纵，保密和社会伪装非常受欢迎，集体活动和合作降到了最低程度。

在这些人当中，浪漫的爱受到高度珍视和理想化，这“是超越美丽和价值的东西”[1]，建立在爱人间的绝对信任、感情共鸣和忠诚的基础之上，专注于互相的爱慕，这种关系被不惜一切代价地追求着，甚至是以自己生命为代价。对于玛里人来说，浪漫从来不会导致结婚，而是必须同一个遥远营地里的一位已婚妇女保持秘密的私通。这是个危险的
248 事情，因为其他的营地是敌对的，并且通奸的惩罚是处死。因此，浪漫对于玛里人来说只是梦中和日常戏剧性事件中的内容，遇到挫败的爱人可能自杀，或者成功的爱人被捉住并被处死，因此成为玛里人艺术支柱的浪漫诗歌和歌曲中赞美的对象。正如一个玛里妇女所说：“对于

〔1〕Pehrson（1966:65）。

我们玛里人来说,成为一个爱人是非常伟大、非常困难的事情。”[1]

所有这些都同玛里人的社会组织有关,他们与许多其他中东民族一样,以小的扩展家庭为居住单位。尽管他们受到一个中央权威的统治,他在名义上拥有绝对的权力和宗教上的承认,这些渗透性的和不断变化的地方单位,具有相当大的地方自治权。在他们的群体里,成员存在相互的权利和义务,这是通过紧密的血缘关系和共同居住被赋予合法地位的。参与血亲世仇、支付罚金、放牧的权利和对通奸的惩罚,都是加于这个小集团的义务。然而营地并不是合作和友谊的地方。牧人们,尽管存在其纽带,但是单独地工作,拥有他们自己的帐篷和财产,尽可能少合作,并且互相猜疑和竞争。如果可能的话,他们会分开,但是防御的需要和各种共同的劳动使营地团结在一起,这是一种由亲属的权利和义务以及共同的父系血缘和荣誉确认的需要。

在这种结构中,玛里男人们不断地操纵着以得到来自于中央的一份权力和地位。通过在其支持者中赢得忠诚的追随,贫穷的牧人也能够期望成为地方总管萨达尔,赢得对其最近的也是最不喜欢的世系伙伴和竞争者的优势。在整个中东情况都是这样,男人试图实现这一点的主要途径就是通过婚姻同其他强大的家庭建立联盟,嫁出一个妹妹或女儿基本上是一种将男人联系在一起的努力,同这对夫妇的优先选择权没有关系。

玛里男人因此以一种使用工具的方式利用婚姻,建立有助于他们追求其政治利益的关系。这就意味着,尽管她们看起来在工作中独立和不用戴面纱,女人是被看做动产的,为了家长的荣誉和利益而被控制和统治。正如一个玛里女人所说:“你知道我们玛里人中女人所拥有的权利。她有权利吃屎——就是这样。”[2]

在这个冲突的和厌女症的环境里(及对其的反作用中),浪漫的爱,尽管带有一切巨大风险,是整个玛里文化里唯一的不仅仅是个人权

---

〔1〕Pehrson(1966:62)。

〔2〕一个玛里(Marri)妇女,引自 Pehrson (1966:59)。

力和威望的工具性目的方式的关系。相反地,男人们和女人们同样将之理解为,浪漫之爱的最终价值正是存在于其本身之中。玛里人自己
249 特别将浪漫和婚姻相对比。对他们来说,婚姻是上等的男人和下等的女人之间公开的和得到认可的关系,经常发生在营地和世系之内,并且通常是在盟友之间,存在杰出的政治上的驱动,并且被期望最好的结果是冷淡的和充满敌意的。事实上,甚至在公开场合对自己的配偶体现温情也被认为是可耻的。

浪漫,相反是秘密的,私下的,并且同实际是潜在敌人的陌生人进行的。它唯一可能的政治结果是灾难性的敌对和世仇。爱在将爱人联系在一起的同时具有分裂集团的可能性,相反婚姻的目的在于使集团团结,允许在不对称的夫妇之间没有吸引力。在婚姻中,妇人是低下的和被贬低的,而在浪漫中她被其情人尊为平等的和可敬的。在浪漫中,爱人在面对面的相见中表明他们自己对亲密和热情赞誉的渴望——这种相见是在集团抑制的纽带之外唯一的个人行动。

正如在纯洁的爱中一样,玛里人要求一种真正的浪漫关系,是与婚姻完全不同的,不是关于性生活的。根据玛里人的说法,当爱人见面时,他们交换表示互相爱悦的信物,诚恳地交谈,毫不掩饰,并且常常被感动地自发地背诵诗歌。爱人们必须贞洁,因为性行为被从文化上理解为男性权力对女性的一种表达,并且作为男性世系的起源,施加了一种压迫和服从的成分,这是爱人之间平等的浪漫理想、热情的亲密、创造力和个人尊重所不能允许的。可能这是一种只能在很少的情况下满足的理想,但是理想必须不被放到一边作为幻想。人们认为事物应该的那种方式告诉我们许多实际上激励其行动的核心价值观。

对于玛里人,那么爱就是一种纯粹的、平等的、创造性的和相互的关系,与另一个遥远的、理想化的和所爱的人分享,它在意识上被看做是对权力的竞争、女性的低下和婚姻关系的束缚的否定。这是个人的、自由的、充满激情的,并且具有超越性的价值,作为自我的最高级别的表述。在这种关系里,与等级和统治相联系的性行为受到赞成纯洁的压制。我认为这种浪漫的情结典型地是中东的,并且在整个地区稍有

变化地反复发生。这是一种在深深竞争的和合乎道德的平等主义社会形态中出现的情感建构,在这里妇女被看做是低下的,并且男人和女人都沉浸在竞争性分支体系的永无止境的对立中。浪漫在中东反对然而也反映着它从中出现的社会秩序——提供了一个可供选择的世界,在那里繁殖和世系都不重要,男人和女人都可以从对抗中逃脱出来,并且在一个短暂的时刻作为平等者、个人、创造性的参与者,以及作为爱人相遇。 250

16.2 男人之间的爱

有另一种选择也超越了两性之间的差别和生殖的模糊性障碍:男人之间的爱。这是一个敏感的话题,因为在伊斯兰的经文中同性恋是被强烈排斥的,它被认为是对真主的自然秩序的冒犯。但是在日常生活中,在中东的许多地方,同性恋在传统上一直是相当普遍的,并且很少遭到辱骂。而且它还被诗人和神秘主义者称赞为一种超越美的关系,并且在这种幌子下,为许多伟大的中东浪漫提供素材,这种浪漫同西方排他性的异性间的爱情极其不同,而是与古希腊文学里不朽的男人之间的理想化爱情相似。

实际上,正如我们在鲁米(Rumi)对沙姆斯丁(Shams al-din)的爱慕性赞扬的例子中已经看到的,许多苏菲诗歌公然是同性恋的,尽管这种性欲通常都被作了比喻性解释。不过,一些苏菲因其"对不长胡子的年轻人的爱"和对"其面庞有如女人一般并且比处女具有更大诱惑力"[1]的年轻王子的爱而受到谴责。以其最温柔的形式,这种形式的爱延续了有生命的人"出于爱情的尊重"的贞洁传统,作为一种接近真主的方式。正如我们将要看到的,同性恋爱情在更大的文化里也具有强大的象征性作用,它可以作为对不存在围绕男女关系的紧张和矛盾的世界的憧憬。

〔1〕引自 Bell(1979:21)。

然而这些矛盾情绪也进入到同性恋的恋情中,因此,积极的"男性的"伴侣被认为只是在实现期望统治的男性角色;被动的伴侣,相反,被蔑视为"女性化的"。然而即使可鄙的被动同性恋者也可以得到拯救并获得尊重,如果他停止其做法,娶妻生子——这种事相对经常地发生,因为降低身份的被动的性行为一般不被理解为男人不可变更的本质(如它对女人一样),而只是作为一种可以根据环境发生变化的生活状态。当被动的伴侣因为其从属的角色而被迫服从时尤其如此。例如,学徒通常被认为在性的方面是其老板可以利用的,并且年轻学生之于老师也是这样的——作为下属,他们在文化上被期望扮演柔弱者的角色。或者年轻男人可能在严格实行女性隔离的社会中为了挣钱而在性上扮演女性的角色。在这种环境下,当男孩从学徒的角色中走出来或他已经挣到足够的钱而停止像妓女一样的举动,并且像正常男人一
251 样结婚和建立家庭时,降低身份的活动可以被原谅,如果他们停止。[1]

在这个地方对同性恋的相对容忍甚至高度评价(尽管正统的法令反对这种做法)有助于证实我的观点,即,在中东性的态度的基础是社会组织而不是伊斯兰。围绕妇女产生的社会性的矛盾和模糊,不但使同妇女的私通性的性爱遭遇很难实现,而且使异性恋的愿望中充满了模糊和恐惧的光环。在伟大的中东爱情故事里,异性爱人从来不互相触摸,而且分开地死去。尽管被欲望折磨,曼君拒绝拥抱他所爱的莱拉,因为对于他来说,她已经变成一种抽象的融入宇宙的本质——在她的真实人格中,体现了女性所有的缺点和朦胧的才智,她永远也不可能像他希望的那样作为真主的体现。相反,她最多会成为他儿子的母亲和他进入男女间矛盾关系的平凡世界之门。

男人们之间的爱,在另一方面,没有受到根深蒂固的女性低下和生殖的复杂性污点的污染。和女人不同,男人们是独立的并且在原则上都是平等的——尽管其内在的平等事实上受到被理解为性渗透结果的

〔1〕参见 Wikan(1991)看后者的例子。在中东很少有文献是关于女性同性恋的,尽管据说在土耳其军政高官(Pashas)的大闺房(seraglios)中很普遍,那里男性同性恋却很少。

那种羞辱的玷污，通过占统治地位的他者是为神所激发的宗教概念，使这种不幸的事实可以成为脱俗的，服从和被动因而成为导致启蒙的训练——一种其价值在诗歌中得到维护的转换，在诗中，因爱而服从和奴隶制的形象混为一谈："不要指责我，因为我不是第一个因爱而变成所爱之人的奴隶的自由人。"[1]典型的事例是在伽色尼(Ghazna)的伟大国王穆罕默德和其奴隶阿亚兹(Ayaz)，一个土耳其军官之间的著名的恋爱事件，在此事件中，统治者因为爱事实上成为其奴隶的奴隶——许多苏菲发现这种形象是对追求启迪的极为诱人的比喻。在中东这些因素有助于使同性恋成为哈穆迪(Hammoudi)所称的"乌托邦幻想"。[2]

作为幻想和作为实际的遭遇，同性恋爱的主要文化功能是为有损于世俗世界的男女间非常真实的紧张提供一个象征性的同时也是经验性的反面。无论如何，男人之间的爱的梦想只是一个梦想。它试图否定女人作为父系繁衍者和家庭照顾者的核心角色，并且忽视男人服从于一个统治性的性伙伴的不光彩。这意味着同性恋关系至多只能是暂时的和肮脏的，从以男女必要联系为特征的日常紧张和矛盾中逃离。 252

16.3 "我即是你"：理想化的友谊

远比同性恋更有影响的是男人间的另一种关系，类似于理想化的异性之间的爱恋，这就是质朴的友谊。这种男性之间的友谊受到中东社会的高度重视，并且与爱一样，被视作人神之间关系的示范，什叶派尤其如此，他们的伊玛目们称自己为"真主的朋友"。这种强烈的友谊形式既不能同西方那种随意的、容易终结的多人间的友谊相混淆，也不能同中东妇女之间那种热情而亲密、相互发牢骚和相互款待的小团体相混淆。事实上，正像凯瑟琳·贝茨逊(Katherine Bateson)和她的同事所报道的那样，男性朋友间必需"对于对方的需要和要求表现出愿意去做并愿意承受责难"。一个男人的朋友"被期望在困难中提供帮助、

〔1〕引自 Rosenthal(1960:9)。
〔2〕Hammoudi (1993:166)。

支持、同情,并在他的友谊中保持忠诚和真诚。他既不会批评也不会指责,而是有耐心和善解人意,是一个别人可以依靠的人。一个人不但期望他的朋友具有这样的品质,而且他自己也必须作出同样的回报"。友谊也是一种引人注目的情感承诺关系。正如一位诗人写道:"哪怕与朋友分离片刻也如同末日来临。或许他们的爱将他们引向地狱,而对于朋友来说,地狱就是天堂。"[1]

这些准则看上去同西方人的浪漫之爱的性质有许多共同之处,实际上,它们之间也很难区分。如爱一样,真正的友谊是双向的,男人可以真正地拥有一个密友,普什图人称之为"袒露心扉"的朋友,他向你敞开心扉,他凭直觉发现和满足朋友的要求,他绝对可以信赖。友谊也是平等的和无私的,而且必须超越世系成员的竞争和自私的策略。就像爱人一样,不大可能出现在自己最亲近的和不友好的亲戚中。而是来自不需要给予任何东西的外人,他们可以只凭情感自由地作出反应。而且,交友的道路并不平坦,对友谊的要求是如此绝对和强烈,以至于背叛和嫉妒是司空见惯的事。朋友也如爱人一样,经常在期望得到对方的完全理解和完全忠诚方面感到十分失望。[2]

不同寻常的友谊的本质体现在这个概念上,即两个人可以在本质上相同,理想的朋友是"志同道合的",互相找对方做伴和内化达到实际上成为一个人的程度。这是爱的变形,爱者给予被爱者的"多情的关心"得到互换,每个伙伴在对方的凝视中和强调性的反映中找到了
253 真正的自我。在波斯语中,这种互相认定的状态由朋友(dost)这个词来表示,据说这个词出自于 du ast(二),表明朋友"在本质上是一,在实际中和名称上是二"。[3] 据说,理想的朋友的一致能够达到如此完美的程度,以至于打一个朋友一拳,就会使另一个的身体遭到猛击;一个朋友死亡,另一个朋友也会自动地憔悴;朋友的行动也归因于另一个,

[1] Bateson (1977:270)关于波斯;Melikian (1977:182)关于沙特阿拉伯;Rahman Baba 引自 Lindholm(1982:240)关于普什图。

[2] 更多的关于普什图人的友谊,参见 Lindholm(1982)。

[3] Rosenthal(1977:39)。

两个人对于他们的行为负有共同的责任。

这些朋友之间的绝对认同的幻想同苏菲教义中的“我即是你”如出一辙。这种教义在哈拉智和其他心醉神迷的神秘主义者们致力于描述他们同真主融为一体的教派中流行。正如哈拉智写道:“某物接触你,它就接触我。现在在任何事情上‘你’即是‘我’。”〔1〕如果被世俗化并应用到个人身上作为一种互相尊重的表示,这种宗教上的表述进入日常谈话,它可以轻易地堕入荒唐的境地。正如一位官员写道:“我派某某人去你处,他就是我正如我是你一样。因此对他来说我是你。”〔2〕

但是在这种宗教表述的背后有一个深刻的含义。正如苏菲教义允许在纷繁芜杂世界里的孤独的个体,可以通过他与真主的心醉神迷的合一来逃避孤独,这时真主可能在老师的形式中得到体现,或者爱允许个人消失在对美丽的类似的灵魂的多情关注中,或者浪漫之爱在对其所爱的人的无私服务中,将爱者从其平凡的存在中提升,因此梦想中的朋友提供一种类似的经历,但却是在世俗的层面上,并且不存在给予一个高级实体的精神上无法忍受的服从的负担。

被如此想象的友谊是一个非常古老的概念,它可以作为理想化的男性关系的一个模型。在这里,自私和无私达到和谐,两个平等者在想象中彼此结为一体,然而却保持他们的分离,它可以作为平等男人之间永恒对抗的安慰,也可以作为倾向玷污男女关系的阶层轻视的安慰。在理想的友谊中,寻求自我的个人可以自由地、毫不迟疑地使自己屈服于他的替代者,实际上就是他自己。他的绝对的对等和反映,他的抱负心和他自己的一样,因此可以被完全信托和爱戴。

困扰个人主义文化的区别问题消失于渴望完全认同的经历中。同样消失的还有作为个人的贪婪,和某些人中特有的为荣誉斗争的结果的不公正。自我主义同自我谦避在两个朋友共同的乌玛中得到了缓

---

〔1〕引自 Massignon(1982,vol. Ⅲ:41)。

〔2〕引自 Rosenthal(1977:43)。

解，珍视的自我同时被牺牲和被神化了，战胜经常在平等者的竞争社会中伴随个人参与的紧张。中东地区不仅是人类平等和竞争的个人主义
254 前提的发源地，而且是浪漫幸福的设想和完美的同志之爱的发源地。我的论点是，后者是前者的产品和对前者的逃避：平等者之间的斗争和
255 战争的文化也是绝对之爱的梦想和完美友谊的文化。

第六部分　结论

17 问题和可能性

17.1 强者的统治

中东的文化遗产，正如我所勾画的，是由不稳定的城市文明和武装的外围地区之间的古老对抗构成的。这种流动的和不稳定的背景，在只受到对有弹性的父系框架的参与限制的、机会主义的、为短暂的权力和尊重的位置而斗争的平等者中，支持创业者的冒险、个人首创性、适应性和流动性的伦理。在这种竞争的环境中，世俗权威被彻底地实用化和非神圣化了。正如霍奇森写道："每个人都十分清楚地知道，实际上国王仅仅是和其他人一样的人。他本人只是个六尺的血肉之身，与任何其他人一样是有情感的，绝对不是无懈可击的。"[1]作为对这种不再抱幻想的政治世界的反应，伊斯兰教统一的启示宣布了一个圣者们服务于神圣领袖的公社，提供了一个至今仍鼓舞着改革者们的范例。

当然，中东现在是一个同伊本·赫勒敦（Ibn Khaldun）、安萨里（al-Ghazali）和哈拉智（Hallaj）时代的中东存在巨大差异的地方。其中一件事是，周边地区不再拥有巨大的力量，飞机和坦克的到来使得部落可能提供的大多数军事威胁失效，而穷困使他们处于屈从的地位。作为结果，拥有博学的公务员、官僚和谄媚者的国家，现在或多或少地掌握了全部的统治——经常得到石油美元巨额财富的帮助，使其得以通过收买来满足部落的自豪感。

国家扩大的权力同城市的巨大增长相一致，城市里的不同族群，居住在存在数种语言的街道而不再是那种基于亲属关系的街区内，并且是在大工厂里而不是在当地的店铺里工作。在这种条件下，旧的价值

〔1〕Hodgson（1974，vol. Ⅰ:283）。

观受到挑战,形成新的价值观。从前如此关键的血缘纽带,现在已经被阶级、联盟、党派和国家的竞争要求所破坏。殖民主义和后殖民主义也已经极大地破坏了过去的世界,使许多被认为是千禧年的事情遭到怀
259 疑。新的意识形态——共产主义、资本主义、社会主义和民族主义——已经吸引了从其部落和社区的根基上分裂出来的扩大的和始终是青年人的平民。伊斯兰本身也发生了变化,自学的伊斯兰主义者和新原教旨主义者向国家支持的现代欧莱玛的教义提出挑战。甚至旧有的男女之间的两分法也受到检验。妇女以不断增长的数量进入劳动大军,扩展家庭受到侵蚀,使得丈夫和妻子在核心家庭中单独住在一起。

然而某些连续性也仍然存在:置于个人荣誉和尊严之上的价值观,围绕妇女和其他“低下者”地位的矛盾态度,伊斯兰作为身份和希望支配来源的中心重要性,首先是普遍存在的对生活不稳定和权力微弱的感觉,伴随着对贵族特权的不尊重和竞争的迫切要求、对个人本质上平等的信念(除了那些被其“自然的”服从特征排除掉的),以及在面临艰巨的可能性时相信个人能力和地位的潜力——这些都是中东文化的弥漫的伦理暗流,并且看起来会为一个现代公民社会的兴起提供基础。

令人不快的是,正如瓦利德·哈立迪(Walid Khalidi)所哀叹的,这种潜能并没有实现,这个地区的政治秩序已经不能“在其所组成的任何主权国家中,接近最低水平的真正权力共享或政府责任,更不用说在民主的形式和制约之内运行自治的国会机构了”。[1] 当代中东的压制性政权已经被以各种方式解释为殖民主义的结构性残余、西方的傀儡和从传统向现代社会过渡的结果,等等。在这个最后的部分,我不想对任何这种传统的知识提出质疑,而仅仅提出一些基于历史的、源自于我在前面章节中试图阐明的文化前提的假设。

为此,我们需要首先清除一些可能的误会。在卢梭(Rousseau)对平等的积极描绘的影响下,西方人倾向于相信竞争性的侵略与平等主

〔1〕Walid Khalidi 引自 Makiya(1993:282)。更多的关于中东的国内社会的问题和可能性,参见 Norton(1950);Goldberg,Kasaba 和 Migda(1993)。

义不相符，平等主义被想象为想法相同的个体之间的和谐关系，他们在公有的家庭般的和谐氛围中，在他们之间分享其利益。人类学家有时在他们对小规模社会的描述中使这种平静的形象永恒，在这里个人的野心受到赞成加入集体的否定，猎手期望分发其猎物，领导地位被强加给自我谦退的和勉强的候选人。 260

正如我们所发现的，这几乎不是中东的情况。而慷慨的分享总是得到高度珍视，施舍也总是被看做宽宏大量的个人高贵品格的个人声明，在同当地的反对者永久的争夺荣誉的比赛中展示高贵品格以获胜。领导和统治，远不是被回避，而是被热切地谋求和贪婪地角逐，而同关系最近的人的对抗也仍然被看做生活的事实，这种流行的态度得到9世纪的哲学家穆哈西比(al-Muhasibi)的最好表达，他写道，人类很自然地为“不喜欢不能够达到其他人的地位”所驱动。甚至兄弟们也能够并且应该为得到他们父母的爱而竞争。为证明他的观点，穆哈西比引用了一首诗：“我被妒忌。但愿真主增加我的妒忌！但愿不被妒忌的那一天没有人活着！”[1]这样一种自夸的价值体系如何能同平等的伦理相一致？难道后者只是前者的幌子，被成功者接受来欺骗失败者？

我希望我已经表明情况不是这样的，而是精英和被剥夺权利的人共享一种公平的信念，它与强大的个人抱负心相一致。看起来反直觉地将平等主义信念和个人的自我追求和不断争夺缠绕在一起，可能已经被亚历克西斯·德·托克维尔(Alexis de Tocqueville)最好地解释过了，他从美国的例子中进行推理，主张在一个无限制的平等主义社会里，归于社会地位的缺乏在逻辑上导致地位焦虑、不安和平等的个人间的激烈竞争性斗争：

> 一些男人仍然享有巨大的特权，但是获得它们的可能性对所有人都是敞开的。随之而来的结果是那些拥有特权的人经常担心其失去或被分享……直接的结果是所有市民之间的无言的战事，一方试图通过1000种托词渗透进，在实际上或在表面上，那些在

[1]引自Rosenthal(1990:12)。

其上的人们之中。另一方经常试图将这些其权利的篡夺者推回，或者更确切地说是同一个人在扮演两种角色。当他试图使自己慢慢进入其上层的圈子的同时，他无情地攻击对付那些从下面向上爬的人。[1]

对托克维尔来说，那么，美国的平等主义的个人主义伦理，倾向在无休止的争夺等级地位的斗争中增强竞争力，正是因为这些地位是内在的、不稳定的、非永久的和难于衡量的。中东的事例是与此类似的，尽管实际上，与美国的纯粹的个人主义不同。中东的世系结构在分类的联盟里将人们联系在一起。然而，这些联系从来没有杜绝其内部的对抗。正如斯瓦萨(Swasa)商人指出："我们是兄弟，但是当我们对存
261 货的总值进行估价的时候，我们是敌人。"[2]

不管是在美国还是在中东，作为世界的一种视角，竞争性的平等主义的个人主义都有内在的困境——就是如何将必须存在于任何复杂社会形式中的等级和统治的实际关系概念化。在中东的世俗政治中，这个问题的答案一向简单。正如弗雷德里克·巴斯(Fredrik Barth)写道："正是有效的控制和权势的事实——而不是其正式的确定或证实——被不断地追求。"对于领袖，并且对于其臣民，政治统治本身被一致地看做要被实现的目标，这仅仅是因为权力迫使其他人顺从并因此确认统治者的个人力量和荣耀。被统治者接受统治类似"包括接受其职位和行动的有效性——尽管不必是道德性或理想性——它暗指确定其价值观，根据力量和全体的理想。它与被人记录的失败或无效性不一致，而与对人的恐惧完全一致"。[3]

在中东，顺从因此经常被看做是恐惧的直接结果，因为否则一个人不会情愿地服从另一个在原则上不比他强的人。恐惧的顺从的程度具

---

[1]Tocqueville(1969:566)。

[2]引自 Waterbury(1972:232)，然而，一个在生意中失败的斯瓦萨(Swasa)会得到其世系的救援，他们不会允许其任何成员的毁灭，尽管这样一个男人在其同辈中可能永远地不体面。

[3]Barth(1985:175，1758)。Barth 特别地讲起 Swat，但是他的讲话总的来说是准确的，Goitein 对于中世纪伊斯兰社会作出了同样的主张："实际拥有权力对于实施统治来说，是必要和充分的理由，不管统治者的个人素质如何。"(Goitein，1966:204)

体地展现出命令者的权力和名望。正如普什图谚语说的,“哪里有击打的声音,哪里就有尊重”和“有权力战斗的人不必协商”。10世纪的巴格达也持类似的观点:“如果你是铁砧,自己遭受痛苦——如果你是棍子,使别人遭受痛苦。”[1]类似的,亨利·芒森(Henry Munson)指出,在摩洛哥,“等级制的所有形式都被视为涉及打人与挨打”。[2] 暴力是其自身的最好证据,并且这种状态被通俗地理解为,用克利福德·格尔茨(Clifford Geertz)的话说,“机器较少地受到人的控制……同权力的物质奖励的积累和消费相比”,机器的特征取决于“围绕在沉浮中的强人周围的政治群星的不断重新排列的万花筒”。[3]

对于政府任何形式的合法性的普遍缺乏不仅仅是“上层建筑”——它对进行统治的实际能力有意义。靠纯粹的暴力统治,没有哪个世俗领袖能够使人确信地宣称,他对其设法积累起来的财富和权力拥有任何固有的权利,结果是,其地位可能不断地并且使人确信地受到新的宣称者的挑战,他们希望自己坐上王位而情愿冒着被国王打倒的危险。因为这些原因,世俗权力会是短暂的——如果英雄般的领袖今天表现出任何衰弱的迹象,那么明天他就会被废黜……或者可能很快会这样。在这样一个不确定和不可靠的环境下,保持统治经常与宽容和理想主义不相符合,尽管很少有君主会像穆罕默德·阿里(Muhammad Ali)那样非常坦白,这个埃及19世纪的强大统治者宣称:“伟大的国王除了其宝剑和钱袋外一无所知,他拔出宝剑并装满钱袋。在 262
征服者中没有名誉可言!”[4]

我们已经看到,主流穆斯林(尽管不是什叶派)被迫接受形势的事实并且承认没有哪个集团或个人比其他人拥有内在的精神方面的对权力的主张——相反,政治权力掌握在强大者的手中。这种现实的倾向的一个典型是穆罕默德·安萨里(Muhammad al-Ghazali),他在塞尔柱

[1]引自Massignon(1982,vol. Ⅰ,268-269)。

[2]Munson(1993:144)。

[3]Greertz(1979:141,329)。

[4]Burkhardt(1829:144)。

时代悲叹道:“这是一个民意堕落的时代,并且人都是作恶者和心怀罪恶意向者。”[1]在这样的环境下,他主张服从于一个不公正的政府好于混乱的恐怖。实际上,安萨里接受了这样的事实,在其堕落的时代,政府“只是军事力量的结果,无论是谁,都必须向掌握军事力量的人效忠,而这个人就是哈里发”。[2]

300年后,埃及的首席哈地(法官)伊本·贾马(Ibn Jamaa),以同样的口气直言不讳地宣称:“如果伊玛目的职位空缺……有一个人渴望这个职位,他并不拥有担任这个职位的资格,而是通过其力量和军队将自己强加给人民……服从他是义务……这绝对不会因为他的残暴或作恶而无效,根据最权威的意见。”[3]伊本·贾马继续主张:“君主有统治的权力,直到另一个比他更强大的人将剥夺其权力和统治并取代他。后者会以同样的称号统治并将因同样的理由得到承认。”[4]

专横的和强制性的世俗权力的赤裸裸表达今天仍旧如此。在现代摩洛哥,由于国王神圣的世系和其长期的对权力的继承,通常被描绘为最合法和最有秩序的中东政府,穆罕默德·盖苏斯(Muhammad Guessous)写道:“政治权力本质上被看做是罪恶和危害的源头,那些掌权的人往往倾向于不公正,触犯法律,拿其他人的生命开玩笑……不公正就是统治,权力滥用就是统治,正当地、恰当地使用权力是例外。”[5]

在普通穆斯林之中,国家的专横性和其强制性的特征意味着“政治角色是挑选出来的对立面,政治同破坏性相联系,许多与政治相关的活动被认为是反宗教的、不道德的和对社会机体有害的”。[6] 这种态度可以回溯到早期哈里发的堕落时期。具有讽刺意味的是,正义者从政治冲突中虔诚地撤退,非常有助于进一步对暴政的接受,暴政将在后世得到报复,但是必须在此时此地受罪。这种消极的态度经常被引用

---

[1]引自 Lambton(1954:53)。

[2]引自 Gibb(1955:19)。

[3]引自 Seligman(1964:19)。

[4]引自 Von Grunebaum(1956:169)。

[5]引自 Dwyer(1991:120)。

[6]Antoun(1989:202)。安东(Antoun)正在写关于跨越约旦,但是观点上是有特点的。

下面的谚语来加以证实："如果他们（统治者们）作恶并粗暴地统治你，那么惩罚就会降临他们而你将得到解脱，因为他们对你负责，但是你没 263
有责任。"[1]

事实上，政府的无情剥削经常被其臣民期待着，他们没有觉得那些当权者利用掌握的机会使自己富有和惩罚其敌人是特别恼人的事情。这部分地是因为，正如 H. A. R. 吉布（Gibb）和哈罗德·鲍恩（Harold Bowen）指出的："没有人是如此低下以至于可能没有希望，通过时来运转，被安置在政府的一个职位上，无论多么次要，也可以因此分享其特权。"在流动的社会条件下，"那些走运的人享受到一个机会，可能是短暂的，因此将被充分地利用"。[2] 从这个角度来看，掌权者的掠夺不被认为是应受谴责的行为，而被认为是理性的和正常的。

暴政的道德耻辱也被竞争的个人主义男性伦理所削弱。那些在政治策略上成功的人被称赞为勇敢的、自制的、有进取心的、聪明的和有能力的天生领袖，是在做所有男人将要做的事，如果他们能够的话。那些无权的人，不管是逃避还是逢迎其统治者，仍然坦白地羡慕和希望模仿那些统治他们的人。作为一个给我提供信息的人，一个贫穷的劳动者，热诚地告诉我："可汗都骑到穷人的脖子上了。但愿真主意欲，让我可以成为可汗！"其他部落民告诉我，他们的首领们是"真正的普什图人"，这就是说，就像他们一样，只是多了一点点。用同样的语气，人类学家罗伯特·费尔内亚（Robert Fernea）将伊拉克农村的传统部落首领描绘成"在部落民眼中的一种理想的普通人"。[3] 当他傲慢地骑在他的白马上走过的时候，他的属下对他的权力和男人的风度感到自豪，他们将之视为他们自己的荣誉和男人风度的一种反映。

对暴政的接受也是反对环境的慢性动荡的现实保护。从古时候起，中东人就极度恐惧随之而来的混乱，这种混乱是人类——伴随着他们侵略的本性和自私的野心——使之随意地发生的。看一下这个地区

[1]引自 Seligman（1964:17）。

[2]Gibb 和 Bowen（1963，第 1 卷:205）。

[3]Fernea（1970:142）。

的历史,对无政府主义的典型的恐惧肯定不是没有得到保证的。对混乱的一种可靠的预防方法是暴力——按谚语的说法是“不公正的伊玛目的60年强于一夜没有苏丹”。[1] 在刘易斯·马西尼翁(Louis Massignon)于11世纪的巴格达记录下来的其他流行的谚语中,这种态度也有所反映:“权力公正,则臣民滥用之”,“宁愿权力滥用,胜似臣民公正”,还有“崇拜猴子吧,如果它是有权势的”。[2] 类似的,穆罕默德·盖苏斯(Muhammad Guessous)引用的现代摩洛哥谚语看上去反映了对暴力统治的渴望。例如,“权杖是唯一可以阻止反叛和异议的东西”,或者,“不公正的政府胜于坏的公民”,或者,“饿一下你的狗,它就会跟

264 你走”。一般的原则看上去是:“如果你将要被吃掉,就让你自己被吃掉;如果你可以吃掉别人,那么吃掉他们。”[3]

17.2 平等主义的个人主义和专制主义

但是,存在对中东民众“宿命论”的更多的大量讨论,并不是仅仅希望他们也可能在某一天得到机会来分享国家权力的战利品,或者操纵国家以利于其自己,或者接受剥夺为一种合理的行为,或者他们将统治者看做“理想的普通人”,或者甚至存在对混乱的现实恐惧,如果没有人牢牢地掌握住政府,这种混乱很可能随之而来。具有讽刺意味的是,中东对专制主义的默认也直接起源于平等主义的个人主义的价值观——托克维尔在其对美国人的关于美国潜在独裁危险的警告中率先提出这个观点。

托克维尔担心美国的平等主义的个人主义者,在对他们自己的目标的追求中,会情愿放弃对专制统治者的公民责任,如果,反对来,他们会被允许继续其个人的活动。[4] 直到最近,中东的情况一直是如此,

---

〔1〕Ibn jaimiyya 所引,引自 Rosenthal(1973:6)。

〔2〕引自 Massignon(1982,vol. Ⅰ:268-269)。

〔3〕引自 Dwyer(1991:121)。

〔4〕Tocqueville(1969)。

在这里，个人为自己追求尊敬和荣誉，其世系在同当地氏族、营地和街道中的对抗的平等者进行角逐的时候坚持自己的权利，只要这些对抗得到允许并且来自上面的干涉不大，个人一般非常愿意让中央政府在其自己的领地上完全自由地行动，仅仅出于调解的目的或者至多为在当地的对抗中引其为同盟者时才用到它。

托克维尔也认为，通过民众积极参加当地的民主组织接受共和道德的教育，独裁的危险是可以避免的。那么有人会认为，中东人广泛参加地方事务将会成为对公民社会的普遍参与的训练平台，正如我们所看到的，中东已经长期被多种地方水平的机构打上了烙印，这些机构有力地肯定了每个男性参加者对自己的个人责任，以及所有成员参与地方政治讨论和活动的绝对权利。比如，普什图人中的“jirgas”，或者说非正式的会议，定期将邻近的、村里的或地区内的有利害关系的男人们聚集在一起讨论和决定当地的问题。

类似的，尽管伊朗的巴萨里（Bassrei）牧羊人受国王任命者的管理，当地营地的作为其代表的实际头人却没有真实的权力作出任意的决定，而是不得不依靠“妥协、劝说和对集体意见的倾向的敏锐感觉”。[1] 这种类型并不局限于内地。在城市手工业行会中，成员们定 265
期集会讨论问题、接纳成员和举行集体的仪式。成员们之间被期望强有力地团结在一起，尽管在财富和权力方面确实存在差异。[2]

这些模式是典型的。在每个地方，城市的和乡村的中东人一直传统地在当地的大会上聚会权衡问题、讨论、辩论并对其事务作出集体决定，这可能意味着决定何时转移畜群，解决关于土地的争端，接纳成员进入行会，讨论邻居对给被害人家属的抚恤金的权利，同意参加骆驼袭击，等等。但是，尽管存在托克维尔的预言，这种民主的地方水平的分享制度从来没有转变为整个的公众参与社会。

部分地，这一定是因为在中东市民的领域和国家的领域是相互排

[1] Barth（1961:81）。

[2] Vatter（1993），也可参见 Singerman（1995）现代的例子。

插图 17－1　男孩们通过玩耍学习成人的竞争技巧。

斥的——民主行为的实行只有在国家受到排斥的时候才有可能，因为任何世俗政府等级在定义上都是压迫性的和非法的。在对氏族的特殊的忠实之外和在伊斯兰所提供的普遍信仰之下，国家和公民社会的中
266 间结构被虔诚者视为腐败的场所，被乐观主义者视为个人提高的场所。无论在哪种情况下，它都不是实施共同道德的领域。中央的专制主义因此可以被理解为不是缺乏任何民主和平等主义传统的结果，而正是对这种达到极端的传统的回应。

没有一个对公共服务的合法的国家范围，中东的民主、平等和参与对抗的地方政治组织的传统，训练人们从统治的角度评价其自由，但是并没有导致任何超过互相防卫和侵略的地方必要性的更广泛意义的公民权或社会。公众世界只是被设想为个人追求荣誉的舞台，这些自由的行为者希望自己成为专制统治者，对别人文化理想的设定也不会感到极大的道德恐惧。弗雷德里克·巴思（Fredrik Barth）解释了这种地位的逻辑：

独立和个人主权得到高度地，可能是极度地珍视，但是对于每个为自己追求它们的人来说，它们都被概念化为商品，并不是对所

> 有人的权利，为所有人所集体保卫着。利用有效的和充分的法律去统治和剥削别人的人不是特别受到谴责，并且他的行为没有受到集体的抵制——实际上他更多的是受到敬仰并且被追求作为盟友和领袖，除非有人担心他可能对自己的自主权构成威胁，以至于追求建立防御性的小集团来对付他。[1]

这种模式作为一个教训，使我们应该注意，不能将民主和平等主义的地方组织本身浪漫化。当个人缺乏公共目标或合法的政府框架，并且只是为个人提升的愿望所驱动时，地方独立可能很容易与民族压迫相符合，民主社会可能产生出积极的独裁者而不是参与性的公民。

在这种伦理下，那些有权的人不是受到任何国内的限制，而只是受到其自身顺从宗教和习惯的意愿的限制，这可以在很大程度上限制专制主义行为的范围。正如托克维尔又一次评论的[2]，这种顺从与竞争的平等主义社会秩序和缺乏明显的地位标志相联系，这种缺乏不但促进竞争，如先前所提到的那样，而且也促进对出现不和谐的深深的恐惧，和自我对社会环境的相应的被动适应。正如普什图人所说，最勇敢的人不会违背传统。

在这种条件下，领袖也被迫坚持地方风俗和宗教信仰。这不是虚伪。在一个不安全的世界中，领袖必须扮演一个合适的角色，以便保持他个人的自尊，也保持他的臣民勉强给予他的尊重。领袖和追随者都期望掌权 267
者会以公开展示适当行为的文化理想方式行动。在中东，这意味着给穷人和所喜欢的人提供慷慨的礼物，判决案件时要考虑到公正，并且展示必要的伊斯兰行为，清醒的举止和武士—统治者被期望的男人气概的勇敢。在这种方式下，领导者对权力的表达可以通过同样的平等主义的个人主义价值体系得到缓和，其能使领导权成为不合法的和强制的。但是由于传统受到现代条件的侵蚀，这种缓和因素可能也会消失，使政府在超出通过强制和恐怖保持自己之外的无论什么事情上都不存在任何责任。可能，这就是在现代伊拉克所发生的事情。

---

〔1〕Barth(1985:169)。

〔2〕Tocqueville(1969)。

17.3 对权威的抵制

然而,不顾日常政治的严酷现实,穆斯林从来没有失去其千禧年的希望,以及他们调和平等主义的个人主义和信徒自愿服从神的法律的神圣公社的梦想。因此,即使当帝国权力已经成为"不合法的,就是在这个词的最直接的字面意义上理解"[1],穆罕默德和"得到正确引导的"哈里发们的时代,在各处被作为理想加以回忆,与之相比较,当代现实是惹人怨恨的。

例如,尽管摩洛哥国王可能是中东统治者中隐蔽得最好的和最"合法的",他的正式提拔也没能阻止改革者批评他"吃其臣民的肉,喝其臣民的血,并且吸其臣民的骨髓和大脑"。[2] 并且我们在通俗谚语和圣训中所发现的对权力的被动默认,可以同无数其他的反对的谚语和圣训相对照,例如:"压迫者被真主所诅咒并且被民众所蔑视","人们不服从那些不服从真主的人"和"对手的亲吻意味着对它的憎恨"。[3]

反对暴政和不公平的民众起义在中东有很长的历史。宰德·伊本·阿里(Zayd Ibn Ali),738 年起义的领袖,号召所有穆斯林"从事圣战反对压迫者并保卫那些被贬斥的人,给那些被剥夺的人津贴,给那些有权利分享战利品的人平等地分配战利品,将压迫者做的错事变好"。而一个当代的部落民是这样抱怨阿拔斯的专制主义的:"我们的战利品,本应该是共享的,已经成为富人的额外收入;我们的领导权,本应该是商议性的,已经成为独裁的;我们的继承,本应该是通过社会的选择,现在是通过世袭。"[4]

抵抗的声音也不只是在士兵中能听到。在840年,学者兼作家贾黑
268 兹(al-Jahiz)有力地反驳了寂静派的教义,主张如果国王的"不正当行为达到不信的程度,如果它超越错误达到无宗教信仰的程度,那么这甚至是比

[1] Crone(1980:63)。

[2] 17 世纪的改革者 al-Hasan,al-Yusi,引自 Munson(1993:29)。

[3] 引自 Munson(1993:143);Goitein(1966:156);Ser jeant(1997:238)。

[4] 引自 Lewis(1988:144)。

任何人都忍住不谴责他们和不同他发生联系更大的错误”。[1] 类似的，勉强承认专制王位的必要性的安萨里警告其读者：“愿那些被迫服务于苏丹的人遭殃，因为他既不了解朋友、亲属，也不了解孩子们，既不尊重也不敬重其他人。”[2]并且在别处得出结论：“回避权威是宗教义务……学者应该既不看他们，也不被他们看见。”[3]其他神学家说，即便在王子宫殿的阴影下走路也是一种罪过，因为这意味着在用不公正收入建立起来的建筑物的阴影下以避免太阳的照射。对于这些正直的穆斯林，自称的“真主的阴影”甚至不能适当地遮蔽其虔诚的臣民以防止天气的炎热。

同样的不满和反对的声音今天仍然很强烈。例如，伊朗的阿亚图拉·霍梅尼（Ayatollah Khomeini）所写的一首反对伊朗君主罪恶的诗，重复着早期改革者和激进者的抱怨：“噢，君王！伊斯兰和穆斯林的事务正处在混乱之中，在一个充满节日气氛的日子里，所有人都应该快乐地歌唱。看，在每个方向头都低下，满是忧伤！”在其他的地方，霍梅尼号召选举“一个公正的君主，他不会违背真主的法律并且会避免压迫和不正当的行为，他不会侵犯人们的财产、生命和荣誉”。[4]

尽管上面引用的抗议直接反对专制的和腐败的政府，值得注意的是，中东的平等主义和个人主义的民族精神对世俗的等级制抱有如此之深的反感，以至于权力的内容可能没必要相关：一个王子可能会以一种和蔼的、温和的和公平的方式去实行他的统治，不过正如戴尔·艾克尔曼（Dale Eickelman）指出的，另一个人是有统治权的这一事实，在定义上对那个处于统治地位的人是无法接受的，因为人类平等的原则意味着“到目前为止，一个人被迫服从于其他人的意愿，他的主权和社会荣誉就消失了”。[5] 在这种信仰体系里，服从是使人卑下的，无论一个人服从于谁，和所有的束缚，无论多轻，都是荣誉无法承受之重。

那么中东的特点是复杂的和模棱两可的政治环境，在这里男人们为

[1]引自 Lewis(1973:255)。

[2]引自 Lambton(1980:425)。

[3]引自 Goitein(1966:206)。

[4]伊玛目霍梅尼引自 Algar(1988:275,276)。

[5]Eickelman(1976:143)。

了权力的快乐互相竞争,但是竞争的获胜者不是在和平中以享受其报酬。而是,男性自负的伦理,在国家中缺乏合理性,所有行为者的平等推动着被统治者阴谋不断反对获胜者,以期望夺回他们失去的荣誉。集团的不断分裂,和在这个世界观里模糊的统治者亲信的背叛,意味着对领袖的推
269 翻总是潜在地即将来临。这是一个霍布斯的世界,在这里,没有人能够不害怕被其周围的敌人毁灭,并且在这里不断的策划是必要的,仅仅是为了保持平衡。具有矛盾意味的是,这也是一个地方水平的相对自治的世界,允许人们从更大的国家生活中撤出,并且可以允许专制君主仍然待在宫殿里,为其自身的利益操纵竞争中的地方上的对手。

这是一个艰苦的画面,但并不是不现实的,为我们提供了中东社会世界真实的生态、社会和历史条件。但是,正如我已经指出的,这种权威从来没有为大众接受或得到合法化,国王权力的神圣认可既没有得到神职人员的承认,也没有得到民意的承认。随着新的强有力的国家追求扩大其领域,并闯入从前的地方政治的自治领域,反叛的精神燃烧得越来越旺。

作为回应,普通穆斯林,受到世俗政治的不平等和暴力的威胁,和对西方意识形态失败的幻灭,再一次想象出现救世主马赫迪的可能性,他将会结束不平等、不公正和残暴,打击邪恶势力和将支离破碎的世界再一次组合成顺从安拉及其使者的社会。自然人的侵略性和自私性可以得到控制,如果所有各方都聚合在充满魅力的"警告者"的启示的周围,他是由神选定的,但仍然是众人中的一人,那么古代苏美尔人在合作的寺院之间、在独立的氏族和专制君主之间的竞争都可以得到解决。这种渴望的深度在伊斯兰最初的几十年中,在清教徒似的哈瓦利吉派的集体呼声中得到证实——la hukm illa li llah(除真主外没有裁决),这在现代穆斯林兄弟会的口号中得到回应——la dustur illa l-Quran(除《古兰经》外没有宪法)。

神圣的社会聚集在由一位充满魅力的使者说出的神授经文的周围,使者同时又是与任何其他人一样的人,他站在伊斯兰政治记忆的源头,也是穆斯林政治渴望的终点。这是一个极其平等主义的宗教启示,它否定了先知的任何特殊能力,除了他阐述神圣的《古兰经》这一事实。这也是一个胜过其他任何启示的宗教启示,将国家和清真寺结合在一个不断扩

大的神圣帝国里。并且首先,它是一个试图用正义的神圣社会取代专制主义的启示,不是由自身利益而是由服从真主及其使者的语言联系在一起。

但是窘境仍然存在。人们如何确定有人宣称成为神圣的领袖实际上代表更高层次的力量讲话,而不是代表他的个人利益讲话?那些否定任何世俗权威的人可能希望由一个超凡的神圣的声音来统治——但是这个声音,在神圣的经文里早已作了补充说明,仍然总是由一个人类的代理进行解释,他有着同每个人类一样的欲望、联盟和野心。任何宣布具有神圣 270
权威的人都注定要受到世俗权力的苛求的质疑,并且政治失败必然会在信士们中间导致对政府的更大的幻灭。

依靠个人道德来提供秩序,而不是发展政治机构,也暗示着更多的矛盾。正如奥莉维亚·罗伊(Olivier Roy)写道:“一方面,在逻辑上,伊斯兰政治社会的存在是信仰者实现整体道德的必要条件;但是另一方面,这种社会只是通过其成员的道德才能发挥作用,从其领袖开始。”换句话说,“不存在没有品德高尚的穆斯林的伊斯兰国家,不存在没有一个伊斯兰国家的品德高尚的穆斯林”。这种循环的推理使得有改革思想的穆斯林不能够实际地考虑市民生活,使之受到被自我利益统一起来、由机会主义的寻求权力者领导的野心集团的利用。

走出这种政治困境的唯一出路是逐渐民主化和公开辩论的缓慢过程,向人民表明国家确实是他们的公仆,而不是统治者的工具,它可以在自己的领域内公正地运作,纵使易犯错误的人类不完美和不道德。如何——或是否——能够实现则是一个只有未来可以回答的问题。 271

大事年表

时间	中东	其他地方
9000	公元前 8350?:杰里科(Jericho)建立。第一座有围墙的城镇。	
8000		泰国出现稻米栽培。
7000		希腊首次出现种植业。
6000	6250?:沙塔尔·休于(Catal Huyuk)建立于安纳托利亚中部。早期陶器和羊毛纺织品的遗址。	
5000	美索不达米亚平原殖民化。	
4000	青铜器铸造。	
3500	发明车轮和犁。 苏美尔图章上的象形文字。 对立的神庙群控制下的苏美尔贸易扩张。	
3000		印度河流域文明。
	2815—2294:埃及旧王国——金字塔时代。 2750?:吉尔伽美什(Gilgamesh)统治乌鲁克(Uruk)。 2590:吉萨(Giza)大金字塔。	

时间	中东	其他地方
2500	2500:基什(Kish)瓦解。 2350—2300:阿卡德国王萨尔贡一世的帝国——世界历史中第一个帝国。 2254—2218:纳拉姆辛(Naram Sin)统治时期——苏美尔军事统治的顶峰。 2212—2006:乌尔第三王朝——苏美尔寺院的土地被没收。 2100—1700:埃及中王国。	英格兰:史前巨石柱建成。 迈锡尼文明出现。
2000	1792—1750:汉谟拉比统治时期。[1]	1760—1122:中国商代青铜文化。
1500	1575—1200:埃及新王国。 1200:吉尔伽美什史诗写成。 1193:特洛伊的毁灭。 1116—1077:提格拉特–帕拉沙尔(Tiglath-pileser)一世建立亚述帝国。	272
1000	1000—965:大卫王对以色列和犹太的短暂统一。 720:提格拉特–帕拉沙尔三世征服撒玛利亚(Samaria)。	776:第一届奥林匹克运动会。 753:传统的罗马建立日期。
600	586:尼布甲尼撒摧毁耶路撒冷。 553:琐罗亚斯德去世。 553—529:居鲁士二世建立波斯帝国。 332—330:亚历山大大帝征服埃及和波斯。	486:佛教创始人乔达摩·悉达多去世。 479:孔子去世。 443—431:伯利克里时代。 332:孔雀王朝建立。 274—232:阿育王统治印度。 264—241:第一次布匿战争。

〔1〕此处原文年代有误,据本书正文改。——译者注

时间	中东	其他地方
250		221:秦始皇统一中国。 112:开辟贯穿中亚的丝绸之路。
	公元 30 年:拿萨勒的耶稣被钉死在十字架上。 70:罗马人摧毁耶路撒冷犹太人圣殿。	44:裘力斯·恺撒去世。 公元 43 年:罗马人入侵不列颠。 98—116:罗马在图拉真的统治下达到顶峰。
100	105:阿拉伯半岛的奈伯特(Nabatean)王国被罗马吞并。	105:中国首次使用纸。 122—127:哈德良长城建成。
200	226:泰西封(Ctesiphon)战争确立萨珊王朝在伊朗和伊拉克的统治。 273:罗马征服巴尔米拉(palmyra)的阿拉伯王国。 276:摩尼教派创始人摩尼被钉死在十字架上。	220:汉王朝结束。
300		304:匈奴入侵中国。 314:米兰敕令——教皇得到拉丁基督徒的承认。 320—510:印度笈多王朝。 360:匈奴入侵欧洲。

时间	中东	其他地方	
400	485—531：萨珊帝国马兹达克(Mazdak)尝试平等主义改革。	410：西哥特人洗劫罗马。 430：圣·奥古斯丁去世。 453：匈奴人阿提拉去世。 486：墨洛温法兰克人统治高卢。 497：法兰克人皈信基督教。	
500	525：希木叶尔(Himyar)瓦解。埃塞俄比亚占领南部阿拉伯半岛。 527—565：查士丁尼统治，拜占庭帝国达到鼎盛。 531—579：科斯洛埃斯(Chosroes)一世统治时期。萨珊帝国达到鼎盛。	520：印度发明十进制。	273
550	550：也门的马里卜大坝决口——阿拉伯农业的灾难。 570：先知穆罕默德生于麦加。 575：萨珊人占领南部阿拉伯半岛。	542—594：腺鼠疫蹂躏欧洲(bubonic plague)。 581—617：隋朝重新统一中国。 590—604：格列高利一世(Gregory the Great)担任教皇时期。	
600	612—619：萨珊占领叙利亚、安纳托利亚东部和埃及。 622：穆罕默德迁徙到麦地那。伊斯兰历法纪元元年。 624：白德尔战役。穆斯林对麦加人的首次胜利。	玛雅文明达到顶峰。 618—907：唐朝统治中国。	

时间	中东	其他地方
625	627:麦加人在壕沟之战中对麦地那的不成功包围。 628:拜占庭军队在赫拉克勒斯(Heraclius)的领导下击败萨珊军队。 630:赫拉克勒斯重新安放耶路撒冷的真十字架。 630:穆斯林占领麦加。 632:穆罕默德去世。 632—634:哈里发艾布·白克尔。在里达战争中穆斯林打败阿拉伯部落。 634—644:哈里发欧麦尔。萨珊和拜占庭军队被打败,伊斯兰横跨阿拉伯半岛扩张至埃及和波斯。 638:穆斯林征服耶路撒冷。 644—656:哈里发奥斯曼。继续扩张。《古兰经》写成定本。	645:佛教传入西藏。
650	656—661:哈里发阿里。第一次内战。 656:阿里在骆驼之战中打败阿依莎(Aisha)和祖拜尔(Zubayr)。 657—658:阿里同其堂兄弟、叙利亚总督穆阿维叶(Muawiya)的战役,在绥芬(Siffin)陷入僵持。哈瓦利吉派与阿里断绝关系。 661:阿里被哈瓦利吉派暗杀。穆阿维叶成为哈里发。 661—750:倭马亚(Umayyad)统治。大马士革取代麦地那成为穆斯林的中心。阿拉伯人继续扩张。	

时间	中东	其他地方
675	680:阿里之子侯赛因在卡尔巴拉战役中阵亡。	676:朝鲜统一。 274
	687:穆赫塔尔(al-Mukhtar)领导的对什叶派叛乱的镇压,以支持伊本·哈乃菲叶(Hanifiyya)。	
	692:穆阿维叶去世。关于其子叶齐德一世继承权问题的第二次内战。	日本奈良建成佛教寺院。
	692:耶路撒冷(Jerusalem)的岩石圆顶完工。	
700	705:大马士革的大清真寺完工。	加纳王国兴起。
		712:阿拉伯人征服塞维利亚(Seville)。
		712:穆斯林征服信德和撒马尔罕。
	717—720:欧麦尔二世统治,调停的倭马亚王朝哈里发。	714—741:法国查理·马特的统治。
725	726:黑人阿拉伯诗人纳萨伊卜(Nasayb)去世。	中国:最初的印刷术。
	728:强调对真主的恐惧的早期苏非修道者哈桑·巴士拉去世。	732:普瓦提埃战役结束了穆斯林在法国的扩张。
	743:什叶派宰德分支的创始人宰德领导的起义。	
	744—750:第三次内战。	
	747:艾布·穆斯林在东部省份呼罗珊领导起义。	

时间	中东	其他地方
750	750:呼罗珊军队击败麦尔旺二世,结束倭马亚王朝的统治。	
	750—945:阿拔斯王朝统治中东大部分地区。巴格达取代大马士革成为首都。	751:撒马尔罕的阿拉伯人从中国人处学会造纸。
	754—775:曼苏尔统治时期,第一任伟大的阿拔斯王朝哈里发。	穆斯林商人到达中国海港。
	762—763:阿拔斯王朝新都巴格达奠基。	
	765:什叶派第六伊玛目贾法尔·萨迪克(al-Sadig)去世。	
	766:马瓦里(mawali)占阿拔斯帝国军队的大多数。	
	767:伊拉克教法学派的创始人艾布·哈尼法(Abu-Hanifa)去世。	
775	786—809:哈里发哈伦·拉希德(Harun al-Rashid),阿拔斯文化的顶峰。	
	788:什叶派伊德里西(Idrisi)在费斯(Fez)建立首都。	
275	795:马立克教法学派创始人马立克·本·艾奈斯(Anas)去世。	794:日本首都从奈良迁到京都。
800	801:声明真主之爱的女性神秘主义者巴士拉的拉比娅·阿达维叶(Rabiya Adawiyya)去世。	800:查理曼加冕为罗马皇帝——神圣罗马帝国建立。
	813—833:哈里发马蒙(al-Mamun),穆尔太齐赖(Mutazilite)神学的支持者。	
	820:伊斯兰法的巩固者和沙斐仪教法学派的创始人沙斐仪去世。	846:阿拉伯人洗劫罗马。
		玛雅文化崩溃。

时间	中东	其他地方
850	855：罕百里教法学派创始人伊本·罕百里去世。 861：突厥军队谋杀哈里发。 869—883：伊拉克赞吉(Zani)奴隶起义。 873：什叶派第十一伊玛目去世，无嗣，导致现存伊玛目隐遁的十二伊玛目派教义。 874：第一位痴迷的“陶醉”派苏菲巴耶济德·比斯塔米(Bayazid Bistami)去世。 890—906：阿拉伯半岛兴起千禧年主义的卡尔马特派(Qarmati)。	859：古代斯堪的纳维亚人(Norsemen)进入地中海。 871：阿尔弗雷德阻止了丹麦人对英格兰的征服。 878：阿拉伯人征服西西里。
900	900：也门宰德派的什叶派国家建立。 909—902[1]：法蒂玛王朝在北非扩张。 910：多数苏菲宗派的源出者，寂静派苏菲大师朱奈德(al-Junayd)去世。 922：苏菲痴迷者哈拉智殉难。 923：艾布·塔希尔(Abu Tahir)领导下的巴林卡尔马特派洗劫巴士拉。 930：艾布·塔希尔的手下进入麦加并携克尔白潜逃。 945—1055：德莱木(Daylamite)游牧人的布韦希(Buyid)王朝在巴格达统治波斯和中东中部的大部分地区。	

〔1〕此处原文有误。——译者注

时间	中东	其他地方
950	951:对其马赫迪失望的卡尔马特派将克尔白归还麦加。	987—996:休·卡珀斯(Hugh Caper)统治法国。
	965:古典阿拉伯风格的诗人穆塔纳比(al-Mutanabbi)去世。	989:基辅大公皈依基督教。
	969—1171:法蒂玛王朝在开罗统治伊斯兰世界西部的大部分地区。	
	970:法蒂玛人建立艾资哈尔清真寺。艾资哈尔是世界上最古老的学术机构。	
276	976—1161:伽色尼(Ghaznavid)统治东部波斯、阿富汗和北印度。	960—967:宋朝统一中国。
	996—1021:哈基姆(al-Hakim)作为法蒂玛伊玛目的统治。	967:藤原家族统治日本。
1000	1000:世界旅行者和观察家穆卡达西(al-Muqaddasi)去世。	1000:津巴布韦铁器时代开始。
	1020:波斯史诗诗人和《列王记》(*Shahnameh*)的作者菲尔多西(Firdawsi)去世。	1000:维京人发现美洲。
	1037:伊朗柏拉图式的哲学家,伊本-西拿(阿维森纳)去世。	987—996:休·卡珀斯(Hugh Caper)统治法国。
	1038—1063:突格里勒-贝格(Toghril-Beg)统治时期,他将塞尔柱统治向西扩张。	989:基辅大公皈依基督教。
	1040:塞尔柱突厥人迁徙进入伊朗东部,击败伽色尼王朝(Ghaznavids)。	
	1049:波斯苏菲大师和传道者艾布·赛义德去世。	1045:中国人发明活字印刷术。

时间	中东	其他地方
1050	1055—1118:塞尔柱人(Seljuks)在巴格达统治波斯和中东中部地区。 1056—1147:清教徒似的柏柏尔人穆拉比德(Almoravid)王朝统治摩洛哥,扩张到非洲和西班牙。 1062:穆拉比德王朝建立马拉喀什(Marakesh)。 1065—1067:在巴格达建立尼札米亚(Nizamiyya)学校;国家开始吸收宗教机构。 1070—1080:塞尔柱人占领叙利亚和巴勒斯坦。 1071:塞尔柱人在曼兹克特(Manzikert)战役中击败拜占庭人。	1066:诺曼人征服英格兰。
1075	1075:四大逊尼派教法学派的联合完成。 1090:哈桑·沙班(Sabbah)领导下的尼札里耶(Nizari)·伊斯玛仪派征服阿拉木特(Alamut),开始其同塞尔柱人的长期战争。 1092:尼札里耶人暗杀伟大的塞尔柱维吉尔尼札姆·穆勒克(Nizam-al-Mulk)。 1094:法蒂玛王朝哈里发穆斯坦绥尔(Mustansir)去世。 伊斯玛仪运动分裂,哈桑·沙班(Sabbah)领导极端主义派别。 1096:第一次十字军(Crusade)东征。法兰克人入侵叙利亚和安纳托利亚。 1099:十字军攻占耶路撒冷。	

	时间	中东	其他地方
	1100	1111:综合正统派和苏菲主义的逊尼派神学家穆罕默德·安萨里(Muhammad al-Ghazali)去世。 1123:波斯诗人和数学家欧麦尔·海亚姆(Umar Khayyam)去世。	1114:奇切斯特(Chichester)大教堂建立。 1119:博洛尼亚(Bologna)大学建立。[1]
277	1125	1130:伟大苏菲诗人萨奈(al-Sanai)去世。 1130:法蒂玛王朝哈里发阿米尔(al-Amir)去世,无嗣,帝国分裂。 1130—1269:阿摩哈德(Almohad)苏菲改革者统治北非和西班牙。	
	1150	1160:最大的苏菲宗派,卡迪里道团(the Qadiriyya)的创始人阿布杜-卡迪尔·吉拉尼(Gilani)去世。 1171:撒拉丁征服法蒂玛帝国。 1180—1225:最后的伟大哈里发纳赛尔统治时期,他尝试用富图瓦俱乐部作为重组伊斯兰的基础。 1187:撒拉丁从十字军手中夺回耶路撒冷。 1198:哲学家和亚里士多德注释的作者伊本·鲁世德(阿维罗伊)去世。	1154:沙特尔(Chartres)大教堂始建。 1193:禅宗会社在日本成立。
	1200	1200:波斯寓言作家阿塔尔(Attar)去世。 1210:尼札里耶(Nizari)的伊玛目哈桑三世否认自己的神性。 1220—1396:蒙古人统治时期。 1225:阿摩哈德(Almohad)放弃西班牙。 1235:阿拉伯诗人和神秘主义者伊本·法里德(al-Farid)去世。 1240:苏菲神秘主义者和神秘的一元论者伊本·阿拉比去世。	1215:大宪章。 1227:成吉思汗去世。

[1]博洛尼亚大学始建于1088年,原著此处为1119年。——译者注

时间	中东	其他地方
1250	1256：蒙古人征服尼札里耶派的堡垒阿拉木特。 1258：蒙古人洗劫巴格达，结束哈里发制度。 1259—1517：马木路克（突厥奴隶）统治埃及和叙利亚。 1273：梅赫维（Mehievi）苏菲兄弟会（Sufi order）的创始人、波斯神秘主义者和诗人贾拉勒丁·鲁米（Jalaluddin Rumi）去世。 1290—1326：奥斯曼帝国的第一位苏丹奥斯曼率部扩张到安纳托利亚。 1291：十字军被从叙利亚逐出。	1271—1295：马可·波罗的旅行。 1290：英格兰驱逐犹太人。
1300	1328：罕百里法学家和学者伊本·泰米亚（Ibn Taimiya）去世。	1321：但丁去世。 1337：欧洲百年战争开始。 1346—1350：黑死病肆虐欧洲。
1350	1369—1405：帖木儿（Timurlane）从撒马尔罕袭击中东和印度。 1377：阿拉伯地理学家和世界旅行家伊本·白图泰去世。 1390：设拉子（Shiraz）的诗人哈菲兹去世。	1354：奥斯曼人进入欧洲占领加里波利（Gallipoli）。 1389：科索沃战役，奥斯曼人打败巴尔干军队。 1398：帖木儿洗劫德里。
1400	1402：帖木儿在安卡拉打败奥斯曼人，迫使其撤退。 1406：社会学家伊本·赫勒敦（Ibn Khaldun）去世。	1400：乔叟去世。 1415：阿根科特战役。 1431：圣女贞德在火刑柱上被烧死。 1445：古登堡圣经印成。

时间	中东	其他地方
1450	1453:征服者穆罕默德(Mehmed)为奥斯曼人夺取君士坦丁堡并重新命名为伊斯坦布尔,即伊斯兰之城。 1453—1924:奥斯曼帝国统治安纳托利亚、中东的中部和北非,并扩张到东欧和中欧。 1492:波斯的最后的伟大诗人贾米(Jami)去世。	1492:哥伦布的航海。 1492:格林纳达(Grenada)——阿拉伯人和犹太人被逐出西班牙。 1497:瓦斯科·达·伽马绕过好望角,绕过穆斯林商人抵达印度。
1500	1501:苏菲圣者沙·伊斯玛仪·萨法维占领大不里士(Tabriz)。 1501—1722:萨法维王朝统治波斯。什叶派成为官方宗教。 1508:萨法维王朝占领巴格达。 1514:萨法维王朝被奥斯曼人击败。 1516—1517:奥斯曼人征服埃及、叙利亚和阿拉伯半岛。 1520—1566:苏莱曼大帝(Suleiman the Great)管理着繁荣的奥斯曼帝国。 1524—1576:塔赫马斯普(Tahmasp)一世在萨法维(Safavid)帝国强化什叶派的统治。	1500:文艺复兴开始。 1507—1522:穆斯林王朝在苏门答腊和东爪哇确立统治。 1519—1522:麦哲伦环球航行。 1521:马丁·路德被放逐——宗教改革开始。 1521:奥斯曼人洗劫贝尔格莱德。 1526:巴布尔(Babur)在印度建立莫卧儿(Mughal)帝国。 1529:奥斯曼人包围维也纳。 1543:奥斯曼人征服匈牙利。 1545:特伦特会议;反宗教改革开始。

时间	中东	其他地方	
1550	1587—1629：沙·阿拔斯一世统治时期。他打破红头巾（Qizilbash）的权力，是萨法维王朝统治的顶峰。 1598：沙·阿拔斯一世建立萨法维王朝的新都伊斯法罕。	1556—1605：阿克巴（Akbar）大帝统治时期，莫卧儿帝国的顶峰。 1564：莎士比亚诞生。 1571：奥斯曼海军在勒班陀（Lepanto）战役中被哈布斯堡王朝打败。 1588：西班牙无敌舰队被英国打败。	279
1600	1623—1640：穆拉德（Murad）四世征服独立的童子军（Janissaries），复兴奥斯曼帝国。 1639：奥斯曼控制伊拉克，打败萨法维人。	1603—1867：德川幕府。 1606：奥斯曼帝国对哈布斯堡王朝的战争在僵持中结束。 1610：科学革命开始。 1618：欧洲爆发 30 年战争。 1644：满族推翻明朝。	
1650		1659—1707：奥朗则布（Auragnzeb）政权，最后的伟大莫卧儿君主。 1661—1715：路易十四统治时期。 1683：奥斯曼第二次围攻维也纳失败。 1699：卡尔洛夫奇（Karlowitz）条约，奥斯曼将匈牙利割让给哈布斯堡王朝。	

时间	中东	其他地方
1700	1720—1730:郁金香时代(Tulip Age):奥斯曼西化的努力在叛乱中结束。	1718:奥斯曼失去贝尔格莱德。
	1726:第一家奥斯曼印刷厂。	
	1735:阿拉伯半岛开始瓦哈比运动。	
	1736—1747:纳迪尔(Nadir)沙统治伊朗。	1740—1780:普鲁士的弗雷德里希大帝。
1750	1789—1807:塞利姆(Selim)三世改革失败。	1770:俄罗斯摧毁土耳其舰队。
	1792:穆罕默德·瓦哈比去世。	1775:美国革命。
	1794—1924:伊朗的卡扎尔(Qajar)王朝。	1789:法国革命。
	1798—1801:拿破仑占领埃及。	
1800	1801—1804:瓦哈比派征服中部阿拉伯半岛。	
	1805—1848:穆罕默德·阿里统治埃及。	
	1808—1839:苏丹穆罕默德二世将奥斯曼帝国集权化和现代化。	
	1811—1818:瓦哈比派被埃及军队打败。	
	1822:埃及建立第一个印刷厂。	
	1830:法国入侵阿尔及利亚。	1833:英帝国废除奴隶制。
	1839:英国占领亚丁。	
	1839—1876:坦兹麦特(Tanzimat)西方改革导致奥斯曼帝国破产。	

时间	中东	其他地方
1850	1869:苏伊士运河开通。	1854—1876:克里木战争。 280
		1861:俄罗斯解放农奴。
		1863:美国解放奴隶。
1875	1881:法国统治突尼斯。	
	1882—1907:克罗默(Cromer)勋爵任埃及总督。	
	1892:伊朗国王在民众和宗教界的抵抗下取消烟草方面对欧洲的让步。	
1900	1902:伊本·沙特领导瓦哈比运动。	
	1905:现代伊斯兰改革者和艾资哈尔大学校长穆罕默德·阿布杜去世。	1905:相对论。
	1906:穆斯林兄弟会创始人哈桑·班纳诞生(死于1949年)。	
	1908—1913:青年土耳其人运动。	1910:中国废除奴隶制。
	1911:意大利征服利比亚。	1914—1918:第一次世界大战。
	1914:埃及被称为英国的保护国。	1917:俄国革命。
	1917:鲍尔弗(Balfour)宣言许诺犹太人在巴勒斯坦拥有家园。	1922:马塞尔·普鲁斯特(Marcel Proust)去世。
	1919—1922:土耳其独立战争。	
	1924—1938:穆斯塔法·凯末尔统治土耳其。	
	哈里发职位被取消,民事法庭取代沙里亚。	

时间	中东	其他地方
1925	1925:礼萨汗(Reza shah)在伊朗建立巴列维王朝。 1932:伊本·沙特建立沙特阿拉伯王国。 1935:赛莱菲耶(Salafiyya)的领袖拉希德·里达去世。 1936:阿拉伯人在巴勒斯坦起义。 1946:约旦、黎巴嫩和叙利亚被承认为独立国家。 1948:以色列国建立。	1929—1938:大萧条时期。 1939—1945:第二次世界大战。 1947:巴基斯坦和印度独立。 1949:共产主义在中国取得胜利。
1950	1953:埃及宣布成立共和国。 1956:苏伊士危机。英国放弃在亚丁和苏伊士的权力。 1961:艾资哈尔成为国立大学,提供世俗教育。 1962:法国从阿尔及利亚撤退。 1967:以色列在六日战争中打败阿拉伯军队。	1957:第一颗太空卫星发射。 1963:肯尼迪总统遇刺。 1965—1973:越南战争。
1975	1973:阿拉伯石油禁运。 1975—1987:黎巴嫩内战。	
281	1979:埃及和以色列签署和平协定。 1979:阿亚图拉霍梅尼推翻伊朗国王。 1979:以救世主自居的穆斯林占领麦加大清真寺。 1979—1989:苏联占领阿富汗。	
1980	1980—1988:伊朗—伊拉克战争。 1987:麦加反什叶派骚乱。	1989:柏林墙被拆除。

时间	中东	其他地方
1990	1990—1992 伊拉克入侵科威特，被美国领导的联军打败。 1991：条约给予叙利亚控制黎巴嫩外交关系的权力。 1992：伊斯兰党在选举胜利后被推翻，阿尔及利亚内战。 1993：以色列和巴勒斯坦解放组织签署奥斯陆(Oslo)和约。 1994：也门内战。	
1995	1995：以色列总理伊扎克·拉宾(Yitzhak Rabin)被犹太右翼激进分子刺杀。 1996：伊斯兰联盟在土耳其大选中获胜。 1996：塔利班占领喀布尔。 1997：伊斯兰联盟在土耳其被推翻。 1997：温和派的穆罕默德·哈塔米(Mohammad Khatami)以压倒优势当选为伊朗总统。 1999：摩洛哥国王哈桑二世(Hasan Ⅱ)去世，约旦国王侯赛因(Husein)去世。 1999：阿卜杜勒－阿齐兹·布特弗利卡(Abdelaziz Boutefika)成为阿尔及利亚第一位平民总统。	

时间	中东	其他地方
2000	2000:以色列从黎巴嫩撤军。 2000:戴维营峰会失败。 2000:叙利亚领导人哈菲兹·阿萨德(Hafez Asad)去世。 2000:巴勒斯坦民众起义。 2001:塔利班被美国和北约联盟打败和废黜。 2002:哈米德·卡尔扎伊(Hamid Kharzi)被任命为阿富汗过渡政府总理。	2001:恐怖分子袭击美国。

参考文献

Abbott Nabia. Two Queens of Baghdad: Mother and Wife of Harun al-Rashid. Chicago: University of Chicago Press, 1946.

Abbott Nabia. Women and the State in Early Islam. Journal of Near Eastern Studies 1942, 1:106 - 126.

Abu-Lughod Lila. Writing Women's World: Bedouin Stories. Berkeley: University of California Press, 1993.

Abu-Lughod Lila. Veiled Sentiments: Honor and Poetry in a Bedouin Society. Berkeley: University of California Press, 1986.

Abun-Nasr Jamil. The Tijaniyya: A Sufi Order in the Modern World. London: Oxford University Press, 1965.

Adams Robert McC. The Evolution of Urban Society. Chicago: University of Chicago Press, 1966.

Ahamed Leila. Women and Gender in Islam: Historical Roots of a Modern Debate. New Haven: Yale University Press, 1992.

Ahamed Leila. Women and the Advent of Islam. Signs. 1986 (11): 665 - 691.

Ajmal Mohammad. A Note on Adab in the Murshid-Murid Relationshiop //Barbara Daly Metcalf. Moral Conduct and Authority: The Place of Adab in South Asia Islam. Berkeley: University of California Press, 1984.

Algar Hamid. Imam Khomeini, 1902—1962: the Pre-Revolutionary Years//Edmund Burke Ⅲ and Ira Lapidus. Islam, Politics and Social Movements. Berkeley: University of California Press, 1988.

Al-Ghazali Mohammad. The Foundation of the Articles of Faith. Translated by Nahih Amin Faris. Lahore: Asharaf Press, 1963.

Al-Ghazali Mohammad. The Confession of Al-Ghazzali. Translated by Claud Field. Lahore: Asharaf Press, 1962.

al-Khayyat Sana. Honour and Shame: Women in Modern Iraq. London: Saqi Books, 1990.

al-Mulk Nizam. The Book of Government of Rules for Kings. New Haven:

Yale University Press, 1966.

Amir-Moezzi M A. The Divine Guide in Original Shiism. Albany: State University of New York Press, 1994.

Amir-Moezzi M A. Le Shi 'isme doctrinal et le fait politique // M Kotobi. Le Grand Satan et La Tulipe. Paris: Institut supérieur de gestion, 1983.

Andrae Tor. Mohammed: the Man and his Faith. London: Allen and Unwin Ltd, 1936.

Antoun Richard T. Muslim Preacher in the Modern World: A Jordanian Case Study in Comparative Perspective. Princeton: Princeton University Press, 1989.

Antoun Richard T. On the Significance of Names in an Arab Village. Ethnology, 1968, 7: 158 - 170.

Antoun Richard T. Social Organization and the Life Cycle in an Arab Village. Ethnology, 1967, 6: 294 - 308.

Arasteh A Reza. Rumi the Persian. Lahore: Ashraf Press, 1965.

Arberry A J. Sufism: The Religious Attitude and Life in Islam. Chicago: University of Chicago Press, 1950.

Arjomand Said Amir. The Turban and the Crown: The Islamic Revolution in Iran. New York: Oxford University Press, 1988.

Arjomand Said Amir. The Shadow of God and the Hidden Imam. Chicago: University of Chicago Press, 1984.

Arkoun Mohammed. Rethinking Islam: Common Questions, Uncommon Answers. Boulder: Westview, 1994.

Ayalon David. Aspects of the Mamluk Phenomenon: the Importance of the Mamluk Instituition. Der Islam, 1976, 53: 196 - 225.

Ayalon David. Preliminary Remarks on the Mamluk Military Institution // V Parry, M Yapp. War, Technology and Society in the Middle East. London: Oxford University Press, 1975.

Bacon Elizabeth. Obok. New York: Wenner-Gren, 1958.

Bainbridge William, Stark Rodney. Scientology: To Be Perfectly Clear. Sociological Analysis, 1980(4): 128 - 136.

Barfield T. The Nomadic Alternative. Englewood Cliffs, N. J.: Prentice-Hall, 1993.

Baring Evelyn (Lord Cromer). Modern Egypt. 2 vols. New York: Macmillan, 1908.

Barth Fredrick. The last Wali of Swat. New York: Columbia University Press, 1985.

Barth Fredrick. Political Leadership Among Swat Pathans. London: Athalone, 1965.

Barth Fredrick. Nomads of South Persia. Boston: Little Brown, 1961.

Barth Fredrick. The Land Use of Pattern of Migratory Tribes of South Persia. Norsk Geografisk Tidsskrift, 1959a, 17:1 – 11.

Barth Fredrick. Segmentary Opposition and the Theory of Games: a Study of Pathan Organization. Journal of the Royal Anthropological Institute, 1959b, 89:5 – 21.

Bartold Vasilii. Tukestan Down to the Mongol Invasions. Londong: Luzac, 1968.

Bateson Mary, et al. Safa-yi Batin: A Study of the Interrelation of a Set of Iranian Ideal Character Types // L Carl Brown, Norman Itzkowitz. Psychological Dimensions of Near Easten Studies. Princeton: Darwin Press, 1977.

Beck Lois. Tribes and the State in Nineteen and Twentieth-Century Iran // PhilipKhoury, Joseph Kostiner. Tribes and State Formation in the Middle East. Berkeley: University of California Press, 1990.

Beck Lois. The Qashqa 'i of Iran. New Haven: Yale University Press, 1986.

Beck Lois. Women among Qashaqa 'i Nomadic Pastoralists in Iran // Lois Beck and Nikki Keddie. Women in the Muslim World. Cambridge: Harvard University Press, 1978.

Beeman William. Images of the Great Satan: Representations of the United States in the Iranian Revolution // Nikki Keddie. Religious and Politics in Iran. New Haven: Yale University Press, 1983.

Bell Joseph Norment. Love Theory in Later Hanbalite Islam. Albany: State University of New York Press, 1979.

Berque Jacques. Cultural Expression in Arab Society Today. Austin: University of Texas Press, 1978.

Berque Jacques. Structures Sociales de Haut Atlas. Paris: Universitaires de France, 1955.

Black Jacob. Tyranny as a Strategy for Survival in an "Egalitarian" Society: Luri Facts Versus an Anthropological Mystique. Man. 1972,7: 614 - 634.

Black-Michaud Jacob. Cohesive Force. New York: Columbia University Press,1975.

Boase Roger. The Origin and Meaning of Courtly Love. Manchester: Manchester University Press,1977.

Bouhdiba A. The Child and the Mother in Arab-Muslim Society // L Carl Brown. Psychological Dimensions of Near Eastern Studies. Princeton: Darwin Press,1977.

Bowersock G. Roman Arabia. Cambridge: Harvard University Press, 1983.

Bujra A. The Polics of Stratification. Oxford: Oxford University Press, 1971.

Bulliet Richard. Islam: the View from the Edge. New York: Columbia University Press,1994.

Bulliet Richard. Medieval Nishapur: a Topographic and Demographic Reconstruction. Studia Iranica,1976(5):67 - 89.

Bulliet Richard. The Camel and the Wheel. Cambridge: Harvard University Press,1975.

Bulliet Richard. The Patricians of Nishapur: a Study in Medieval Islamic Social History. Cambridge: Harvard University Press,1972.

Burkhardt John. Travels in Arabia. London: Henry Coburn,1829.

Burnham Philip. Spatial Mobility and Political Centralization in Pastoral Societies // L'équipe écologie et anthropologie des sociétés pastorals. Pastoral Production and Society. New York: Columbia University Press,1979.

Caton Steven. Peaks of Yemen I Summon: Poetry as Cultural Practice in a North Yemeni Tribe. Berkeley: University of California Press,1990.

Chang K C. Art, Myth, and Ritual: The Path to Political Authority in Ancient China. Cambridge: Harvard University Press,1983.

Chardin Sir John. Travels in Persia. London: The Argonaut Press,1927.

Chelkowski Peter. Ta 'ziyeh: Ritual and Drama in Iran. New York: New York University Press,1979.

Choueiri Youssef M. Islamic Fundamentalism. Boston: Twayne Publishers,1990.

Cole Donald. Alliance and Descent in the Middle East and the "Problem" of Patrilateral Parallel Cousin Marriage // Akbar Ahmed, David Hart. Islam in Tribal Societies: From the Atlas to the Indus. London: Routledge and Kegan Paul, 1984.

Cole Donald. Nomads of the Nomads. Arlington Heights: American Museum of Natural History, 1975.

Combs-Schilling M E. Sacred Performances: Islam, Sexuality and Sacrifice. New York: Cambridge University Press, 1989.

Conte Edouard Constant Hames, Abdel Qwdoud Ould Cheikh. Al-Ansab: Anthroplogie historique de la société tribale arabe. Paris: Éditions de la Maison des Sciences de l ' Homme, 1991.

Coon Carlton. Caravan : The Story of the Middle East. New York: Holt, 1951.

Corbin Henry. Spiritual Body and Celestial Earth: From Mazdean Iran to Shi ' ite Iran. Princetn : Princeton University Press, 1977.

Corbin Henry. En Islam iranien aspects spirituels et philosophiques. 4 vols. Paris: Gallimard, 1971—1972.

Cornelius A R. The Concept of the State in Islam. Hamard Islamicus, 1979 (1): 39 – 55.

Coulson Noel. A History of Islamic Law. Edinburgh: Edinburgh University Press, 1964.

Crone Paricia. On the Meaning of the Abbasid Call to al-Rida // C E Bosworth, et al. The Islamic World from Classical to Modern Times: Essays in Honour of Bernard Lewis. Princeton: Darwin Press, 1989.

Crone Paricia. Meccan Trade and the Rise of Islam. Princeton: Princeton University Press, 1987.

Crone Paricia. The Tribe and the State // John A Hall. State in History. Oxford: Basil Blackwell, 1986.

Crone Paricia. Slaves on Horses. Cambridge: Cambridge University Press, 1980.

Crone Patricia, Cook Michael. Hagarism: The Making of the Islamic World. Cambridge: Cambridge University Press, 1977.

Crone Patricial, Hinds Martin. God ' s Caliph: Religius Authority in the First Centuries of Islam. London: Cambridge University Press, 1986.

Cuisenier Jean. Économie et Parente: leurs affinités de structure dans le domaine turc et dans le domaine arabe. Paris: Mouton, 1975.

Dabashi Hamid. Authority in Islam: From the Rise of Muhammad to the Establishment of the Umayyads. New Brunswick: Transaction Publishers, 1993.

Daftary Garhad. The Islam ' ilis: Their History and Doctrines. Cambridge: Cambridge University Press, 1990.

Daniel Norman. Islam and the West: the Making of an Image. Edinburgh: University of Edinburgh Press, 1960.

Davis John. People of the Mediterranean. London: Routledge and Kegan Paul, 1977.

Diakonoff I M. Ancient Mesopotamia: Socio-Economic History. Moscow: "Nauka" Publishing, Central Dept. of Oriental Literature, 1969.

Dorsky Susan. Women of "Amran": A Middle Eastern Ethnographic Study. Salt Lake City: University of Utah Press, 1986.

Dresch Paul. Imams and Tribes: The Writing and Acting of History in Upper Yemen // Philip Khoury, Joseph Kostiner. Tribes and State Formation in the Middle East. Berkeley: University of California Press, 1990.

Dresch Paul. Tribes, Government and History in Yemen. Oxford: Oxford University Press, 1989.

Dresch Paul. The significance of the Course Events Take in Segmentary Systems. American Ethnologist, 1986, 13: 309 – 324.

Dumont Louis. Homo Hierarchicus: an Essay on the Caste System. Chicago: University of Chicago Press, 1970.

Dwyer Kevin. Arab Voices: The Human Rights Debate in the Middle East. Berkeley: University of California Press, 1991.

Eickelman Dale. The Art of Memory: Islamic Knowledge and its Social Reproduction // Juan Cole. Comparing Muslim Societies: Knowledge and the State in a World Civilization. Ann Arbor: University of Michigan Press, 1992.

Eickelman Dale. Knowledge and Power in Morocco: The Education of a Twentieth Century Notable. Princeton: Princeton University Press, 1985.

Eickelman Dale. The Middle East: An Anthropological Approach. Englewood Cliffs: Prentice-Hall, 1981.

Eickelman Dale. Moroccan Islam: Tradition and Society in a Pilgrimage

Center. Austin: University of Texas Press, 1976.

El Amin Nafissa Ahmed. Sudan: Education and Family // Philip Stoddard, David Cuthell, Margaret Sullivans. Change and the Muslim World. Syracuse: Syracuse University Press, 1981.

El Saadawi Nawal. The Hidden Face of Eve: Women in the Arab World. London: Zed Press, 1980.

Evans-Pritchard E E. The Sanusi of Cyrenaica. Oxford: Oxford University Press, 1949.

Fernea Robert. Shaiykh and Effendi. Cambridge: Harvard University Press, 1970.

Firdawsi. Shahnameh. Chicago: University of Chicago Press, 1968.

Fischer David. Albion's Seed: Four British Folkways in America. New York: Oxford University Press, 1989.

Fischer Michael. Iran: From Religious Dispute to Revolution. Cambridge: Harvard University Press, 1980.

Frankfort Henri. Kingship and the Gods: A Study of Near Eastern Religion as the Integration of Society and Nature. Chicago: University of Chicago Press, 1948.

Fried Morton. On the Evolution of Social Stratification and the State // Diamond S. Culture in History: Essays in Honor of Paul Radin. New York: Columbia University Press, 1960.

Frieded Erika. Women of Deh Koh: Lives in an Iranian Village. Harmondsworth: Penguin Books, 1991a.

Frieded Erika. The Dynamics of Women's Spheres of Action in Rural Iran // Nikki Keddie, Beth Baron. Women in Middle Eastern Hisory: Shifting Boundaries in Sex and Gender. New Haven: Yale University Press, 1991b.

Gaffney Patrick. Authority and the Mosque in Upper Egypt: the Islamic Preacher as Image and Actor // William Roff. Islam and the Political Economy of Meaning: Comparative Studies of Muslim Discourse. London: Croom Helm, 1987.

Geertz Clifford. Negara: The Theatre State in Nineteenth Century Bali. Princeton: Princeton University Press, 1980.

Geertz Clifford. Suq: The Bazaar Economy in Sefrou // Clifford Geertz, Hildred Geertz and Lawrence Rosen. Meaning and Order in Moroccan Society.

Cambridge: Cambridge University Press, 1979.

Geertz Clifford. Islam Observed: Religious Development in Morocco and Indonesia. New Haven: Yale University Press, 1968.

Gellner Ernest. Tribalism and the State in the Middle East // Philip S Khoury, Joseph Kostiner. Tribes and State Formation in the Middle East. Berkeley: University Of California Press, 1990.

Gellner Ernest. Nations and Nationalism. Ithaca: Cornell University Press, 1983.

Gellner Ernest. Muslim Society. Cambridge: Cambridge University Press, 1981.

Gellner Ernest. Saints of the Atlas. London: Weidenfeld and Nicolson, 1969.

Gellner Ernest, Munson Henry. Segmentation: Reality or Myth? Journal of the Royal Anthropological Institute. 1995, 1:820 – 832.

Gibb H A R. Studies on the Civilization of Islam. Princeton: Princeton University Press, 1962.

Gibb H A R. Constitutional Organization // M Khadduri, H Liebesny. Law in the Middle East. Washington DC.: Georgetown University Press, 1955.

Gibb H A R, Bowen Harold. Islamic Society and the West. vol. I. Part I. London: Oxford University Press, 1963.

Gibb H A R, Kramers J. Shorter Encyclopedia of Islam. Leiden: E. J. Brill, 1965.

Gilsenan Michael. Lying, Honor and Contradiction // Donna Lee Bowen, Evelyn Early. Everyday Life in the Muslim Middle East. Bloomington: Indiana University Press, 1993.

Gilsenan Michael. Recognizing Islam. New York: Random House, 1983.

Gilsenan Michael. Saint and Sufi in Modern Egypt: An Essay in Comparative Religion. Oxford: Clarendon Press, 1973.

Goitein S D. Individualism and Conformity in Classical Islam // A Banani, S Vryonis Jr. Individualism and Conformity in Classical Islam. Wiesbaden: Otto Harrassowitz, 1977.

Goitein S D. Studies in Islamic History and Institutions. Leiden: E. J. Brill, 1966.

Goitein S D, Won Grunebaum G. The Hero in Medieval Arabic Prose //

Norman Burns and Christopher Reagan. Concepts of the Hero in the Middle Ages and the Renaissance. Albany:State University of New York Press,1975.

Goldberg Ellis. Smashing Idols and the State: The Protestant Ethic and Egyptian Sunni Radicalism // Juan Cole. Comparing Muslim Societies: Knowledge and the State in a World Civilization. Ann Arbor: University of Michigan Press,1992.

Goldberg E, Kasaba R, Migdal J. Rules and Rights in the Middle East: Democracy,Law and Society. Seattle: University of Washington Press,1993.

Goldziher Ignaz. Introduction to Islamic Theology and Law. Princeton: Princeton University Press,1981.

Grim John. The Shaman: Patterns of Siberian and Ojibway Healing. Norman: University of Oklahoman Press,1983.

Haeri Shala. Law of Desire: Temporary Marriage in Shi ' ite Iran. Syracuse: Syracuse University Press,1989.

Hammoudi Abdellah. The Victim and its Masks: An Essay on Sacrifice and Masquerade in the Maghreb. Chicago: University of Chicago Press,1993.

Hammoudi Abdellah. Saintété, Pouvoir et Société: Tamgrout aux XVII et XVII Siècles. Annals: Économies, Sociétés, Civilizations,1980:615 –641.

Hart David. Clan Lineage, Local Community and the Feud in a Riffian Tribe // L Sweet. Peoples and Cultures of The Middle East. vol. II. Garden City,NY: Natural History Press,1970.

Hegel G W F. Reason in History. Indianapolis: Bobbs-Merrill,1953.

Hegland Mary. Two Images of Husain: Accommodation and Revolution in an Iranian Village // Nikki Keddie. Religion and Politics in Iran. New Haven: Yale University Press,1983.

Hodgson Marshall G S. The Venture of Islam: Conscience and History in a World Civilization. 3 vols. Chicago: University of Chicago Press,1974.

Hodgson Marshall G S. The Order of Assassins: The Struggle of the Early Nizari Isma' ilis Against the Islamic World. ' s-Gravenhage: Mouton,1955,.

Hume David. Natural History of Religion. Oxford: Oxford University Press, 1976.

Humphreys R Stephen. Islamic History: A Framework for Inquiry. Princeton: Princeton University Press,1991.

Ibn Khaldun. The Muqaddimah. Princeton: Princeton University Press,

1967.

Irons William. Political Stratification among Pastoral Nomads // L' équipe écologie et anthropologie des sociétés pastorales. Pastoral Production And Society. New York: Cambridge University Press, 1979.

Itzkowitz Norman. Ottoman Empire and Islamic Tradition. Chicago: University of Chicago Press, 1972.

Jacobsen T. Towards the Image of Tammuz and Other Essays on Mesopotamian History and Culture. Cambridge: Harvard University Press, 1970.

Jafri S. Conduct of Rule in Islam (In the Light of a Document of 38/658). Hamard Islamicus, 1979(2): 3-34.

Jomier J, Corbin J. Le Ramadan, au Caire, en 1956. Institute Dominicain d' Études Orientales, Mélanges, 1956(3): 1-74.

Kalberg Stephen. Max Weber' S Analysis of the Rise of Monotheism: A Reconstruction. British Journal of Sociology, 1994, 45: 564-583.

Kandiyoti Deniz. Women, Islam, and the State: A Comparative Approach // Juan Cole. Comparing Muslim Societies: Knowledge and the State in a World Civilization. Ann Arbor: University of Michigan Press, 1992.

Kandiyoti Deniz. Islam and Patriarchy: A Comparative Perspective // Keddie Nikki, Beth Baron. Women in Middle Eastern History: Shifting Boundaries in Sex and Gender. New Haven: Yale University Press, 1991.

Keddie Nikki. The Roots of the Ulama' s Power in Modern Iran // Scholars, Saints And Sufis. Berkeley: University of California Press, 1972.

Kennedy H. From Polis to Medina: Urban Change in Late Antique and Early Islamic Syria. Past and Present, 1985, 106: 3-27.

Khan Ghani. The Pathans, a Sketch. Peshawar: University Books, 1958.

Kister M J. Some Reports Concerning Al-Taf' if. Jerusalem Studies in Arab and Islam, 1979(1): 1-18.

Kister M J. Some Report Concerning Mecca: From Jahiliyya to Islam. Journal of the Economic and Social History of The Orient, 1972, 15: 61-93.

Kister M J. Mecca and Tamin (Aspects of their Relations). Journal of the Economic and Social History of the Orient, 1965a, 8: 113-163.

Kister M J. The Campaign of Huluban: A New Light on the Expedition of Abraha. Le Museons, 1965b, 78: 425-436.

Kister M J, Plessner M. Notes on Caskel' S Gamharat an-nasab // Society and Religion from Jahiliyya to Islam. Aldershot: Variorum, 1990.

Kohl Philip. The Use and Abuse of World Systems Theory: the Case of the "Pristine" West Asian State // C C Lamberg-Karlovsky. Archaeological Thought In America. Cambridge: Cambridge University Press, 1989.

Kohlberg Etan. Imam and Community in the Pre-Ghayba Period // Arjomand S A. Authority and Political Culture in Shi'ism. New Haven: Yale University Press, 1988.

Kohlberg Etan. Aspects of Akhbari Thought in the Seventeenth and Eighteenth Centuries // Nehemia Levtzion, John Voll. Eighteenth-Century Renewal and Reform in Islam. Syracuse: Syracuse University Press, 1987.

Kostiner Joseph. Transforming Dualities: Tribe and State Formation in Saudi Arabia // Philip Khoury, Kostiner Joseph. Tribes and State Formation in the Middle East. Berkeley: University of California Press, 1990.

Kovacs Maureen. The Epic of Gilgamesh. Stanford: Stanford University Press, 1989.

Lamberg-Karlovsky C C. Mesopotamia, Central Asia and the Indus Valley: So the Kings were Killed // Archeological Thought in America. Cambridge: Cambridge University Press, 1989.

Lambton A K S. Islamic Mirrors for Princes // Theory And Practice in Medieval Persian Government. Aldershot: Variorum, 1980.

Lambton A K S. The Internal Structure of the Saljuq Empire // Boyle J A. Cambridge History of Iran. vol 5. Cambridge: Cambridge University Press, 1968.

Lambton A K S. The Theory of Kingship in the Nisihat ul-Mulk of Ghazali. The Islamic Quarterly, 1954(Ⅰ): 47 – 55.

Lane Edward William. An Account of the Manners and Customs of the Modern Egyptians, Written in Egypt During the Years 1833—1834, and 1835 Partly From Notes Made During a Former Visit to That Country in the Years 1825, 1826, 1827, and 1828. 2 vols. London: John Murray, 1871.

Lapidus Ira. Tribes and State Formation in Islamic History // Philip Khoury, Joseph Kosiner. Tribes and State Formation in the Middle East. Berkeley: University of California Press, 1990.

Lapidus Ira. A History of Islamic Societies. New York: Cambridge University Press, 1988.

Lapidus Ira. Knowledge, Virtue and Action: The Classical Muslim Conception of Adab and the Nature of Religious Fulfillment in Islam // Barbara Daly Metcalf. Moral Conduct and Authority: The Place of Adab in South Asian Islam. Berkeley: University of California Press, 1984.

Lapidus Ira. The Arab Conquests and the Formation of Islamic Society // Juynboll G H A. Studies on the First Century of Islamic Society. Carbondale: Southern Illinois University Press, 1982.

Lapidus Ira. Muslim Cities and Islamic Societies // Lapidus I. Middle Eastern Cities. Berkeley: University of California Press, 1969.

Lassner Jacob. The Shaping of Abbasid Rule. Princeton: Princeton University Press, 1980.

Leach Edmund. Rethinking Anthropology. London: Athalone Press, 1961.

Lerner Gerda. The Creation of Patriarchy. Oxford: Oxford University Press, 1986.

Lewis Bernard. Race and Slavery in the Middle East: an Historical Inquiry. Oxford: Oxford University Press, 1990.

Lewis Bernard. The Political Language of Islam. Chicago: University of Chicago Press, 1988.

Lewis Bernard. The Assassins: A Racial Sect in Islam. New York: Octagon Books, 1980.

Lewis Bernard. Islam from the Prophet Muhammad to the Capture of Constantinople. New York: Harper and Row, 1974.

Lewis Bernard. Islam in History: Ideas, Men and Events in the Middle East. New York: The Library Press, 1973.

Lewis Bernard. The Origin of Ismailism: A Study of the Historical Background of the Fatimid Caliphate. Cambridge: Heffer and Sons, 1940.

Lewis I M. Ecstatic Religion: An Anthropological Study of Spirit Possession and Shamanism. Harmondsworth: Penguin, 1971.

Lindholm Charles. The New Middle Eastern Ethnography. Journal of the Royal Anthropological Institute. 1995a, 1: 805 – 820.

Lindholm Charles. Frontier Perspectives: Essays in Comparative Anthropology. Karachi: Oxford University Press, 1995b.

Lindholm Charles. Quandaries of Command in Egalitarian Societies: Examples from Swat And Morocco // Cole Juan. Comparing Muslim Societies:

Knowledge and the State in a World Civilization. Ann Arbor: University of Michigan Press,1992.

Lindholm Charles. Charisma. Oxford:Basil Blackwell,1990.

Lindholm Charles. Kinship Structure and Political Authority: The Middle East and Central Asia. Comparative Studies in Society and History,1986,28: 334 -355.

Lindholm Charles. Generosity and Jealousy:The Swat Pukhtun of Northern Pakistan. New York:Columbia University Press,1982.

Lindholm Charles. History and the Heroic Pakhtun. Man, 1981a, 16: 463 -467.

Lindholm Charles. The Structure of Violence among the Swat Pukhtun. Ethnology,1981b,20:147 -156.

Lindholm Charles. Leatherworkers and Love Potions. American Ethnologist,1981c,9:512 -525.

Lindholm Cherry. The Swat Pukhtun Family as a Political Training Ground //Steven Pastner, Louis Flom. Anthropology in Pakistan: Recent Sociocultural and Archeological Perspectives. Ithaca:Cornel University Press,1982.

Macdonald Duncan. The Religious Attitude and Life in Islam. Chicago:University of Chicago Press,1909.

Macfarlane Alan. Marriage and Love in England: 1300—1840. Oxford: Basil Blackwell,1986.

Madelung W. Murjia//Bosworth C,et al. Encyclopedia of Islam (New Edition). volⅦ. Leiden:E. J. Brill. 1992:605 -607.

Madelung W. al-Mahdi // Bosworth C, et al. Encyclopedia of Islam(New Edition) . vol Ⅴ:1230—1238. Leiden:E. J. Brill,1986.

Makdisi George. The Rise of Humanism in Classical Islam and the Christian West with Special Reference to Scholasticism. Edinburgh:Edinburgh University Press,1990 .

Makdisi George. Ethics in Islamic Traditionalist Doctrine// Richard Hovannisian. Ethics in Islam. Malibu:Undena Publications,1985.

Makdisi George. Institutionalized Learning as a Self-Image of Islam // Speros Vyronis. Islam ' s Understanding of Itself. Los Angeles: UCLA Press, 1983.

Makdisi George. The Rise of Colleges: Institutions of Leaning in Islam and the West. Edinburgh: Edinburgh University Press, 1981.

Makdisi George. Ibn Taimiya: A Sufi of the Qadiriya Order. American Journal of Arabic Studies, 1974(Ⅰ): 118 - 129.

Makdisi George. Ash'ari and the Ash'arites in Islamic Religious History: Part Ⅰ. Studia Islamica, 1962, 17: 37 - 80.

Makhlouf Carla. Changing Veils: Women and Modernization in North Yemen. Austin: University Of Texas Press, 1979.

Makiya Kanan. Cruelty and Silence: War, Tyranny, Uprising, and the Arab World. New York: Norton, 1993.

Marx Emmanuel. Bedouin of the Negev. New York: Praeger, 1967.

Mason Herbert. Gilgamesh: A Verse Narrative. New York: Mentor, 1972a.

Mason Herbert. Two Statesmen of Mediaeval Islam: Vizir ibn Hubayra (499—560 AH/1105—1165 AD) and Caliph an-Nasir li Din Allah (553—622 AH/1158—1225 AD). The Hague: Mouton, 1972b.

Massignon Louis. The Passion of al-Hallaj: Mystic and Martyr of Islam. Translated by Mason Herbert. 4 vols. Princeton: Princeton University Press, 1982.

Massignon Louis. La "Futuwwa" ou "Pacte d'Honneur Artisanal" entre les Travailleurs Musulmans au Moyen Age // Moubarac Y. Opera Minora. vol Ⅰ. Beruit: al-Maaret, 1963.

Massignon Louis. Essai sur les Origins du Lexique Technique and de la Mystique Musulmane. Paris: j. Vrin, 1954.

Massignon Louis. L'alternative de la pensée mystique en Islam. Monisme existential ou monisme testimonial. Annuaire de college de France, 1952, 52: 189 - 191.

Meeker Michael. The Twilight of the South Asian Heroic Age: A Rereading of Barth's Study of Swat. Man, 1980, 15: 682 - 701.

Meeker Michael. Literature and Violence in Early Arabia. London: Cambridge University Press, 1979.

Melikian Levan. The Modal Personality of Saudi College Students // L Carl Brown. Psychological Dimensions of Near Eastern Studies. Princeton: Darwin Press, 1977.

Mernissi Fatima. The Veil and the Male Elite: A Feminist Interpretation of Women's Rights in Islam. Addison-Wesley Publishing: Reading MA, 1991.

Mernissi Fatima. Beyond the Veil. Cambridge:Schenkman,1975.

Messick Brinkley. The Calligraphic State:Textual Domination and History in a Muslim Society. Berkeley:University of California Press,1993.

Metcalf Barbara. Islamic Arguments in Contemporary Pakistan // William Roff. Islam and the Political Economy of Meaning:Comparative Studies of Muslim Discourse. London:Croom Helm,1987.

Miller James, Bowen Donna Lee. The Nasiriyya Brotherhood of Southern Morocco // Bowen, Donna Lee, Evelyn Early. Everyday Life in the Muslim Middle East. Bloomington:Indiana University Press,1993.

Mir-Hosseini Ziba. Women, Marriage and the Law in Post-Revolutionary Iran // Haleh Afshar. Women in the Middle East: Perceptions, Realities and Struggles for Liberation. New York:St. Martin's Press,1993.

Mitchell R P. The Society of the Muslim Brothers. Oxford:Oxford University Press,1969.

Montagne Robert. The Berbers, Their Social and Political Organization. London:Frank Casa and Company,1973.

Morgan David. Medieval Persia 1040—1797. London:Longman,1988.

Mottahedeh Roy. Loyalty and Leadership in an Early Islamic Society. Princeton:Princeton University Press,1980.

Mullaney Frank. The Role of Islam in the Hegemonic Strategy of Egypt's Military Rulers(1952—1990). Cambridge:Doctoral thesis, Dept. of Sociology, Harvard University,1992.

Munson Henry. Religion and Power in Morocco. New Haven:Yale University Press,1993.

Munson Henry. Islam and Revolution in the Middle East. New Haven: Yale University Press,1988.

Murata Sachiko. The Tao of Islam. Albany:State University at New York Press,1992.

Murphy Robert, Kasdan Lawrence. Agnation and Exogamy:Some Further Considerations. Southwestern Journal of Anthropology,1967,1:1 -14.

Murphy Robert, Kasdan Leonard. The Structure of Parallel Cousin Marriage. American Anthropologist,1959,19:17 -29.

Musil, Alois. Manners and Customs of the Rwala Bedouins. New York:American Geographical Society,1928.

Nadwi S Abdul Hasan. The Four Pillars of Islam. Lucknow: Academy of Islamic Research, 1972.

Nafzawi Umar Bin Muhammad. The Perfumed Garden. Translated by Richard Burton. New York: Castle Books, 1964.

Nagel H M T. Some Considerations Concerning the Pre-Islamic and the Islamic Foundations of the Authority of the Caliphate // Juynboll G H. Studies on the First Century of Islamic Society. Carbondale: Southern Illinois University Press, 1982.

Needham Rodney. Primordial Characters. Charlottesville: University Press of Virginia, 1978.

Nelson Kristina. The Art of Reciting the Quran. Austin: University of Texas Press, 1986.

Nicholson Reynold Alleyne. Studies in Islamic Mysticism. Cambridge: Cambridge University Press, 1921.

Norton A R. Civil Society on The Middle East. 2 Vols. Leiden: E. J. Brill, 1995.

Papps Ivy. Attitudes to Female Employment in Four Middle Eastern Cuntries // Haleh Afshar. Women in the Middle East: Perceptions, Realities and Struggles for Liberation. New York: St. Martin's Press, 1993.

Pehrson Robert. The Social Organization of the Marri Baluch. New York: Wenner – Gren, 1966.

Peters Emrys. Some Structural Aspects of the Feud among the Camel-Herding Bedouin of Cyrenaica. Africa, 1967, 37: 261 – 282.

Peters Emrys. The Proliferation of Segments in the lineage of the Bedouin of Cyrenaica Libya. Journal of the Royal Anthropological Institute, 1960, 90: 29 – 53.

Perters Rudolph. The Battered Dervishes of Bab Zuwalya: A Religious Riot in Eighteenth-Century Cairo // Nehemia Levtzion, John Voll. Eighteenth-Century Renewal and Reform in Islam. Syracuse: Syracuse University Press, 1987.

Quran. The Holy. Medina: King Fahd Holy Quran Printing Complex.

Rabinow Paul. Reflections on Fieldwork in Morocco. Berkeley: University Of California Press, 1977.

Rahman Fazlur. Islam and Modernity: Transformations of an Intellectual Tradition. Chicago: University of Chicago Press, 1982.

Richard Yann. Shi ‘ ite Islam: Polity, Ideology and Creed. Oxford: Basil Blackwell,1995.

Rodinson Maxime 1973. Islam and Capitalism. New York: Pantheon.

Rosen Lawrence. The Negotiation of Reality: Male-Female Relatiosn in Sefrou, Morocco// Lois Beck, Keddie Nikki. Women in the Muslim World. Cambridge: Harvard University Press,1978.

Rosenfeld Hery. The Social Composition of the Military in the Process of State Formation in the Arabian Desert. Journal of the Royal Anthropological Institute,1965,95:75 –86,174 –194.

Rosenthal Franz. The Study of Muslim Intellectual and Social History: Methods and Approaches // Franz Rosenthal. Muslim Intellectual and Social History. Aldershot: Variorum,1990.

Rosenthal Franz. Reflections on Love in Paradise // John Marks Robert Good. Love and Death in the Ancient Near East. Guilford: Four Quarters Publishing,1987.

Rosenthal Franz. "I Am You" – Individual Piety and Society in Islam // Amin Banani, Speros Vryonis. Individualism and Conformity in Classical Islam. Wiesbaden: Otto Harrassowitz,1977.

Rosenthal Franz. The Muslim Concept of Freedom Prior to the Nineteenth Century. Leiden: E. J. Brill,1960.

Rosenthal Franz. State and Religion According to Abu 1-Hasan Al-Amiri. The Islamic Quarterly,1956(3):42 –52.

Rosenthal Franz. On Suicide in Islam. Journal of the American Oriental Society,1946,66:239 –259.

Rosenthal Von Erwin I J. The Role of the State in Islam. Theory and Medieval Practice. Der Islam,1973(1):1 –28.

Roy Olivier. The Failure of Political Islam. Cambridge: Harvard University Press,1994.

Rumin Jalaludin. Teachings of Rumi: The Masnavi. Translated and abridged by Whinfield E H. New York: Dutton,1975.

Rumin Jalaludin. Discourses of Rumin. Translated by Arberry A J. New York: Samuel Weiser Inc,1972.

Sabbah Fatna A. Women in the Muslim Unconscious. Oxford: Pergamon Press,1984.

Saggs H W F. Civilization Before Greece and Rome. New Haven: Yale University Press, 1989.

Saggs H W F. The Greatness That Was Babylon. London: Sidgwick and Jackson, 1962.

Sahlins Marshal. The Segmentary Lineage: An Organization of Predatory Expansion. American Anthropologist, 1961, 63: 322 – 343.

Said Edward. Orientalism. New York: Vintage, 1979.

Salzman Philip. Inequality and Oppression in Nomadic Society // L'équipe écologie et anthropoligie des sociétés pastorals. Pastoral Production and Society. New York: Cambridge University Press, 1979.

Salzman Philip. Does Complementary Opposition Exist? American Anthropologist, 1978, 80: 43 – 70.

Sandars N K. The Epic of Gilgamesh. New York: Penguin, 1972.

Schimmel Annemarie. Mystical Dimensions of Islam. Chapel Hill: University of North Carolina Press, 1975.

Seligman H. The State and the Individual in Sunni Islam. Muslim World, 1964, 54: 14 – 26.

Sells M. Desert Tractings: Six Classical Arabian Odes. Middletown: Wesleyan University Press, 1989.

Serjeantl R B. Documents in the Constitution of Medinah // Serjeant R B. Studies in Arabian History and Civilization. Aldershot: Variorum, 1981a.

Serjeantl R B. Haram and Hawtah: The Sacred Enclave in Arabia // Serjeant R B. Studies in Arabian History and Civilization. Aldershot: Variorum, 1981b.

Serjeantl R B. South Arabia // van Nieuwenhuijze C A O. Commoners, Climbers And Notables. Leiden: E. J. Brill, 1977.

Shaban M A. Islamic History AD 750—1055 AH 132—448. A New Interpretation. vol 2. Cambridge: Cambridge University Press, 1976.

Shaban M A. Islamic History AD 600—750 AH 132: A New Interpretation. vol 1. Cambridge: Cambridge University Press, 1971.

Shorter Edward. The Making of the Modern Family. New York: Basic Books, 1977.

Singerman D. Avenues of Participation: Family, Politics, and Networks in Urban Quarters of Cairo. Princeton: Princeton University Press, 1995.

Smith Margaret. Rabia the Mystic and Her Fellow Saints in Islam. Cambridge: Cambridge University Press, 1984.

Southern R. Western Views of Islam in the Middle Ages. Cambridge: Harvard University Press, 1962.

Spellberg Denise. Political Acton and Public Example: A ' isha and the Battle of the Camel // Keddie Nikki, Beth Baron. Women in Middle Eastern History: Shifting Boundaries in Sex and Gender. New Haven: Yale University Press, 1991.

Stewart Frank. Honor. Chicago: University of Chicago Press, 1994.

Stone Laurence. Passionate Attachments in the West in Historica Perspective // Gaylin W, Person E. Passionate Attachements. New York: Free Press, 1988.

Stowasser Barbara. Women ' s Issues in Modern Islamic Thought // Judith Tucker. Arab Women: Old Boundaries, New Frontiers. Bloomington: Indiana University Press, 1993.

Stowasser Barbara. The Staus of Women in Early Islam // Freda Hussain. Muslim Women. New York: St Martin ' s Press, 1984.

Tambiah Stanley. World Conqueror and World Renouncer: A Study of Buddhism and Polity in Thailand against a Historical Background. Cambridge: Cambridge University Press, 1976.

Tapper Richard. Anthropologists, Historians, and Tribespeople on Tribe and State Formation in the Middle East // Philip Khoury, Joseph Kostiner. Tribes and State Formation in the Middle East. Berkeley: University of California Press, 1990.

Tapper Richard. Access to Grazing Rights and Social Organization among the Shasevan Nomadsl of Azerbaijan // L' équipe écologie et anthropologie des sociétés pastorales. Pastoral Production and Society. New York: Cambridge University Press, 1979.

Tillon Germaine. Le Harem et les Cousins. Paris: Éditions du Seuil, 1966.

Tocqueville Alexis de. Democracy in America. Garden City, NY: Doubleday, 1969.

Torry Charles. Commercial-Theological Terms in the Koran. Leiden: E. J. Brill, 1892.

Trimingham J. The Sufi Order of Islam. Oxford: Oxford University Press,

1971.

Turner Victor. The Ritual Process. New York: Aldine, 1982.

Udovitch Avrom. Formalism and Informalism in the Social and Economic Institutions of the Medieval Islamic World // Banani A, Vryonis Jr S. Individualism and Conformity in Classical Islam. Wiesbaden: Otto Harrassowitz, 1977.

van Ess J. The Logical Structure of Islamic Theology // von Grunebaum G. Logic in Classical Islamic Culture. Wiesbaden: Otto Harrassowitz, 1970.

Vatter Sherry. Journeymen Textile Weavers in Nineteenth-Century Damascus: A Collective Biography // Edmund Burke Ⅲ. Struggle and Survival in the Modern Middle East. London: I. B. Tauris and Co, 1993.

Vieille Paul. Iranian Women in Family Alliance and Sexual Politics // Lois Beck, Keddie Nikki. Women in the Muslim World. Cambridge: Harvard University Press, 1978.

Voll John. Linking Groups in the Networks of Eighteenth-Century Revivalist Scholars: The Mizaji Family in Yemen // Nehemia Levtzion, John Voll. Eighteenth-Century Renewal and Reform in Islam. Syracuse: Syracuse University Press, 1987.

von Grunebaum Gustav. The Sources of Islamic Civilization. Der Islam, 1970, 46: 1 – 54.

von Grunebaum Gustay. The Structure of the Muslim Town // Gustave von Grunebaum. Islam: Essays in the Nature and Growth of a Cultural Tradition. London: Routledge and Kegan Paul, 1961.

von Grunebaum Gustay. Medieval Islam. Chicago: University of Chicago Press, 1956.

Wallace A F C. Revitalization Movements. American Anthropologist, 1956, 58: 264 – 281.

Waterbury John. Tribalism. Trade and Politics: The Transformation of the Swasa of Morocco // Ernest Gellner, Charles Micaud. Arabs And Berbers. Lexington: Lexington Books, 1972.

Watt W M. Muhammad's Mecca: History in the Qur'an. Edinburgh: Edinburgh University Press, 1988.

Watt W M. The Formative Period of Islamic Thought. Edinburgh: Edinburgh University Press, 1973.

Watt W M. Kharijite Thought in the Umayyad Period. Der Islam, 1961,

36:215 -231.

Watt W M. Muhammad at Medina. Oxford:Clarendon Press,1956.

Watt W M. The Faith and Practice of al-Ghazali. London: Allen and Unwin,1953.

Weber Max. Economy and Society. Berkeley: University of California Press,1978.

Weber Max. The Protestant Ethic and the Spirit of Capitalism. New York: Scribners,1958.

Weber Max. From Max Weber: Essays in Sociology. New York: Oxford University Press,1946.

Wellhausen Julius. The Arab Kingdom and its Fall. London:Curzon Press, 1927.

Wensinck A J. The Muslim Creed: Its Genesis and Historical Development. Cambridge:Cambridge University Press,1932.

Werbner. Powerful Knowledge in Global Sufi Cult: Reflections on the Poetics of Travelling Theories//Wendy James. The Pursuit of Certainty: Religious and Cultural Formations. London: Routledge,1995.

Westermark Edward. Ritual and Belief in Morocco. vol 1. London: Macmillan and Company,1925.

Wikan Unni. Behind the Veil in Arabia: Women in Oman. Chicago: University of Chicago Press,1991.

Yar-Shatar Ehsan. Mazdakianism // Ehsan Yar-Shatar. The Cambridge History of Iran. vol 2. part 2. Cambridge:Cambridge University Press,1968.

Youssef Michael. Revolt against Modernity: Muslim Zealots and the West. Leiden: E. J. Brill,1985.

Zaehner Robert. The Down and Twilight of Zoroastrianism. London: Weidenfeld and Nicolson,1961.

索　引

（索引中的页码为英文本原页码、本中译本边码——译者）

A

B

Barth, F., on alliances 61; on independence and tyranny 267; on leadership 262; on nomad migration 23
巴斯,联盟 61;独立和暴政 267;领导权 262;游牧迁徙 23

Basseti(Iranian tribe) 265 – 266
巴塞里(伊朗部落)265 – 266

Bateson, K., on friendship 253
巴特森,友谊 253

Bedouin, alliances among 61 – 62; asabiyya of 52 – 55; blocs within (Qays/Mudar vs. Yemen) 60; conversion to Islam 79; history of 19, 21; Ibn Khaldun on 50 – 54; immigrants 21; inferiority among 223; lineage organization of 53 – 54, 59 – 62; love among 247 – 248; men's clubs as equivalent of 128; state and 19, 51; urban attitudes toward 21 – 22; values of 19 – 20, 21; women among 236
贝都因,联盟 61 – 62;阿萨比亚52 – 55;盖斯/穆达尔和也门联盟 60;皈信伊斯兰 79;历史 19,21;伊本·赫勒敦 50 – 54;移民 21;自卑 223;世系组织 53 – 54,59 – 62;爱 247 – 248;男人平等的俱乐部 128;国家 19,51;城市态度 21 – 22;价值 19 – 20;妇女 236

Berbers 25; blocs(liff) within 60; conversion of 94; dynasties of 89, 114 – 115; independence of 25 – 26; inferiority among 222 – 223; inferiority of 93; revenge among 59
柏柏尔人 25;集团(利夫) 60;转变 94;王朝 89,114 – 115 ;独立 25 – 26;自卑 222 – 223;自卑 93;报复 59

Bilal(first muezzin) 219
比俩里(第一位穆安津) 219

biography, among Bedouin 20; and hadith transmission 153 – 154; among nomads 20
传记,贝都因 20;圣训传递 153 – 154;游牧部落 20

Bistami, B. (Sufi saint), ecstasy of
巴耶济德·比士塔米(苏菲圣徒),

C

Umayyad 94; see also rank	级
castration, of blacks 218; citizenship as form of 225; and equality 216, 227; peasants and 223; of slaves 215 – 216; symbolism of 215 – 216, 223, 227; see also inferiority	阉奴,黑人 218;市民地位的形式 225;平等 216,227;农民 223;奴隶 215 – 216;象征主义 215 – 216;参见自卑
categorization 7, 10, 13, 216 – 224; of occupations 220; of races 216 – 219; of religions 221 – 222; of ulema 220	范畴 7,10,13,216 – 224;职业 220;种族 216 – 219;宗教 221 – 222;乌里玛 220
central Asia 8; conquest by 23, 110; kinship in 56, 123 – 125; as source of slaves 102 – 103, 117, 123, 213	中亚 8 ;征服 23,110;亲属关系 56,123 – 125;奴隶来源 102 – 103,117,123,213;
Chardin, J., on guilds 31; on Safavid rule 119; charisma, ambiguity of 200, 203 – 206, 270 – 271; attenuation of 84 – 88, 114, 115, 118, 155, 168, 180, 188, 198 – 200; and baraka 183 – 184, 188, 193, 198; defined 148 – 149; Islamist reformers and 207 – 208; modernity and 199, 207; monotheism and 36; Muhammad's 72, 74, 81 – 82, 148 – 150; oppression and 207, 270; Shi'ism and 89 – 90, 105 – 107, 113 – 115 – 119, 129 – 131, 168 – 170, 177 – 180; state and 79 – 82, 113 – 119, 179 – 180, 270 – 271; Sufism and 184 – 185, 187 – 189, 193, 198, 200 – 206; tensions of 113, 114, 119, 131, 180, 201 – 202,	查丁,行会 31;萨法维王朝统治 119;魅力,模糊 200,203 – 206,270 – 271;减少 84 – 88,114,115,118,155,168,180,188,198 – 200;白勒卡提 183 – 184,188,193,198;确定的 148 – 149;伊斯兰改革者 207 – 208;现代性 199,207;一神论 36;穆罕默德 72,74,81 – 82,148 – 150;压迫 207, 270;什叶派 89 – 90,105 – 107,113 – 115 – 119,129 – 131,168 – 170,177 – 180;国家 79 – 82,113 – 119, 179 – 180,270 – 271;苏菲 184 – 185,187 – 189, 193,198,200 – 206;紧张 113,114, 119,131, 180, 201 – 202, 204 – 206,270 – 271;传递 84,107,113,114,188 – 190,200;战士 189;参见领导

racy 265 – 266; problems of developing 132 – 135, 207 – 209, 266 – 267; see also state	的问题 132 – 135,207 – 209,266 – 267;参见国家
clients (mawali) 213 – 216; Abbasid 101 – 102, 104, 213; Al-Mansur on 51; effect of 52, 101 – 102, 104, 111, 214; Ibn Khaldun on 51 – 52, 214; importance of 213 – 215; loyalty of 51, 214, 227; marriage with 223; in Mecca 71; role of 91, 101, 213; Seljuk 111; state and 101 – 102, 214; Umayyad 91 – 94, 213; see also inferiority; rank; state	受保护者(马瓦里)13 – 216 阿拔斯 101 – 102,104,213;曼苏尔 51;效果 52,101 – 102,104,111,214;伊本·赫勒敦 51 – 52,214;重要性 213 – 215;忠诚 51,214,227;婚姻 223;麦加 71;角色 91,101,213;塞尔柱 111;国家 101 – 102,214;倭马亚王朝 91 – 94,213;参见自卑;等级;国家
Cole, D., on priority of blood 60	唐纳德·科尔,血亲至上 60
community, charisma and 149 – 150, 270 – 271; consensus of 157 – 159; dhikr and 187 – 188; disintegration of 84 – 87, 149, 155; fast and 145 – 146; friendship and 254; Islamic 74 – 76, 81; prayer and 142, 187; women's 230 – 231, 245	社区,魅力 149 – 150,270 – 271;一致 157 – 159;诵念 187 – 188;解体 84 – 87,149,155;斋戒 145 – 146;友谊 254;伊斯兰 74 – 76,81;礼拜 142,187;妇女 230 – 231,245
concubinage, history of 235; inheritance and 95 – 96; subordination of women and 234; see also women	妾,历史 235;继承 95 – 96;妇女服从 234;参见妇女
conformity, of hadith reciter 154; of rulers 90, 267 – 268; social structure and 267; of students 161 – 162, 177, 184	遵从,圣训背诵者 154;统治者 90,267 – 268;社会结构 267;学生161 – 162,177,184

Crone, P. and Hinds, M., on duty of Islamic leaders 80	帕特丽夏·克罗恩,海因兹,伊斯兰领袖的责任 80
Cuisenier, J., on kinship structure and rank 124	屈瑟尼耶·吉恩,亲属关系结构和等级 124

D

Dabashi, H., on Muslim solidarity 74	达巴希·哈米德,穆斯林团结 74
Davis, J., on the social origin of equality 26 – 27	戴维斯·约翰,平等的社会根源 26 – 27
dehumanization, by castration 215 – 216; race and 216 – 219; submission and 222 – 224; women and 228 – 230; see also inferiority	失去人性,阉割 215 – 216;种族 216 – 219;服从 222 – 224;妇女 228 – 230;参见自卑
despotism, see state	暴政,参见国家
dhikr (Sufi ritual) 186 – 188; compared to Friday prayer 187 – 188; popularity of 191, 193, 196; see also Sufism	诵念(苏菲仪式)186 – 188;与星期五聚礼对照 187 – 188;受欢迎 191, 193, 196;参见苏菲主义
Diakonoff, I., on authority of ruler 47 – 48; on Sumerian temples 44	季亚科诺夫,统治者权威 47 – 48;苏美尔神庙 44
divinity, as bride 194, 230; character of 37, 39 – 40, 77, 141, 145 – 148, 183, 188, 225; contract with 40, 147; ethical 37, 39 – 40; fear of 146 – 147,	神圣性,新娘 194, 230;品格 37, 39 – 40, 77, 141, 145 – 148, 183, 188, 225;缔结婚约 40, 147;伦理 37, 39 – 40;担心 146 – 147, 181 –

E

41;Islam as 149 - 150;Shi ' ism as 176 - 178;Sufism as 188;see also Islam, prophet

149 - 150;什叶派 176 - 178;苏菲主义 188;参见伊斯兰,使者

F

factions 86;Abbasid 103 - 104;structure of 60 - 61;Umayyad 93 - 95

教派 86;阿拔斯王朝 103 - 104;结构 60 - 61;倭马亚王朝 93 - 95

false consciousness 24,261

错误意识 24,261

family, affection in 53, 243, 246; breakup of 55,124,238,243 - 244; male socialization in 231,240;modernity and 234,260;social structure of 53 - 62,123 - 125;violence in 59 - 60,240 - 241;women's centrality in 238, 240, 243 - 245, 252; see also kinship;marriage

家庭,感情 53,243,246;分裂 55,124,238,243 - 244;男人社会性 231,240;现代性 234,260;社会结构 53 - 62,123 - 125;暴力 59 - 60,240 - 241;妇女的向心性 238,240,243 - 245,252;参见亲属关系;婚姻

farming 17 - 18, 39, 59; Anatolian 121;Asian 38;Egyptian 41;emissary prophecy and 39 - 40; exemplary prophecy and 38 - 39,41;irrigation and 18,39,43,66;in Kish 45;mediation and 23, 40; in Medina 68; in mountains 25 - 27;nomads and 21 - 23,50;social organization and 59 - 60;Sumerian 43 - 44;unreliability of 18,39,42;vengeance and 59;see also ecology;mountaineers

农业 17 - 18,39,59;安纳托利亚人 121;亚洲人 38;埃及人 41;使者预言 39 - 40;典范的预言 38 - 39,41;灌溉 18,39,43,66;基什岛 45;沉思 23,40;麦地那 68;山区 25 - 27;游牧人 21 - 23,50;社会组织 59 - 60;苏美尔人 43 - 44;不可信性 18,39,42;复仇 59;参见生态;山区人

G

198 – 199;on the character of the ruler 215;on slavery 213 – 214;on taming of tribes 21,23	198 – 199;统治者的品格 215;奴隶制度 213 – 214;驯服部落 21,23
Gibb,H.,on Middle Eastern disharmony 33;on military rule 112;on Umayyad 94 – 95	吉布,中东不和谐 33;军事统治 112;倭马亚王朝 94 – 95
Gibb,H. and Bowen,H.,on rivalry 125;on uncertainty of power 264	吉布和鲍思·哈罗德,争斗 125;权力的不确定性 264
Gilgamesh(legendary king of Uruk) 42 – 43	吉尔伽美什(传说中乌鲁克的国王) 42 – 43
Goitein,S.,on Arab authority 93;on personalism 153	戈伊坦,阿拉伯权威 93;人格主义 153
Goldziher,I.,on interpretation in Islamic theology 156;on secular rule 88	戈德齐赫尔·伊格纳茨,解释伊斯兰神学 156 ;世俗统治 88
greetings,Middle Eastern 12	问候,中东 12
Guessous,M.,on political power and corruption 263 – 264	盖苏斯,政治权力和腐败 263 – 264
Guide,in Shi‘ism 171,176 – 178,180;spiritual 131,169;Sufi 183 – 184,187 – 190,195 – 197;see also spiritual authority	引导,什叶派 171,176 – 178,180;精神 131,169;苏菲 183 – 184,187 – 190,195 – 197;参见精神权威
guilds 54;democracy in 266;organization of 30 – 31,266;Sufism and 191,193	行会 54;民主 266;组织 30 – 31,266;苏菲主义 191,193

H

Hodgson, M., on the definition of Islamdom 7; on equality in Islam 12 – 13; on the Nizari Imamate 130; on secular power 259; on the spiritual Caliphate 190; on Sufism 193; on tyranny 5

霍奇森,伊斯兰王国定义 7;伊斯兰的平等 12 – 13;尼札里耶派伊玛目职位 130;世俗权力 259;精神哈里发 190;苏菲主义 193;暴政 5

homosexuality, as degrading 215, 251; social organization and 252; symbolism of 252; see also sexuality

同性恋,丢脸 215, 251;社会组织 252;象征主义 252;参见性

honor, collective 13, 54, 60, 238 – 239; egalitarianism and 27, 215, 260 – 261, 269; feud and 60; freedom and 215; futuwwa and l28; Gilgamesh and 42; Islam and 74, 77; mediation and 166; patrilineality and 54, 238; scholarly 156; sexuality and 54, 215, 238 – 239, 243, 245; submission and 219, 222 – 224, 269; tribal 20 – 22, 25, 54, 60; value of l3, 27, 32, 215, 254, 260; warrior's 27, 163; women's 239 – 240

荣誉,集体 13, 54, 60, 238 – 239;平均主义 27, 215, 260 – 261, 269;世仇 60;自由 215;富图瓦 128;吉尔伽美什 42;伊斯兰 74, 77;沉思 166;父系 54, 238;学术性 156;性 54, 215, 238 – 239, 243, 245;服从 219, 222 – 224, 269;部落 20 – 22, 25, 54, 60;价值 l3, 27, 32, 215, 254, 260;战士 27, 163;妇女 239 – 240

human nature, aggression and 50, 218, 264, 270; asabiyya and 53, 237; envy and 261; equality and 11 – 12; freedom and 225; love and 246; rank and 216, 218 – 219, 222 – 224; sexuality 241, 243; study of 20, 153; suppression of 161 – 162, 183 – 185; tensions of 6, 219, 224; women and 227, 228, 244

人性,进攻 50, 218, 264, 270;阿萨比亚 53, 237;嫉妒 261;平等 11 – 12;自由 225;爱 246;等级 216, 218 – 219, 222 – 224;性 241, 243;学习 20, 153;压迫 161 – 162, 183 – 185;紧张 6, 219, 224;妇女 227 – 228, 244;

I

J

K

Khalidi, W., on absence of civil society in the Middle East 260	哈利迪，中东缺乏公民社会 260
kharijites 88－91, 270; compared to Shi'ites 106; compared to Zaydi 174; dissimulation among 171; dynasties of 89; Islamists as 89	哈瓦利吉派 88－91, 270；与什叶派相比 106；与宰德派相比 174；掩饰 171；王朝 89；伊斯兰主义者 89
Khomeini(ayatollah) 119, 179－180; against injustice 269	霍梅尼（阿亚图拉）119, 179－180；反对非正义 269
kinship, Bedouin 51－53; cities and 30, 43, 54; cognatic 56－57; consolidation of 86, 109; contradictions of 238; equality and 56, 58, 62, 123－124, 237; as faulty reasoning 61; fictive 22, 30, 109; hierarchy and 124－125, 237; honorifics and 12; Ibn Khaldun on 53, 61, 214, 237; Islam and 74－75, 86－87; manipulation of 61, 82－83; Mesopotamian 43, 53; patrilineality and 55, 61, 236－238; personal names and 57; political action and 57－58, 60－62, 82－83, 109－111; rights and duties of 53－54, 109－110; segmentary structure of 55－62; Shi'ite succession and 89, 105, 114, 171; slaves and 215; trait complex and 10; Turkish 56, 123－125; violence structured by 57－61, 87; see also family; inheritance; marriage; segmentary lineage system	亲戚关系，贝都因 51－53；城市 30, 43, 54；同源 56－57；巩固 86, 109；矛盾 238；平等 56, 58, 62, 123－124, 237；错误推理 61；虚构的 22, 30, 109；等级 124－125, 237；尊敬 12；伊本·赫勒敦 53, 61, 214, 237；伊斯兰 74－75, 86－87；操纵 61, 82－83；美索不达米亚 43, 53；父系制 55, 61, 236－238；个人名字 57；政治行动 57－58, 60－62, 82－83, 109－111；权利和义务 53－54, 109－110；分裂性结构 55－62；什叶派继承 89, 105, 114, 171；奴隶 215；复杂性状 10；土耳其人 56, 123－125；暴力结构 57－61, 87；参见家庭；继承；婚姻；分裂世系制度

L

leadership, Abu -Jafar' s 98 - 100; Abu - Tahir's 106 - 107; Al - Hakim's 114; Ali's 80; anarchy and 264 - 265; Bedouin and 20; Buyid 107 - 110, 116; charismatic 148 - 150, 207 - 208, 270 - 271; coercion and 101, 103, 112, 119, 132, 134, 262 - 265, 267 - 268; contradictions of sacred 81 - 83, 89, 97, 100, 107, 119, 130, 132, 133 - 134, 149, 180, 208 - 209, 270 - 271; contradictions of secular 51 - 52, 94, 101 - 103, 109 - 112, 133 - 134, 214, 267; early Islamic 79 - 81, 85; ecology and 38 - 40; election and 88 - 89, 97; of first among equals 44, 90 - 91, 97, 109, 264, 267; Ibn Tumart' s 115; of ideal everyman 264 - 265, 267; limits on 51 - 52, 90, 110, 180, 214, 262, 267 - 268; manipulation and 91; mediation and 24, 34, 40, 114, 132; in men's clubs 128; military 103, 112, 116, 121, 125, 133; modernity and 268; Muawiya's 90 - 91, 170; Muhammad's 66, 73, 76 - 78, 82 - 83, 148 - 150, 189; Ottoman 125 - 126; of Perfect Man 189 - 190, 196, 198; Persian 34 - 35; Safavid 116 - 119; Saudi 115 - 116; Seljuk 110 - 111, 116; Shi'ite theory of 106, 169 - 171, 175, 179 - 180, 189; spiritual 89, 96 - 98, 105 - 107, 112 - 119, 130,

领导权,艾布·贾法尔 98 - 100;艾布·塔希尔 106 - 107;哈基姆 114;阿里 80;无政府主义 264 - 265;贝都因 20;布韦希 107 - 110,116;魅力 148 - 150,207 - 208,270 - 271;高压政治 101,103,112,119,132,134,262 - 265,267 - 268;神圣的矛盾 81 - 83,89,97,100,107,119,130,132,133 - 134,149,180,208 - 209,270 - 271;世俗的矛盾 51 - 52,94,101,102 - 103,109 - 112,133 - 134,214,267;早期伊斯兰 79 - 81,85;生态 38 - 40;选举 88 - 89,97;平等中的第一 44,90 - 91,97,109,264,267;伊本·图迈尔特 115;理想的个人 264 - 265,267;限制 51 - 52,90,110,180,214,262,267 - 268;操纵 91;沉思 24,34,40,114,132;男士俱乐部 128;军事 103,112,116,121,125,133;现代性 268;穆阿维叶 90 - 91,170;穆罕默德 66,73,76 - 78,82 - 83,148 - 150,189;奥斯曼 125 - 126;完美男人 189 - 190,196,198;波斯 34 - 35;萨法维 116 - 119;沙特 115 - 116;塞尔柱 110 - 111,116;什叶派理论 106,169 - 171,175,179 - 180,189;精神 89,96 - 98,105 - 107,112 - 119,130,133 - 134,148 - 150,168 - 171,177 - 178,183 - 185,187 - 190,193,196 - 198,207 - 209,270 - 271;苏菲理论 188 - 190,

·欧·亚·历·史·文·化·文·库·

M

Macdonald, D. , on Sufi saints 190	麦克唐纳,苏菲圣徒 190
madhhab (schools of law) 154,158; consolidation of 158	麦兹海布(教法学派)154,158;巩固 158
mahdi (redeemer), Abbasid ruler as 100; Al-Hakim as 114; Berber dynasties and 115; disillusionment and 89 – 90, 107, 113, 119, 131, 180, 270 – 271; Islamist belief in 208, 270 – 271; Khomeini as 179; Nizari and 130 – 131; Qarmati and 105 – 107; Shi'ite belief in 89, 105, 172 – 173; twelver doctrine of 175; see also millenarianism; prophet; Shi'ism; state	马赫迪(救世主),阿拔斯王朝统治者 100;哈基姆 114;柏柏尔王朝 115;幻灭 89 – 90,107,113,119,131,180,270 – 271;伊斯兰信仰 208,270 – 271;霍梅尼 179;尼札里耶派 130 – 131;卡尔马特派 105 – 107;什叶派信仰 89,105,172 – 173;十二伊玛目派 175;参见千禧年主义;使者;什叶派;国家
Makdisi, G. , on education 160; on state absorption of the ulema 164; on textual interpretation 156	马克迪西·乔治,教育 160;国家吸收乌里玛 164;文本解读 156
Makhlouf, C. , on women's community 230 – 231	马赫卢夫·卡拉,妇女社区 230 – 231
manhood, blood purity and 81, 222 – 223; domination and 214, 216, 222 – 223; ideal of 219	男子气概,血统的纯洁 81,222 – 223;统治 214,216,222 – 223;理想 219
Marri Baluch (tribe) 248 – 250; chaste love among 249 – 250; mar-	马里俾路支(部落)248 – 250;贞洁的爱 249 – 250;婚姻 249;社会组织

hammad and 76; in Nippur 45; Ottoman use of 126; Persian King and 34; and sacred authority 34,40,112,114,166; and secular authority 24,129,166; segmentary lineage and 58; shepherds' use of 23; state and 40,132,166; Sufi saints and 191 – 193; trade and 76,191 – 193; Umayyad rule and 90 – 91; urban 28; see also leadership; ruler; state	曼使用 126;波斯国王 34;神圣权威 34,40,112,114,166;世俗权威 24,129,166;分裂世系 58;牧羊人使用 23;国家 40,132,166;苏菲圣徒 191 – 193;贸易 76,191 – 193;倭马亚王朝统治 90 – 91;城市 28;参见领导权;统治者;国家
men's clubs (futuwwa) 30,127 – 129; Al - Nasir's reorganization of 128 – 129; as model for state 129; Sufis and 191,193; values of 128,191	男士俱乐部(富图瓦)30,127 – 129;纳赛尔重新组织 128 – 129;国家模式 129;苏菲 191,193;价值观 128,191
mercantilism 13; compared to military 121; compared to tribalism 31,78; mentality of 31,45,68,71,121; Nizari 131; nomadic 24; Qurayshian 71; see also trade	重商主义 13;与军事相比 121;与部落主义相比 31,78;智力 31,45,68,71,121;尼札里耶派 131;游牧 24;古莱氏人 71;参见贸易
Mernissi, F., on sexuality in Islam 243; on women's ambiguity 232 – 233,246	莫尼斯 · 法蒂玛,伊斯兰中的性 243;妇女的模糊性 232 – 233,246
Mesopotamia 41 – 48; competition in 44; egalitarianism in 43,47 – 48; kingship in 46 – 48; kinship in 43,53; mediation in 45; rulership in 44; temple complexes in 43 – 44,46 – 47; trade in 30,43,45	美索不达米亚 41 – 48;竞争 44;平均主义 43,47 – 48;王权 46 – 48;亲属关系 43,53;沉思 45;统治权 44;神庙情节 43 – 44,46 – 47;贸易 30,43,45

262;on legitimacy of secular rule for Shi'ites 177;murijites(quietists)90	治的合法性 177;穆利吉派(寂静主义者)90
Murphy,R. and Kasdan,L.,on social order 124	墨菲和卡斯丹·伦纳德,社会秩序 124
Mutazalites(rationalists) 140 – 141	穆塔扎里派(理性主义者)140 – 141
mysticism,and orthodoxy 190 – 193; Shi'ite 171 – 172,179;see also Sufism	神秘主义,正统 190 – 193;什叶派 171 – 172,179;参见苏菲主义

N

Naram Sin(Sumerian ruler)46	纳拉姆·辛(苏美尔统治者)46
Needham,R.,on culture 6	尼达姆·罗德尼,文化 6
neofundamentalism 208 – 209; on women 234;see also lslamists	新原教旨主义者 208 – 209;妇女 234;参见伊斯兰主义者
Nicholson, R., on saintly arrogance 201	尼克尔逊,神圣傲慢 201
Nippur(Sumerian city)45	尼普尔(苏美尔城市)45
Nizam Al-Mulk(Seljuk wazir),assassination of 130;and Islamic education 164;on slaves 214	尼扎姆·马尔克(塞尔柱维吉尔),暗杀 130;伊斯兰教育 164;奴隶 214
Nizari(Ismaili sect) 129 – 131;adaptiveness of 131;ideology of 130;lead-	尼札里耶派(伊斯兰教派)129 – 131;适应 131;意识 130;领导权

O

124 – 125;military character of 121 – 123;rank in 121,124 – 125;as secondary state 120 – 121;slavery in 121 – 123;titles in 12;ulema in 123,178,189;uniqueness of 121 – 125;weakness of 5

征 121 – 123;等级 121,124 – 125;二等国家 120 – 121;奴隶制 121 – 123;称呼 12;乌里玛 123,178,189;独特性 121 – 125;弱点 5

P

passion,control over,by men 243;by Sufis182;by ulema 161

激情,控制,靠人 243;苏菲 182;乌里玛 161

patriarchy,absence of in ancient Egypt 236 – 237;attitudes toward women in 227 – 230,240 – 241;blood inheritance and 237 – 238,244;female inferiority and 235 – 236;history of 234 – 237;homosexuality and 251 – 252;parameters of 236 – 237;sexuality in 241 – 244;violence in 240 – 241;women's anomalous place in 238,240,243 – 246;see also kinship;women

父权制,古埃及缺少的 236 – 237;对妇女的态度 227 – 230,240 – 241;血亲继承 237 – 238,244;妇女卑微 235 – 236;历史 234 – 237;同性恋 251 – 252;因素 236 – 237;性 241 – 244;暴力 240 – 241;妇女无名 238,240,243 – 246;参见亲属关系;妇女

patrilineality 55,61,236 – 238;codification of 237;friendship and 253;purity and 239;women's threat to 238,243 – 245;see also segmentary lineage system

父系 55,61,236 – 238;法典编纂 237;友谊 253;纯洁 239;妇女威胁 238,243 – 245;参见分裂世系

pedigree(nasab),see noble lineage

家世(奈赛布),参见高贵家系

188 – 189; rhetoric of 200 – 201; as scholars 191; secular authority of 193; selflessness of 182,202 – 204; sexuality and 204; succession of 200; teaching of 183 – 185; tombs of 188,196; as trickster 205; veneration of 183 – 184,189 – 190,194,196,198,200 – 203; violence of 204 – 205; see also charisma; leadership; spiritual authority; Sufism

190, 194, 196, 198, 200—203;暴力 204 – 205;参见魅力;领导权;精神权威;苏菲主义

pollution, Iranian beliefs about 151, 222; marriage and 81 – 82; sexual penetration and 250 – 252; subordination and 222 – 223; women and 240, 242

污染,伊朗信仰 151,222;婚姻 81 – 82;性交 250 – 252;服从 222 – 223;妇女 240,242

postmodernism, culture and 7,13

后现代主义,文化 7,13

prayer 142 – 143, 187 – 188; Abu Bakr and 84; Caliphate and 110; compared to Sufi ritual 187 – 188; false prophets and 68; leadership of 139, 187; ruler and 90,189

礼拜 142 – 143,187 – 188;艾布·伯克尔 84;哈里发制度 110;与苏菲仪式相比 187 – 188;假先知 68;领导权 139,187;统治者 90,189

prophet, false 68,172; Muhammad as 66,73 – 78,148 – 150,189; rebellions by 85, 88 – 91,96 – 97,105 – 107, 113,115 – 117; rule by 113 – 119, 270; Shi'ite Imam as 169 – 170; Sufi doctrine of 189 – 190; types of 36,41, 85; ulema as heirs to 179; unification through 51,270; see also charisma; Is-

使者,假的 68,172;穆罕默德 66,73 – 78,148 – 150,189;反叛 85,88 – 91,96 – 97,105 – 107,113,115 – 117;统治113 – 119,270;什叶派伊玛目 169 – 170;苏菲教义189 – 190;类型 36,41,85;乌里玛作为继承者 179;统一 51,270;参见魅力;伊斯兰;穆罕默德;精神权威

Q

139 - 140,156;clan banner 79;interpretation of 7,141,156,159,270 - 271;recitation of 152;textualist approach to 141;universality of 37,78;women in 229 - 230,232;see also Islam

140,156;氏族旗帜 79;解释 7,141,156,159,270 - 271;背诵 152;文本方法 141;大学 37,78;妇女 229 - 230,232;参见伊斯兰

Quraysh(Muhammad's clan)66;military leadership of 85;nobility of 81;opposition to 82;trade alliance of 71

古莱氏(穆罕默德的氏族)66;军事领袖 85;高贵 81;反对 82;贸易联盟 71

R

Rabiya (female Sufi saint) 230; on God's love 182

拉比娅(女性苏菲圣徒)230;真主之爱 182

Rabinow, P., on Moroccan egalitarianism 12

拉比诺·保罗,摩洛哥平均主义 12

race 13, 216 - 219; diversity and 219 - 220, 224; egalitarianism and 216 - 217;history of 217 - 218;opposition to 219; sexuality and 219; see also inferiority

种族 13,216 - 219;多样性 219 - 220,224;平均主义 216 - 217;历史 217 - 218;反对 219;性 219;参见卑微

rank 11 - 13; ambiguities of 225 - 227; ascriptive 11, 13, 216, 237; among Bedouin 11, 20, 23; character and 153,219 - 220,222 - 223,264; competition for 11,264,267; conversion and 87;courtier and 100 - 101; domination and 214, 222 - 223,

等级 11 - 13;模糊 225 - 227;归属性 11,13,216,237;贝都因 11,20,23;特征 153,219 - 220,222 - 223,264;竞争 11,264,267;皈依 87;廷臣 100 - 101;统治 214,222 - 223,262 - 264;效果 50 - 51;埃及 41,237;阉割 215 - 216;嫉妒 262;圣训

·欧·亚·历·史·文·化·文·库·

S

model for 129; Mesopotamian 45 – 48; modernity and 133 – 134, 178 – 180, 259 – 260, 268, 270 – 271; neofundamentalists and 208 – 209; opposition to 20, 23, 25 – 27, 35 – 36, 47 – 48, 62, 85, 88 – 90, 96 – 97, 103 – 104, 114, 116, 119, 164 – 166, 170, 173, 178 – 179, 189, 193, 195, 205, 207, 225, 268 – 271; Ottoman 120 – 123, 125 – 127, 131; prophecy and 36, 38 – 40, 270; religious sanction for 46, 72, 78 – 81, 88 – 90, 100, 107, 112 – 119, 130, 132 – 134, 177, 179 – 180, 193, 209, 226, 270 – 271; repressiveness of 28, 33 – 35, 46 – 47, 94, 98, 103 – 104, 109 – 112, 118 – 119, 125 – 127, 131 – 135, 164, 178, 225, 235, 260, 262, 268 – 269; Safavid 116 – 119; Sasanid 34 – 35; secular authority in 87 – 88, 90 – 96, 98, 100, 102 – 103, 109, 112, 118 – 119, 125 – 127, 132 – 135, 178, 259 – 271; Seljuk 110 – 112; succession in 84 – 85, 87, 88 – 91, 114, 125; Sufis and 189 – 190, 193, 226; trade and 30, 45, 69 – 71, 110; tribes and 20 – 21, 23 – 28, 35, 40, 42, 46, 48, 51 – 52, 62, 65 – 66, 71 – 72, 81 – 82, 85 – 88, 90 – 91, 93, 96, 106 – 110, 113 – 116, 120 – 121, 123, 193, 265 – 266; ulema and 126, 163 – 165, 178 – 180, 189; Umayyad 87 – 96; Wahhabi 115 – 116; see also clients; leadership; spiritual authority; ruler

作为模范 129;美索不达米亚 45 – 48;现代性 133 – 134,178 – 180,259 – 260,268,270 – 271;新原教旨主义者208 – 209;反对 20,23,25 – 27,35 – 36,47 – 48,62,85,88 – 90,96 – 97,103 – 104,114,116,119,164 – 166,170,173,178 – 179,189,193,195,205,207,225,268 – 271;奥斯曼120 – 123,125 – 127,131;预言 36,38 – 40,270;宗教制裁 46,72,78 – 81,88 – 90,100,107,112 – 119,130,132 – 134,177,179 – 180,193,209,226,270 – 271;压制 28,33 – 35,46 – 47,94,98,103 – 104,109 – 112,118 – 119,125 – 127,131 – 135,164,178,225,235,260,262,268 – 269;萨法维 116 – 119;萨珊 34 – 35;世俗权威 87 – 88,90 – 96,98,100,102 – 103,109,112,118 – 119,125 – 127,132 – 135,178,259 – 271;塞尔柱 110 – 112;继承 84 – 85,87,88 – 91,114,125;苏菲 189 – 190,193,226;贸易 30,45,69 – 71,110;部落 20 – 21,23 – 28,35,40,42,46,48,51 – 52,62,65 – 66,71 – 72,81 – 82,85 – 88,90 – 91,93,96,106 – 110,113 – 116,120 – 121,123,193,265 – 266;乌里玛 126,163 – 165,178 – 180,189;倭马亚王朝 87 – 96;瓦哈比 115 – 116;参见被保护者;领导权;精神权威;统治者

ance to state in 189, 191, 193, 199, 205; ritualin 183, 186 - 187; Safavid dynasty and 116; saint worship in 203; secrecy and 194 - 195; sects of 186 - 187, 196, 200; and Shi ‘ ism 183, 188 - 190, 196; slavery in 226, 252; solipsism in 183, 194 - 195, 201 - 202; submission in 184 - 185, 187, 194, 206, 226, 252; theology of 181 - 183, 188 - 190, 196 - 197; training in 182 - 188; tribes and 191 - 193; trust in 184; women in 182, 230; see also charisma; Pir; spiritual authority

226, 252;神学 181 - 183, 188 - 190, 196 - 197;训练 182 - 188;部落 191 - 193;相信 184;妇女 182;参见魅力;必尔;精神权威

Suhaym (slave poet), on freedom of the soul 225

苏哈伊姆(奴隶诗人),灵魂自由 225

Sumeria, see Gilgamesh; Mesopotamia

苏美尔,参见吉尔伽美什;美索不达米亚

Syria, secular authority in 133

叙利亚,世俗权威 133

T

taxation, Islam and 68, 74; iqta (tax farming) 111; Shah Abbas's policy of 118; state and 103; tribal rejection of 25 - 26, 85; twelver ulema and 178

税收;伊斯兰 68, 74;艾克塔(农业税)111;沙阿拔斯政策 118;国家 103;部落拒绝 25 - 26, 85;十二乌里玛 178

terrorism, Islamist 208; Nizari 130

恐怖手段,伊斯兰 208;尼扎里耶派 130

·欧·亚·历·史·文·化·文·库·

193;Sufism and 191 - 193;values of 19 - 21,24 - 27,50,71 - 72,81 - 82,153 - 154,201,222 - 224,265 - 266;see also Bedouin;Lur;mountaineers;nomads;Pukhtun;Qashqai

81 - 82,153 - 154,201,222 - 224,265 - 266;参见贝都因;鲁尔;山区人;游牧;普什图;卡斯凯

twelvers (Shi'ite sect) 175 - 180;rank among 177 - 178;revolution among 178 - 180;scholarship among 176 - 178;succession among 175 - 176;ulema among 178;see also Shi'ism

十二伊玛目派(什叶派分支)175 - 180;等级 177 - 178;革命 178 - 180;学问 176 - 178;继承 175 - 176;乌里玛 178;参见什叶派

U

ulema (the learned)155 - 166,175 - 178;character of 156,161 - 163,177,220;charisma of 177;compared to warriors 162 - 163;compared to hadith reciters 155 - 157,162 - 163;consensus among 156 - 159,176;delegitimization of 163 - 166;hypocrisy and 163;independence of 159,178;interpretation and 156,159;as mystics 191;Ottoman 123,126,178;opposing state 164 - 165,267;passivity of 162,177;persecution of 178;as rulers 163,178 - 179;Shi'ite 175 - 178;Sufism and 183 - 184,188 - 195;training of 160 - 163,177;validating state 12,90,126,177,199;see also hadith reciters;Islam;law colle-

乌里玛(有学问的)155 - 166,175 - 178;特征 156,161 - 163,177,220;魅力 177;与战士相比 162 - 163;与圣训背诵者相比 155 - 157,162 - 163;一致 156 - 159,176;去合法化 163 - 166;伪善 163;独立 159,178;解释 156,159;神秘 191;奥斯曼 123,126,178;反对国家 164 - 165,267;不抵抗 162,177;迫害 178;统治者 163,178 - 179;什叶派 175 - 178;苏菲主义 183 - 184,188 - 195;训练 160 - 163,177;有效国家 12,90,126,177,199;参见圣训背诵者;伊斯兰;教法学院;穆斯林学校;精神权威

waqf(religious endowment), confiscation of by state 164; Iranian ulema and 178; Mesopotamian temples and 44; Universities funded by 160; see also Taxation

瓦格夫(宗教捐赠),国家没收 164;伊朗乌里玛 178;美索不达米亚神庙 44;大学被资助 160;参见税收

warriors, authority and 90 – 91, 109, 112, 121, 153 – 154, 162 – 163, 222 – 223; compared to hadith reciter 154, 162 – 163; compared to jurist 162 – 163; compared to Sufi 189; and non-Muslims 222; organization of in Islam 79, 150; values of 19 – 21, 24 – 27, 50, 81 – 82, 112, 121, 153 – 154, 162, 189, 201, 219, 222 – 224; see also leadership; noble lineage; state; tribesmen

战士,权威 90 – 91,109,112,121,153 – 154,162 – 163,222 – 223;与圣训背诵者相比 154,162 – 163;与教法学家相比 162 – 163;与苏菲相比 189;非穆斯林 222;伊斯兰中的组织 79,150;价值观 19 – 21,24 – 27,50,81 – 82,112,121,153 – 154,162,189,201,219,222 – 224;参见领导权;高贵世系;国家;部落人

Watt, J., on kharijites 88; on pre-Islamic trade 69 – 71

瓦特,哈瓦利吉派 88;前伊斯兰贸易 69 – 71

wazir(prime minister), instability of 111; milk relation with 227

维吉尔(首相),不稳定 111;牛奶关系 227

Weber, M., on prophecy 36 – 40, 148 – 149; on Sultanism 5

韦伯,预言 36 – 40,148 – 149;苏丹主义 5

Wellhausen, J., on the Abbasid army 102; on blood bonds in early Arabia 65; on the early Islamic army 85 – 86; on genealogies of poets 81 – 82; on heroes 82; on rivalry 58

韦尔豪森·朱利叶斯(,阿拔斯王朝军队 102;早期阿拉伯血缘关系 65;早期伊斯兰军队 85 – 86;诗人世系 81 – 82;英雄 82;竞争 58

215, 218, 220, 222 – 223, 228; Sufi imagery of 189, 194, 230; temporary marriage of 167; see also family; inferiority; marriage; patriarchy; rank; sexuality

writing, invention of 44 – 45; suspicion of 152 写作,发明 44 –45;怀疑 152

Z

zakat, see taxation 宰卡特,参见税收

Zaydi(Shi'ite sect) 174 宰德派(什叶派分支)174

欧亚历史文化文库

已经出版

林悟殊著:《中古夷教华化丛考》 定价:66.00 元
赵俪生著:《弇兹集》 定价:69.00 元
华喆著:《阴山鸣镝——匈奴在北方草原上的兴衰》 定价:48.00 元
杨军编著:《走向陌生的地方——内陆欧亚移民史话》 定价:38.00 元
贺菊莲著:《天山家宴——西域饮食文化纵横谈》 定价:64.00 元
陈鹏著:《路途漫漫丝貂情——明清东北亚丝绸之路研究》
定价:62.00 元
王颋著:《内陆亚洲史地求索》 定价:83.00 元
〔日〕堀敏一著,韩昇、刘建英编译:《隋唐帝国与东亚》 定价:38.00 元
〔印度〕艾哈默得·辛哈著,周翔翼译,徐百永校:《入藏四年》
定价:35.00 元
〔意〕伯戴克著,张云译:《中部西藏与蒙古人
——元代西藏历史》(增订本) 定价:38.00 元
陈高华著:《元朝史事新证》 定价:74.00 元
王永兴著:《唐代经营西北研究》 定价:94.00 元
王炳华著:《西域考古文存》 定价:108.00 元
李健才著:《东北亚史地论集》 定价:73.00 元
孟凡人著:《新疆考古论集》 定价:98.00 元
周伟洲著:《藏史论考》 定价:55.00 元
刘文锁著:《丝绸之路——内陆欧亚考古与历史》 定价:88.00 元
张博泉著:《甫白文存》 定价:62.00 元
孙玉良著:《史林遗痕》 定价:85.00 元
马健著:《匈奴葬仪的考古学探索》 定价:76.00 元
〔俄〕柯兹洛夫著,王希隆、丁淑琴译:
《蒙古、安多和死城哈喇浩特》(完整版) 定价:82.00 元
乌云高娃著:《元朝与高丽关系研究》 定价:67.00 元
杨军著:《夫余史研究》 定价:40.00 元

梁俊艳著:《英国与中国西藏(1774—1904)》 定价:88.00 元

〔乌兹别克斯坦〕艾哈迈多夫著,陈远光译:

《16—18 世纪中亚历史地理文献》(修订版) 定价:85.00 元

成一农著:《空间与形态——三至七世纪中国历史城市地理研究》

定价:76.00 元

杨铭著:《唐代吐蕃与西北民族关系史研究》 定价:86.00 元

殷小平著:《元代也里可温考述》 定价:50.00 元

耿世民著:《西域文史论稿》 定价:100.00 元

殷晴著:《丝绸之路经济史研究》 定价:135.00 元(上、下册)

余大钧译:《北方民族史与蒙古史译文集》 定价:160.00 元(上、下册)

韩儒林著:《蒙元史与内陆亚洲史研究》 定价:58.00 元

〔美〕查尔斯·林霍尔姆著,张士东、杨军译:

《伊斯兰中东——传统与变迁》 定价:88.00 元

〔美〕J. G. 马勒著,王欣译:《唐代塑像中的西域人》 定价:58.00 元

顾世宝著:《蒙元时代的蒙古族文学家》 定价:42.00 元

杨铭编:《国外敦煌学、藏学研究——翻译与评述》 定价:78.00 元

敬请期待

周伟洲著:《西域史地论集》

〔俄〕T. Б. 巴尔采娃著,张良仁、李明华译:

《斯基泰时期的有色金属加工业——第聂伯河左岸森林草原带》

李鸣飞著:《玄风庆会——蒙古国早期的宗教变迁》

马小鹤著:《光明的使者》

许全胜著:《黑鞑事略汇校集注》

张文德著:《朝贡与入附——明代西域人来华研究》

尚永琪著:《胡僧东来——汉唐时期的佛经翻译家和传播人》

筱原典生著:《西天伽蓝记》

桂宝丽著:《可萨突厥》

张小贵著:《祆教史考论与述评》

贾丛江著:《汉代西域汉人和汉文化》

王冀青著:《斯坦因的中亚考察》

王冀青著:《斯坦因研究论集》
王永兴著:《敦煌吐鲁番出土唐代军事文书考释》
薛宗正著:《汉唐西域史汇考》
李映洲著:《敦煌艺术论》
牛汝极著:《新疆文化的现代化转向》
蓝琪著:《16—19世纪中亚各国与俄国关系论述》
许序雅著:《唐朝与中亚九姓胡关系史研究》
叶德荣著:《汉晋胡汉佛教论集》
〔俄〕波塔宁著,〔俄〕奥布鲁切夫编,吴吉康译:《蒙古纪行》
王颋著:《内陆亚洲史地求索》(续)
〔德〕施林洛甫著,刘震译校:《叙事和图画
——欧洲和印度艺术中的情节展现》
王冀青著:《斯坦因档案研究指南》
刘雪飞著:《上古欧洲斯基泰文化巡礼》
汪受宽著:《骊靬梦断——古罗马军团东归伪史辨识》
〔前苏联〕巴托尔德著,张丽译:《中亚历史》
徐文堪编:《梅维恒内陆欧亚研究文选》
〔前苏联〕К. А. 阿奇舍夫、Г. А. 库沙耶夫著,孙危译:
《伊犁河流域塞人和乌孙的古代文明》
徐文堪著:《古代内陆欧亚的语言和有关研究》
刘迎胜著:《小儿锦文字释读与研究》
李锦绣编:《20世纪内陆欧亚历史文化研究论文选粹》
周晶著:《纷扰的雪山》
李锦绣、余太山编:《古代内陆欧亚史纲》
郑炳林著:《敦煌占卜文献叙录》
陈明著:《出土文献与早期佛经词汇研究》
李锦绣著:《裴矩〈西域图记〉辑考》
王冀青著:《犍陀罗佛教艺术》
王冀青著:《敦煌西域研究论集》
李艳玲著:《公元前2世纪至公元7世纪前期西域绿洲农业研究》
许全胜、刘震编:《内陆欧亚历史语言论集——徐文堪先生古稀纪念》
张小贵编:《三夷教论集——林悟殊先生古稀纪念》

李鸣飞著:《横跨欧亚——马可波罗的足迹》
杨林坤著:《西风万里交河道——明代西域丝路上的使者与商旅》
杜斗诚著:《杜撰集》
林悟殊著:《华化摩尼教补说》
王媛媛著:《摩尼教艺术及其华化考述》
〔日〕渡边哲信著,尹红丹、王冀青译:《西域旅行日记》
李花子著:《长白山踏查记》
王冀青著:《佛光西照——欧美佛教研究史》
王冀青著:《霍恩勒与鲍威尔写本》
王冀青著:《清朝政府与斯坦因第二次中国考古》
芮传明著:《摩尼教东方文书校注与译释》
马小鹤著:《摩尼教东方文书研究》
段海蓉著:《萨都剌传》
〔德〕梅塔著,刘震译:《从弃绝到解脱》
郭物著:《欧亚游牧社会的重器——鍑》
王邦维著:《玄奘》
冯天亮著:《词从外来——唐代外来语研究》
芮传明著:《内陆欧亚中古风云录》
王冀青著:《伯希和敦煌考古档案研究》
王冀青著:《伯希和中亚考察研究》
李锦绣著:《北阿富汗的巴克特里亚文献》
〔日〕荒川正晴著,冯培红译:《欧亚的交通贸易与唐帝国》
孙昊著:《辽代女真社会研究》
赵现海著:《明长城的兴起
——"长城社会史"视野下明中期榆林长城修筑研究》
华喆著:《帝国的背影——公元14世纪以后的蒙古》
〔前苏联〕伊·亚·兹拉特金著,马曼丽译:《准葛尔汗国史》(修订版)
杨建新著:《民族边疆论集》
〔美〕白卖克著,马娟译:《大蒙古国的畏吾儿人》
余太山著:《内陆欧亚史研究自选论集》